JN440971

한나 아렌트와 유대인 문제

한나 아렌트와 유대인 문제

리처드 J. 번스타인 지음
김선욱 옮김

아모르문디

한나 아렌트는 한국에서 더 이상 새로운 이름이 아니다. 아렌트의 주요 저작들 대부분이 번역되어 나왔고, 연구서도 몇 권 나왔다. 하지만 아렌트의 사상이 균형 있게 소개된 것은 아니다. 그동안의 연구는 그녀의 독특한 정치 개념과 그 적용에 집중되었고, 아렌트가 젊은 시절 관심을 가졌던 가장 중요한 문제인 유대인 문제를 중심으로 한 연구는 국내에서 거의 이루어지지 않았다.

아렌트 사상의 전모를 한국의 독자들에게 보여 주려면 그녀의 저작을 모두 번역하는 것이 가장 빠른 길일 것이다. 하지만 지난 수년 동안 아렌트 번역에 힘을 쏟아 오면서 아렌트의 저술 같은 전문적 저작들은 독자층이 무척 얇다는 생각을 지울 수 없었다. 『인간의 조건』이나 『예루살렘의 아이히만』 같은 가장 대표적이며 다소 대중적 성격을 지닌 저작은 몇 쇄를 찍어 냈지만, 아렌트 사상의 깊은 속내를 보여 주는 다른 학술적 저술들은 1, 2쇄를 넘지 못하였다. 그러니 아렌트 사상의 전모를 한국의 독자들에게 그대로 보여 주기 위해 그녀의 모든 저술들을 다 번역해 내고 싶다는 꿈은 그야말로 꿈에 불과한 것이 현실이다.

아렌트 사상 가운데 우리 학계에 가장 적게 소개된 부분은 유대인 문제에 관한 것이다. 사실 이 주제는 일찍이 1978년에 펠드먼Ron H. Feldman이 『파리아 유대인The Jew as Pariah』이라는 책을 통해 관심을 촉구했던 것이었다. 하지만 이 책은 단명했다. 이후 2007년 초 제롬 콘Jerome Kohn이 펠드먼과 공동 편집하여 『유대에 관한 저술The Jewish Writings』이라는 제목으로 아렌트의 유대인 문제에 관한 글 모음집을 내놓았다. 유대인과 관련한 대부분의 글들을 망라한 이 책을 통해 우리는 유대인 문제에 대한 아렌트의 이해의 전모를 알 수 있게 되었지만, 아직 번역되지 않은 다른 저작들을 고려해 보건데 이 책의 번역은 아주 후순위가 될 것이라 생각된다.

이러한 상황에서 제안을 받은 것이 이 책의 번역이었다. 아렌트 사상을 깊이 이해하기 위해서는 유대인 문제에 대한 아렌트의 생각을 면밀히 검토해야 한다는 인식은 번스타인Richard J. Bernstein뿐만 아니라 세일러 벤하비브Seyla Benhabib 등 많은 학자들이 공유하는 것이다. 이 책의 저자인 번스타인은 현대 정치사상의 전문가로서 하버마스와 아렌트, 가다머 등과 같은 사상가들에 후한 점수를 주고 있어 이미 그의 많은 글들을 읽어 보았던 터였다. 또한 그는 아렌트가 강의했던 뉴스쿨New School for Social Research에서 아렌트 석좌교수직을 담당하고 있기도 하다. 그런 그가 비교적 중립적인 시각에서 유대인 문제를 중심으로 아렌트 사상의 전모를 드러내고 있는 것이다. 아렌트가 박사학위를 한 직후부터 『전체주의의 기원』을 저술한 시점을 넘어, 『예루살렘의 아이히만』에 나타나는 유대인 문제에 대한 고민까지 포괄적으로 연구한 결과물인 이 책을 통해 독자들은 아렌트를 보다 근원적으로 이해할 수 있으리라 확신한다.

번스타인의 한국어판 서문은 미국에서 활동하는 정화열 교수님의 도움으로 받게 되었다. 두 분은 오랫동안 우정을 나누어온 터여서 정화열 교수님의 소개를 받은 뒤 곧 한국어판 서문을 입수할 수 있었다. 이에 감사를 드린다. 또한 이 책의 번역을 제안하고, 또 세계철학대회 때문에 번역 작업을 계속 지체하였음에도 참고 기다려 준 아모르문디 출판사에도 깊은 감사를 드린다. 이 책을 대학원 세미나에 활용했었다. 함께 고민과 땀을 나누어 가진 동학들을 기억하며 출간의 기쁨을 함께 나누고 싶다.

옮긴이 김선욱

한나 아렌트에 대한 내 책이 한국어로 번역되어 매우 기쁩니다.* 오늘날 한나 아렌트는 20세기 사상가들 가운데 가장 앞서가며 생각을 자극하는 사상가로 인정받고 있습니다. 그녀의 저작은 전 세계에서 활발하게 논의되고 있습니다. 아렌트는 자신의 사상이 개인적 경험에서 나온 것이라고 주장했기 때문에 아렌트 사상의 맥락을 이해하기 위해서 우리는 그녀의 인생사 가운데 중요한 내용을 알 필요가 있습니다.

한나 아렌트는 1906년 10월 14일 독일계 유대인 가정에서 태어났습니다(한나의 부친은 그녀가 6살 때 돌아가셨습니다. 그녀는 어머니에 의해 양육되었습니다). 유대인이었지만 이미 독일에 동화된 집안이었기에 그녀는 어린 시절 자신의 집에서 '유대인'이라는 단어를 한 번도 들은 적이 없었다고 회고하기도 했습니다. 그녀는 한 세기에 걸친 독일계 유대인의 동화 및 '해방'에 의해 형성된 사회문화적 환경에서 성장했는데, 이런 환경에서 그녀의 부모와 같은 당시의 많은 세속적 (혹은 동화된) 독일계 유대인들은 자신이 유대인이라는 배경을 부인하거나, 독일인으로서 독일의 문화적 삶에 완전히 편입하기 위해 세례 받는 것을 더는 고민할 필요가 없다고 생각했습니다. 이를 통해, 당시에는 유대인이라는 것과 독일인이라는 것 사이에 어떠한 심각한 갈등도 없었다고 쉽게 생각할 수 있었습니다.

젊은 아렌트는 지적으로 조숙했으며 철저하게 독립적이었습니다. 20세기의 처음 몇 십 년간은 독일계 유대인들을 위한 지적 삶에 주목할 만한 흐름이 있던 시기였습니다. 한나는 우리에게 청년기의 자신은 정치와 역사 대신 독일 철학과 문학, 그리고 신학이 주요 관심사였다고 말했습니다

* 원문은 숭실대학교 철학과) 간행 『사색』 22호(2006년 12월)에 게재.

다. 1924년, 18세의 한나는 마르틴 하이데거에게 철학을 배우고자 그가 강의하고 있던 마르부르크Marburg로 갔습니다. 하이데거에 의해 '사유'가 살아났다는 소문이 독일 전역에 퍼져 있었습니다. 독일의 수많은 똑똑한 학생들이 하이데거의 말을 듣고자 그를 찾아왔습니다. 그녀는 마르부르크에 도착한 직후, 두 아이의 아버지인 35세의 하이데거와 비밀스러운 관계를 맺기 시작했습니다. 한나는 마르부르크에서 1년을 공부한 뒤 하이델베르크로 옮겨 그곳에서 칼 야스퍼스의 지도를 받아 '성 아우구스티누스의 사랑 개념'이란 주제로 박사학위 논문을 썼습니다.

당시 독일의 문화적 삶은 지극히 역설적이었습니다. 악의에 찬 반유대주의가 점차로 증가하는 동시에 대학과 지성인 사회에서는 유대인에 대한 아주 자유로운 태도도 있었습니다. 가끔씩 불편한 일들이 있기는 했지만, 아렌트가 대학에서 연구하는 데 (유대인으로서나 여성으로서) 심각한 차별을 받은 증거는 없습니다. 20대 중반까지 그녀는 가장 저명한 독일 철학자들과 신학자들과 함께 연구했으며 존중을 받았습니다. 비록 약간의 수줍음을 타기는 했어도 자신의 지성과 기지, 그리고 재능으로 인해 경탄을 받았습니다. 그녀는 명민하고 독립적인 젊은 지성으로 살아가는 것을 즐겼습니다.

하지만 사태는 곧 바뀌었습니다. 그녀는 역사가 자신의 머리를 쳤다고 느꼈습니다. 1933년, 히틀러가 권력을 장악하던 해, 아렌트의 친구들 중 일단의 시온주의자들이 그녀에게 프러시아 국가 도서관에서 독일의 반유대주의 선전물에 대한 연구를 부탁했습니다. 아렌트는 즉시 그 부탁을 받아들였습니다. 하지만 그녀는 곧 나치 당국에 체포되었고, 8일 동안 심문을 받았으며, 결국 자신이 했던 일을 인정하지 않은 상태에서 석방되었습니다. 이후 곧바로 그녀는 독일을 떠나 파리로 갔습니다. 하지만 그 당시 파리에 거주하던 많은 독일계 유대인들은 불안한 무국적 상태로 살고 있었습니다. 1940년 5월, 독일이 프랑스를 위협했을 때, '적국에 속한 외국인', 그중에서 특히 아렌트를 포함한 독일계 유대인은 '귀르Gurs'에 있던 프랑스 집단수용소로 보내졌습니다. 아렌트는 나중에, 유대인들은 그의 적에 의해서는 강제수용소로, 친구에 의해서는 집단수용소로 보내졌다는 아이러니한 코멘트를 했습니다. 독일인들이 프랑스를 침공해 오면 귀르를 접수할 것이라는 걱정과 공포가 모두에게 있었습니다. 하지만 아렌트의 행운은 계속되었습니다. 우선, 나치가 프랑스를 침공했을 때 혼란의 와중에 귀르를 탈출할 수 있었습니다. 탈출 후 아렌트는 아직은 유대인에게 안전한 곳이었던 프랑스 국경지대로 갈 수 있었습니다. 그녀는 그곳에서 수용소에 수감될 때 헤어진 남편을 다시 만나게 됩니다. 그 후 수개월 동안 한나와 남편 하인리히는 도망자 생활을 했지만 프랑스 경찰과 맞부딪히지 않았고, 미국으로 갈 수 있는 비자를 확보하는 조심스러운 절차를 밟기 시작했습니다. 아렌트에게는 행운이 한 번 더 따랐습니다. 배리언 프라이Varian Fry의 도움으로 두 사람은 미국행 비자를 얻게 되었습니다. 하지만 미국으로 이주하는 것은 여전히 상당히 위험한 일이었습니다. 뉴욕행 배를 타기 위해 그들은 아직까지 위험한 프랑스와 스페인의 국경을 넘어 리스본으로 가야 했습니다. 그들이 넘은 지역은 절친한 친구 발터 벤야민Walter Benjamin이 길을 돌려 결국 자살을 택했던 바로 그곳이었습니다. 그녀는 마침내 1941년 뉴욕에 당도했고, 1975년 사망할 때까지 그곳에서 살았습니다.

아렌트가 교육을 받고 독일과 프랑스, 그리고 마침내 유럽을 탈출한 이야기를 하는 것은 몇 가지 이유에서입니다. 이 일들을 돌아볼 때, 만일 아렌트를 심문한 독일인 장교가 조금이라도 덜 관대했더라면, 혹은 아렌트가 독일에서 불법 탈출을 하다가 체포되었더라면, 혹은 귀르에서 탈출하지 못했더라면, 혹은 미국행 비자를 얻지 못했더라면, 혹은 만일 리스본으로 가지 못했더라면, 그녀에게 어떤 일이 일어났을지, 그녀의 삶의 이야기가 어떤 모습이 되었을지 상상해 보는 것은 너무나 쉬운 일입니다. 이 사건들은 생사의 갈림길을 의미했습니다. 이러한 개인적 경험들은 그녀의 사유에 지속적으로 영향을 끼쳤던 근본적 우연성에 대한 감각을 강하게 각인시켜 주었습니다. '국가 없는 개인'으로서 그리고 '적국에 속한 외국인'으로서의 경험은 20세기의 전율스러운 공포에 대해 이해하도록 해주었습니다. 그녀는 자기가 가장 좋아했던 작가 가운데 한 사람인 프란츠 카프카에 대해 다음과 같이 썼습니다.

> 카프카 소설의 독자들은 카프카가 말한 악몽의 세계가, 다가올 세계에 대한 사소한, 하지만 심리학적으로는 매우 흥미로운 예견이라고 생각하는 단계를 거칠 확률이 높다. 하지만 이 세계는 마침내 현실이 되었다. …… 우리는 카프카가 생각했던 것이 단순한 악몽이 아니었다는 것을 안다. …… 소위 카프카의 예언이라는 것은 오늘날 공공연하게 되어 버린 구조의 기초에 대한 냉정한 분석에 불과한 것이다.

뉴욕에 도착했을 때, 아렌트는 영어를 거의 쓰지도 말하지도 못했습니다. 하지만 몇 년이 지나지 않아 그녀는 뉴욕의 지도적인 지성인 가운데 한 사람으로 명성을 떨치게 되었습니다. 1951년(45세 되던 해), 아렌트는 『전체주의의 기원』을 출간했는데, 이 책은 나오자마자 커다란 반향을 일으켰고 곧바로 고전으로 인정받았습니다. 계속해서 『인간의 조건』, 『과거와 미래 사이』, 『혁명론』, 『어두운 시대의 사람들』, 『예루살렘의 아이히만』, 『공화국의 위기』, 그리고 사후에 출간된 『정신의 삶』 등 일련의 주목할 만한 책들과 논문들을 발표합니다. 한나 아렌트는 카리스마 있는 교사였지만 전통적인 학문적 틀에는 결코 잘 들어맞지 않았습니다. 그녀는 스스로를 '독립적 사상가'로 묘사했습니다. 살아 있는 동안 일단의 추종자와 비판자들을 늘 갖고 있었지만, 그 명성은 제한적이었으며 또한 줄곧 논쟁의 대상이 되기도 했습니다. 물론 오늘날에는 거의 매주 그녀의 업적을 다룬 새로운 책이나 논문이 나올 정도로 대단한 사상가로 인정받고 있습니다. 이러한 명성을 얻게 된 주된 이유는 그녀가 한 시대의 지적 유행을 따르기를 거부했던 독립적 사상가였기 때문이라고 나는 생각합니다.

앞서 나는 아렌트가 1933년 독일에서 도망쳤으며 1951년 자신의 최초의 저서 『전체주의의 기원』을 출간했다고 언급했습니다. 1933년부터 1951년까지, 거의 20년이나 되는 이 기간 동안 그녀는 무엇을 했고 또 무엇을 생각했을까요? 독일에서 도망쳐 나올 때를 회상하면서 아렌트는 다음과 같이 썼습니다. "나는 그 문장 속에서 내가 반복적으로 표현했던 것이 무엇인지를 깨달았다. 그것은 만약 누군가가 유대인이라는 이유에서 공격받는다면, 그는 그 자신을 독일인으로서가 아니고, 세계시민으로서가 아니고, 인권의 옹호자로서가 아니라, 유대인으로서 지켜야 한다는 것이다." 그녀는 유대 민족의 일원이라는 자신의 책무를 받아들였습니다. 그녀는 스스로에게 다음과 같이 물었습니다.

> 내가 유대인으로서 특별히 할 수 있는 일이 무엇일까? …… 지금 그것은 조직과 일을 하는 것이다. 처음으로 말이다. 시온주의자들과 함께 일하는 것. 준비가 되어 있었던 것은 그들뿐이었다. 동화된 사람들과 함께하는 것은 무의미했을 것이다. 이 시기 이전에도 나 자신과 유대인 문제가 관련되어 있었다. …… 그러나 이제 유대교에 속한다는 것은 나 자신의 문제가 되었고 나의 문제는 정치적이었다. 순수하게 정치적인 것! 나는 실제적인 일, 전적으로 그리고 유일하게 유대적인 일로 뛰어들기를 원했다. 이런 생각을

하면서 나는 당시 프랑스에서 일을 찾았다.

프랑스에 있는 동안, 그리고 뉴욕에서의 처음 십여 년 동안 아렌트는 다양한 유대인 조직과 시온주의 단체를 위해 일했습니다. 그녀는 유대인과 시온주의에 대해 다양한 글을 썼습니다. 오늘날 그녀는 주로 『전체주의의 기원』 등과 같은 저작으로 유명합니다. 내가 이 책 『한나 아렌트와 유대인 문제』를 쓴 것은 그녀의 성숙한 정치사상 가운데 많은 것이 본래 유대인 문제의 다양한 측면들과 싸우는 과정에서 발전되었다는 것을 발견했기 때문입니다. 이러한 저작들에 대한 지식은, 그녀의 경험과 주요 정치사상의 구체적이고 역사적인 상황에 근거한 이해에 풍부한 차원을 더해 줍니다. 더욱이 이 저술들은 우리로 하여금 악, 즉 『전체주의의 기원』에서 논한 '근본악'과 『예루살렘의 아이히만』에서 논한 '평범한 악' 등에 대한 그녀의 성찰에 대해 진정한 평가를 가능하게 해줍니다.

수백만 명의 유대인들을 죽음의 수용소로 보낸 악명 높은 나치 아돌프 아이히만Adolf Eichmann은 신분을 숨기고 가명으로 아르헨티나에서 살다가 1960년에 체포되었습니다. 그는 예루살렘으로 이송되어 재판에 회부되었습니다. 아이히만의 체포가 세상에 알려지자, 당시 『뉴요커*The New Yorker*』의 기고가였던 아렌트는 아이히만 재판의 취재를 위해 자신을 예루살렘에 보내 달라고 요청했습니다. 유죄판결을 받은 아이히만은 교수형을 당합니다. 재판이 끝난 후 1년 뒤 아렌트의 보고서는 『뉴요커』에 5편의 연재물로 소개되었고, 곧 『예루살렘의 아이히만—악의 평범성에 대한 보고』라는 단행본으로 출간됩니다. 출간되기 전부터 이 책은 거대한 저항을 불러일으켰는데, 이 저항은 그녀가 죽은 1975년까지 지속되었습니다. 많은 사람들은 아렌트가 그 책에서 아이히만을 무죄로 면책해 주고 있으며, 유대인들의 불행에 대해 유대인들을 비난하고 있다고 주장했습니다. 또한 '악의 평범성'이라는 표현을 사용하여 유대인 수백만 명을 학살한 것을 사소한 일로 만들고 있다고 비난했습니다. 하지만 그녀가 말한 악의 평범성은 어떤 의미를 지니고 있을까요? 악에 대한 오래된 아주 일반적인 관념 속에는 악행을 범하는 자를 악마시하는 경향이 있습니다. 우리는 그들을 일종의 괴물로(정상적 인간과는 다르다고) 생각합니다. 이것이 재판정에서 검사가 아이히만을 묘사했던 방식(가학적이고 사악한 반유대주의자)이었습니다. 하지만 아이히만은 괴물이 아니라고 아렌트는 주장했습니다. 그는 완벽하게 정상적인 한 사람의 관료(하지만 책상 앞의 살인자)로 보였습니다. '악의 평범성'이라는 말로 아렌트가 의미하고자 했던 명백한 명제 가운데 하나는 1971년 강의인 「사유와 도덕적 고려들」에 등장합니다.

> 수년 전 나는 예루살렘에서 아이히만에 대한 재판을 보고하면서 '악의 평범성'에 대해 말했는데, 그 말로 의미한 것은 어떤 이론이나 교설이 아니라 아주 사실적인 어떤 것, 즉 대규모로 범해진 악행의 현상이었다. 이는 악행자가 가지고 있는 어떤 특정한 사악함이나 병리학, 혹은 이데올로기적 확신으로 추적될 수 없는 것으로서, 그 악행자의 유일한 인격적 특징이란 특별한 천박성일 뿐이었다. 그 행위가 아무리 괴물적인 것이라 하더라도, 그 악행자는 괴물적이지도 악마적이지도 않았고, 그가 재판을 받고 경찰의 심문을 받을 때뿐 아니라 그의 과거에서도 마찬가지로 사람들이 찾을 수 있는 유일한 특징은 전적으로 부정적 특성의 것이었다. 즉 그것은 어리석음이 아니라 기묘한, 사유하지 못하는, 전적으로 진정한 무능성이었다.

악의 평범성은 아이히만이 한 일을 가리키는 말이 아닙니다. 그 행위는 인간의 이해를 넘어서는 '괴물적인 것'이었습니다. 평범성은 인격을, 즉 그의 동기와 의도를 가리키는 말입니다. 아렌트가 강조하고 싶었던 것은, 수많은 사람들이 아직도 거북하게 여기며 받아들이기 어려워하는 것, 즉 심지어 통상의 '존경할 만한' 사람, 자신의 의무를 다하고 있다고 스스로 생각하는 사람들조차도 무시무시한 행위를 범할 수 있다는 사실이었습니다. 그들이 반드시 사디스트이거나 괴물인 것은 아닙니다. 아렌트는 수많은 나치 관료들의 특징으로 드러나는 거북스러운 현상일 뿐 아니라, 오늘날에도 전 세계적으로 너무나 폭넓게 나타나는 현상이기도 한 것을 부각시켰다고 나는 확신합니다.

내 희망은 이 책이 『예루살렘의 아이히만』을 포함한 아렌트의 논문들과 저서들을 읽고 그에 대해 생각하는 독자들을 자극하는 것입니다. 우리는 아렌트의 사유가 얼마나 신선한 것인지를 계속해서 발견하게 될 것입니다. 그녀는 기존의 어떠한 표준적인 틀에도 맞지 않습니다. 하지만 그녀의 저술들은 우리에게 곧바로 말하는 힘을 가지고 있습니다. 한 사상가가 살아 있는 때는 그의 사상이 우리의 흥미를 끌어낼 때이며, 우리가 직면한 문제와 주제들을 해명하는 데 갖는 적합성을 우리가 발견할 때입니다. 우리가 테러리즘, 세계화, 종교적 광신과 같은 새로운 문제들이나 악의 새로운 얼굴들과 씨름할 때, 아렌트의 통찰은 항상 적합합니다. 그녀의 사상에 동의하건 않건 간에, 그녀는 아주 근본적인 주제들에 대해 우리의 사유를 불러일으키는 드문 능력을 갖고 있기 때문입니다.

리처드 J. 번스타인

약어표

BF	*Between Friends: The Correspondence of Hannah Arendt and Mary McCarthy 1949-1975*
BPF	*Between Past and Future*
C	Hannah Arendt and Karl Jaspers, *Correspondence, 1926–1969*
CC	"The Concentration Camps"
CR	*Crises of the Republic*
DA	"From the Dreyfus Affair to France today"
EJ	*Eichmann in Jerusalem: A Report on the Banality of Evil*
EU	*Essays in Understanding, 1930-1954*
HC	*The Human Condition*
JP	*The Jew as Pariah*
LM	*The Life of the Mind*
MD	*Men in Dark Times*
OR	*On Revolution*
OT1	*The Origins of Totalitarianism*, 1st edn, 1951
OT2	*The Origins of Totalitarianism*, 2nd edn, 1958
OT3	*The Origins of Totalitarianism*, 3rd edn, rev., 1968
PP	"Philosophy and Politics"
RH	*Rahel Varnhagen: The Life of a Jewess Woman*
RPW	*Hannah Arendt: The Recovery of the Public World*, ed. Melvyn A. Hill
TM	"Thinking and Moral Considerations"
YB	Elisabeth young-Bruehl, *Hannah Arendt: For love of the world*

차 례

서론

나는 언제나 내가 유대인이라는 것을 나의 삶에서 반박의 여지가 없는 사실적 자료들 중 하나로 여겼고, 결코 이러한 사실이 바뀌기를 바라거나 이를 부인하려 한 적이 없습니다. 존재하는 모든 것에 대해 있는 그대로 기본적으로 감사하는 것과 같은 일이 있습니다. 주어진 것과 주어지지 않은 것, 그리고 조작할 수 없는 것에 대해서 말입니다.

— 아렌트, 「게르숌 숄렘에게 보낸 편지」

1975년 한나 아렌트가 69세의 나이로 사망했을 때, 그녀는 제한된 작은 명성과 큰 악명을 얻었다. 그녀의 책들, 특히 『전체주의의 기원』, 『인간의 조건』, 『혁명론』 그리고 『과거와 미래 사이』와 『어두운 시대의 사람들』에 수록된 논문들은 학계를 넘어서 일반 대중에게도 잘 알려져 있었다. 미국에서 아렌트는 공공연하게 발언하는 논쟁적인 지식인으로 인식되었다(독일에서는 그보다 덜했다). 그녀의 악명1)은 그녀의 저작들에 의해 야

1)아렌트는 명성과 악명의 문제에 대해 여러 차례 논의한 바 있다. 이 가운데 가장 웅변적인 진술은 발터 벤야민의 저서 『조명들*Illuminations*』에 붙인 아렌트의 서문에 나타난다. 아렌트는 이 글을 다음과 같은 선언으로 시작한다. "욕심 많은 여신 파마Fama는 여러 얼굴을 가지고 있어서, 명성fame은 여러 종류와 크기－잡지 커버스토리에서 비롯되는 일주일짜리 악명에서 영원히 지속되는 영광의 이름까지－로 다가온다. 사후의 명성은 비록 그것이 다른 종류의 것보다 덜 자의적이고 또 종종 보다 확고한 특성을 갖는다 해도, 파마의 비교적 드문, 가장 바람직하지 않은 모습이다. 왜냐

기된 몇 가지 열띤 논쟁, 특히 『예루살렘의 아이히만－악의 평범성에 대한 보고』(이하 『아이히만』)를 둘러싼 논쟁에 기인한다. 1963년, 책이 출간되자 항의가 빗발쳤다. 아렌트는 그녀가 말했다고 추정된 것과 그것을 말한 방식 때문에 (주로 유대인 공동체의 구성원에 의해) 비난과 비방과 비판을 받았다. 그 논쟁은 그녀의 사후까지 그리고 그 후로도 오랫동안 치열하게 전개되었다.

그녀의 저작들에 대해 경탄하고 그것에 의해 고무된 일단의 사상가들이 항상 있었음에도 불구하고, 아렌트는 주변적인 사상가로 여겨졌다. 그녀는 어떤 주류의 학문 분야나 범주에도 적합한 존재가 아니었다. 그녀는 언제나 국외자이자 '의식적 파리아conscious pariah'와 같은 존재였다. 그녀의 사후 20년 동안 (그리고 특히 지난 몇 년 동안) 그녀의 저작에 대한 폭발적인 관심과 집중적인 논의가 있었다. 그녀에게 경의를 표하며 이름붙인 상들, 그녀에 대한 학술대회, 그리고 책들과 논문들이 도처에서 나타나고 있다. 그녀를 발견하거나 재발견하는 새로운 세대의 젊은 지식인들이 증가하고 있다. 이러한 관심의 르네상스 가운데 아주 인상적인 것은 그것이 얼마나 국제적인가(폴란드에서 브라질까지, 이탈리아와 프랑스에서 오스트레일리아와 중국까지) 하는 것이다. 20세기의 마지막 몇 년을 남겨 놓은 시점에서 한나 아렌트는 이 세기의 주요 정치사상가들 중의 하나로 인정받고 있다. 그녀의 저작들이 산출해 내는 관심과 흥분을 어떻게 설명할 수 있을까? 그녀의 저작에서 그토록 호소력 있고 자극적이고 풍요로운 점은 무엇일까? 나는 여기에 단 하나의 설명이나 이유가 존재한다고 생각하지 않는다. 오히려 왜 그녀가 우리에게 그렇게 중요한가에

하면 그것은 단순한 재고품에만 주어지는 경우가 거의 없기 때문이다." 아렌트는 계속해서 벤야민뿐만 아니라 아렌트 자신에게도 적용될 만한 언급을 이어간다. "그런데 사후의 명성은 분류할 수 없는 종류의 운명의 것이다. 즉 그들의 업적은 기존 질서에 부합하지도 않고, 또 자신을 귀속시킬 수 있는 미래의 분류법을 가능케 하는 새로운 장르를 소개하지도 않는 것이다."(MD, 153, 155)

대한 설명을 돕는 수많은 관심들, 그리고 그녀의 다양한 저작들에 대한 다양한 접근들이 존재한다.

한나 아렌트는 1951년 45세의 나이로 『전체주의의 기원』을 출간했을 때 처음으로 널리 알려지게 되었다. 그 책은 즉각적으로 하나의 이정표적인 저작으로 인정받았다. 불행하게도 그것은 '냉전'의 저술로 읽혀졌다(아니 심하게 오독되었다).[2] 그러나 공산주의 이데올로기의 붕괴 및 해체와 함께, 아렌트가 전체주의 이데올로기, 테러 그리고 지배의 내적 구조와 동학을 폭로하는 데 얼마나 선견지명이 있었는가에 대해 이제는 점점 더 깨닫고 있다. 훨씬 더 중요한 것은, 어떻게 권력이 자발적으로 등장하고 '아래로부터' 성장하여, 전능하고 불가침한 것으로 보이는 정부를 와해시키는지에 대한 아렌트의 통찰을 통해 1980년대 동유럽에서 발생한 전대미문의 사건들을 예견하였다는 점이다.

1958년 아렌트는 실패로 끝난 12일간의 헝가리 혁명에 대해 아주 열정적으로 글을 썼다. 그녀는 "그 위대함이 승리나 패배에 의존하지 않은 진정한 사건이다"라고 선언했다. 그녀는 이 비극적 사건을 통해 소련 체제가 생존할 수 있게 되었다고 기록했지만, 이처럼 흘러가 버린 사건이 "그 정권 전체의 점차적인 정상화보다는 [오히려] 급작스럽고 극적인 붕괴"(OT2, 480, 510)를 기약하는 일련의 사건들의 시작이 될 것임을 간파해 내는 통찰력을 지녔다. 진정 인상적이었던 것은 아렌트의 예견이 아니라, 권력, 행위 그리고 그런 일이 없었더라면 황량하고 쓸쓸한 풍경이 되었을 곳에 등장한 '자유의 섬'에 대한 그녀의 비판적인 성찰이었다. 아렌트는 1980년대 동유럽의 많은 반대자들의 영웅이 되었다(이는 마치 그녀

2)카노반 Margaret Canovan과 아이작 Jeffrey C. Isaac은 이 책에 대한 이 같은 '냉전적' 독법이 왜 심각한 잘못인지에 대한 탁월한 논의를 제공한다. 카노반의 *Hannah Arendt: A Reinterpretation of Her Political Thought* (Cambridge: Cambridge University Press, 1992) 제2장 '전체주의의 기원'과, 아이작의 *Arendt, Camus, and Modern Rebellion* (New Haven: Yale University Press, 1992) 제2장 '전체주의와 권력의 중독' 참조.

가 1960년대 미국 초기 인권 운동의 영웅이었던 것과 마찬가지다). 아렌트는, 특히 혁명 정신이라는 잃어버린 보물을 되찾으려 시도하는 가운데 희망의 정치사상가 — 인류의 가능성, 위험, 기쁨 그리고 연약성이, 자유가 분명한 세계적 현실이 되는 공적 공간을 자발적으로 일으키고 창조하는 것으로 이해하는 자 — 로 해석되었다. 아렌트는 결코 소박한 낙관주의자가 아니었다. 그녀는 이러한 '자유의 섬들'이 빨리 나타나는 만큼 빨리 사라진다는 것을 알았다. 또한 20세기에 '종족적 민족주의'와 인종주의 이데올로기를 향한 경향이 얼마나 끈질기며 위험한지를 알았다.

그러나 나는 전체주의 및 포스트 전체주의에 대한 아렌트의 통찰이 오늘날 그녀의 작업에 대해 관심을 기울이는 주된 이유라고는 생각지 않는다. 모든 이데올로기와 모든 '주의들isms'로부터 점차 탈주술화함에 따라, 아렌트의 지적·정치적 호소는 더욱 분명해졌다. 특히 빛나는 것은 그녀의 확고부동한 독자성 — 관습적인 범주와 분류, 상투어를 받아들이지 않고 거부한 것 — 이다. 아렌트의 저작을 관통하는 가장 영속적인 주제는, 20세기의 끔찍한 사건들로 인해 판단에 대한 전통적인 기준과 표준에 대한 이의가 제기되었다는 것이다. 사상가의 임무는 이러한 사건들을 이해하기 위해 새로운 개념들을 주조해 내는 것이다. 그녀의 독자성은 사망하기 몇 년 전인 1972년 열린 아렌트 사상에 대한 학술대회에서 탁월한 정치학자 한스 모겐소Hans Morgenthau와 행한 대담에서 잘 드러난다. 모겐소는 그녀에게 거칠게 물었다. "당신의 입장은 무엇입니까? 당신은 보수주의자입니까? 자유주의자입니까? 오늘날의 여러 주의주장들 가운데 당신의 입장은 어디에 속합니까?" 아렌트의 다음과 같은 즉각적인 대답은 시사적이다.

> 모릅니다. 정말 모르겠고 또 알았던 적도 없습니다. 그런데 저는 그 같은 어떤 입장을 가졌던 적이 결코 없었던 것 같습니다. 좌파들은 제가 보수적이

> 라고, 또 보수주의자들은 때때로 제가 좌파이거나 제멋대로라거나 신만이 아는 무엇이라고 생각하고 있다는 것을 당신은 압니다. 그런데 저는 그만큼 신경을 쓸 수는 없었다고 말씀드려야겠습니다. 저는 이 세기의 진정한 물음들이 이런 종류의 것을 통해 어떤 해명을 얻을 것이라고 생각하지 않습니다.[3)]

이 대답 — 특히 마지막 문장 — 은 왜 아렌트가 독립적인 사상가로서 우리에게 그토록 적실성을 갖는지에 대한 단서를 제공한다. 그녀가 얼마나 옳았는지 — '오늘날의 여러 주의주장들'과 이데올로기들 속에서 우리 자신의 위치를 확인하는 것이 금세기에 제기된 문제들에 대한 어떠한 해명도 얻을 수 있는 방법이 아니라는 것 — 에 대한 인정이 점차 늘어나고 있다. 아렌트는 그 어떤 권위주의적 뉘앙스로부터도 자유로운 공적 자유 — 말하고 행위하고 동료와 토론하는 것을 포함한 자유 — 에 대한 긍정적인 이해를 구체적으로 설명한 20세기의 극소수 사상가들 중 하나이다. 복수성, 행위, 탄생성natality, 권력 그리고 정치적 동등자들 사이의 공적 토론에서 일어나는 의견 충돌에 대한 그녀의 분석은, 정치가 무엇을 의미하는지에 대해 오늘날 다시금 생각해야 하는 긴급한 과제에 신선한 자원들을 제공한다. 그리고 그녀의 성찰들이 신선하고 생각을 불러일으키는 이유는, '자유주의', '보수주의', '공동체주의', '마르크스주의' 등 — 사실상 표준적인 오늘날의 '입장들' 대부분 — 과 같은 진부한 틀을 깨뜨리기 때문이다.

그녀의 작업들에 대해 이제는 새롭고 자극적인 독법들도 있다. '근대/탈근대' 논쟁의 전면에 위치한 많은 문제들이 그녀의 저작들 속에 예견되어 있다. 그녀는 우연성과 복수성을 억압하고 훼손하는 철학의 로고스 중심적 전통에 대하여 지속적으로 비판한다. 플라톤 이래 줄곧 (특히 소크

3)"Hannah Arendt on Hannah Arendt," RPW, 333.

라테스의 재판에 대한 플라톤의 반응의 결과로서) 철학자들은 거의 예외 없이 감소시킬 수 없는 의견의 갈등이 존재하는 정치라는 인간 영역에 진리라는 그들의 외적 기준들을 부과하려고 명시적으로, 또는 암묵적으로 시도하였다고 그녀는 주장했다. 소위 정치 철학의 전통이란, 그 정체가 드러나고 보면, 철학의 이성주의적 이미지에서 정치를 개조하려고 진력하였던 전통에 다름 아닌 것이다. 그녀는 우리 사고의 기초를 형성하는 고정 불변의 토대가 있다고 생각하지 않는다는 의미에서 반정초주의자이다. 정초주의와 아르키메데스의 은유에 대한 그녀의 비판은 인식론에 대한 학문적 논쟁에 대한 기여를 의미하지 않는다. 오히려, 대체로 그녀가 관심을 가졌던 것은 난간 없는 사유(Denken ohne Geländer)와 판단을 하려고 노력한 정치적 도덕적 결과들이다. 그녀는 데카르트 이래로 근대 사상의 너무나 많은 부분을 지배해 온 주관성과 자아에 대한 과도한 관심에 대해 비판적이다. 근대의 주된 문제는 자기소외가 아니라 세계소외 — 타자의 관점에서 바라보는 복수의 개인들이 공유하는 공통 세계의 상실[4] — 이다. 아렌트는 표준화를 조장하는 근대사회의 모든 경향들에 대하여 비판적이다. 그녀는 그녀가 자율성과 주권이라는 잘못된 관념으로 여기는 것을 가차 없이 폭로한다. 그녀는 역사적 필연성과 불가피성을 전제로 하는 그러한 모든 거대 내러티브들에 대한 혹독한 비평가이다. 그녀는 (자신이 정치적 평등과 예리하게 구분하는) 사회적 평등에 대한 요구의 근저에는 전염성 있는 원한ressentiment이 놓여 있다는 니체의 의심을 공유한다. 니체와 마찬가지로 그녀는 이 같은 사회적 원한의 허무주의적, 평준화적 귀결들에 대해 경고한다. 아렌트는 잘못된 우상들을 파괴하려는 니체의 시도에 경탄하며, 니체가 우리 시대에 도덕성과 가치들이 얼마나 보잘것없게 되었는지를 탁월하게 폭로한다고 생각한다.

4)'세계소외'의 의미와 그 중요성에 대해서는 HC, 248-256을 참조하라.

그렇다고 해서 아렌트가 탈근대 혹은 후기구조주의라는 용어가 만들어지기 전에 존재한 일종의 탈근대주의자이거나 후기구조주의자라고 말하는 것은 아니다. 비록 그녀에 대한 일부 새로운 해석자들은 그녀를 탈근대주의 사상가라고 주장하고 싶겠지만 말이다. 아렌트는 모든 분류에 저항했던 것과 마찬가지로 이러한 분류에도 저항한다. 반대로 이러한 지적인 '입장들'의 과도함에 대한 비판자로서 그녀의 적실성을 우리가 평가할 수 있는 것은 바로 그녀가 소위 탈근대주의와 후기구조주의 사상가와 아주 많은 것을 공유하고 있기 때문이다. 이러한 탈근대주의 입장들에서 가장 취약하고 가장 만족스럽지 못한 면 가운데 하나는 그들이 정치적 행위를 인도하고 해명하는 데 실패했다는 것이다. 탈근대주의의 흐름에 영향을 받은 그 많은 사상가들이 왜 아렌트에게 끌렸는가를 설명하는 중요한 이유는 그녀가 후기구조주의의 몇몇 통찰 위에 정치에 대한 이해를 발전시킬 가능성을 보여 준다는 데서 찾을 수 있다. 아렌트는 또한 최근의 탈근대적 과도함에 대한 반대 목소리로서도 중요한데, 왜냐하면 그녀는 추상적 휴머니즘의 함정을 피하는 구체적이고 역사적이며 상황 속에 위치한 휴머니즘을 옹호하기 때문이다. 그녀는 분명 반휴머니즘의 시류에 편승하고 있지 않다.

아렌트에 대한 페미니즘적 — 찬성과 반대의 — 해석에도 중요한 발전이 있다. 아렌트 자신은 결코 여성운동에 많은 공감을 한 적이 없었다. 그녀가 남성적인 경쟁의 미덕을 칭송한다고 보고, 여성은 오로지 가정에만 속한다는 전통적 여성 이미지를 강화하는 거부 가능한 공적/사적 이분법을 물화시킨다고 여기는 페미니스트들에게 그녀는 손쉬운 표적이다. 우리는 여기에 대해 아렌트에 대한 — 불행하게도 우세했던 — 표준적 페미니즘의 비판이라는 이름표까지 붙일 수도 있다. 그러나 최근에는, 지배적인 사회적 관계를 받아들이거나 그에 동화하기를 거절하는 여성의 상황에 대한 본보기로서 '의식적 파리아'라는 개념을 평가하는, 그녀의 저작에 대한 보다 섬세한 해석들도 있다. 정치와 공적 공간에 대한 아렌트의 개념이 페미니즘적 정치의 가능성을 다시 생각하는 토대를 제공한다고 주장하는 사람들이 있다. 아렌트에 대한 최근의 페미니즘적 해석에서 중요한 흐름은 그녀의 생각이 페미니스트의 관심을 잠재적으로 조명하고 기여할 수 있는 아주 중요한 자원을 제공한다는 시각이다.[5)]

한편 다른 견지에서, 아렌트에게 영향을 준 철학자들과의 복잡한 관계들에 초점을 맞춘 다양한 연구들이 있어 왔다. 아렌트는 결코 자신이 전문적인 철학자라고 생각하지 않았다. 그녀는 심지어 "나는 철학자 집단에 속하지 않는다"(EU, 1)라고 단언하기까지 했다. 그러나 그녀는 철학의 전통으로부터 통찰과 주제들을 — 풍부한 상상력을 통해 새로운 방법으로 — 전유하고 있었다. 아리스토텔레스, 하이데거, 그리고 칸트는 항상 영감의 원천이었다.[6)] 그러나 우리는 또한 소크라테스, 플라톤, 성 아우구

5)아렌트에 대한 최근의 페미니즘적 해석에 대해서는 Bonnie Honig(ed.), *Feminist Interpretations of Hannah Arendt* (University Park, Pa: Pennsylvania State University Press, 1995) 참조. 아렌트는 인간을 지칭할 때 남성 명사 man와 대명사 he를 사용하는 표준적 용법을 따랐다. 문체상의 난점을 피하기 위해 나는 아렌트의 저술에서 인용한 문장을 다룰 때는 아렌트의 용법을 따랐다.

6)지난 수년간 하이데거와 아렌트의 지적, 개인적인 관계에 대한 집중적 탐구가 있어 왔다. 아렌트가 하이데거의 학생(그리고 연인)이었을 때로부터, 사후에 출간된『정신의 삶』에 나타나는 하이데거에 대한 아렌트의 완숙한 비판에 이르는 길들을 검토하는 몇몇 탁월한 연구들이 있다. 나는 아렌트에 있어서 복수성, 행위, 내러티브, 정치 그리고 실천의 중심성이 하이데거 사유의 기본 주제들에 대한 강한 반응이자 심각한 도전을 나타내는 것임을 강조하는 해석자들의 견해에 동의한다. Jacques Taminiaux, *La Fille de Thrace et le penseur professionnel: Arendt et Heidegger* (Paris: Editions Payot, 1992)와 Seyla Benhabib, *The Reluctant Modernism of Hannah Arendt* (Newbury Park, Calif.: Sage Publications, 1996) 참조. 하이데거와 아렌트 관계에 대한 또 다른 '탈근대적' 해석에 대해서는 Dana R. Villa, *Arendt and Heidegger: The Fate of the Political* (Princeton: Princeton University Press, 1995; 서유경 역,『아렌트와 하이데거』) 참조. 하이데거에 대한 나의 비판은 기본적으로 아렌트적 관점에서 전개되었다. 하이데거는 아렌트가 복수성 개념 — 그녀의 정치사상에 있어서 가장 기본적인 개념 — 을 통해 뜻한 바에 대한 깊은 이해를 가지고 있었다고 나는 생각지 않는다. 더욱이 형이상학과 휴머니즘, 기술의 운명에 대한 하이데거의 강박 관념 속에는 '실천의 망각'과 poiesis에 대한 과도한 억제가 존재한다고 나는 주장한다. 이러한 비판은 *Philosophical*

스티누스, 키르케고르, 니체 그리고 야스퍼스와의 그녀의 지적인 만남들의 중요성을 평가하게 될 것이다.

또한 논의의 전면에 등장한 것으로서, 아렌트에 대한 우리의 이해를 근본적으로 변화시킨, 그녀의 생애와 저작들의 또 다른 차원이 있다. 그녀의 모든 사고가 '개인적 경험'에 근거해 있다고 주장하는 사람들은, 아렌트 자신의 역사적 상황과 그녀의 사고를 자극한 사건들에 너무나 적은 관심을 기울여 왔다. 이러한 무시에는 이유가 있다. 공적/사적 구별은 그녀의 저작들에서 중요했을 뿐만 아니라, 그녀는 지독히도 사적인 사람이기도 했다. 몇몇 친구들을 제외하고는 일생 동안 아렌트에 대해서 그다지 많은 것이 알려지지 않았던 것이다.

아렌트의 삶의 이야기에 대한 상세한 사실들이 알려지게 된 것은 영 브륄Elisabeth Young-Bruehl이 포괄적이고 통찰력 있는 아렌트 전기를 출간한 1982년부터였다. 영 브륄은 아렌트가 교환한 광범위한 서신, 가족 기록, 미간행 원고들, 강연록 그리고 수업 노트들을 접할 수 있었던 최초

Profiles: Essays in a Pragmatic Mode(Cambridge: Polity Press, 1986), 197-220과 "Heidegger's Science?: Êthos and Technology," in *The New Constellation: The Ethical — Political Horizons of Modernity/ Postmodernity* (Cambridge: Polity Press, 1991), 79-141 참조.

최근까지도 학자들이 아렌트와 하이데거 간에 오간 서신들에 대해 검토하도록 허용되지 않았다. 에팅어(Elzbieta Ettinger, *Hannah Arendt and Martin Heidegger* (New Haven: Yale University Press, 1995))는 이 서신들의 발췌본 출간을 최초로 허락받았다. 나는 벤하비브Seyla Benhabib가 "이 자료에 대한 에팅어 씨의 해석은 심리학적이고 편파적이며, 철학이라는 학문적 관점에서 보았을 때는 나이브하다"(*The Reluctant Modernism of Hannah Arendt*, "Introduction — Why Hannah Arendt", n.5)라고 한 것에 동의한다. 스캔들을 만들고 하이데거와 아렌트를 진지한 사상가로 보지 않으려는 목적으로 쓰인 것으로 보이는 관음증적 '폭로' 가운데, 에팅어는 자신이 하이데거나 아렌트의 지적 기여에 대한 관심이 거의 없으며, 그에 대한 아무런 이해도 갖고 있지 않음을 충분히 입증했다. 에팅어의 책이 만들어 낸 소동이 빚어낸 가장 바람직한 결과는 아마도 아렌트와 하이데거 집안의 문헌 관리인이 아렌트-하이데거 서신 전체의 출간을 약속한 것일 것이다. 이로 인해 진지한 학자들은 하이데거와 아렌트 사이의 인간적이고 지적인 관계에 대한 보다 조심스럽고 공개적이며, 섬세한 검토를 위한 기회를 갖게 될 것이다.

인물들 가운데 하나였다. 그녀는 또한 아렌트를 알았던 많은 사람들과 인터뷰할 기회가 있었다. 영 브륄이 밝힌 아렌트의 삶에 관한 많은 세부사항들(아렌트가 18세의 대학생으로 마르부르크에 갔을 때 하이데거와 벌어졌던 연애 사건을 포함하여)과 사건들에 더하여, 영 브륄은 아렌트의 유대인성과 근대 유대 민족의 운명에 대한 그녀의 관심이 그녀의 존재 한가운데 있었다는 감동적인 이야기를 들려준다. 영 브륄의 전기는 아렌트의 유대적 저술과 시온주의적 저술들에 대한 지능적 해석을 위한 역사적 맥락을 제공해 준다. 이러한 저술들은 1978년 펠드먼에 의하여 수집되어 그의 탁월한 서론과 함께 발간되었다. 펠드먼은 유대인 및 시온주의 문제에 대한 아렌트의 아주 중요한 논문들을 함께 모았는데, 이 중 많은 수가 잘 알려지지 않은 유대계 정기 간행물에 실려 있었다.7) 『아이히만』에 대한 소동과 아렌트에 대한 미국 유대인 공동체의 적개심이 부분적인 이유가 되어 이들 저작들은 거의 알려지지 않았고 거의 논의되지 않았다. 영 브륄과 펠드먼은 『전체주의의 기원』의 출간에 앞선 20년 동안 거의 전적으로 아렌트가 파리와 뉴욕에서 다양한 유대인 및 시온주의 조직들을 위해 일했을 뿐만 아니라 그녀의 저작들 대부분이 유대인 문제의 다양한 측면들을 다룬다는 사실을 우리가 깨닫게 해주었다. 두 사람 모두 아렌트의 보다 잘 알려진 이후의 저작들이 유대인에 대한 그녀의 관심에 영향을 받았음을 보여 준다. 레온 보트스타인Leon Botstein(그도 아렌트의 학생이었다)과 같은 소수의 주석가들은 항상 있었는데, 그는 아렌트의 삶과 작업의 이러한 면을 강조해 왔다.

1990년 다그마 바누Dagmar Barnouw는 『시각적 공간 — 한나 아렌트와 독일계 유대인의 경험』을 출간했다. 거기에서 바누는 "계획적인 대량

---

7)불행히도 펠드먼의 모음집 *The Jew as Pariah* (New York: Grove Press, 1978)은 오랫동안 절판되었다. 제롬 콘 Jerome Kohn이 지금 아렌트의 유대인 관련 저술들을 모은 새로운 모음집을 준비하는 중이다.

학살로 끝난 독일계 유대인의 역사"(ix)에 대한 아렌트 자신의 참여와 응답이라는 관점에서 아렌트에게 접근한다. 바누는 이러한 독일계 유대인의 경험에 독특한 것이 무엇인지에 대한 묘사를 예민하게 추구했다. 바누는 영 브륄의 몇몇 해석에는 찬성하지 않았지만, 그녀 자신의 연구는 "사상가, 작가, 행위자로서 아렌트의 자기의식은 그녀의 유대인 유산을 포함한다. 이 사실이 이해될 때까지 아렌트에 대한 판단은 과녁을 벗어날 것이다"[8]라는 앤 fp인Ann Lane의 판단을 지지했다. 영 브륄과 마찬가지로 바누는 아렌트의 서신을 광범위하게 이용하였다. 아렌트에 대한 정보의 가장 풍부한 원천들 중 하나는 그녀의 스승이자 친구인 칼 야스퍼스와의 서신 교환이다. 이 서신 교환은 1926년(아렌트가 하이델베르크에서 야스퍼스의 학생이 되었을 때)부터 야스퍼스가 사망한 1969년까지 계속된다. 이 서신의 내용은 제2차 세계대전 이후 거트루드와 야스퍼스에게 보낸 위문품 속에 들어 있는 베이컨 요리법부터 플라톤과 칸트에 대한 긴 철학적 논의들에 이르기까지 광범위하다. 이 서신 교환에는 관통하는 하나의 주제가 있다. 아렌트와 야스퍼스는 독일, 나치 그리고 유대인 문제로 반복해서 되돌아갔다. 이 서신 교환은 최근에 출간된 한나 아렌트와 매리 매카시Mary McCarthy와의 서신 교환과 더불어 아렌트의 가장 사사롭고 개인적인 생각들에 대한 중요한 자료를 제공해준다. 역사적 맥락 속에 아렌트의 사유를 위치시키는 문헌, 즉 유대인 문제에 대한 아렌트의 응답의 복잡성과 중심성을 보여 주는 문헌은 계속 증가하고 있다. 아이작의 최근 비교 연구인 『아렌트, 카뮈, 그리고 근대의 반항』은 "그들 세대의 중요한 두 정치적 지식인들이 근대 세계의 반항과 공동체 문제에 대해 어떤 예리한 통찰을 제공하는지"[9] 드러낸다. 그리고 이러한 비교 가운데 그는 아렌트의 유대적, 시온주의적 저작들에 대해 핵심적 지위를 부여한다.

---

8)Ann Lane, "The Feminism of Hannah Arendt," *Democracy*, 3 (Summer 1983): 109.
9)Isaac, *Arendt, Camus and Modern Rebellion,* 2.

끝으로 나는 마가렛 카노반의 최근 연구, 『한나 아렌트 — 정치사상 재해석』을 언급하고자 한다. 1974년 카노반은 아렌트의 정치사상에 관한 첫 번째 입문서를 썼다. 그것은 아렌트의 출간 저작들에만 기초해 있었다. 새로운 책에서 카노반은 현재 국회 도서관에 소장되어 있는 아렌트의 미출간 원고들을 광범위하고 현명하게 사용하였다. 카노반은 "아렌트 시대의 가장 극적인 사건들에 대한 응답이 아렌트 사고에서 중심에 놓여 있다"는 것과 "실제적으로 아렌트 정치사상의 전반적인 주제들이 금세기 중반의 정치적 파국에 대한 그녀의 성찰에 의하여 형성되었다는 것"[10]을 설득력 있게 주장하고 세밀하게 보여 주었다. 카노반은 아렌트의 주요 작품들이, 물속에 가라앉은 사유의 대륙에서 삐져나온 섬처럼, 일부는 잘 알려지지 않은 논문에, 일부는 미간행 저작에만 기록되어 있으며, 또 『전체주의의 기원』이 아렌트를 이해하는 중심 텍스트라고 주장한다. 그녀는 아렌트가 말한 전체주의의 의미에 대한 새로운 해석을 제공한다. 아렌트의 미간행 저작들에 대한 그림을 통해 카노반은 『인간의 조건』을 해석하기 위한 새로운 맥락을 제공한다. 카노반 자신은 아렌트의 유대적 저작들에 주된 초점을 맞추지 않는다. 그 저작들 대부분이 『전체주의의 기원』에 앞서 출간되었다. 그러나 아렌트 자신은 전체주의의 이해할 수 없는 갑작스러운 발생(특히 나치의 전체주의)을 이해하려는 자신의 분투가, "유대인 문제와 반유대주의와 같은 아주 작은 (국제정치적으로 별로 중요하지 않은) 현상이 처음에는 나치 운동, 그다음에는 세계대전, 그리고 끝으로 죽음의 공장들 설립의 촉매제가 되었다는 엄청난 사실"(OT3, viii)을 이해하려는 욕구에 의해 촉발되었음을 분명히 한다.

나는 아렌트를 자신의 시대에 일어난 전례 없는 경험과 사건들 — 모든 전통적인 정치적 도덕적 범주들과 기준들에 의문을 제기하게 하는 사

10)Canovan, *Hannah Arendt*, 3, 7.

건들, 유대인들을 20세기 국제정치의 폭풍 한가운데로 밀어 넣은 사건들 — 로 여겼던 것에 대해 응답하는 사상가로 자리매김하는 데 도움이 되는 몇몇 획기적인 일들을 언급했다. 그녀의 생애 이야기와 그녀의 출간 저작들 사이의 연속성과 복잡한 관계를 이해하려는 문헌들이 점차 늘어가고 있음에도 불구하고, 유대인 문제에 대한 그녀의 관심을 그녀의 나머지 생각에서 분리하려는 강한 경향이 강하게 존재한다. 그러한 구분을 하는 데는 분명 충분한 이유가 있다. 만약 우리가 『인간의 조건』이나, 『혁명론』, 『과거와 미래 사이』, 『어두운 시대의 사람들』, 『공화국의 위기』, 혹은 사후에 출판된 『정신의 삶』과 『칸트 정치 철학 강의』에 초점을 맞춘다면, 유대인 문제에 대한 그녀의 관심은 아주 주변적인 것으로 보일 것이 분명하다. 게다가 유대인 문제를 확실히 다룬 그녀의 저작들은 『전체주의의 기원』을 출간하기도 전인 1940년대에 나타난 것으로 보인다.

하지만 나는 유대인에 대한 아렌트의 관심과 그녀의 나머지 저작을 이렇게 나누는 것은 옹호될 수 없다고 주장한다. 나는 그녀가 유대인 문제를 (그것의 복잡하고 다양한 측면에서) 직면함으로써 일생 동안 그녀를 지배했던 근본적인 문제들의 많은 부분을 어떻게 형성하였는지 보여 주기를 희망한다. 아렌트의 생각을 이러한 관점에서 접근함으로써 우리는 그녀의 전체 모습에 대해 더욱 세밀한 해석과 견해를 얻게 된다. 내가 옹호하려는 주장은 단순히 전기적인 것도 환원주의적인 것도 아니다. 나는 독일로부터 도주할 수밖에 없었고 그에 이어 결국 유럽 유대인들의 파괴로 나아간 사건들을 이해하려고 노력했던 독일 태생 유대인 여성 아렌트의 경험이 정치와 행위, 정신의 삶에 대한 보다 일반적인 성찰을 할 기회를 제공했다는 단순한 주장을 하려는 것이 아니다. 또한 나는 유대인 문제와의 아렌트의 만남이 여하튼 그녀의 지적인 관심들 전반을 이해하게 하는 열쇠가 될 것이라고도 생각하지 않는다. 그러한 환원주의적 해석은 서양 전통의 철학적, 문학적, 문화적 역사 속에서 편안함을 느끼는 아렌트 세대의 세속적 독일계 유대인의 교양Bildung을 적절히 다루지 못하게 한다. 아렌트 자신의 사유의 독특성은 복수의 다양한 생각의 흐름들이 서로 얽혀 있는 방식에 있지만, 그러나 이러한 흐름들은 항상 개인적 경험과 구체적인 사건들에 기초해 있다.[11] 내가 보여 주고 싶은 것은, 유대인 문제와 19세기와 20세기에 일어난 반유대주의 정치 형태들에 대한 이해와 응답이라는 관점에서 아렌트에게 접근하는 것이, 그녀 자신의 언어를 사용하자면, 그녀의 생활에서 가장 특징적인 주제들에 대한 이해를 얻기 위한 본질적인 관점이라는 것이다. 그녀가 가장 좋아하는 은유 하나를 사용해 말하자면, 유대인 문제와의 만남은 그녀의 사유를 결정화하는 촉매제였다고 말할 수 있다. 이러한 면에서 나는 유대인 문제에 대한 그녀의 저작들과 나머지 사상 사이에는 전형적으로 인정된 것보다 훨씬 더 강력한 개념적 연관성이 있다고 주장한다.

나는 유대인 파브뉴(parvenu, 졸부)와 유대인 파리아에 대한 아렌트의 중요한 구분에 대한 탐구로 나의 연구를 시작한다. 이 구분은 프랑스계 유대인 사상가 베르나르 라자르Bernard Lazare에게서 배워온 것으로 라헬 파른하겐의 삶을 이야기하는 데 사용했다. 독일계 유대인에 대한 동화정책 — '좋은' (이방인) 사회에 동화되는 개인적 기획으로 이해된 동화정책 — 의 실패를 탐구하기 위한 개념틀을 제공하는 것이 바로 이 개념이다. 아렌트가 라헬 파른하겐에 대해 경탄한 것은, 파브뉴에 대한 라헬의

---

11)아렌트에 대한 많은 주석가들과 비평가들은 그녀의 저작에서 해결되지 않은 긴장과 갈등, 심지어 모순점들이 무엇인지 밝혀 왔다. 그 가운데 일부는 그 해결책이 명확하지만, 일부는 손쉬운 해결책을 제공하지 않는 것들이다. 아렌트의 사유를 이해하는 가장 통찰력 있는 방법은 그녀의 '사유의 흐름'을 따라가는 것이라고 한 마가렛 카노반에 나는 동의한다. 카노반은 다음과 같이 말한다. "아렌트의 정치에 대한 생각은 일련의 복잡하고 상호 연관된 사유의 흐름의 모습을 하고 있는데, 이 과정에서 그녀는 실로 아주 많은 확정적 입장과, 확고한 개념적 구별들, 그리고 상호 연관되는 언명들을 수립하지만, 이러한 것들은 미해결 상태로 또 미완성의 상태로 남아 있다."(*Hannah Arendt*, 6)

지향과 동경에도 불구하고 그녀가 결국 파브뉴가 되는 것에 반항한 것이다. 파른하겐은 자신을 반역자라고 단언한다. 그녀는 자신을 파리아로 단언한다. 이 책을 쓰면서 아렌트는 사회와 정치, 즉 '사회적인 것'과 '정치적인 것' 양자의 중요한 구분을 깨닫게 되었는데, 이 구분은 그녀의 모든 작업의 중심이 되었다. 파브뉴와 파리아의 구분 — 특히, '의식적 파리아'라는 라자르 개념의 전용 — 으로 인해 아렌트는 파리아로서의 유대인의 '숨겨진 전통'을 발견하게 되었다.

아렌트는 1933년 독일에서 도주한 직후 정치적 반유대주의의 최근 역사과 다양성에 대해 탐구하기 시작했다. 유대 민족의 근대사를 반성하면서 그녀는, 유럽 유대인들이 20세기에 자신들에게 닥친 일들에 대하여 그렇게 완전히 무방비 상태였던 이유가 그들에게는 한 민족으로서 정치적 경험이 결여되었기 때문이라는 결론을 내리게 되었다. 만약 유대 민족이 유대인으로서 그들의 권리를 위해 싸우고자 한다면 정치적 행위를 통해서 유대인 해방이 달성될 수 있을 것이라고 아렌트는 주장했다. 민족 국가의 성격, 긴장, 소멸에 대한 아렌트의 최초의 생각은 유대인 문제에 대한 관점에서 나왔다. 프랑스 혁명 이후 인권 선언과 함께 (유대인을 포함한) 모든 인간은 시민권을 얻을 자격이 생겼을 것이다. 그러나 그것은 오직 정치적 권리들이 보장될 수 있는 국가의 맥락에서였고, 유대인들이 정말 유럽의 민족 국가들에 속하는지는 (특히 반유대주의자에 의해) 의문시되었다. 민족 국가의 정치적 반유대주의는 궁극적으로 19세기의 끝 무렵에 훨씬 더 악한 형태의 초국가적인 정치적 반유대주의로 대체되었다. 나치의 이데올로기와 정책에서 결국 그렇게 치명적인 무기가 된 것은 바로 이러한 초국가적인 정치적 반유대주의였다.

비록 아렌트가 사회와 정치 사이의 구분을 주장했고 유대 민족에 의한 정치적 책임과 행위의 중요성을 강조했다 하더라도, 그녀는 처음에는 정치의 의미에 대해서 분명히 알지 못했다. 1930년대 초, 그녀 자신의 정치적 교육을 시작하면서 아렌트는 정치의 의미 — 유대인 정치의 실패와 가능성을 이해하려는 욕구에 의해서 원래 자극되었던 탐구 — 에 대해 관심을 가졌다. 나는 정치에 대한 그녀의 생각에는 강력한 근본적 민중주의적 요소가 내재한다고 주장한다. 그녀는 유대 민족이 다른 억압받는 집단들과 연대하여 유대인으로서 그들의 권리를 위해 싸우는 '아래로부터의' 정치를 주창하였다. 유대 민족에게 자신의 정치적 권리를 위해 싸우라고 하는 아렌트의 초기의 촉구와, 혁명 정신이라는 '잃어버린 보물'을 되찾기 위한 그녀의 나중의 시도 사이에는 직접적인 연관성이 있다. 자신의 무국적성에 대한 경험과 반성들이 어떻게 그녀로 하여금 가장 기본적인 권리가 '권리를 가질 권리', 즉 나치가 유대인에게는 인정하지 않았던 바로 그 권리인 '정치적 공동체에 속할 권리'를 주장하게 하였는지를 보여 주는 가운데, 나는 정치의 의미에 대한 아렌트의 탐구의 단계들을 따라갈 것이다. 추상적 인간 유형과, 생명력 있는 정치 공동체 외부에서조차 모든 인간은 양도할 수 없는 권리를 소유하고 있다는 추상적 권리 옹호에 대한 아렌트의 깊은 회의를 우리가 제대로 평가할 수 있는 것은 이러한 맥락에서이다. 진정한 정치를 구성하는 것과 그것이 인간적 삶을 영위하는 데 얼마나 필수적인지에 대한 아렌트의 가장 깊은 통찰은, 그녀가 전체주의 지배와 테러에 대한 완전한 공포와 직면함으로써만 가능했던 것이다. "모든 것은 가능하다" — 인간 본성의 근본적인 변형을 포함하여 — 는 가정을 시험하기 위한 실험실이었던 이러한 제도들에 대한 탁월한 분석을 아렌트가 제공할 수 있었던 것은, 전체주의적 지배를 위한 가장 중요한 시설인 강제수용소의 "공포에 대해 깊이 생각함"을 통해서였다. 그녀는 전체주의의 궁극적 목적이 어떻게 해서 우리의 인간성을 구성하고 모든 행위와 정치의 토대가 되는 조건인 인간의 복수성, 탄생성, 자발성 그리고 개별성을 파괴하는지 분석한다. 실질적으로 『인간의 조건』과 『혁명론』에서 다루어지고 있는 행위, 자유, 공적 영역과 정치에 대한 아렌트 이해의 모든 요소는 나치의 전체주의에 대한 그녀의 연구에 함축되어 있고 그것으로부터 나온 것이다.

처음에 그녀를 시온주의로 이끌었던 것 — 또한 시온주의와의 결별에 책임이 있는 것 — 은 유대인 정치에 대한 관심이었다. 시온주의자들은 유대인들이 정치적 책임을 맡아야 하고 정치적 행위에 참여해야 한다는 그녀의 확신을 공유한 유일한 집단이었다. 그러나 아렌트는 시온주의 이데올로기와 정치에서 나타난 수정주의적 경향들에 대해 비판하고 또 그로 인해 실망했다. 그녀는 아랍인-유대인 협력에 근거한 유대인 조국에 대한 생각에는 찬성했지만, 유대인 주권 국가에는 강하게 반대했다. 민족 국가와 국민의 주권 관념에 대한 아렌트의 전반적인 비판은 동료 시온주의자들과의 논쟁 속에서 예리해졌다. 아렌트가 정치 공동체에 존재하는 다양한 시각들의 환원불가능성과 필요성, 그리고 의견들의 충돌을 평가하게 되었던 것 또한 이러한 논쟁의 맥락 속에서였다. 아렌트는 자신을 반시온주의자가 아니라 '충성스러운 반대파'의 일원이라고 생각했다.

아렌트의 가장 독창적이고 중심적인 생각 중의 하나는 '평의회 체제 council system'이다. 그녀가 19세기 민족 국가와 20세기 전체주의에 대한 가능한 대안으로 본 것은 평의회들 — 자유의 섬들 — 의 연방이다. 아렌트가 실패로 끝난 12일간의 헝가리 혁명에 대해 그렇게 열광적이었던 주된 이유는 평의회가 다시 한 번 자발적으로 나타났기 때문이다. 이러한 평의회들의 지속적인 발생(그리고 소멸)은 그녀가 '근대의 가장 내밀한 이야기'라고 불렀던 것이다. 평의회들은 근대의 혁명 정신 — 잠깐 나타났다가 다시 사라지는 보물 — 의 현시였다. 그러나 평의회 체제에 대한 아렌트의 생각이 아랍인-유대인 지역 연합 평의회 — 아렌트가 유대 민족 국가에 대한 대안으로 제시한 정치 구조 — 라는 유대인 조국의 정치적 구조에 대한 그녀의 생각 속에서 발생했다는 사실은 거의 주목받지 못했다. 직접적인 정치적 행위에 참여했던 자신의 생애 중 짧은 한 시기에 아렌트는 팔레스타인에 아랍인들과 유대인들의 이중 민족 국가binational state를 만들자고 주장한 유다 마그네스Judah Magnes와 그의 단체인 이후드Ihud에 가담했었다.

1945년 아렌트는 "악에 관한 문제가 전후 유럽의 지적인 삶의 근본 문제가 될 것이다"라고 썼다.12) 비록 유럽(혹은 그 밖의 다른 지역)에서 이 문제에 몰두한 지식인들은 거의 없었지만, 그것이 아렌트에게는 정말로 '근본 문제'가 되었다. 그것은 먼저 그녀가 '공포' — 죽음의 수용소와 최종 해결책이라는 끔찍스러운 일들 — 에 대하여 '깊이 생각하는' 가운데 생겨났다. 그녀가 절대적 혹은 근본적인 악의 의미에 대해 첫 번째로 성찰하기 시작한 것은 이러한 맥락에서였다. 나는 아렌트가 근본악 개념으로 의미했던 (혹은 의미하지 않았던) 것과, 어떻게 근본악이 인간을 불필요하게 만드는 계획적이고 불손한 시도와 연관될 수 있는지를 명백히 하고자 한다. 나는 근본악에 대한 그녀의 이해가 악의 평범성에 대한 그녀의 나중의 개념과 양립할 수 있다고 주장한다.

끝으로, 그토록 열띤 논쟁을 불러일으켰던 책 『아이히만』에 주목할 것이다. 나는 가장 큰 스캔들을 일으켰던 문제, 즉 유대인회(Judenräte, 나치 명령을 수행하는 임무를 띠고 나치에 의해 구성되었다)에 대한 그녀의 논의와 악의 평범성에 대한 주장의 정확한 의미에 초점을 맞출 것이다. 나는 악의 평범성이라는 말로 그녀가 의미하는 것과 이 개념 사용의 정당성을 밝히려는 그녀의 다양한 시도들을 살펴볼 것이다. 아이히만 재판에서 아렌트가 보았다고 주장한 악의 평범성이라는 '사실적 현상'은 정신의 삶에 대한 연구의 주요 원천들 중 하나이다. 어떻게 해서 '괴물 같은 동기' 없이 '괴물 같은 행위'를 수행할 수 있었는지 이해하기 위한 토대를 구성하는 것이, 사유와 판단에 있어서의 아이히만의 무능이라고 아렌트는 주

12) "Nightmare and Flight," *Partizan Review* 12/2 (Spring 1945), 259. 이 글은 EU에 수록됨.

장했다. 나는 악의 평범성을 이해하는 열쇠가 사유와 판단의 실패라는 그녀의 주장에 담긴 몇 가지 문제들을 탐구할 것이다.

이 연구 전반에 걸친 나의 주된 목적은 아렌트가 생각하고 말하고 행동한 것 — 그리고 그 이유 — 에 대하여 이해하는 것이었다. 나는 유대인 문제가 (그 다양한 측면에서) 아렌트를 이해하는 데 얼마나 중요한지에 대한 것뿐만 아니라, 이러한 견지에서 그녀의 작업에 접근하는 것이 그녀의 삶과 작업의 이런 측면을 무시하거나 경시하는 해석들에 대해 어떤 교정점을 제공하는지 보여 주고자 한다. 아렌트 자신이 주장하는 대로, 이해는 판단과 비판과 양립할 수 없는 것이 아니다. 오히려 이해 그 자체는 비판적인 판단을 요구한다. 따라서 비록 나의 주된 자세가 공감적 대화의 자세라고 하더라도, 나는 내가 그녀의 생각이 불완전하거나 적절하지 않거나, 혹은 만족스럽지 못하다고 발견한 중요한 몇 가지 부분들을 지적하는 데 주저하지 않았다.

죽기 얼마 전 아렌트는 "내가 한 모든 것과 내가 쓴 모든 것 — 그 모든 것 — 이 임시적인 것이라고 말하고 싶다. 나는 모든 사유가 …… 임시적이라는 특성을 가지고 있다고 생각한다"(RPW, 338)고 말했다. 아렌트가 단순히 겸손하려고 했던 것이 아니다. 아렌트에 따르면, 임시적인 특성은 모든 진정한 사유의 가장 독특하고 전형적인 특징이다. 아렌트는 자신이 소크라테스에게서 무엇을 존경하는지 예를 들었다. 그것은 소크라테스 자신이 스스로에 대해 느낀 당혹감들을 다른 사람들에게 옮김으로써 생각을 하게 만드는 능력이었다.[13] 이 연구 전반에 걸쳐 나는 아렌트 자신의 당혹감들을 공유하고자, 즉 아렌트와 함께 그리고 때로는 아렌트에 반대해서 생각하려고 노력하였다.

---

13) '산파', '쇠파리', '전기가오리'로서의 소크라테스에 대한 아렌트의 논의(LM, 166-179)를 참조하라.

1 의식적인 파리아 : 반역자이자 독립적 사상가

유년 시절 아렌트가 유대교나 유대인 문제에 대해 관심이 부족했던 것은 자료를 통해 잘 드러난다. 그녀는 우리에게 다음과 같이 말한다.

> 나는 오래된 쾨니히스베르크 집안 출신이다. 그럼에도 내가 어린아이였을 때 '유대인'이라는 말은 결코 등장하지 않았다. 나는 그 말을 거리의 아이들로부터 반유대적인 말 — 그것들을 반복할 가치는 없겠다 — 을 통해서 만났다. 이후 나는 소위 '계몽'되었고…… 어린아이 — 당시 나는 다소 나이 많은 아이였다 — 로서 나는 내가 유대인처럼 생겼다는 것을 알았다. 나는 다른 아이들과 다르게 생겼다. 나는 그것을 무척 의식했다. 그러나 그것은 나를 열등하게 느끼도록 만드는 방식으로가 아니라, 그냥 그러했다는 것이다. …… 〔어머니는〕 결코 내가 세례를 받게 하려고 하지 않았다! 만약 내가 유대인이라는 것을 부인하고 어머니가 그것을 알게 되었다면 나의 뺨을 이쪽저쪽으로 때렸을 것이라고 나는 생각했다. 말하자면, 그것은 상

상할 수 없는 일이었다. 불가능한 일이었던 것이다![14]

아렌트는 한 세기에 걸친 독일계 유대인의 동화 및 '해방'에 의해 형성된 사회 문화적 환경에서 자랐다. 이 시기에 그녀의 부모처럼 계몽된 많은 세속 유대인들은 그들의 유대인 배경을 더 이상 부인할 필요가 없다고 느꼈으며, 독일 문화의 삶 속에 완전히 참여하기 위해 [기독교식] 세례를 받는 것을 더는 고려할 필요가 없다고 느꼈다. 유대인이 되는 것과 독일인이 되는 것 사이에는 어떤 심각한 갈등도 없다고 믿는 것은 너무나 쉬웠다. 몇몇 저명한 독일계 유대인들 사이에서는, 유대교와 독일 문화 사이의 특별한 유사성이 있다는 강한 신념마저 존재했다. 아렌트는 반유대주의로 인한 사건을 이따금씩 겪었다. 그러나 초년에 어머니는 그녀에게 스스로를 지키도록 가르쳤다.

비록 아렌트의 반항적인 사춘기가 많은 동료 유대인들(한스 요나스, 발터 벤야민 그리고 게르숌 숄렘을 포함한)에게 영향을 준 독일 시온주의 운동의 성장기와 일치하기는 했지만, 아렌트는 시온주의에 무관심했다. 친할아버지인 막스 아렌트는 시온주의에 대해 적대적이었고, 독일에 대한 자신의 충성심에 의혹을 던지는 어떠한 암시에도 불쾌감을 느끼는 전형적인 계몽된 독일계 유대인이었다. 아렌트가 성년에 이르렀을 때, 그녀의 상상력을 사로잡은 것은 독일 시, 언어 그리고 철학이었다. 유대인 여성이라는 것은 『아이히만』에 관한 게르숌 숄렘과의 유명한 논쟁에서 그녀가 언급했듯이, "나의 삶에 대한 반박할 수 없는 사실적인 자료들 중 하나"였다 — 그러나 큰 중요성이나 의미는 없었다.[15] 같은 편지에서 그

14)"What Remains? The Language Remains: An Interview with Günter Gaus" (translation of "What Bleibt? Es Blebt die Muttersprache," in Günter Gaus, *Zur Person: Porträts in Frage und Antwort* (Munich: Feder Verlag, 1964), 13-32. In EU, 6-7. 아렌트의 어린 시절에 대한 상세한 내용은 영 브륄의 전기를 참조하라. Dagmar Barnouw, *Visible Spaces: Hannah Arendt and the German-Jewish Experience* (Baltimore: Johns Hopkins University Press, 1990)도 참조하라.

15)Hannah Arendt and Gershom Scholem, "'Eichmann in Jerusalem': Exchange of

녀는 다음과 같이 말했다. "어렸을 때 나는 역사에도 정치에도 관심이 없었다. 만약 내가 '어느 곳 출신'이라고 언급된다면, 그것은 독일 철학의 전통일 것이다."(JP, 245-246) 1964년의 이 언급은 1933년에 그녀가 스승이자 친구인 칼 야스퍼스에게 쓴 것과 일치한다. "나에게 독일은 모국어, 철학 그리고 문학을 의미합니다."[16] 20대 초반까지 아렌트는 하이데거, 후설, 야스퍼스, 구아르디니Romano Guardini 그리고 불트만을 포함한 독일의 저명한 철학자와 신학자들에게서 수학했다. 시온주의에 대한 미세한 첫 관심의 빛을 우리가 발견할 수 있는 것은 그녀가 야스퍼스의 지도를 받아 성 아우구스티누스에 대한 논문을 쓰기 위해 갔던 하이델베르크에서의 학창 시절 동안뿐이다. 1926년, 어떤 본질적인 관심이라기보다는 한스 요나스에 대한 우정 때문에 아렌트는 독일 시온주의 운동을 선도하는 대표자였던 쿠르트 블루멘펠트Kurt Blumenfeld의 강의에 참석했다. 엘리자베스 영 브륄은 재치 있게도, 블루멘펠트의 강의는 "한나 아렌트를 시온주의로 전향시키지는 않았지만", 평생지기가 된 "블루멘펠트 쪽으로 전향시켰다"고 썼다.(YB, 71)[17] 이 시기 동안 — 1920년대 초 — 아렌트

Letters between Gershom Scholem and Hannah Arendt", *Encounter,* 22/1 (1964); JP, 246에 재수록.

16)이 말은 아렌트가 칼 야스퍼스에게 보낸 초기 편지 속에 등장한다. 야스퍼스는 아렌트에게 막스 베버에 대한 자신의 저서를 보냈었다. 아렌트는 야스퍼스의 주장, 즉 베버에게서 '독일적 본질'을 발견하였고 이 본질은 '열정에 기원을 둔 합리성과 인간성'이라고 보는 주장에 반대했다. 이로 인해 '독일적 성격'과, 독일인과 유대인 사이의 관계에 대한 활발한 서신 교환이 있었는데, 그들은 오랜 서신 교환 가운데 자주 이 주제로 돌아갔다. 특히 1933년 1월 1일, 3일, 6일자 편지를 참조하라. 15-19.

17)아렌트와 블루멘펠트 사이에 오간 편지들을 멋지게 편집한 서한집『다른 것과 바꿀 수 없는』*Die Korrespondenz*, ed. Ingeborg Nordmann and Iris Pilling (Hamburg Rotbuch Verglag, 1995)은 불행하게도 내 저서가 인쇄 과정에 들어간 다음에 출간되었다. 이 서한집은 아렌트와 야스퍼스, 또는 아렌트와 매카시 사이에 오간 서신과는 아주 다른 성격을 갖고 있다. 그 편지들은 보다 쾌활했고, 유대인, 시온주의, 이스라엘 문제 등에 대해 무자비할 정도로 솔직했다. 대부분의 편지는 1950년대에서 1963년에 블루멘펠트가 죽기 전까지의 기간에 쓰였지만, 이때는 아렌트가 유대인 문제에 대해 직접 다룬 것은 거의 없었다. 그러나 블루멘펠트와 교환한 서신들은 이 시기에 아렌

는 지적으로 그리고 아마도 더욱 중요하게는 정서적으로, 유대인과 시온주의에 대한 관심에서 멀리 떨어져 있었다. 그녀는 "소위, 유대인 문제는 지루하다"(C, 197)고 생각했다. 그녀는 기독교 사상의 섬세함에 훨씬 더 열정적으로 관심을 가졌고, 키르케고르와 성 아우구스티누스에게 매혹되었다. 그녀는 젊은 하이데거에게 매료되었는데, 그는 독일에서 많은 지적인 자극의 원천이었다.[18]

역사를 거꾸로 읽을 위험, 다시 말해 그 시기 독일에서 발생한 일로 이미 우리가 알고 있는 것 — 야스퍼스는 국가사회주의와 전염성 강한 반유대주의의 불길한 성장을 "경로에 있는 모든 것에 퍼져 집어삼키는 포자성 질병"에 비유했다(C, 273) — 에 의해 미묘한 영향을 받을 위험은 항상 존재한다. 그러나 우리가 아렌트의 삶에서 머지않아 일어나게 될 근본적 변화를 이해하려 한다면, 그녀가 경험한 독일 문화의 압도적인 **분위기** Stimmung에 민감할 필요가 있다. 이 시기 세속적 독일계 유대인의 문화적 삶 속에 내재한 비극적 역설 중 하나는, 독일 문화에 참여하고 그것을 활용하는 데 어떤 심각한 장벽도 없다고 사람들이 쉽게 믿을 수 있었다는 것이다. 역설적으로 독일의 대학은 유럽의 다른 어느 대학보다 — 심지어 미국의 대학보다 — 더 계몽되고, 세속 유대인들에게 더 개방적이며 더 수용적으로 **보였다**. 그녀가 대학에서 연구를 수행하는 동안 — 여성 혹은 유대인으로 — 그 어떤 심각한 차별을 겪었다는 증거는 없다. 어느 누구도 젊은 유대인 여성이 성 아우구스티누스의 기독교적 사랑 개념에 대해 글을 쓰는 것의 적합성을 문제 삼지 않았다. 아렌트는 유대인 동료와 비유대인 동료 사이에서 자유롭게 행동했다. 그녀는 교사들로부터 존중과

트가 유대인 문제에 얼마나 깊은 관심을 가지고 있었는지를 보여 준다. (아렌트와 블루멘펠트의 관계에 대해서는 Barnouw의 *Visible Spaces*도 참조하라.)

18)Arendt, "Martin Heidegger at 80", *New York Review of Books,* 17/6(Oct. 21, 1971), 50-54. *Heidegger and Modern Philosophy,* ed. M. Murray (New Haven: Yale University Press, 1979), 293-303에 재수록.

칭찬, 격려를 받았다. 그녀는 늘 약간 수줍어했지만, 총명함과 재치, 재능으로 인해 찬사를 받았다. 그녀가 곧 전기를 쓰게 될 라헬 파른하겐과 달리 아렌트는 유대인으로 태어난 것이 결코 '부끄러움'이나 '비참함'이나 혹은 '불행'의 원천이라고 느끼지 않았다. 아렌트는 파브뉴가 되겠다는 유혹을 받았던 적도 없고, 그녀가 '예외적' 또는 '특권적' 유대인이라고 부른 사람들을 경멸하고 멸시했다. 아렌트는 — 나중에 그렇게 판단했던 것처럼 — 순진했을지도 모르지만, 그러나 특히 하이데거, 후설 그리고 야스퍼스로부터 받은 지적 자극들과 비교해 볼 때 '유대인 문제'가 그녀에게 왜 그렇게 지루하게 보였는지 이해하는 것은 어렵지 않다.

쿠르트 블루멘펠트는 아렌트에게 베르나르 라자르의 저작들을 소개했는데, 라자르는 아렌트가 심취한 인물들 중 하나가 되었다.[19] 라자르는 아렌트 자신의 유대 정치 교육에 있어서 중요한 인물이었으며, 아렌트는 심지어 그가 동료 유대인들로부터 종국에는 무시되고 고립되었던 모습에서 동류 의식을 느끼기도 했다. 유대인은 버림받은 파리아 민족이라는 라자르의 생각, 특히 유대인에게 억지로 내던져진 버림받은 상태에 반항하고 이를 자신의 권리를 위한 투쟁에의 도전으로 변형하는 '의식적 파리아'라는 초상은 아렌트의 상상력에 불을 붙였다. 파리아는 파브뉴와 뚜렷이 구분되는데, 유대인 파브뉴란 자신의 버림받은 상태로부터 탈출하여 유대인을 파리아로 취급하는 사회에 수용되고 동화되려고 필사적으로 노력하는 사람이다. 아렌트에게 라헬 파른하겐의 삶을 이야기하기 위한 개념적 틀을 제공한 것은, 사기와 자기기만을 통해 버림받은 상태에서 벗어나려고 하는 '출세주의자social climber'와 반항자로서의 의식적 파리아를 구별한 태도였다. 이것은 독일계 유대인 동화정책과 소위 해방이라는 기획 — 계몽주의의 유산이란 견지에서 볼 때 오직 근대에만 가능했던

19)아렌트는 라자르의 저서 『욥의 똥덩어리*Job's Dungheap*』(New York: Schocken Press, 1949)의 영역본을 편집하고 서문을 썼다.

기획 — 의 궁극적 실패라고 아렌트가 생각한 것에 대한 연구 수단이 되었다. 우리는 의식적 파리아와 파브뉴에 대한 이러한 구별이 사회와 정치의 구분을 정식화 — 그녀는 나중에 이를 기술하여 '사회적인 것the social'과 '정치적인 것the political'으로 구분한다 — 하기 위한 아렌트의 모색과 어떻게 뒤얽혀 있는지 보게 될 것이다. 이는 그녀의 정치사상에서 근본적인 구분 가운데 하나이다(그녀의 사상적 발전 과정에서 몇 차례 변화를 겪기는 했지만).

라헬 파른하겐의 전기에서 '사회'란 주로 '상류사회', '좋은 사회', '귀족사회' — 어떤 이가 날 때부터 속하거나 배제되는 형태의 사회 — 를 의미한다.[20] 이것은 『인간의 조건』에서 발견되는 이해와는 전혀 다르다. 여기에서 '사회적인' 것이란, 정치의 품위와 자율성을 삼켜 버리고 파괴할 위험이 있는 관료제적 가정 경영이라는 근대의 특수한 형태로 확인된다. 그것은 또한 아렌트가 '사회 문제' — 미국 혁명과 프랑스 혁명의 차이를 분석하는 데 아주 두드러진 역할을 한 집단 궁핍의 문제 — 라는 말로 의미하는 것과도 다르다.[21]

그럼에도 '사회'와 '사회적인 것'의 이 같은 상이한 용례와 의미들을 관통하는 일관된 흐름이 있다. 아렌트는 사회 속에서 사람의 정체성을 찾으려는 열망, 혹은 모든 공적인 범주들을 사회적 범주들로 제한하고 환원시키려는 열망을 진정한 정치와 자유, 인간의 존엄성을 위협하는 것으로 일관되게 보았다. 이러한 위협에 대한 첫 번째 반성은, '좋은 사회'의 구성원

20)'사회'의 의미에 대한 상세하고 통찰력 있는 분석, 특히 아렌트의 라헬 파른하겐 전기에서 사용된 의미에 대한 분석에 대해서는 Pitkin의 "Conformism, Housekeeping, and the Attack of the Blob"를 참조하라. Seyla Benhabib의 "The Pariah and Her Shadow", *Political Theory,* 23 (Feb. 1995), 5-24도 참조할 것.

21)『혁명론』 제2장 '사회적 문제' 참조. Richard J. Bernstein, "Rethinking the Social and the Political", in *Philosophical Profiles: Essays in a Pragmatic Mode* (Cambridge: Polity Press, 1986), 238-259도 참조할 것.

이 되려는 파브뉴의 수단인 독일계 유대인 동화정책이란 기획에 대한 아렌트의 비판에서 진행되었다. 우리는 또한 파브뉴와 파리아 사이의 이러한 구별이 근대성, 계몽주의의 유산, 고전적 자유주의에 대한 아렌트의 복잡하고 상반되는 태도와 어떻게 연관되는지 보게 될 것이다. 계몽주의가 정치적 권리를 전면에 놓았음에도 불구하고, 이러한 것들은 '인간의 권리' — 추상적 인간의 권리 — 로 이해되었다. **유대인으로서** 유대인의 권리를 인정하는 곳은 없었다. 그래서 역설적이게도 계몽주의에 의해 형성된 '해방'은 어떤 이의 유대인성**으로부터의** 해방(즉, 유대인으로서의 유대인 해방이 아니라 유대인의 자살)을 뜻하게 되었다. 유대인을 유대인으로 인정하는 것에 그토록 많은 저항과 불관용이 존재했던 이유를 파악하기 위해 근대를 어떻게 이해해야 하는가 하는 문제, 즉 유대인 문제에 아렌트가 주의를 기울였을 때, 이 문제는 중심적인 것이 되었다. 그녀는 유대인을 **유대인으로** 인정하는 것에 대한 이러한 실패를 나치 전체주의의 발생과 직접적으로 관련된 것으로 간주하게 되었다. "유럽 민족의 공동체는, 그의 가장 약한 구성원이 배제되고 박해되도록 내버려 두었을 때, 그리고 바로 그 이유 때문에 산산조각이 났다."[22)]

우리는 또한 버림받은 천한 민족 속에서 의식적 파리아라는 아렌트의 자기 이해 — 자기 민족 가운데에서조차, 국외자라는 도전과 **책임**을 받아들이는 것 — 가 독립적 사상가로서의 자기 이해와 어떻게 관련되는지를 탐구하게 될 것이다. 그러나 이러한 동기들이 어떻게 구체화되기 시작했는지를 보기 위해 우리는 그녀가 대학교수 자격논문(독일 대학에서 강의하기 위해 요구되는 두 번째 논문)을 위해 1929년에 저술하기 시작하여 파리에서 무국적자로 살았던 1930년대 중반에 완성한 파른하겐의 전기로 돌아갈 필요가 있다. 그녀는 1957년에 와서야 이 책을 출판하였고, 미

---

22) Arendt, "We Refuges," *Menorah Journal*, 31 (Jan. 1943); JP, 66에 재수록.

국판은 그녀가 사망하기 1년 전인 1974년에야 나왔다.

아렌트가 라헬 파른하겐의 '전기'를 쓰려고 결심한 것은 거의 우연이었다. 그녀는 학위논문인 『성 아우구스티누스의 사랑 개념』을 완성한 후 자신이 지적으로 몹시 사랑한 것 가운데 하나인 독일 낭만주의의 기원에 주의를 돌렸다. 그때 라헬 파른하겐의 매혹적인 편지를 발견했는데, 그녀는 라헬 파른하겐이 "독창적이고 오염되지 않았으며, 관습에 얽매이지 않는 지성인으로서 사람들을 빨아들이는 듯한 관심과 진정으로 열성적인 천성이 결합되어 있음"(OT3, 59) — 이는 아렌트 자신에게 완전히 적절한 표현이다 — 을 알게 되었다. 라헬(그녀의 개인적인 편지를 읽은 사람들이 애정 넘치게 부르는 이름)은 1771년에 태어나, 베를린에 있는 그녀의 유명한 다락방 살롱으로 유명해졌는데, 이 살롱은 독일 사회의 가장 다양하고 재능 있는 사람들로 구성되어 흥미를 끌었다. 그녀는 또한 괴테 숭배 모임의 창시자였다. 남편(그녀보다 14세 연하)이 편집한 그녀의 광범위한 편지들은 그녀의 삶과 시대, 교우, 염원, 희망, 사랑 그리고 절망에 대해 엄청나게 자세하고 통찰력 깊은 세밀한 초상을 제공했다. 칼 아우구스트 파른하겐에 의해 선택적으로 편집된 라헬 파른하겐의 편지들로부터 그려진 이상화된 초상은 그녀를 왜곡하고 위조하는 것이라고 아렌트는 주장했다. 그는 라헬의 유대인 정체성과의 투쟁을 의도적으로 모호하게 했고, 심지어 라헬의 편지에서 유대인 친구들에 대한 언급을 숨기기까지 했다.[23] 라헬이 살아가면서 '불행', '부끄러움', '비참함'으로 간주했던 것에서 벗어나려고 노력하면서 성년시절의 일부를 보냈던 방식 — 유대인으로 태어나, 유대인을 유대인으로는 실제로 결코 받아들이지 않는 사회에 동화되려고 노력했던 방식 — 에 아렌트는 특히 흥미를 느꼈다. 라헬은 파브뉴의 역할을 하려고 애쓰는 동시에 국외자로서 자신의 파리아

23)라헬 편지들의 편집에 대해서는 RH의 서문에 나오는 아렌트의 논의를 참조할 것. 칼 야스퍼스의 라헬 묘사에 대한 아렌트의 반박에 대해서는 C, 198을 참조할 것.

상태를 포기하지 않고 반항하는, 모순적이고 상반되는 충동들로 가득 차 있었다.24) 따라서 라헬의 삶의 이야기는 독일계 유대인 동화정책의 초기 단계에 놓인 세속 유대인의 이중 속박을 연구하기 위한 수단이 되었다. 아렌트는 라헬에 대해 상반되는 감정을 느꼈을 뿐만 아니라 라헬의 생애에 대한 자신의 **연구**에 대해서도 상반된 감정을 느꼈다. 1957년, 마침내 책의 출간에 동의하면서 그녀는 서문에 다음과 같이 썼다.

> 라헬의 성격에 대해서 책을 쓰는 것은 결코 나의 의도가 아니다. 그것은 작가가 외부로부터 도입하는 심리학적 기준과 범주들에 따라서 다양한 해석의 대상이 될 수 있다. …… 내가 관심이 있는 것은 오로지 라헬의 삶에 대한 이야기를 그녀 자신이 말했을 것처럼 생각되는 대로 이야기하는 것이다.(RH, xv)

아렌트는 심리학적 (그리고 정신분석학적) '기준들'과 '범주들'을 언제나 의심했다 — 심지어 적대적이기까지 했다. 이러한 것들은 본질적으로 환원주의적이고 현혹적이라고 아렌트는 느꼈다. 아이러니하게도, 자칫 추상적이 되기 쉬웠을 그녀의 전기의 미덕 가운데 하나는 라헬의 성격을 꿰뚫어보는 심리적 통찰력이다 — 특히 라헬의 낙담한 애정을 다루는 데 있어서의 예민함 말이다. 실제로 아렌트는 "라헬의 삶에 대한 이야기를 그녀 자신이 자기에 대해 말했을 것처럼 생각되는 대로 이야기"하지는 않았다. 오히려 라헬이 그렇게 **말했어야** 마땅하다고 생각한 것을 이야기했다.25)

24)아렌트가 자신을 라헬 파른하겐과 동일시한 것에 대해 몇몇 주석가들이 강조했다. 아렌트가 라헬이 매력적이면서 동시에 '참을 수 없는' 사람임을 발견했던 것은 의심의 여지가 없다. 그녀는 심지어 라헬에 대해 "비록 그녀가 약 100년 전에 죽기는 했어도 나의 가장 가까운 친구이다."(YB, 56)라고 말하기도 했다. 그러나 라헬과 달리 아렌트는 결코 파브뉴의 역할에 유혹받지 않았다. 아렌트는 자신이 유대인 여성임을 결코 수치로서 경험하지 않았다.

라헬의 유대인 정체성에 대한 아렌트의 초점은 책을 시작한 방식에 의해 극적으로 설명된다. 아렌트는 라헬의 남편이 그녀가 임종하면서 했다고 한 말을 인용한다.

> "오, 역사여! — 이집트와 팔레스타인에서 도망쳐 나온 도망자가 저예요. 그리고 당신 민족에게서 도움과 사랑을 얻고 키워졌죠. 나는 나의 이런 기원들과, 인류의 가장 오랜 기억이 가장 최근의 발전과 나란히 설 수 있게 한 운명의 전체적 연관을 정말 황홀하게 생각해요. 가장 먼 시간과 공간을 잇는 다리가 놓여졌어요. 평생토록 가장 부끄럽게 여겼던 것, 내 삶의 비참과 불행이었던 바로 그것 — 유대인 여자로 태어난 것 — 을 나는 이제 결코 잊지 않기를 바라야 해요."(RH, 3)

놀랍게도 아렌트는 이렇게 논평한다. "그녀가 태어나기 1700년 전에 시작되었고, 그녀의 삶 동안 중대한 격변을 겪었으며, 죽은 지 100년 후 — 라헬은 1833년 3월 7일에 사망했다 — 에 일단락될 문제에 익숙해지는 데 63년의 세월이 필요했다."(RH, 3)

아렌트가 라헬의 삶에 대해 서술한 바와 같이, 라헬이 저항하고 스스로를 유대인 파리아 여성으로 긍정했던 것은, 사회에 수용되려는 자신의 목표에 가장 근접한 바로 그때 — 이방인과 결혼하여 세례를 받고, 이름을 라헬 레빈에서 앙투안 프리데릭 파른하겐으로 개명했을 때 — 였다.

---

25)1952년에 야스퍼스에게 글을 쓰면서 아렌트는 자신의 접근법에 대해 보다 정확하게 다음과 같이 진술한다. "내가 하고자 하는 것은 그녀가 자기 자신과 논쟁한 방식대로 제가 그녀와 논쟁을 지속하는 것입니다. 그리고 항상 그것은 그녀가 접할 수 있었고 또 어느 정도 타당한 것으로 받아들일 수 있는 범위 내에서입니다."(C, 200) RH에 대한 몇 가지 탁월한 논의는 다음과 같다. YB의 제3장, "The Life of the Jewess". Barnouw, *Visible Space* 제2장 "Society, Parvenu and Pariah: The Life of a German Jewish". Pitkin, "Conformism, Housekeeping, and the Attack of the Blob". Benhabib, "The Pariah and Her Shadow". Sybille Bedford, "Emancipation and Destiny", RH에 대한 서평, *Reconstructionist,* 2 (Dec. 1958), 22-26.

> 유대인으로서 라헬은 언제나 국외자였고 파리아였었다. 마침내 라헬은, 불행하게도, 사회로의 진입이란 것이 거짓을 대가로 한다는 것, 다시 말해 단순한 위선을 넘어선 총체적인 거짓을 행하는 대가를 치르고서만 가능하다는 것을 알게 되었다. 필연적으로 파브뉴는 모든 자연스러운 충동을 희생시키고 모든 진실을 숨기며, 모든 사랑을 오용하고 모든 열정을 억제할 뿐만 아니라 그것을 사회적 신분 상승의 수단으로 바꿔야 한다는 것을 그녀는 발견했다.(RH, 208)

우리는 동화를 개인이 한 집단에 융합되고 섞이는 과정으로 생각하는 경향이 있다. 그것은 수동적이거나 능동적일 수 있다. 그러나 이것은 아렌트가 동화라는 말로 의미했던 것이 아니다. 그리고 그것은 그녀가 독일계 유대인의 맥락에서 확인하고자 했던 것이 아니다. 오히려 동화는 '모든 자연스러운 충동'의 희생과 열정의 억제를 요구하는 **공격적인** 행위의 성격을 띠고 있었다. 그것의 "대가는 — 라헬이 깨달았듯이 — 스스로에게 거짓을 행하는 것이며 자기기만의 강제였다." 그런 동화의 논리는 사회의 반유대주의에 동화되고 그것과 한 몸이 될 것을 요구했다!

> 어떤 동화도 이질적인 과거를 묵살하지 않고 그저 포기하는 것만으로 성취될 수 없다. 사회 전체가 유대인에게 적의를 갖고 있는 곳에서는 — 20세기에 이르기까지 이러한 상황은 유대인이 거주하는 모든 나라에서 폭넓게 전개되었는데 — 반유대주의에 함께 동화됨으로써만 동화가 가능하다. 다른 사람들과 완전히 똑같은 평범한 사람이 되길 원한다면, 오랜 편견들을 새로운 편견으로 바꾸는 수밖에 다른 길이 없다. 그렇게 하지 않는 사람은 본의 아니게 반역자가 되고 — "그러나 결국 나는 반역자다!" — 유대인으로 남는다. 그리고 어떤 사람이 스스로의 기원을 부인하는 모든 결과를 감수하면서 그렇게 하지 않은 사람들과 절연함으로써 정말로 동화된다면,

결국 그는 비열한이 된다.(RH, 224)

아렌트는 결코 이런 가혹한 심판을 포기하지 않았다. 자신이 유대인 파리아임을 긍정하지 못하는 파브뉴는 "비열한이 된다." 이러한 심판은 「유대인임을 피할 수 없다」라는 제목의 『라헬 파른하겐』의 마지막 장에 나타난다. 이것은 아렌트가 파리에서 망명 생활을 하던 1930년대 중반에 쓴 글들 중 하나였다. 라헬의 전기를 쓰기 시작해서 그것을 완성했던 시기 사이에 아렌트는 자신이 역사로부터 머리를 세게 얻어맞았다고 느꼈다. 시온주의자 동료를 위해 독일의 반유대주의에 대한 도서관 작업을 하다가 체포되어 심문을 받은 후 1933년 독일에서 도주했을 때, 아렌트는 라헬의 전기와 자신의 학문적 연구를 포기했다.[26] 그녀는 이 시기의 생활에 대해 숙고하면서 다음과 같이 썼다. "나는 그 문장 속에서 내가 반복적으로 표현했던 것이 무엇인지 깨달았다. 그것은 만약 누군가가 유대인이라는 이유에서 공격받는다면, 그는 그 자신을 독일인으로서가 아니고, 세계시민으로서가 아니고, 인권의 옹호자로서가 아니라, 유대인으로서 지켜야 한다는 것이다."(EU, 11-12) 아렌트는 아주 분명하고 단호하게 스스로를 파리아 유대인으로 긍정했다. 그녀는 유대 민족의 구성원이 되는 것에 대한 도전과 책임을 받아들이려고 한 것이다.

내가 유대인으로서 특별히 할 수 있는 일이 무엇일까? …… 지금 그것은 조직과 일을 하는 것이다. 처음으로 말이다. 시온주의자들과 함께 일하는 것. 준비가 되어 있었던 것은 그들뿐이었다. 동화된 사람들과 함께하는 것은 무의미했을 것이다. 이 시기 이전에도 나 자신과 유대인 문제가 관련되어 있었다. 라헬 파른하겐에 관한 책은 내가 독일을 떠났을 때 종결되었다[원문대로 인용]. 유대인들의 문제는 거기서 모종의 역할을 한다. '이해하고

26)아렌트의 체포, 심문, 독일 탈출 등에 대한 자세한 이야기는 YB, 102-110 참조.

싶다'는 생각으로 나는 그것을 썼다. 유대인이라는 나의 개인적인 문제에 대해서는 논의하고 있지 않았다. 그러나 이제 유대교에 속한다는 것은 나 자신의 문제가 되었고 나의 문제는 정치적이었다. 순수하게 정치적인 것! 나는 실제적인 일, 전적으로 그리고 유일하게 유대적인 일로 뛰어들기를 원했다. 이런 생각을 하면서 나는 당시 프랑스에서 일을 찾았다.(EU, 12)

프랑스뿐 아니라 미국에서도 마찬가지였다. 그 후 20년 동안 아렌트는 파리와 뉴욕에서 거의 시온주의자와 유대인 조직만을 위해 일했다. 자기의 개인적 문제가 정치적이라는 그녀의 선언은 파른하겐에 대한 미출간 전기에 만족하지 못한 이유 중 하나를 드러낸다. 독일계 유대인 동화정책은 1933년에 갑작스럽고 격렬하게 흔들렸다. 자기만의 고유한 정치 학습을 수행하던 아렌트는 라헬의 전기를 쓸 당시의 정치적 순진함에 대해 비판적이었다. 라헬을 비롯한 동시대 유대인들에 대한 분석에서 정치는 거의 아무런 역할도 하지 않았다. 전기 초반부에 아렌트는 — 거의 지나가는 투로 — 다음과 같이 말한다.

평등권을 향한 정치적 투쟁이 [동화를 향한] 개별적 투쟁을 대체할 수 있었을지도 모른다. 그러나 그것은 그들의 대표자가 집단적 세례를 받아들일 것을 제안하기까지 하는 이 세대 유대인들에게는 전혀 알려져 있지 않았다. …… 심지어 유대인들은 전체로서 해방되기를 원하지도 않았다. 그들이 바란 전부는 가능하면 개인으로서 유대인임을 벗어나는 것이었다.
(RH, 7)

정치는 "이 세대 유대인들에게 전혀 알려져 있지 않았을" 뿐만 아니라, 라헬과 그 시대에 대한 아렌트의 분석에서도 거의 아무런 역할도 하지 못했다.

정치의 정확한 의미는 1930년대와 1940년대의 아렌트에게는 여전히 미완성의 단계에 있었고 그 제목 정도만 분명했다. 정치의 의미를 이해하기 위한 아렌트의 탐색은 유대인 문제를 직면하면서, 특히 유대 민족이 정치적 책임을 떠맡지 못했다는 사실을 직면하면서 시작되었다. 처음부터 아렌트는 유대 민족이 억압받는 다른 민족들과 연합하여 정치적 권리를 위해 싸울 필요성을 강조했다. 그러나 여기에서조차 아렌트는 이것이 무엇을 의미하는지 그리고 어떻게 달성될 수 있는지에 대해 분명하지 않았다. 그녀가 정치 학습을 수행하던 바로 그 시기 흥기한 나치 전체주의는 실질적인 정치적 행위의 가능성 자체를 심각하게 위협했다. 아렌트는 나치 전체주의의 구조 및 역학과 씨름하면서, 정치에 대한 스스로의 이해를 정교화 했다. 여기서 강조하고 싶은 점은 정치에 대한 아렌트의 최초의 관심이 유대인 문제와 고투하는 가운데 자라났다는 것이다. 독일계 유대인 동화정책에 대한 그녀의 비판은, 근대 유대인 문제에 대한 유일하고 적절한 단 하나의 '해결책'은 정치적 해결책뿐이며 이는 유대인 스스로의 정치적 응답을 요구한다는 확신으로 이끌었다. 나아가 사회적 동화와 정치적 해방에 대한 초기 구분은 성숙기 아렌트의 정치 이해를 형성하기도 했다. 그러나 또한 아렌트는 유대 민족은 역사적으로 정치적 행위를 회피해 왔다고 주장했다.

『전체주의의 기원』을 출간한 직후인 1952년 아렌트는 칼 야스퍼스에게 파른하겐 전기의 출간에 대한 자문을 얻기 위해 원고를 보냈다. 그들 간의 서신 교환은 대단히 의미심장한 것이다. 이는 야스퍼스의 예리하고 통찰력 있는 비평뿐 아니라 그 원고에 대한 아렌트 자신의 회고적 평가 때문이기도 하다.

아렌트는 책을 쓰기 시작한 1930년 처음으로 그 책에 관해 야스퍼스와 서신을 교환했는데, 그때 아렌트는 야스퍼스에게 유대인 정체성을 둘러싼 라헬의 투쟁을 어떻게 다룰 것인지에 대해 일종의 예비적 강론을 펼친다. 야스퍼스는 라헬의 삶을 이야기하는 방식에 대해 의문을 나타냈다(1952년에도 그는 이 의문을 반복한다). 그는 이렇게 썼다.

> 당신은 '유대적 실존'을 실존적으로 객관화합니다 — 그렇게 하면서, 실존적 사유를 뿌리에서 잘라 버리지요. 자기 자신에게 되던져짐being-thrown-back-on-oneself이란 개념은 더 이상 진지하게 받아들여질 수 없습니다. 만약 그것이 그 자체에 뿌리를 두지 않고 유대인의 운명이란 형식에 **근거를 둔다**면 말입니다. (C, 10)

당시 24세였던 아렌트는 다음과 같이 자신을 변호한다.

> 저는 라헬의 실존을 유대인성이란 형식에 '근거를 두려' 하지 않습니다 — 또는 적어도 그렇게 하고 있다고 의식하지는 않습니다. 저의 강론은 하나의 **예비적** 작업일 뿐으로서, 유대인으로 존재함being Jewish이란 기초 위에 가설적으로 그리고 당분간 운명적이라고 부르는 어떤 실존의 가능성이 발생**할 수** 있는 것은 아닌지 보여 주기 위한 것입니다.(C, 11)

비록 이러한 서신 교환이 주로 당시 야스퍼스와 그의 제자들이 공유했던 실존주의적 용어들로 이루어졌지만, 야스퍼스가 여기에서 거리를 둔 요지는 분명하다. 그는 아렌트가 라헬의 삶을 이야기하면서 라헬이 자신의 유대인성을 두고 벌인 투쟁을 중심에 놓는 것이 편치 않았다. 1952년에 야스퍼스는 이 비판을 되풀이하였다. 심지어는 그의 비판을 아렌트 자신의 유대인 정체성과의 조우와 연관시켰다.

야스퍼스는 라헬에 관한 아렌트의 원고 속에 "매우 강력하고 의미심장하며" "깊이 있는 내용들"이 서술되어 있다고 칭찬하고 나서 날카로운 비판을 시작한다. "이 작업은 여전히 나에게 유대적 실존이란 기본 문제를 통해 당신 자신의 일을 하는 것처럼 보입니다. 그렇게 함으로써 당신은 라헬의 현실을 당신 자신을 이해하고 해방하기 위한 일종의 안내자로 이용하고 있습니다." 야스퍼스는 "이 작업 전체의 독특한 분위기"에 대해 말하면서, "라헬은 당신에게서 아무런 관심이나 사랑도 불러일으키지 못한" 것 같다고 지적한다. "말하자면 **라헬에 대한 그림들**은 사건을 묘사하기 위한 수단으로서 등장할 뿐입니다."(C, 192)

> 나는 지금의 당신이 라헬을 좀 더 공정하게 평가할 수 있을 것이라고 생각합니다. 그 까닭은 당신이 라헬을 단지 유대인 문제라는 맥락에서만 보려고 하지 않고, 오히려 라헬 자신의 의도와 현실에 대한 관심을 놓치지 않는 가운데 한 인간으로서, 즉 그 사람의 삶 속에서 유대인 문제가 아주 큰 역할을 담당하지만 결코 유일한 역할을 하는 것은 아닌 존재로 볼 것이기 때문입니다. (C, 192)

야스퍼스는 라헬에 대한 아렌트의 견해에 "사랑이 없을" 뿐만 아니라, 고립된 행위를 너무 엄격하고 도덕주의적으로 평가한다고 생각한다. "당신의 책은, 유대인은 진정으로 자신의 삶을 온전하게 살 수 없다고 느끼도록 만들 수 있습니다."(C, 194)

야스퍼스의 솔직한 비판은 두 사람 사이의 우정 속에서 너무나 소중하게 여겼던 신뢰의 정신에서 쓰인 것이다. 아렌트 역시 똑같이 개방적이고 정직한 태도로 응답했다. 야스퍼스의 구체적인 비평을 수용하기에 앞서 아렌트는 그의 반응을 고려하여 책을 출간하지 않기로 했다고 말한다.[27]

> 이 책에서 말한 많은 것들은 1933년(늦어도 1938년까지) 이전에 공론화되

---

27)아렌트는 이때 이 책을 출간하지 않았지만, 결국 1958년에 영어 번역본을 간행하기로 동의했다. 독일어판은 1959년에 출판되었다. 미국판은 1974년에 나왔다.

> 없어야 한다는 것이 제 견해입니다. 여하튼 그것은 말해질 수 있었고, 아무런 해도 주지 않고 오히려 얼마간 도움이 될 수도 있었을 겁니다. 언젠가 이 독일계 유대인 세대가 다 죽고 아무도 뒤를 잇지 않을 때라면, 이러한 것들을 다시 말하는 것이 가능할 것이라고 저는 생각합니다.(C, 197)

야스퍼스는 "지금 형태로는 당신의 책이 반유대주의자들에게 뜻밖의 선물"(C, 195-196)이 될 것이라고 우려를 나타냈다. 아렌트는 이에 대해 걱정하지 않았다.

> 제가 우려하는 것은 선의를 가진 사람들이 이러한 일과 유대인 학살 사이에 어떤 연관성을 보게 될 것이라는 점인데, 그런 연관성은 사실 존재하지 않습니다. 이 모든 것은 유대인에 대한 사회적 적대감을 불러일으킬 수 있으며 실제로도 그런 일이 일어났는데, 이는 마치 다른 한편으로 특유하게 독일적인 시온주의를 진작시킨 것과 마찬가지입니다. 진정한 전체주의 현상—그리고 그 이전의 진정한 정치적 반유대주의—은 이 모든 것과 거의 아무런 관련이 없습니다. 그리고 바로 그것이 제가 이 책을 썼을 때 몰랐던 것입니다. 그것은 동화에 대한 시온주의적 비판이란 관점에서 쓰였습니다. 이는 당시 제가 제 자신의 것으로 받아들였을 뿐 아니라 오늘날에도 여전히 기본적으로 정당하다고 생각하는 것입니다. **그러나 그 비판은 그것이 비판하는 대상만큼이나 정치적으로 순진합니다.**(C, 197, 강조는 저자)

이러한 논평은 몇 가지 이유에서 중요하다. 아렌트는 '유대인에 대한 **사회적** 적대감'과 '**정치적** 반유대주의'를 예리하게 구별한다. 이것은 라헬에 대한 전기에서 뚜렷하게 전개되었던 구별이 아니다. 그것은 아렌트가 나치 전체주의의 '기원들'을 이해하려고 시도했을 때 중심적이 되었다. 그녀는 유대인에 대한 사회적 차별과 사회적 적대감을 완전히 근절할 수 있을 것인지에 대해 여전히 회의적이었다. 그러나 그러한 차별은 그것이 정치적 억압과 학살에 이용되었을 때만 위험한 것이 된다.[28] 아렌트가 그 책을 쓸 당시에는 사회적 반유대주의와 정치적 반유대주의 사이에 어떠한 체계적인 구분도 존재하지 않았다. 회고적으로 보면, 아렌트는 라헬이 대부분의 세속적 독일계 유대인들처럼 반유대주의를 주로 사회적 현상 — 사회에서 유대인을 배제하는 것 — 으로 이해했다고 강조한다. 이러한 견지에서의 해방이란 어떤 사람이 유대인성으로부터 해방되어 사회에 받아들여짐을 의미했다. 이것은 유대인들의 집단적 기획이 아니라, 오히려 그 자신을 유대 민족으로부터 떨어뜨려 '특권적' 혹은 '예외적' 유대인이 되는 것을 요구하는 사적이고 개별적인 기획으로 생각되었다. 라헬과 동시대 유대인들은 앞서 존재했던 몇 세대의 유대인들처럼(그리고 그들 이후 대부분의 독일계 유대인들처럼) 정치적으로 순진했다. 이러한 순진함은 사회적 동화의 맥락과 문제틀을 결정하는 바로 그 역사적 조건들이 동시에 유대인으로서 유대인의 정치적 권리를 주장할 기회를 제공한다는 바로 그 점에서 한 치 앞도 내다보지 못한 순진함이었다. 그러나 유럽 유대인들은 이러한 가능성을 결코 완전하게 파악하지도 못했고, 스스

---

28) 제2차 세계대전 이후 그들 사이에 서신 교환이 재개되었을 때, 아렌트는 미국의 '근본적 모순'이라고 생각했던 것에 대해 야스퍼스에게 설명한다. 1946년 1월 29일자 편지에서 아렌트는 다음과 같이 쓰고 있다. "이 나라의 근본적인 모순은 정치적 자유와 사회적 억압이 공존하고 있다는 것입니다. 후자는 …… 총체적이지는 않지만, 사회가 '인종적 노선'에 따라 조직되고 방향 잡혀 있기 때문에 위험합니다. 그리고 이러한 것은 부르주아에서 노동자 계급에 이르기까지 사회의 모든 차원에서 예외 없이 적용됩니다. 이러한 인종 문제는 한 개인의 출신국과 상관이 있지만, 흑인 문제에 의해 상당히 심화됩니다. 즉, 미국은 진정한 '인종' 문제를 갖고 있으며, 단순한 인종적 이데올로기만을 갖고 있는 것이 아닙니다. 물론 당신은 사회적 반유대주의가 여기서 전적으로 당연한 것으로 간주되며, 유대인들에 대한 반감은 말하자면 총체적 합의라는 것을 알고 있을 겁니다." 이것은 아렌트가 야스퍼스에게 왜 자신이 (이방인인) 남편의 성을 사용하지 않고 자신의 성을 계속 사용하는지를 설명하는 동일한 편지에서였다. "저는 제 옛 이름을 계속해서 사용하고 있습니다. 이것은 미국에서 여성이 일을 할 때 아주 일반적인 일입니다. 그리고 저는 이러한 관습을 보수주의로부터 기쁘게 차용했습니다. (그리고 이는 제가 유대인임을 드러내기 위해 제 이름을 원하기 때문이기도 합니다.)" (C, 29-31)

로의 운명에 대한 정치적 책임을 떠맡지도 못했다. 아렌트가 동화에 대한 자신의 비판이 "정치적으로 순진하다"고 말한 까닭은, 그 책을 쓰고 있을 당시 그녀가 **사회적 동화**와 **정치적 해방**의 의미와 차이를 완전하게 파악하지 못했기 때문이다. 위의 인용문은 아렌트가 독일을 떠나 프랑스에 갔을 때 무엇이 처음에 아렌트를 시온주의로 이끌었는지 이해할 수 있게 해준다. 아렌트는 자신이 '시온주의 이데올로기'라고 불렀던 것에 (혹은 다른 어떤 이데올로기에도) 결코 동의하지 않았다. 시온으로 돌아가라는 어떠한 종교적 호소에 의해서도 그녀가 감동받지 않았음은 분명하다. 아렌트는 많은 세속적 시온주의자들이 공유했던 감정적 호소와 열정도 가지고 있지 않았다. 시온주의는 유대인 문제의 정치적 해결의 필요성을 이해한 유일한 주요 운동이었다. 그러나 아렌트는 시온주의에 대해서도 모호한 태도를 보였다. 시온주의 정치에서 동의할 수 없는 심각한 문제점들을 발견했기 때문이다. 이러한 의심과 유보적 태도는 점점 더 분명해졌다.

아렌트는 "동화에 대한 시온주의적 비판이란 관점"에서 그 책을 썼다고 말한다. 그러나 그것보다는 독일계 유대인의 동화정책에 대해 비판했다고 말하는 것이 더 정확하다. 동화는 정치적 현실을 흐릿하게 만드는 사회적 현상이다. 그것은 유대인들을 괴롭혔던 부정의한 일들에 대한 정치적 응답의 요구를 숨긴다.

야스퍼스의 가장 강력한 비판으로 보이는 부분에 대해 아렌트는 다음과 같이 직접적으로 응답한다.

> 이 책이 "유대인은 진정으로 자신의 삶을 온전하게 살 수 없다고 느끼도록 만들 수 있다"는 당신의 말은 절대적으로 옳습니다. 그리고 그것은 물론 중요한 점입니다. 저는 유대인들이 사회적 동화와 정치적 해방이라는 조건 속에서 '살아갈' 수 없었을 거라고 오늘날에도 여전히 믿습니다. 라헬의 삶은 제게 그 증거처럼 보입니다. 그 이유는 바로 라헬이 자신에 대해 조금

의 여지도 주지 않고 조금의 부정직함도 없이 스스로에 대한 모든 것을 엄밀히 검토해 보았기 때문입니다. 라헬이 언제나 제 흥미를 끄는 것은 "우산이 없는 사람에게 세찬 비가 내리치는 것"처럼 그녀를 강타한 삶이라는 현상이었습니다. 그것이 바로 그녀의 삶이 그렇게 명료하게 모든 것을 예증하는 이유로 여겨집니다. 또한 그것이 그녀를 그렇게 견딜 수 없게 만든 것이었지요.(C, 198)

아렌트는 여기서 중심 주제를 다시 확인하고 있다. 왜냐하면 이 맥락에서 '정치적 해방'이란 '법적 해방' — 유대인들에게 유대인으로서가 아닌 (추상적) 개인으로서의 권리를 부여하는 — 을 의미하기 때문이다. 아렌트는 추상적 인권 개념뿐만 아니라 추상적 인간 개념에도 반대하였다. 1959년 함부르크 시로부터 레싱 상을 받았을 때 아렌트는 「어두운 시대의 인간에 대하여 — 레싱에 관한 사유」란 강연에서 다음과 같이 말한다.

나는 비교적 이른 시기에 독일에서 추방된 유대인 집단에 속한다는 것을 공공연하게 강조하곤 합니다. 그 까닭은 흔히 사람들이 인간에 대해 이야기할 때 너무나 쉽게 발생할 수 있는 어떤 오해를 미연에 방지하고 싶기 때문입니다. 이와 관련하여 나는 수년 동안 "당신은 누구입니까?"라는 질문에 "유대인입니다"라는 대답만이 적절하다고 생각해 왔다는 사실을 감출 수 없습니다. 그 대답만이 박해의 현실을 고려한 것입니다. 현자 나탄이 (정확한 표현은 아니지만 내용상) "유대인이여, 더 가까이 다가오라"라는 명령을 듣고 "나는 인간입니다"라고 대답한 것을 나로서는 현실에 대한 기괴하고도 위험천만한 회피에 다름 아니라고 생각해 왔습니다.

(MD, 17-18)

그러한 법적인 해방이 진정한 정치적 해방이 아니라는 것을 아렌트 자신은 단지 점진적으로 깨달았을 뿐이다. 따라서 사회적 동화와 정치적(즉 법적) 해방 아래에서 유대인들이 '살 수' 없다는 말은 그들이 **유대인으로서** 살아갈 수 없음을 뜻한다. 이것은 "어떤 이가 유대인이라고 공격받는다면, 그는 유대인으로서 그 자신을 방어해야만 한다. 독일인으로서가 아니라, 세계시민으로서가 아니라, 인권을 지닌 한 사람으로서가 아니라" 라고 말했던 아렌트의 언급과 공명한다. 그것은 고전적 자유주의 전통에 대한 아렌트의 불만을 드러낸다. 이 전통의 어두운 면은 유대인들을 단순히 어떤 사적인 종교를 믿는 추상적 개인들의 집합이 아닌 독특한 하나의 민족으로 인정하는 것에 대한 불관용과 적대감이다.

여기에 명백히 해야 할 필요가 있는 배경적 문제가 놓여 있다. 왜냐하면 그것이 유대인 문제에 대한 아렌트의 많은 논의들의 주변을 맴돌고 있기 때문이다. 그것은 아렌트가 적절히 해결했으리라고 결코 생각되지 않는 문제이기도 하다. 한 민족을 민족으로 특징짓는 것은 무엇인가? 특히 유대인을 유대인으로 특징짓는 것은 무엇인가? 무엇이 정치적 권리와 유대인을 유대인으로 인정하는 것에 대한 주장의 **규범적** 근거인가? 때때로 아렌트는 단순히 유대 민족의 실존을 하나의 역사적 사실로 받아들인 다음, 그 민족의 역사와 책임, 운명에 대한 사회적이고 정치적인 문제들을 제기하는 것처럼 보인다. 그러나 이것은 유대인 정체성 문제에 답하는 것이 아니라 그것을 회피하는 것이다. 유대인의 '사실적' 실존에 의지하는 것은 충분치 않다. 아렌트 자신이 나중에 사용한 용어로 말하자면, 이는 유대인이 된다는 것(being a jew)의 **의미**를 조명해 주지 않기 때문이다. 아렌트는 유대인이 된다는 것의 종교적 함의 — 그녀가 '유대인성'이라는 말과 구별하여 유대교라고 부르는 것 — 를 거의 고려하지 않았다. 아렌트는 "라헬이 몸담고 있었다고 여겨지는 다소 단절되지 않은 유대교 전통 비슷한 어떤 것"을 가정했던 야스퍼스에게 답하면서, '유대교' 혹은 '유대적 실체'와, '유대인성' 사이에 다소 어색하고 특이하며 또한 설득력 없는 구별을 시도한다.

> 유대교는 한편으로는 정통 신앙 속에 존재하며, 다른 한편으로는 이디시어를 말하고 설화를 만들어 내는 유대 민족 속에 존재합니다. 또한 전통이라는 의미에서는 그들의 삶 속에서 어떠한 유대적 실체도 의식하지 않으면서도, 특정한 사회적 이유들 때문에, 그리고 스스로를 사회와 분리된 한 분파를 이루는 존재로서 인식하기 때문에 '유대적 유형'과 같은 어떤 것을 만들어 내는 유대적 배경을 가진 사람들도 있습니다. 이러한 유형은 우리가 역사적으로 유대교라는 말로 또는 그것의 진정한 의미로 이해하는 것들과 아무런 관계가 없습니다. 여기에는 긍정적인 것들이 많이 있는데, 말하자면 제가 파리아의 특성이라고 분류하는 것들이자 라헬이 "삶의 진정한 현실"이라고 부른 것들 — "사랑, 나무들, 아이들, 음악" — 입니다. 이 유형 속에는 부정의에 대한 특별한 감수성이 존재하고 폭넓은 관대함과 편견 없는 정신이 있습니다. 그리고 더욱 의문스럽기는 하지만 분명하게 현존하는 '정신의 삶'에 대한 존중이 존재합니다. 이 모든 것들 가운데 오직 마지막 것만이 아직도 본래적이고 특유하게 유대적 실체와 연결되어 있는 것처럼 보일 수 있습니다. …… 부정적인 '유대적' 특질들은 이러한 의미에서 유대교와 아무런 관계가 없으며, 모두 파브뉴의 이야기로부터 나온 것입니다. 라헬이 '흥미로운' 이유는 그녀가 극단적으로 단순하고 편견으로부터 완전히 자유로운 상태에서 파리아와 파브뉴의 정중앙에 위치해 있기 때문입니다.(C, 199-200)

우리는 출간되리라고 전혀 생각하지 않고 쓴 신뢰하는 친구에게 보낸 편지 속의 한 구절에 과도한 비중을 두는 것에 극히 신중해야만 한다. 그럼에도 아렌트가 여기서 주장하는 것은 그녀의 출간된 저작들의 내용과 일치한다. 그녀의 말은 당혹스럽고 까다로우며 분명치 않다. '유대교' 또는 '유대적 실체'와 '유대인성'의 구분은 극히 문제적이다. '유대인성'에서 '유대교'를 쉽게 분리해 낼 수 있겠는가? 유대인성이 유대교에서 분리되는 것이라면 유대인성을 구성하는 것은 정확히 무엇인가? 유대인들은 하나의 독특한 민족이자 국민nation으로 인정받고 인지**되어야** 한다고 주장하는 근거는 무엇인가? 그저 개별 시민으로서가 아니라 유대인으로서 권리를 주장하는 근거는 무엇인가? 때때로 아렌트는 유대적 정체성이라는 어려운 문제를 회피하는 것처럼 보인다. 그녀는 유대 민족의 실존을 하나의 '역사적 사실'로 받아들이고 이러한 사실의 사회적, 정치적 의미에 대해 관심을 갖는다.

아렌트 자신은 단순히 '유대 민족'에 대한 스스로의 믿음을 확언했던 사람들을 통렬하게 비판한다. 1961년 아이히만 재판에 참석하기 위해 예루살렘 갔던 아렌트는 "이스라엘에서의 종교와 국가의 — 나의 의견으로는 재앙적인 — 비분리를 옹호하는 저명한 정치인과" 대담을 나눴다.[29] 그녀는 게르숌 숄렘에게 보낸 편지에서 이 대담에 대해 보고한다.

> 정확한 말은 기억나지 않지만 그가 했던 말은 대략 다음과 같았습니다. "사회주의자로서 제가 물론 신을 믿지 않는다는 것을 이해해 주시기 바랍니다. 저는 유대 민족을 믿습니다." 저는 이것이 충격적인 선언이라고 생각했습니다. 그래서 너무 충격을 받은 나머지 당시에는 아무런 대답도 하지 못했습니다. 그런데 제가 대답을 했더라면 아마도 다음과 같았을 것입니다. '이 민족의 위대함은 그들이 한때 신을 믿었다는 것, 신에 대한 신뢰와 사랑이 그 공포보다 훨씬 더 컸던 방식으로 신을 믿었다는 것이지요. 그런데 이제 이 민족이 자기 자신만을 믿는다고요? 거기서 어떤 좋은 결과가 나올 수 있을까요?'(JP, 247)

29)아렌트는 골다 메이어와의 대화를 보고하고 있다. 아렌트는 본래 숄렘에게 보냈던 사적인 편지를 출간하기로 하면서 숄렘의 요청에 의해 골다 메이어를 언급한 것을 삭제하기로 동의하고 남성 대명사를 사용하였다. YB, 332, Barnouw, *Visible Spaces,* 302-303, n. 62 참조.

아렌트는 정말 충격을 받았는지도 모른다. 그러나 그녀 자신은 어떤 이의 유대적 정체성의 실체가 무엇인지, 더 이상 "신에 대한 신뢰와 사랑이 그 공포보다 훨씬 더 컸던" 방식으로 신을 믿지 않을 때 유대 민족을 구성하는 것이 과연 무엇인지에 대하여 씨름하지 않았다. 아렌트가 단언하듯 "나는 논쟁의 여지없이, 당연히, [유대 민족에] 속할 뿐이다"라고 단언하는 것은 유대인의 정체성 문제에 답하는 것이 아니라 그것을 회피하는 것이다.

아렌트가 한때 유대인으로서 자신을 긍정적으로 단언했을 때, 그녀는 유대 민족의 일원이 된다는 것의 사회적이고 정치적인 의미를 이해하기를 원했다. 그녀는 유대교의 종교적 측면에 대해서 — 그것이 정치적 문제에 영향을 주었던 면을 제외하고 — 거의 관심이 없거나 느낌이 없었다. 이것은 여기서도 중요한 문제는 아니다. 핵심은 오히려, 아렌트가 '유대교'와 '유대인성'의 연관에 대하여 진지하게 씨름하지 않은 것, 즉 유대 민족을 하나의 민족으로서 인정받아야 한다는 정당한 주장을 하는 독특한 민족 또는 국민으로 만드는 것이 무엇인가 하는 문제와 대면하지 않은 것이다.

유대교와 유대인성에 대한 아렌트의 협소한 이해는 라헬의 전기에서 입증된다. 이는 아렌트에게 가장 동정적인 비판자들조차도 유대인 문제가 라헬에게 아주 중요했다는 그녀의 주장에 대해 유보하는 이유 중의 하나이다. 아렌트는 라헬의 이야기를 유대인 정체성과의 일생에 걸친 고투라고 설명한다. 라헬은 성년 시절의 대부분 동안 유대인으로 태어난 자신의 '저주'로부터 벗어나려고 시도했다. 그녀는 파브뉴가 되려고 노력했지만, (이방) 사회에 동화되기 위하여 요구되는 거짓과 기만에는 저항하였다. 라헬의 승리는 파브뉴가 되는 것에 대한 반항이었고 파리아로서 자신을 확인하는 것이었다. 그러나 아렌트가 책의 마지막 두 장, 「파리아와 파브뉴 사이에서」와 「유대인성에서 도망칠 수 없다」에서 말한 것을 좀 더 면밀하게 검토해 보면, 아렌트가 파브뉴와 파리아의 유대인성보다는 이념형 **인간** 유형으로서의 파브뉴와 파리아에 대해 훨씬 더 통찰력이 있었다는 것이 분명해진다. 그녀는 국외자로서의 파리아, 다시 말해 국외자의 이러한 위치를 적극적인 도전으로 자유롭게 받아들이는 국외자로서의 파리아에 매혹된다. 심지어 라헬이 반역자가 된 것의 의미를 분석할 때조차도 아렌트는 라헬이 자기 자신을 비유대인 친구인 파울린 비젤Pauline Wiesel과 동일시하고 있음을 강조한다. 파울린 비젤은 "존경받을 만한 사회의 외부에 스스로를 위치시킬 정도로 완전한 자유를 행사했는데, 이는 그녀의 강한 개성과 길들여지지 않은 천성이 어떠한 관습에도 굴복하지 않으려 했기 때문이다."(RH, 208) 이것이 라헬이 파울린에게 이끌렸던 이유이자 아렌트 자신이 그토록 존경했던 이유이다. 그러나 '자유로운 것'과 '반항하는 것', '국외자가 되는 것'과 '유대인이 되는 것' 사이의 본질적인 관계가 무엇인지 완전히 분명하지는 않다. 무엇보다도 이러한 것들은 파리아라는 낙인이 찍혔으면서도 그들에게 속한 것으로 생각되는 지위를 수동적으로 받아들이기를 거부하는 타자들의 특성이기도 하다. 이 문제를 약간 다른 방식으로 말하자면, 라헬이 임종의 순간에 "내 삶의 비참과 불행 — 유대인 여자로 태어난 것 —"처럼 여겨졌던 것을 "결코 잊지 않기를 바라야 한다"고 선언했을 때 그녀는 과연 무엇을 확언하고 있는 것일까? 이에 대해 아렌트는 말 할 것이 거의 없으며 설득력도 없다. 아렌트는 라헬이 "자신을 낯선 세계로 인도하는 모든 길들을 탐사했으며, 이 모든 길 위에서 자신의 궤도를 벗어나 유대인의 길, 파리아의 길로 향하는 쪽으로 나아갔다"(RH, 222)고 선언한다. 그러나 아렌트는 이러한 **유대인의** 길을 만든 것이 무엇인지는 분명하게 설명하지 않는다.

아렌트는 다소 이상한 방식으로 전기를 끝맺는다. 그녀는 하인리히 하이네Heinrich Heine라는 인물을 소개하는데, 1821년 라헬이 그를 처음 만났을 때 그녀는 50세였고 하이네는 23세였다. 아렌트는 "라헬이 젊은 하이네를 열렬히 그리고 커다란 호의 — '갤리선의 노예들만이 서로를 알아본다' — 를 가지고 환대했다"(RH, 227)고 쓰고 있다. 하이네는 아렌트 자신이 커다란 애정을 지니고 있던 시인이다.(그녀는 종종 하이네의 시를 암송하곤 했다.)

> 유대인성에 대한 하이네의 긍정은 오랜 세월 동화되어 있던 유대인에 의해 행해진 최초이자 최후의 확고한 긍정이었는데, 이것은 라헬의 부정과 마찬가지로 진실을 향한 동기와 감정에서 비롯된 것이었다. 두 사람은 공히 자신들의 운명을 결코 평안하게 받아들일 수 없었다. 두 사람은 모두 그것을 허풍스럽고 과장된 문구 뒤에 결코 감추려 들지 않았다. 두 사람은 언제나 설명을 요구했으며 결코 "신중한 침묵과 참을성 있는 기독교적 인내"(하이네)를 핑계로 굴복하지 않았다.(RH, 227)

아렌트에 따르면 하이네는 "유대인의 대의와 그들이 법 앞의 평등을 획득하는 일에 열성을 다할 것"을 약속한 사람이었다. 그리고 "이 약속을 듣고서 라헬은 평온한 마음으로 세상을 뜰 수 있었다. 그녀는 무수한 파산의 역사와 반역 정신의 역사를 물려줄 상속인을 남겨 놓았다."(RH, 227-228) 이 같은 전기의 결말은 다소 억지스럽다. 하이네는 라헬의 인생 이야기와 아주 관련이 적기 때문이다. 그러나 아렌트는 하이네가 라헬의 상속자였음을 암시하면서 자신에게 점점 더 중요해졌던 주제, 즉 유대인 파리아 전통이라는 근대 유대인 역사의 숨겨진 전통을 끌어들인다.

파리 시절(1933-1941)과 초기 뉴욕 시절을 거치면서 파브뉴와 파리아의 구별은 아렌트의 사유와 저술 속에서 한층 풍부해지고 정교해졌다. 하나의 유대인 유형으로서 파브뉴는 사회에 동화하려는 사회적 열망에 국한되지 않는다. 특정한 유형으로서 파브뉴는 항상 현존하는 사회 정치적 조건에 스스로 순응하려 노력하고 나아가서는 유대 민족이 진정한 정치적 행위에 나서지 못하도록 막는 '특권적' 유대인들 속에서 새로운 모습을 취한다. 아렌트가 부유한 유대인 자선가들과 처음 조우한 것은 그녀가 몇몇 시온주의 조직들을 위해 실제적인 일에 관여했던 파리에서였다. 그녀는 유럽에서 유대 민족의 리더십이 심각한 실패를 보고 있으며, 이는 소위 지도자들이 유대인의 정치적 활동을 회피하고 심지어 억누르려 했기 때문이라고 주장했다. 이 부유한 유대인들 대다수는 파브뉴의 경향을 띠었다. 그 까닭은 그들이 유대인 정체성에서 벗어나려고 했기 때문이라기보다는 사회에 동화하고 사회 속에 받아들여지고자 노력했기 때문이다. 베르나르 라자르처럼 아렌트는 파브뉴의 열망으로 인해 끊임없이 유혹받는 부유한 유대인 특권층들을 경멸했다. 파리에서 겪은 자신의 경험과 드레퓌스 사건 및 그 유산에 대한 연구를 통해 아렌트는 유대 민족의 해방을 가로막는 진짜 장애물은 일차적으로 반유대주의 자체가 아니라는 라자르의 통찰이 타당하다는 것을 깨닫게 되었다. 진정한 장애물은 "부유한 동포들의 자선 덕분에 살아가는 가난한 사람들과 억압받는 사람들로 구성된 한 민족의 퇴락이었다. 이 민족은 외부로부터의 박해에만 반항할 뿐, 내부적인 억압에 대해서는 저항하지 않으며, 타자들의 사회에서는 혁명가이지만 자기 자신의 사회에서는 혁명가가 아니다."[30] 뒤에서 우리는 아렌트가 헤르츨Herzl과 라자르가 유대인 정치와 시온주의의 미래를 놓고 벌인 논쟁에서 어째서 라자르의 손을 들어 주게 되었는지 살펴볼 것이다. 라자르와 마찬가지로 아렌트는 "정치는 상층부의 전유물이어야 한다는 헤르츨의 생각에 동의하지 않았다."(DA, 239) "우리의 가장 충실한 친구가 될 사람들은 반유대주의자들이며, 우리의 동맹국이 될 국가들은 반유대주의 국가들"(DA, 238, n.157)이라고까지 단언했던 헤르츨과 달리

30) 라자르의 이 인용문은 DA, 239에 인용된 것이다.

라자르는 "반유대주의로부터 도망칠 것이 아니라 유대 민족이 적들에 대항하여 민중을 동원하자고"(아무런 성공도 얻지 못했지만) 주장했다. "이러한 태도의 직접적 결과는 그로 하여금 다소간 반유대주의적인 보호자들이 아닌 진정한 전우들을 찾게끔 유도한 것이었다. 그가 당대 유럽의 억압받은 모든 집단들 속에서 만나게 되기를 희망했던 사람들 말이다."(DA, 238) 아렌트는 라자르가 그려낸 정치적 정의와 유대 민족의 평등을 위해 싸우는 의식적 파리아라는 초상에 이끌렸다. 라헬의 전기에서 아렌트가 그려 낸 것은 국외자와 반항아로서의 파리아였을 뿐, **의식적인 파리아**의 정치적 의미를 분명하게 탐구한 것은 아니었다. 아렌트가 자신의 정치적 학습을 수행하던 파리 시절과 뉴욕으로 이주한 초년기에 이르러서야 이러한 면들이 뚜렷하게 부각되었다.

아렌트의 비판가들과 옹호자들 사이에는 아렌트의 정치 이해가 그리스 폴리스와 로마 공화국에 대한 이상화된 평가에 일차적인 기반을 두고 있다는 편견이 여전히 우세하다. 이는 『인간의 조건』에 초점을 둔다면, 이해할 만하다. 그러나 『인간의 조건』은 1958년에 출간되었고, 그때 아렌트 나이 52세였다는 사실을 잊어서는 안 된다. 그녀의 정치적 교육은 그보다 25년 먼저 시작되었고, 그녀의 일차적 관심은 유대인 정치 혹은 오히려 그 실패를 이해하는 것이었다. 아래로부터의 정치, 다시 말해 자신의 행위에 대해 책임을 지려는 사람들 사이에서 자발적으로 나타나는 정치를 그녀가 옹호하도록 처음 이끈 것은 이 현상에 대한 그녀의 성찰이었다. 아렌트 사유의 이러한 경향은 유대인 정치에 대한 분석으로부터 처음 등장한 것으로, 『인간의 조건』에서 정치의 의미를 분석하기 시작했을 때 한편으로는 지속되었고 다른 한편으로는 사고의 방향을 잡아 주었다. 비록 아렌트가 유대인 문제의 정치적 해결의 필요를 강조했지만, 나치 전체주의의 '기원들'과 그 독특한 성격에 대한 탐구로 관심을 돌렸을 때, 그녀는 이 전체주의의 동력이 자신이 묘사하고 옹호하는 형태의 정치 행위의 가능성 자체를 체계적으로 파괴하고 제거한다는 것을 고통스럽게 깨닫게 되었다. 『인간의 조건』에서 완전하게 명확해진 아렌트의 정치 이해를 이끈 대부분의 동기들은 20세기 전체주의 사건들을 이해하려는 시도 속에서 이루어진 것이다.

뉴욕에 도착한 직후 영어로 쓴 글들을 출간하기 시작하면서 아렌트는 (아직 출간되지 않은) 라헬의 전기 끝부분에서 스케치했던 주제로 되돌아갔다. 파리아 유대인이라는 숨겨진 전통 말이다. 아렌트는 「우리 피난민들」(1943년 1월)이란 제목의 글에서 이 주제의 밑그림을 그렸다.

> 궁정 유대인으로 시작하여 유대인 백만장자와 자선가들로 이어지는 근대 유대인 역사는 유대 전통의 이러한 또 다른 흐름 — 하이네, 라헬 파른하겐, 숄렘 알라이켐Sholem Aleichem의 전통, 베르나르 라자르, 프란츠 카프카, 나아가 찰리 채플린으로 이어지는 전통 — 을 망각하는 경향이 있다. 그것은 졸부가 되기를 바라지 않고 '의식적 파리아'라는 지위를 더 선호했던 유대인 소수파의 전통이다. 자랑해 마지않는 모든 유대적 특성들 — '유대인의 심성', 인간성, 유머, 사심 없는 지성 — 은 파리아의 특성들이다. 반면 모든 유대적 약점들 — 분별없음, 정치적 우둔함, 열등 콤플렉스와 돈벌레 등 — 은 파브뉴의 특성들이다. (JP, 65-66)

아렌트는 파브뉴와 유대인 파리아에 대한 자신의 생각을 요약한 한 논문에서 이 숨겨진 전통을 더욱 깊이 탐구했다.[31] 아렌트는 유대인 해방을 "이방인 흉내를 내는 것을 허락받거나 파브뉴 노릇을 할 기회를 얻은 것"으로 잘못 믿고 있는 유대인들을 다시 한 번 비난했다. 유대인 해방은 "유

31) "The Jew as Pariah: A Hidden Tradition," *Jewish Social Studies,* 6/2 (Apr. 1944), 99-122; JP, 67-90에 재수록.

대인이 **유대인으로서** 인간의 지위를 인정받는 것"을 요구한다.(JP, 68)

아렌트는 유대인 파리아의 전통을 특징지으면서 다음과 같이 썼다.

> 그런 사람들은 사회에서 추방당한 그들 자신의 위치를 통해 민족 전체의 정치적 지위를 반영한다. 그러므로 유대인 시인들, 작가들 그리고 예술가들이 자신의 개인적 경험을 통해 하나의 인간 유형으로 파리아를 개념화할 수 있었다는 것은 놀라운 일이 아니다. 파리아야말로 우리 시대 인류를 평가하는 데 최상의 중요성을 지닌 개념이자, 그들 자신의 동포에 대해서는 정신적·정치적으로 한없이 무능하다는 점에서 이방 세계에 대해 행사하는 그들의 영향력이 기묘한 대조를 이루는 존재이다.(JP, 68)

'사회적인 것'과 '정치적인 것'의 구별은 여기에서 유대인을 파리아 민족으로 특징짓기 위해 사용되었다. 그러나 이제 하나의 인간 유형으로서 파리아는 더욱 뚜렷한 뉘앙스를 품는다. 아렌트는 일차적으로 특정한 파리아 민족으로서 유대인들이 처해 있는 버림받은 상태에 대한 대응 유형과 저항 전략에 대해 관심을 가지고 있다. 아렌트는 파리아들이 "그들 민족 전체의 정치적 위치"를 어떻게 반영하는지에 초점을 맞추면서 이 전통의 네 가지 전형들을 분석하고 있는데, 이들 각각은 "유대 민족의 서로 구별되는 네 가지 초상들을 표현하고 있다."

> 첫 번째는 하인리히 하이네의 불운자 슐레밀schlemihl과 '꿈의 왕'Traumweltherrscher이고, 두 번째는 베르나르 라자르의 '의식적 파리아'이며, 세 번째는 찰리 채플린의 기괴한 혐의자 초상이고 네 번째는 프란츠 카프카의 선의를 가진 사람의 운명에 대한 시적 환상이다. 이러한 네 유형들 사이에는 중요한 연관이 존재하는데, 일단 그것들이 역사적 실재성을 획득하기만 하면 사실상 모든 진정한 개념들과 건전한 생각들은 그것을 통해 하나로 결합된다.(JP, 69)

라자르의 '의식적 파리아'와 카프카의 '선의를 가진 사람'을 다루기 전에 먼저 첫 번째와 세 번째 유형, 즉 '불운자 슐레밀'과 '협의자'를 개괄해 보자. 다른 두 (라자르와 카프카의) 유형들에 대한 아렌트의 관찰은 버림받은 민족 속의 파리아로 자기 자신을 이해하는 것과, 정치와 독립적 사유 모두에 대해 가지고 있던 중심 편견들을 이해하는 데 특별히 관련된다.

아렌트는 하이네에 대해 그의 아이러니와 흉내 내는 재능, 풍부함과 "아이들이나 보통 사람들이 있는 곳이라면 어디서나 발견하게 되는"(JP, 71) 단순한 삶의 기쁨 — 그리하여 그들로 하여금 이야기와 로망스를 탐닉하게 만드는 열정 — 을 찬탄했다. 천진난만함은 슐레밀의 특징이다.[32] 그러나 한 민족의 시인, '한 민족의 꿈의 왕'이 태어나는 것은 바로 그러한 천진난만함에서이다. 아주 매력적인 것은 '자연적 자유'에 대한 하이네의 감각인데, 이 자유는 그의 "쾌활한 무사태평함"과 냉소적이거나 신랄해지기를 거부하는 모습으로 표현된다. 아렌트가 다양한 형태의 파리아들을 하나의 '인간 유형'으로 결합하는 공통점 중의 하나는 이 무의식적인 자유 감각이다.

> 하이네가 자유의 본질이라 여긴 것은 인간사의 모든 것에 대한 파리아의 이 초연함이다. 그의 시편 속에 성스러운 웃음이 있고 쓴맛이 없는 까닭도 바로 이 초연함 때문이다. 하이네는 자유가 단순히 "속박에서 해방되는 것" 이상을 의미하고, 유대인들의 정의를 향한 전통적 열정과 자유를 같은 비중으로 가지고 있었던 첫 번째 유대인이다. 그에게 자유는 정당하거나 부정한 멍에로부터 해방되는 것과 아무런 관련이 없었다.(JP, 72)

아렌트는 여기서 장차 자신의 정치적 사유와 근대성에 대한 비판적 분석

32)『라헬 파른하겐』의 1장 제목은 「유대인 여성과 슐레밀」이다.

에서 핵심적 내용이 될 하나의 구별을 예견케 하고 있다. 그것은 해방liberty와 자유freedom의 구별이다. 아렌트에게 있어서 해방적 자유는 언제나 무엇 — 속박, 억압, 가난, 생물학적 필연성 등 — **으로부터의** 자유이다. 그러나 해방적 자유는 인간이 더불어 행위하고 진정한 정치를 꽃피울 수 있는 공적 공간을 창조했을 때만 실존하게 되는 적극적 의미의 실체적 자유와 혼동되거나 동일시되지 않는다. 유대인 해방은 "속박의 우리로부터의 해방"으로 환원되거나 그것과 동일시되지 않는다. 그러한 해방은 공적인 정치적 자유의 등장을 위한 필요조건일 뿐 충분조건은 아니다. 이것은 그녀가 『인간의 조건』과 『혁명론』에서 발전시켰던 주제이다. 아렌트에 따르면 근대성의 큰 재난들 중 하나는 해방과 자유를 혼동하려는 경향이다. 그러나 이러한 혼동이 그녀에게 처음으로 암시된 것은 유대인 해방을 이해하려고 시도하면서였다. '자연적 자유'에 대한 하이네의 유쾌한 감각은 아직은 완전하게 명확해진 정치적 자유 개념은 아니지만 정치적 의미는 가지고 있다.

> 파리아와 슐레밀 민족에 대해 충성하기를 끝내 포기하지 않았다는 이유만으로, 한시도 그들 곁을 떠나지 않았다는 이유만으로 하이네는 자유를 위해 싸운 불멸의 유럽 투사들과 어깨를 나란히 한다. 그런데 아아, 그들 중 독일인은 너무도 적다.(JP, 75)

또한 하이네는 "유대인이 민족과 국민의 범주에서 벗어나 '순수한 인간'으로 살 수 있다"는 환상을 비웃었다. "그는 유럽 어느 곳에서나 만연했던 이른바 유대인 해방을 위한 조건, 즉 유대인은 유대인이 되기를 그만두었을 때 비로소 인간이 될 수 있다는 믿음을 간단히 무시했다. 이러한 입장을 고수했기 때문에 하이네는 동시대의 극히 적은 동료들과 마찬가지로 자유인의 언어를 말하고 자연인의 노래를 부를 수 있었다."(JP, 75)

아렌트가 왜 그렇게 하이네를 존경하고 유대인 파리아 전통 속에서 그런 두드러진 위치를 부여했는지는 명약관화하다. 아렌트는 하이네의 독립적인 감수성과 교조나 관습에 의한 강요를 거부한 것을 깊이 존경했다. "슐레밀이란 인물 속에서 공히 사회에서 배제되어 있으며 이 세계와 불화하는 파리아와 시인의 본질적인 친연성을 인식한 것, 그리고 이러한 유비를 통해 유럽 문화 세계 속의 유대인의 위치를 설명해 낸 것은 하이네의 업적이었다."(JP, 76) 아렌트는 하이네가 결코 유대 민족과 절연하지 않으며 파리아와 슐레밀의 민족에 대한 충성을 포기하지 않은 것을 높이 평가했다. 나아가 아렌트는 하이네를 일컬어 "전체 역사에서 진정으로 행복하게 동화한 유일한 본보기"라고까지 상찬했다. "그는 자신을 독일인과 유대인 모두로 진정으로 기술할 수 있었던 유일한 독일계 유대인이다." "그는 다른 사람들이 그저 말로만 떠들었던 진정한 문화적 융합을 실천했다."(JP, 74) 자신들의 유대인성을 드러내는 언급을 한사코 회피했던 전형적인 독일계 유대인 동화주의자들과 달리 하이네는 "일상의 소박한 유대교"를 높이 평가했다.

아렌트는 찰리 채플린의 '혐의자'라는 인물을 스케치하면서 앞서 살펴본 주제를 되풀이한다. 이는 유대 민족의 역사, 즉 그들의 정치 감각의 부족과 통찰력 및 활동성의 결여를 분석하면서 분명해진 것이었다.

> 정치 감각의 부족과, 자선을 민족적 통일성의 기반으로 삼는 진부한 체계의 지속은 유대 민족으로 하여금 우리 시대의 정치적 삶에서 적극적인 역할을 하지 못하게 한 반면, 이러한 특성들이 극적인 형식들로 변형되어 근대 예술의 가장 뛰어난 작품들 중 하나인 찰리 채플린의 영화에 영감을 주었다. …… 채플린은 그의 첫 번째 영화에서 법과 질서를 보호하는 사회의 대표자들에 의해 끊임없이 곤경에 처하고 괴롭힘을 당하는 보잘것없는 사람의 끝없는 곤경을 묘사했다.(JP, 79)[33)]

'혐의자'로서 파리아는 또한 슐레밀이기도 하다. 그러나 하이네가 묘사한 몽상적인 유형은 아니다. 채플린의 세계는 "자연이나 예술도 도피처를 제공할 수 없으며, 그 세계의 투석기나 화살을 막는 유일한 갑옷은 스스로의 재치나, 우연히 알게 된 사람의 친절과 자비뿐이다."(JP,79) 아렌트는 혐의자로서의 파리아와 무슨 일을 하든 항상 의심받는 '무국적자'로서의 피난민을 나란히 놓는다.

> 피난민들이 파리아의 생생한 상징인 '나라 없는' 사람들의 모습으로 오기 훨씬 전에, 수천에 달하는 남자와 여자들이 그들의 헐벗은 생존을 자신의 재치나 타인의 우연한 친절에 의존하도록 강제받기 훨씬 전에, 채플린의 유년기는 두 가지를 가르쳐 주었다. 하나는 적대적인 세상의 화신처럼 보이는 '경찰'에 대한 유대인들의 전통적인 공포였고, 다른 하나는 다른 조건이 동일하다면 다윗의 인간적 재간이 골리앗의 동물적 힘을 때때로 능가할 수 있다는 유대인들의 유서 깊은 진리였다.(JP, 79-80)

슐레밀과 혐의자의 무기는 재치와 유머, 재간과 태평함이다. 이들 파리아의 전형들이 적대적 세계를 좌절시키고 무력하게 만드는 무기는 바로 이런 것들이다. 이 두 유형은 공히 파리아 민족으로서 유대인들이 처한 조건을 반영한다. 이 두 유형은 공히 파브뉴의 세계와 그들이 동화되고자 하는 사회를 조롱한다. 따라서 이 둘은 모두 잠재적인 정치적 중요성을 가지고 있다. 혐의자와 슐레밀 사이에 차이도 있지만 말이다.

---

33)아렌트는 다음과 같이 썼다. "채플린은 최근에 자신이 아일랜드계이며 집시의 후손이라고 천명했다. 하지만 논의를 위해 그가 선택된 이유는, 비록 그 자신은 유대인이 아니지만 유대인 파리아의 심성에서 태어난 인물을 예술적인 형식으로 축약해 냈기 때문이다."(*JP*, 69, n.1)

> 기본적으로 채플린의 혐의자가 지닌 뻔뻔스러움은 하이네의 슐레밀이 지닌 매력과 같은 종류의 것이다. 그러나 더 이상 그것은 태평스럽거나 침착하지 않다. 더 이상 그것은 천상의 것들과 조화를 이루는 시인의 신성한 뻔뻔함이 아니며 그래서 지상의 세계를 조롱할 수 없다. 반대로 그것은 걱정스럽고 근심에 싸인 뻔뻔스러움이다. 수 세대의 유대인들에게 너무나 친숙한, 세계의 계급 질서를 인식하지 않는 가난하고 "보잘것없는 유대인들"의 뻔뻔스러움 말이다. 그들은 그 세계 속에서 자신을 위한 어떤 질서와 정의도 찾지 못하기 때문이다.(JP, 81)

아렌트는 자신이 묘사하는 파리아 유형들의 특성들을 너무나 쉽게 공감할 수 있었기 때문에 그런 통찰력과 감수성을 가지고 하이네와 채플린에 대해 쓸 수 있었다. 아렌트 자신이 하이네의 독립성과 '자연적인 자유'에 대한 감각, '꿈의 왕'이 지닌 감수성을 펼쳐 보였다. 그녀 역시 세계 속에서 결코 편안함을 느껴 본 적이 없으며 언제나 '사회의 대표자들'에게 의심받는 한 사람의 무국적자로 여러 해를 살아왔다. 그러나 아렌트에게 있어서, 파리아 유대인의 정치적 의미가 완전히 드러난 것은 라자르의 위대한 업적 덕분이었다. 파리아 유대인은 반드시 '의식적 파리아'가 되어야만 한다.

> 그는 해결책이 어디에 있는지 알았다. 자동적으로 그리고 무의식적으로 그들의 파리아 상태를 받아들인 해방되지 않은 그의 동포들과 대조적으로, 해방된 유대인은 미몽에서 깨어나 자신의 위치를 깨달아야만 하고 그 위치를 의식적으로 거부하는 피억압 민족의 챔피언이 되어야 한다. 자유를 향한 그의 싸움은 유럽의 모든 짓밟힌 사람들이 민족 해방과 사회 해방을 위해 지불해야 했던 대가의 일부분이다.(JP, 76)

라자르는 "유대인 파리아가 유대인 파브뉴에 맞서 싸우도록 일깨울" 필요가 있다고 주장했다. 유대인은 자신의 '이중적 노예 상태' — "한편으로는 그가 처해 있는 환경의 적대적 요소들에 대한 의존, 다른 한편으로는 그것들에 어느 정도 영합한 '높은 지위의 동포들'에 대한 의존"(JP, 77) — 를 끝장내야만 한다. 나치와 함께 이것이 그로테스크한 변화를 이루기 오래전에 라자르는 유대인의 적들이 유대 민족을 통제하고 억압하기 위해 유대인 자신들을 어떻게 이용했는지 정확하게 간파했다.

> 프랑스 정치에 대한 경험을 통해 라자르는 적들이 통제를 하려고 할 때마다 억압받는 사람들 가운데 일부에게 일종의 뇌물로 특권을 주면서 그들을 종복과 추종자로 만들어 이용한다는 것을 알게 되었다.(JP, 77)

아렌트는 나치가 그들의 명령을 수행토록 하고 유대인들을 통제하고 조직하기 위해 만들어 낸 수치스러운 유대인회에 관하여 비슷한 점을 찾아냈을 때 자신이 불러일으킬 분노에 대해서는 거의 짐작할 수 없었을 것이다. 아렌트는 또한 유대인 공동체에서 지도적 역할을 맡은 부유한 유대인들의 실패에 대한 라자르의 판단에도 동감했다. 비록 라자르에 대해 쓰고 있지만, 다음은 아렌트 자신의 목소리로 말하고 있다고 할 수 있다.

> 파리아가 정치의 광장으로 진입하자마자 그리고 자신의 지위를 정치적 형태로 바꾸자마자, 그는 필연적으로 반역자가 된다. 따라서 라자르의 생각은 유대인들이 파리아의 대표자로 공개적으로 나서야 한다는 것이다. "왜냐하면 억압에 저항하는 것은 모든 인간의 의무이기 때문이다." 그는 파리아가 슐레밀의 특권들을 모두 포기하고 공상과 망상의 세계를 탈피하며, 자연의 안락한 보호를 포기하고 남자와 여자들의 세계를 이해할 것을 요구했다. 다른 말로 하자면, 사회가 파리아에게 한 일에 대해 그 스스로 책임이 있다는 것을 파리아가 느끼기를 라자르는 바랐던 것이다. 그는 파리아가 잘난 척하는 냉담한 태도 속에서, 혹은 인간 그 자체의 본성에 대한 거만

> 하고 고상한 인식 속에서 해방을 구하는 일을 그만두기를 바랐다. 역사적 관점에서 볼 때, 아무리 많은 유대인 파리아가 부정의한 제도의 산물이라고 하더라도 …… 정치적으로 말해서, 반역자가 되기를 거부한 모든 파리아는 그 자신의 위치에 대해, 그리고 그것이 상징하는 인류에 남겨진 오점에 대해 부분적인 책임이 있다.(JP, 77)

이는 정말 강한 표현들이다. 그러나 이러한 말들은 아렌트의 깊디깊은 관여를 표현한다. 아렌트에 따르면, 라자르가 동료 유대인들을 일어나게 하는 데 실패한 주된 이유는 부유한 파브뉴 유대인들의 조직적인 반대가 아니라 단지 반역자가 되기를 거부했던 파리아 때문이었다.

여기서 등장하는 주제는 아렌트의 정치적 사유에서 유력하고도 가장 오해받는 주제들 중 하나가 되었다. 우선, 파리아 유대인은 "사회가 그에게 한 것에 책임이 있다고 느껴야 한다"는 단언은 충격적이다 못해 수치스럽기까지 하다. 이것은 마치 아렌트가 희생자들이 고통을 받고 있다는 이유로 그들을 비난하는 것처럼 들린다. 이것은 아렌트가 뜻하는 바가 **아니다**. 그녀는 반유대주의자들이 항상 주장해 왔던 것, 즉 유대인들 스스로가 자신이 받은 공격에 책임이 있다는 말에 동조하지 않았다. 그렇다고 유대인들을 '죄 없는 희생자'로서 보는 것으로 충분하다고 생각한 것도 아니다. 여기서 아렌트의 관심은 도덕적 책임이나 죄가 아니라 **정치적** 책임이다. 아렌트에게 중요한 문제는 유대인들이 국외자로서 배제되고 그들의 정치적 권리가 부정되었을 때 그들이 어떻게 대응**했으며** 대응**할 수** 있는가(그리고 대응해야 하는가)에 대한 것이다. 아렌트는 모든 형태의 역사적 결정론을 거부하며, 유대인이 유대인으로서 할 수 있는 **대응**은 개인이 통제할 수 없는 강제력에 의해 결정된다는 필연성의 주장에 기초한 모든 논거를 거부한다. 여기에는 철학적 통찰과 정치적 통찰이 뒤섞여 있다. 가장 암울한 시대에서조차도 한 사람의 대응과 책임의 문제는 제기될 수 있고 또 제기되어야 한다. 새로이 시작할 가능성, 개시할 가능성, 행동할 가능성은 존재한다. 이것은 아렌트가 나중에 '탄생성'이라고 불렀던 것이고 전체주의 정권이 근절하려고 했던 것이다. 『인간의 조건』에서 이러한 능력들을 분석하기 오래전에 아렌트는 그것들이 왜 근대 유대인의 정치 문제와 그 실패에 근본적인지를 깨달았다. 유대인들은 그들의 정치적 책임을 깨달아야 한다. 그들이 책임 있는 정치적 행위자가 되기 위해서는 수동적인 피해자의 전통을 단절하고 그에 도전해야 한다. 그들은 반유대주의에 스스로를 굴종시키지 않고 유대인의 정치적 권리를 위해 싸우는 반역자가 되어야 한다. 나아가 그들은 진정한 정치적 행위를 억제하는 유대인 파브뉴들과도 싸워야 한다. 그들은 정의를 위한 자신들의 투쟁 속에서 동료 유대인들과 결합하고 다른 피억압 민족들과 동맹을 형성해야 한다. 그들은 자신을 기만하고 스스로를 모순에 빠지게 하는 특징이 있는 동화가 일종의 유대인의 자살이라고 솔직하게 인정해야 한다. 유대인이라는 이유로 공격받는다면 유대인으로서 자신을 방어해야 한다.

급진 유대인 정치의 필요성에 관한 아렌트의 성찰은 그러한 정치가 더 이상 실제 역사의 가능성으로 여겨지지 않게 되었을 때 그 정점에 도달했다. 파리아 유대인의 숨겨진 전통에 대한 분석이 막바지에 접어들던 1944년, 아렌트는 당시의 '정치적 현실'을 암시하면서 파리아 또는 파브뉴의 삶이란 것이 유럽 유대인의 대량 학살과 절멸이라는 현실 속에서 어떤 의미를 생산할 수 있을지 공개적으로 의문을 표시한다.

> 오늘날 낡은 이데올로기의 기반이 무너졌다. 파리아 유대인과 파브뉴 유대인은 같은 배를 타고 성난 바다에서 필사적으로 노를 젓고 있다. 둘 다 같은 낙인이 찍혀 있다. 둘 다 범법자들이다. 오늘에야 진실이 제자리로 돌아왔다. 천상에도 지상에도 벌거벗은 살육을 피해 달아날 곳은 없다. 거리에서건 모두에게 공개된 광장에서건 언제든 누구나 끌려갈 수 있다. 마침내

개인의 "분별없는 자유"는 그의 전체 민족에게 의미 없는 고통의 길을 열어 놓는다.(JP, 90)

무의미한 고통을 당하는 자기 민족의 현실을 지켜보면서 아렌트는 파리아와 파브뉴의 운명에 대한 자신의 절망을 토로하기에 이른다. 그러나 이것은 아직 그녀의 마지막 말이 아니다. 그녀는 유대 민족에게 닥치고 있는 일에 대한 모든 공포를 이해하려는 노력을 포기하지 않는다. 한나 아렌트는 인간의 탄생성, 즉 새롭게 시작할 수 있는 인간의 능력에 뿌리를 둔 약속과 희망을 결코 포기하지 않았다. 그녀는 이를 여러 차례 표현했는데, 아마도 『전체주의의 기원』의 결론부에서 가장 웅변적으로 표현했을 것이다. 아렌트는 거기서 자신이 좋아하는 아우구스티누스의 말을 인용한다.

그러나 다음과 같은 진리, 역사상의 모든 종말은 반드시 새로운 시작을 포함한다는 진리 또한 남아 있다. 이러한 시작은 약속, 즉 종말이 언제나 만들어 낼 수 있는 유일한 '메시지'이다. 시작은, 그것이 하나의 역사적 사건이 되기 전에, 인간의 최고의 능력이다. 정치적으로 말하자면, 인간의 자유와 같은 것이다. "시작이 있었기 때문이 인간이 창조되었다 Initium ut esset homo creatus est"고 아우구스티누스는 말했다. 이러한 시작은 각각의 새로운 탄생에 의해 보장된다. 사실상 그것은 각각의 인간이다.(OT3, 478-479)

아렌트는 파리아 유대인의 네 번째 유형에 대해 탐구한다. 이것은 그녀가 카프카의 '선의를 가진 사람'이라고 불렀던 것이다. 아렌트에게 카프카는, 그녀 세대의 다른 많은 유럽 유대인들과 마찬가지로, 20세기 유럽 유대인 공동체가 직면한 절망적인 곤경을 비상한 감수성으로 간파한 시인이자 소설가이다. 아렌트는 카프카의 초기 단편인 『어떤 싸움의 기록』과 소설 『성』에 대해 분석하면서 파리아 유대인에 대한 자신의 초상을 더욱 풍성하게 한다.

앞에서 라헬의 전기에 등장하는 사회 — 라헬이 야망의 유혹에 이끌려 필사적으로 진입하려고 노력했던 — 는 사람이 태어나면서 속하거나 또는 배제되는 귀족 사회의 유제인 '상류사회'를 말한다고 밝힌 바 있다. 그러나 사회에 대한 아렌트의 고찰에는 다른 기준들이 결부되어 있다. 아렌트는 20세기 사회의 의미에 대한 카프카의 이해가 무수한 사회학자들의 이해보다 훨씬 더 통찰력이 있다고 생각했다. 사회와 사회적인 것에 대한 아렌트의 분석은 카프카의 절망적인 시각에 의해 상당한 영향을 받았다. 『어떤 싸움의 기록』에 대해 논평하면서 아렌트는 이렇게 쓴다.

> 흔히 말하길 사회는 '아무도 아닌 사람들nobodies'로 구성된다고 한다. "나는 아무에게도 잘못하지 않았고 아무도 나에게 잘못하지 않았다. 그러나 아무도 아닌 사람들 말고는, 아무도 나를 돕지 않을 것이다." 따라서 사회는 진정으로 존재하지 않는다고들 한다. 그럼에도 사회에서 배제되어 있는 파리아조차도 자신이 운이 좋다고 말할 수는 없다. 왜냐하면 사회는 항상 자기는 누군가이고 파리아는 아무도 아니라고, 자기는 '실재'하지만 파리아는 '실재하지 않는다'고 가장하기 때문이다.(JP, 82)

사회가 파리아에게 주는 가장 큰 상처는 그가 자신의 실존을 의심하게 만드는 것이다. "자신의 두 눈 앞에서 스스로를 비존재로 격하시키는 것." 카프카는 '아무도 아닌 사람들'로 구성되지만 그럼에도 국외자로 하여금 자신의 실재를 회의하게 만드는 힘을 가진 사회가 실은 이러한 의미라는 것을 간파할 수 있었다. 카프카가 상상력을 통해 그려 낸 것들은 모두 나치가 유대인들을 마치 잉여적이고 비실재적인 '아무도 아닌 사람들'인 것처럼 취급했을 때 너무나 기괴한 현실이 되었다. 카프카가 묘사한 "20세기의 현실 감각"과 함께, 자연도 예술도 더 이상은 "사회에 의해 아

무도 아닌 자로 거부된" 멸시받는 파리아 유대인을 위한 도피처를 제공할 수 없다.[34)]

> 슐레밀과 시인의 자유도, 혐의자의 결백함도, 자연과 예술로의 도피도 아닌, 사유가 새로운 무기이다. 카프카의 견해에 따르면, 목숨을 건 사회와의 투쟁 속에서 태어났을 때 파리아가 부여받은 유일한 것은 바로 이 사유이다.(JP, 83)

계속해서 아렌트는 **사유**의 의미에 대한 설명한다. 비록 지나가면서 언급하는 정도에 불과하지만 그녀는 "카프카의 파리아 개념을 특징짓는 것은 이러한 관조적 능력을 자기 보존의 도구로 사용하는 것"이라고 쓰고 있다. 사유가 파리아의 무기라는 이 주제는 그녀의 저술에서 반복적으로 등장한다. 사유의 의미를 정신적 삶의 주요 기능 가운데 하나로 주제화한 것은 사후에 간행된『정신의 삶』에서일 뿐이다. 그런데 아렌트는 저술 활동의 중요한 단계들마다 사유의 결정적 의미를 다루고 있다.『인간의 조건』에서 아렌트는 이렇게 시작한다. "그러므로 내가 제안하는 것은 매우 간단하다. 그것은 우리가 무엇을 하고 있는지 사유해 보자는 것이다."(HC, 5) 비록 그녀는 활동적인 삶vita activa에 대한 분석에서 사유에

---

34)1944년에 쓰인 이 문장과 1965년 뉴스쿨에서의 강의록인「도덕 철학의 몇 가지 문제들」에 나오는 다음 구절을 비교해 보라. 이 글은 미국회도서관 아렌트 서고에 보관되어 있다. "불멸하는 최고의 악은 아무도 아닌 자들Nobodies에 의해 행해진 악이다. 그런데 그들은 분명 인간임에는 틀림없지만 사람persons이 되기를 거부한 인간이다. 이러한 성찰을 개념화했을 때 우리는 다음과 같이 말할 수 있다. 자신이 무슨 일을 하고 있는지 스스로 생각하기를 거부하는 악행자들, 또한 그것을 회고적으로 생각하는 것, 즉 자신이 한 일로 되돌아가 기억을 되살리고 회개하기를 거부하는 악행자들은 사실상 스스로를 사람(somebodies)으로 형성하는 데 실패한 자들이며, 완고하게 아무도 아닌 자들(nobodies)로 남아 있음으로써 다른 사람들과 관계를 맺는 데 부적합하다는 것이 입증된 자들이다. 그들이야말로 선하거나 악하거나 상관없이 가장 비열한 사람들이다."

초점을 맞추지는 않지만, 다음과 같은 감질 나는 언급으로 책을 끝맺고 있다. "만일 활동적인 삶에 속하는 여러 활동들에 대해 오로지 활동적인 경험이라는 테스트만이, 오직 순전한 활동의 양이라는 척도만이 적용된다면, 두말할 것도 없이 사유가 그 자체로 다른 모든 것을 능가할 것이다."(HC, 325) 자신의 "정치적 사유와 관련한 연구 작업들"에 대해 최상의 설명을 제공하고 있는 『과거와 미래 사이』의 서문에서 아렌트는 카프카의 한 우화를 과거와 미래 사이에 존재하는 틈 속에서 사유가 어떻게 발생하는가를 보여 주는 것으로 해석하면서 다시 한 번 사유의 결정적 의미를 다룬다. 카프카와 아렌트에게 있어서 사유는 "가장 생생하고 활동적인 현실이다."(BPF, 10)

파리아 유대인에게 독립적인 사고가 중요한 이유는 행위, 정치, 그리고 공적인 자유가 위협받고, 20세기 전체주의가 정치적 자유에 필요한 인간의 조건을 파괴하기 시작한 이 세계에 남겨진 파리아의 유일한 '무기'가 그녀의 사유이기 때문이다. 뿐만 아니라 자신의 '활동성'에 대한 아렌트의 자기 이해는 독립적인 사유자의 그것인데, 이런 사람을 레싱은 **스스로 생각하는** Selbstdenken 사람이라고 불렀던 것이다.

아렌트가 여러 유형의 파리아들을 특징지으면서 일관하는 요소들 중 하나는 자유에 대한 의식이다. 이것은 또한 독립적인 사유자인 파리아에게도 해당된다. 아렌트는 사유가 "자유의 세계 속에서 움직이는 또 다른 방식"이라고 말한다.

> 우리가 '자유freedom'라는 말을 들을 때 마음속에 떠오르는 모든 특정한 자유들liberties 중 이동의 자유freedom는 역사적으로 가장 오래되고 또한 가장 기초적인 것이다. …… 이동의 자유는 또한 행위를 위한 필수불가결한 조건이다. 그리고 인간이 세계에서 일차적으로 자유를 경험하는 것은 행위를 통해서이다. 공동의 행위를 통해 구성되고, 역사 속으로 발전해 들어

갈 저마다의 고유한 사건과 이야기들로 가득 찬 공적 영역을 박탈당할 때 인간은 사유의 자유 속으로 퇴각한다.(MD, 9)

나중에 우리는 아렌트가 사유를 통해 의미한 것, 특히 '악의 문제'에 관련하여 말하고자 한 것에 대해 보다 상세하게 고찰할 것이다. 그녀는 "낯선 영토 이곳저곳을 지지대 없이 자유롭게 돌아보기 위해 아무런 기둥이나 지주도 필요 없고 어떤 규준이나 전통도 필요 없는 새로운 종류의 사유"를 기술하고자 시도한다.(MD, 10) 항상 위험을 감수하는 그러한 사유는 용기를 필요로 하는데, 아렌트는 이것을 '난간 없는 사유Denken ohne Geländer' (RPW, 336)라고 불렀다. 이 은유는 그녀가 실천하려고 했던 유대인 파리아의 독립적 사유가 어떤 의미인지를 압축적으로 보여 준다.

정치, 공적 영역, 권력 그리고 인간이 함께 행위할 때 존재하게 되는 자유의 의미에 대한 아렌트의 모든 통찰에도 불구하고 그녀는 결코 자신을 본래 정치적 행위자라고 생각하지 않았다. 도리어 그녀는 국외자 파리아인 자신의 위치가 "외부에서 어떤 것을 볼 수 있는 이점"을 제공한다고 생각했다. 1972년, 자신의 작업을 기리는 한 심포지엄에서 (정치적) 행위와 사유의 관계에 대한 입장을 명백히 해달라는 압력을 받자 아렌트는 다음과 같이 말했다.

아시겠지만, 정치적인 일에 관해 저는 장점을 가지고 있습니다. 본성상 저는 행위자가 아닙니다. 제가 한 번도 사회주의나 공산주의에 관여한 적이 없었다고 말한다면, — 우리 세대에게 사회주의자나 공산주의자가 되는 것은 완전히 당연한 일이었습니다. 그러지 않은 사람을 아무도 알지 못할 정도지요 — 당신은 제가 스스로 관여할 필요성을 조금도 느끼지 않았다는 것을 알 수 있을 겁니다. 마지막에 가서야 누군가가 제 머리를 후려쳤고, 이것이 제게 현실을 깨닫게 했지요. 그러나 여전히 저는 어떤 것을 밖에서 보는 장점을 가지고 있습니다. 심지어는 나 자신도 밖에서 들여다봅니

다.(RPW, 306)

그러므로 아렌트는, 다름 아닌 국외자라는 그녀의 위치 때문에, 독립적인 사상가, 즉 교의와 이데올로기에 얽매이지 않는 사상가가 되는 자유를 가졌던 것이다.

아렌트가 강조하는 파리아 유대인에 대한 카프카의 초상에는 또 다른 측면이 있다. 『성』에서 주인공 K는 "명백히 유대인"인데, 이는 그가 유대인의 특성을 가지고 있다고 묘사되었기 때문이 아니라, "유대인의 삶에 특유한 상황들과 난점들에" 연루되어 있기 때문이다. K는 "결코 서열 속에 들어갈 수 없는 이방인인데, 그 까닭은 그가 평민에도 지배자에도 속하지 않기 때문이다." 그는 끊임없이 불필요하다고, "아무도 원하지 않고 모든 사람에게 방해가 된다"(JP, 84)고 비난받는다.

아렌트는 K가 자발적인 근대 동화주의자들이 직면하고 있는 모든 딜레마를 드러낸다고 본다. 카프카야말로 "왜곡되지 않은 진정한 동화의 드라마를" 보여 준다. 그 까닭은 K가 지배자들의 보호를 통해 자기 존재를 증명하려 하지 않고 "다른 길, 선의의 길"을 선택하기 때문이다. 카프카는 "한 인간으로서의 권리들, 즉 집, 일, 가족 그리고 시민권 이외에는 정말 아무것도 바라지 않는 하찮은 보통 유대인"(JP, 85)을 묘사한다. 그러나 이교도 이웃들과 "구별할 수 없게" 되기 위해서는 자신과 같은 사람들과 연을 끊고 완전히 혼자인 것처럼 행동해야 한다. 그래서 카프카 소설의 주인공은 전 세계가 그에게 원하는 것, 다시 말해 다른 모든 사람과 같은 '개인'이 되기 위해 자신의 모든 유대적 특성들을 단념하려고 노력한다. 카프카의 천재성은 바로 이러한 '실험'이 어떻게 이루어지는지를 여실히 보여 준다는 점이다.

그러나 카프카 소설 속의 이러한 단념은 유대인 문제뿐만 아니라 전 인류

> 의 문제에서 중요한 의미를 지닌다. K는 "구별할 수 없게" 되려고 노력하는 가운데 오직 보편적인 것들, 전 인류에 공통되는 것들에만 관심을 가진다. 그의 욕망은 모든 인간이 하나의 자연권을 갖는 것과 관련한 일들에만 향해 있다. 한마디로 말해 그는 선의를 가진 인간의 전형인 것이다.(JP, 85)

그러나 K는 처참하게 실패한다. 그가 마을 주민이 되려고 노력하면 할수록 그들은 더욱 그를 의심한다. 그는 점점 더 고립된다.

> 사회가 사람들에게 부여해야 할 의무가 있는 몇 가지 기본적인 것들을 획득하기 위한 그의 투쟁은 마을 사람들 혹은 적어도 그들 중 일부의 눈을 열어 주었다. 그의 이야기, 그의 행동은 인간의 권리가 쟁취할 만한 가치가 있다는 것과 성의 통치가 신성한 법이 아니며 결과적으로 공격받을 수 있다는 것을 그들에게 가르쳐 주었다.(JP, 88)

이것이 아렌트가 카프카의 소설로부터 이끌어낸 도덕이다. K는 마침내 "자신의 계획을 실현하는 것, 곧 일하고 필요한 존재가 되고 가정을 만들고 사회의 일원이 되는 기본적인 인권을 성취하는 것이 자신이 처한 환경에 완전히 동화되는 것, 즉 '구별할 수 없게' 되는 것에 달려 있는 것이 아님"(JP, 87)을 이해하게 되었기 때문이다. K의 싸움은 성과가 없는 것처럼 보이고, 그가 죽기 전까지 미결정 상태로 남아 있다. "그는 지쳐 버렸다." 그러나 아렌트는 K의 삶을 완전한 실패로 해석하지 않는다. 왜냐하면 설령 실패할 운명일지라도 "인간의 권리는 싸울 만한 가치가 있기" 때문이다. 우리는 성의 통치가 신성한 법이고 따라서 공격받을 수 없다는 환상에 결코 속아서는 안 된다. 카프카가 시온주의자가 된 것은, "인간의 진정한 삶은 스스로를 단순하고 기본적인 인간성의 법칙들과 분리되었다고 느끼는 사람들에 의해 인도될 수 없다는 진리를 깨달았기 때문"이라고 아렌트는 주장한다.

> 시온주의 속에서 카프카는 유대인들의 '비정상적인' 위치를 타파할 수단, 즉 그들이 "다른 민족들과 동일한 민족"이 될 수 있게 만들 수단을 발견했다. 아마도 유럽의 마지막 위대한 시인이었을 그가 민족주의자가 되기를 바랄 수는 없었을 것이다. 사실 그의 모든 천재성, 근대정신에 관한 그의 모든 표현들은 다음과 같은 사실, 그가 추구한 것은 한 사람의 인간, 곧 인간사회의 평범한 일원이 되는 것이었다는 사실 속에 놓여 있다. 이 사회가 인간적이지 않게 된 것은 그의 잘못이 아니다. 또한 그 사회의 그물 안에 갇혀 있는 진정으로 선의를 가진 구성원들이 그 사회의 예외적이고 비정상적인 어떤 것, 즉 성인 혹은 미치광이 역할을 맡도록 강요받는 것도 그의 잘못이 아니다.(JP, 89)

파리아 유대인의 숨겨진 전통에 대한 분석 전반에 걸쳐 아렌트가 끊임없이 강조하는 긴장이 있다. 의식적 파리아는 버림받은 자와 국외자라는 것에 대한 책임과 도전을 받아들인다. 파리아는 자신의 정체성을 상실하고 다른 '추상적 개인들'과 구별할 수 없게 될 것을 요구하는 형태의 동화를 거부하는 반역자이자 독립적인 사유자이다. 파리아 유대인은 온전한 인간의 삶을 영위할 수 있는 것은 오직 민족이라는 틀 안에서 뿐임을 안다. 따라서 파리아의 그 모든 자유와 독립성에도 불구하고 그녀의 정체성은 자기 민족의 한 구성원이 되는 것과 결부되어 있다. 여기서 등장하는 것이 추상적인 보편적 인간성과 추상적 개인 및 추상적 인권이란 관념과 날카롭게 대비되는 독특한 유형의 휴머니즘이다. 아렌트는 근대의 가장 위험한 경향이 차이들을 감추는 이 같은 추상성과 익명성을 조장하는 흐름이라고 보았다. 또한 그녀는 텅 빈 보편성을 향한 이러한 충동이 어떻게 되돌아와 '종족적 민족주의'라는 야만적 형태로 폭발해 들어갈지 너무나 잘 알고 있었다.[35] 하나의 민족으로서 유대인들은 그들로 하여금 민족적 자살을 부추기는 모든 경향들에 저항해야 한다.

왜냐하면 인간은 민족이라는 틀 속에서만 다른 인간들과 뒤섞여 지치지 않고 살 수 있기 때문이다. 또한 한 민족이 다른 민족들과 더불어 살아가며 조화로운 역할을 할 때에야 비로소 공통적으로 조건 지워지고 공통적으로 통제된 인간성을 지상에 수립하는 데 기여할 수 있다.(JP, 90.강조는 저자)

19세기와 20세기 유럽 민족들의 가장 큰 실패는 이러한 교훈을 배우지 못한 것이었다. 그리고 유대인 자신의 가장 큰 실패는 정치적 책임을 맡고 유대인으로서의 자기 권리를 위해 투쟁함으로써 스스로 "다른 민족들과 더불어 살아가며 조화로운 역할을 하는" 민족이 될 능력이 없었다는 점이다. 그러나 책임을 진다는 것은 정치적 현실에 대한 이해를 필요로 한다. 아렌트의 가장 지속적인 열정은 이해하는 것이었다. 『라헬 파른하겐』에서 유대인 문제를 다루었을 때, 아렌트는 "'이해하고 싶다'는 생각에서 썼다"(EU, 12)고 말했다. 그러나 20세기 유대 민족의 비극을 이해하기 위해서는 유럽의 정치적 반유대주의가 지닌 독특한 성격과 기원들을 탐색할 필요가 있었다. 1933년 독일에서 탈출하기 전에도 아렌트는 반유대주의의 새로운 변종들에서 무엇이 독특하며 무엇이 그토록 치명적이었는지 연구하기 시작했다. 실천적인 활동으로 전환했던 파리 시절에도 아렌트는 19세기 마지막 10년 동안 분화해 나온 정치적 반유대주의의 기원들과 그 참혹한 결과들에 대한 연구를 멈추지 않았다.

35)OT3, 227-243의 「종족적 민족주의」에 대한 아렌트의 논의를 참조하라.

2 정치적 이데올로기로서 반유대주의

이데올로기는 역사의 열쇠, 혹은 '세계의 모든 수수께끼'에 대한 답, 혹은 자연과 인간을 지배한다고 가정되는 숨겨진 보편 법칙에 대한 심오한 지식을 가지고 있다고 주장한다는 점에서 보통의 수미일관한 의견과 다르다. —『전체주의의 기원』(제3판, 1968)

뉴욕에 도착한 이듬해인 1942년, 아렌트는 첫 번째 주요 논문인 「드레퓌스 사건에서 오늘의 프랑스까지」[36]를 영어로 출간했다. 그녀는 라자르와 헤르츨을 짧게 비교하면서 이 글을 종결지었다. 전체적으로 이 논문은 파리에서 시작한 연구에 기초해 씌어졌으며, 이후 수정을 거쳐 『전체주의의 기원』에 포함되었다. 라자르와 헤르츨은 모두 드레퓌스 재판을 목격했으며, 그 경험에 의해 큰 변화를 겪었다. 드레퓌스 사건은 "정치적 시온주의의 불꽃을 타오르게 했다."(DA, 235) 아렌트에게도 특히 중요했는데, 그것이 '나치즘의 전주곡'의 하나이자 '유럽 역사의 숨겨진 흐름'을 분명하게 드러냈기 때문이다. 드레퓌스 사건의 의미는 나치 전체주의라는 '마지막 대재앙의 결정화crystallizing' 속에서 비로소 전모가 완전하게 드러났다.(OT3, xv)

36)DA는 독일어로 쓰였다가 영어로 번역되었다.

앞서 지적했듯이 아렌트는 헤르츨보다는 라자르에게 공감했다. 헤르츨은 시온주의의 목적을 달성하기 위해 잘 알려진 열강들과 함께해야 한다는 소위 '보다 현실적인' 주장을 편 반면, 라자르는 '아래로부터의' 유대인 정치, 즉 유대 민족의 정치적 해방을 위한 투쟁에서 유럽의 다른 피억압 민족들과 함께 동맹을 맺어야 한다고 주장했다. 아렌트는 물론 헤르츨의 견해가 20세기 시온주의를 지배한 반면, 가난과 어둠 속에서 죽어간 라자르는 자기 민족 내부의 파리아가 되었다는 것을 알았다. 헤르츨과 라자르의 정치적 입장을 비교하기에 전에 아렌트는 먼저 둘의 공통점을 기술한다.

> 두 사람 모두 반유대주의에 의해 유대인으로 바뀌었다. 둘 중 누구도 그 사실을 숨기지 않았다. 그들은 모두 너무나 동화되었기 때문에 해방이 말뿐이 아닌 실제가 되었을 때만 정상적인 생활이 가능하다는 것을 깨달았다. 그러나 그들은 현실의 유대인들이 근대 세계의 파리아가 되었다는 것을 알았다. 두 사람 모두 유대교의 종교적 전통 외부에 있었고, 거기로 돌아가려고 하지도 않았다. 두 사람은 지식인이었던 까닭에 이교도 사회의 틀 속에서 어떻게든 자라난 좁고 편협한 유대인 파벌에서 배제되었다. …… 그들이 돌아왔을 때 유대교는 그들에게 더 이상 하나의 종교로 여겨질 수 없었지만, 그렇다고 수많은 파벌들 중 하나를 마지못해 지지할 수는 없었다. 그들에게는 자신의 유대적 기원이 정치적이고 민족적인 의미를 띠었다. 유대 민족이 하나의 국민이 아니었다면 그들은 유대인 사회 속에서 설 자리를 찾지 못했을 것이다. 두 사람은 이후 각자의 이력을 쌓아 가면서 그때까지 유대인 정치를 통제하던 세력들인 유대인 자선가들과 심각한 갈등을 일으키게 되었다. 이러한 갈등 속에서 …… 두 사람은 유대 민족이 외부에 있는 반유대주의자들뿐만 아니라 내부에 있는 후원자들의 영향에 의해서도 위협받는다는 것을 깨달았다.(DA, 236-237)

아렌트가 여기서 헤르츨과 라자르에 대해 말한 것들은 자기 자신에 대해서도 들어맞는 것이었다. 아렌트 역시, 비록 근본적으로 다른 역사적 환경 속에서였지만, 반유대주의에 의해 유대인으로 "바뀌었다." 아렌트가 반유대주의라는 정치적 현실을 깨달았을 때, 그녀는 자신의 정체성을 유대인으로 확언했다. 그녀를 끌어들인 것은 종교로서의 유대교도 아니었고 항상 혐오해 마지않았던 "좁고 편협한 유대인 파벌들"도 확실히 아니었다. 아렌트에게도 자신의 유대적 기원은 주로 정치적 의미를 띠었다.

아렌트가 반유대주의에 의해 유대인으로 "바뀌었다"고 말하는 것은, 유대인이 반유대주의의 '창작'이라는 명제, 즉 유대인의 정체성을 정의하고 나아가 유대 민족의 역사적 지속을 책임지는 것은 반유대주의라는 주장을 받아들였다는 뜻이 **아니다**. 반대로 아렌트는 한 사람을 유대인으로 정의하고 규정하는 것은 다른 사람들(반유대주의자들)이라는 이 '실존주의적' 해석을 절대적으로 거부한다.

> 바빌론의 유수 이래 항상 유대 역사의 주요 관심사가 압도적인 힘의 격차를 견디고 민족이 생존하는 것이었음을 조금이라도 안다면, 이 문제와 관련한 최신의 신화를 일소하기에 충분할 것이다. 사르트르가 유대인이란 다른 사람들에 의해 유대인으로 간주되고 정의되는 사람이라고 '실존주의적으로' 해석한 이후 이 신화는 지식인 집단들에게서 얼마간 유행하게 되었다.(OT3, xv)[37)]

37)아렌트가 비록 사르트르에 대해 비판적이었지만, 『반유대주의자와 유대인Anti-Semite and Jew』(New York: Schocken Books, 1948)에서 전개된 분석의 섬세함에 대해서는 공정치 않았다. 아렌트는 사르트르의 분석이 파브뉴와 파리아에 대한 자신의 분석을 얼마나 강화하고 보충하는지를 간파하지 못했다. 사르트르는 "유대인이란 다른 사람들이 유대인이라고 간주하는 사람"이며, "따라서 유대인을 **창조하여** 그의 동화를 갑작스럽게 중지시키고 그에게 유대인임에도 번성하게끔 역할을 부여하는 자는 바로 기독교인들이라고 말해도 결코 과장이 아니다"(68)라고 말했다. 이런 언명들은 그 맥락에서 떼어 놓고 보면 아렌트의 해석을 지지하는 것처럼 보인다. 하지만 여기에서도 사르트르의 초점은, 유대인들에게 파리아의 지위를 부여하는 것은 반유대

주의자라는 것이다. "반유대주의자는 그를 한 인간으로서 파멸시키고 오직 유대인, 파리아, 불가촉천민만을 남겨 놓기를 바란다."(57)

'진정한' 유대인과 '진정하지 않은' 유대인에 대한 사르트르의 구분은 파브뉴와 의식적 파리아에 대한 아렌트의 구분과 매우 유사하다. 그는 아렌트의 구분에 내포되어 있는 핵심적 특징을 강조한다. 사르트르가 진정성을 특징짓는 방식은 다음과 같다.

> 인간은 주어진 상황의 한계 속에서 자유를 가진 존재로 정의될 수 있다고 동의한다면, 이러한 자유의 실천을 주어진 상황에서 어떤 선택을 했는가에 따라 **진정하다** 혹은 **진정하지 않다**고 평가하는 일은 쉽다. 진정성은 상황에 대한 참되고 명료한 의식을 갖는 데에, 그것이 내포하고 있는 책임과 위험들을 자부심이나 수치심 속에서, 때로는 공포와 미움 속에서 받아들이는 데에 놓여 있다.(90)

'진정하지 않은 유대인'에 대한 설명은 아렌트가 파브뉴라고 부른 것을 묘사한다.

> 따라서 그가 무엇을 하든 진정하지 않은 유대인은 유대인으로 존재한다는 자기의식에 사로잡힌다. 자신에게 부여된 특징들을 부정하는 모든 행동들을 스스로에게 강제하는 바로 그 순간, 그는 타자들에게서 이러한 특징들을 볼 수 있다고 느끼게 되고, 따라서 그러한 특징들은 그에게 간접적으로 되돌아온다. 그는 자신과 같은 종교를 믿는 사람들을 찾으면서 동시에 도망친다. 그는 자신이 다른 사람들과 똑같은 무수한 사람들 중 하나일 뿐이라고 확언하지만, 최초로 자기 곁을 지나가는 사람 — 그가 만일 유대인이라면 — 의 태도에 의해 자신이 모욕받았다고 느낀다. 그는 유대인 공동체와의 모든 연관을 끊기 위해 스스로 반유대주의자가 된다. 그러나 그는 자신의 심장 깊은 곳에서 그 공동체를 발견하게 되는데, 왜냐하면 반유대주의자들이 다른 유대인들에게 쏟아 부은 모욕을 바로 자신의 육체 속에서 경험하기 때문이다."(106-107)

'진정한' 유대인에 대한 사르트르의 대비적 묘사는 '의식적 파리아'와 밀접하게 대응할 뿐 아니라, 반유대주의와 싸우는 책임을 감수하려는 선택에 대한 아렌트 자신의 강조를 아주 선명하게 해준다.

> 유대적 진정성은 자신을 유대인으로 받아들이는 데, 말하자면 자신의 유대적 조건을 깨닫는 데 놓여 있다. 진정한 유대인은 보편적 인간이라는 신화를 포기한다. 그는 자신을 알고 있으며 자신이 저주받은 역사적 존재의 하나로서 역사 속으로 들어가기를 바란다. 그는 자기로부터의 도피를 멈추고 더 이상 자기 민족을 부끄러워하지 않는다. …… 그는 자신이 배제되고, 불가촉천민이며, 멸시받고, 배척받는 존재임을 안다. 그리고 그는 자신을 **그러한 존재로서** 확언한다.(136-137)

아렌트와 마찬가지로 사르트르는 '보편적 인간이라는 신화'에 비판적이다. '민주주의자'라는 용어는, 독특한 것을 보지 못하고 모든 개인을 '보편적 특징의 총체'로 생각하는 사람들에게 사르트르가 붙인 표지이다. 유대인을 보호한다고 생각하는 '민주주의자'는 사실상 "유대인으로서의 그를 파괴하고 그에게 오직 인권과 시민권을 가진 아렌트는 반유대주의자와 유대인 간의 공생관계를 제안하는 주장을, 그것의 유해한 결과들을 이유로 강하게 반대했다. 유대인이란 다른 이들에 의해 유대인으로 규정되는 사람이라고 주장하는 것은, 유대인 파브뉴가 필사적으로 믿고 싶어 했던 바로 그것을 제공하는 것이다. 자신을 거부하는 사회에 받아들여지기 위해 자기 기만적인 투쟁을 수행하는 파브뉴는 다른 사람들이 더 이상 자기를 유대인으로 간주하지 않아 줄 것을 은밀하게 기대한다. 만약 사회적 반유대주의가 사라져 버린다면(혹은 최소한 자신과 같은 '예외적 유대인'을 비난의 대상으로 삼지 않는다면), 마침내 그는 유대인이 되는 '부끄러움'을 경험할 염려가 없을 것이다.

이런 '실존주의적' 해석의 또 다른 결과는 아렌트가 보기에 훨씬 더 유해한 것이다. 만약 유대인의 정체성이 정말로 반유대주의에 달려 있다면, 유대인 정체성을 보존하려는 유대인들은 공공연하게 혹은 암암리에 반유대주의를 보존하는 데 공모할 것이다. 아렌트는 반유대주의자들이 시온주의와 비밀 동맹을 맺고 있다는 망상에 빠진 사람들에 대해 항상 매우 비판적이었다. 이 때문에 아렌트는 그의 다른 업적에도 불구하고 헤르츨을 매우 신랄하게 비판했다. "반유대주의는 유대 민족의 생존에 대한 비밀스러운 보증이기는커녕 오히려 유대인 절멸의 위협이라는 것이 백일하에 드러났다."(OT3, 8) 뒤에서 우리는 이것이 그녀가 시온주의와 절연한 주된 원인들 중 하나라는 것을 보게 될 것이다. 아렌트는 시온주의자들이 "반유대주의를 공개적으로 하나의 '사실'로서 받아들이고, 유대 민족의 적들과 공모할 뿐 아니라 유대인에 대한 적대감을 자기들의 선전활동에 이용하려고 하는 '현실주의적인' 태도"(JP, 135)에 격렬하게 반대했

추상적이고 보편적인 주체만을 남겨 놓기를 바란다."(57) "따라서 유대인에 대한 그의 옹호는 유대인을 인간으로서 구하고 유대인으로서는 소멸시킨다."(56) "이는 그가 유대인을 그의 종교, 가족, 종족적 공동체로부터 분리시킨 다음, 벌거벗은 단독자로, 즉 다른 모든 분자들과 똑같은 고독한 분자로 재탄생하게 될 민주주의의 도가니 속에 던져 넣고 싶다는 뜻이다."(57)

다. 아렌트의 일관된 주장은 "유대인이라는 '불명예'로부터 탈출하는 길은 하나뿐이고, 그것은 유대 민족 전체가 명예를 위해 싸우는 것이다"(JP, 121)라는 것이었다. 아렌트에게 이 투쟁은 유대 민족이 유대인으로서 살아갈 수 있는 권리를 위한 정치적 투쟁을 의미했다.

정치적 반유대주의라는 19세기 말의 새로운 현상에 대한 아렌트의 집중은 언뜻 보기에 당혹스럽고 기이하게 보일 수 있는 주장을 분명하게 해준다. 『전체주의의 기원』에서 아렌트는 다음과 같은 선언으로 반유대주의에 관한 논의를 시작한다.

> 19세기의 세속적 이데올로기인 반유대주의 — 논점은 아니더라도 그 명칭은 1870년대 이전에는 알려져 있지 않았다 — 와, 대립하는 두 교리의 상호 적대 관계에 의해 촉발된 종교적 유대인 혐오는 분명 같지 않다. 또한 전자가 후자로부터 그 논거와 감정적 호소를 얼마나 끌어들였는지도 의문이다.(OT3, xi)

반유대주의가 "1870년대 이전에는 알려져 있지 않았다"는 주장은 맥락에서 분리하면 잘못된 주장처럼 보일 것이다. 그러나 아렌트는 '반유대주의'를 역사적으로 실존한 다양한 형태의 종교적 유대인 혐오를 지칭하는 일반적인 용어로 쓰고 있지 **않다**. 오히려 그녀는 자신이 판단하기에 새롭고 독특한 19세기의 한 현상, 즉 반유대주의라는 세속적 정치 이데올로기의 등장에 강조점을 두고 싶어 한다. 이 이데올로기는 대중 정당과 대중 운동을 동반한 근대 민족 국가라는 맥락 속에서 생겨난 것이다. 처음에는 단지 주변적인 현상의 하나라고 여겨졌던 것이 대중을 자극하는 강력한 정치적 무기라는 것이 드러났다. 반유대주의가 하나의 **정치 이데올로기**로서 새로운 형식을 띠고 또 그렇게 이용되었기 때문에 20세기 나치 이데올로기에서 그렇게 치명적이고 핵심적인 것이 되었던 것이다.

그런데 왜 아렌트는 전체주의의 기원에 대한 연구를 19세기의 정치적 반유대주의에 대한 분석에서 시작할까? 반유대주의를 "대중을 끌어들이는" 구실이거나 "민중 선동을 위한 흥미로운 장치"일 뿐이라고 주장하는 역사가들이나 정치학자들과 달리, 나치 이데올로기는 반유대주의를 핵심으로 하고 있으며 "시종일관 그리고 비타협적으로, 유대인들에 대한 박해와 궁극적인 절멸을 목표로 삼고 있다"(OT3, 3)고 아렌트는 주장한다.

『전체주의의 기원』의 첫 번째 서문에서 아렌트는 "이해라는 것은, 간단히 말해, 선입견 없이 주의를 기울여 현실 — 그것이 무엇이건 — 에 다가서고 또 그것에 저항하는 것"이라고 말한다.

> 이런 의미에서, 유대인 문제나 반유대주의 같이 작은 (그리고 국제정치에서 별로 중요하지 않은) 현상이 처음에는 나치 운동에, 다음에는 세계대전에, 종국에는 죽음의 공장의 설립에 촉매제가 될 수 있었다는 기괴한 사실을 마주하고 또 이해하는 것이 가능할 수 있을 것이다.(OT3, viii)

아렌트는 유대인 문제가 20세기의 가장 끔찍한 사건들에 촉매제가 되었다는 자신의 믿음을 (비록 미묘한 중요한 변화들을 가미하긴 했지만) 여러 차례 되풀이한다. 『전체주의의 기원』의 첫 번째 장인 「상식의 침해로서의 반유대주의」에서 아렌트는 다음과 같이 쓰고 있다.

> 해명되지 않은 우리 세기의 크나큰 정치적 문제들을 통틀어, 보기에는 이처럼 작고 하찮은 유대인 문제가 지옥의 기계 전체를 움직이게 하는 믿기 힘든 영광을 차지하고 있다는 사실보다 거북하고 이해하기 힘든 현대사의 모습은 없을 것이다. 이 같은 원인과 결과의 불일치는 우리의 상식에 반한다.(OT3, 3)

1968년 「반유대주의」를 분권해서 출판하기 위해 쓴 새로운 서문에서 아렌트는 훨씬 더 단호했다.

> 20세기의 정치적 발전은 유대 민족을 사건들의 폭풍우 중심으로 몰고 갔다. 유대인 문제와 반유대주의는, 국제정치의 견지에서는 상대적으로 중요하지 않은 현상이지만, 먼저 나치 운동의 발생과 히틀러 치하의 제3제국 — 거기서는 모든 시민이 자신이 유대인이 아니라는 것을 증명해야 했다 — 의 조직적 구조의 수립에, 그다음에는 전대미문의 잔인한 세계대전에, 마지막으로는 서양 문명의 한가운데에서 계획적인 대량 학살이라는 전례 없는 범죄의 등장에 촉매제가 되었다. 이것은 통곡과 고발뿐만 아니라 이해를 요구한다는 것이 내게는 분명했다. 이 책은 첫눈에도, 그리고 심지어 두 번째 보아도 단지 터무니없게만 보이는 것을 이해하려는 하나의 시도이다.(OT3, xiv)

우리는 아렌트가 '유대인 문제'는 지루하다고 생각했던 시절 이래로 얼마나 급격하게 변화했는지 알 수 있다. 그녀는 유대 민족을 20세기 국제정치의 한복판으로 밀어 넣은 것이 '이 촉매제'였다는 것을 믿게 되었다.

그런데 이것은 정확하게 무슨 의미일까? 유대인 문제와 반유대주의가 "지옥의 기계 전체를 움직였다"고 아렌트가 말할 때, 그녀가 의미하는 것은 무엇인가? 이 문제는 그녀가 『전체주의의 기원』에서 하고자 했던 것의 핵심과 연계되어 있다. 나아가 우리는 유대인 문제와 반유대주의에 대한 아렌트의 사유가 정치와 역사에 대한 그녀의 이해에 얼마나 깊은 흔적을 남겼는지 보게 될 것이다.

아렌트의 많은 독자들에게는 실망스럽겠지만, 그녀는 자신의 작업에 대한 방법론적인 성찰을 거의 하지 않았다. 방법론이 하나의 강박관념이 된 시대에, 자신의 작업 '방법'에 대한 아렌트의 언급은 임의적이고 은유적이고 혼란스러울 때도 많았다.[38] 이는 『전체주의의 기원』을 이루고 있는 다양한 형식의 연구 방법들에서 가장 큰 문제가 되었다.[39] 첫눈에도, 심지어는 두 번째 보아도, 이 책은 하나의 연속된 이야기나 주장이라기보다는 일련의 단편들처럼 읽힌다. 책이 출판되자 에릭 뵈겔린은 일관된 방법론적 정립이 부족하다고 그녀를 비판했다. 아렌트는 그에 대해 응답하면서 자신의 접근 방법에 대한 가장 분명한 진술 중 하나를 제시하는데, 이를 통해 우리는 그녀가 정치적 반유대주의를 어떤 방식으로 연구했는지 이해할 수 있다. 그녀는 이렇게 쓰고 있다.

---

38)"Hannah Arendt and the Redemptive Power of Narrative" *Social Research* 57/1 (Spring, 1990) 168-196에 서술된, 한나 아렌트의 전체주의 분석이 갖고 있는 방법론적 수수께끼에 대한 세일라 벤하비브의 통찰력 있는 언급을 참조하라. 벤하비브는 "아렌트의 작업은 범주화를 부정하면서 많은 규칙을 범한다. 엄격히 역사적 설명이 되기에는 그것은 체제상 너무나 야심만만하며 또한 과도한 해석을 담고 있다. 그것은 역사적 설명이라고 불리기에는 너무나 많은 일화를 담고 있고, 이야기체이며, 특수한 사실들에 대한 기록이다. 그리고 비록 그것이 정치적 저널리즘의 작품이 갖고 있는 발랄함과 스타일상의 재능을 갖고 있다고는 해도, 폭넓은 대중에게 다가가기에는 너무나 철학적이다."(173)

39)『전체주의의 기원』에는 아렌트가 파리에 머물던 시절 수행했던 반유대주의 연구로 거슬러 올라가는 저변의 층들이 존재할 뿐만 아니라, 그녀는 이 책을 저술하는 도중에 수차례 마음을 바꾸었다. 이 책이 어떻게 쓰였고 어떻게 최종적으로 작성되었는지에 대한 논의는 YB, 199-211 및 Margaret Canovan, *Hannah Arendt*, 17-23을 참조하라. 여기서 나는 주로 나치 전체주의에 집중하고 있다. 아렌트 자신도 나치 전체주의와 스탈린주의적 전체주의에 대한 설명에서 긴장과 불균형이 있다는 것을 인식하기에 이르렀다. 1948년 2월 13일에 와서야 아렌트는 '제국주의' 부분을 반유대주의와 제국주의, 그리고 나치즘이라는 세 부분으로 나누기로 계획했다. 그녀가 소련의 전체주의에 대해 논의하려 했었음을 나타내는 어떠한 징표도 없다. 호튼 미플린 출판사의 편집자인 폴 브룩스에게 보낸 출간되지 않은 편지에서 아렌트는 다음과 같이 쓰고 있다. "우리의 대화와 서신 교환으로부터 당신은, 결국 나치즘으로 결정화한 그 요소들에 대한 역사적 분석을 내가 의도한다는 점을 기억할 수 있을 것입니다. 따라서 이 책의 세 부분은 논리적 순서만이 아니라 연대기적 순서를 따릅니다. 제1부는 대체로 19세기를 다루며, 제2부는 1884년 이후의 40년(아프리카를 향한 쟁탈전)을 다루고, 제3부는 나치즘을 인종주의적 형태의 전체주의 정부로 분석할 예정입니다."(미의회도서관 아렌트 자료실 소장, 1948년 2월 13일자 뉴욕, 「브룩스에 보내는 아렌트의 편지」)

그 책은 결국 하코트 브레이스 출판사에서 출간되었다. 1948년과, 완결된 원고를 제출했던 1950년 사이에 그녀는 나치와 스탈린식 전체주의에 대해 강조점을 두었지만, 저서의 처음 두 부분(「반유대주의」와 「제국주의」)을 많이 바꾸지는 않았다.

전체주의의 핵심 요소들을 찾아내고 그것들을 역사적 맥락에서 분석하여, 이러한 요소들을 적절하고 또한 필요하다고 생각되는 한까지 역사를 거슬러 올라가 추적하는 작업을 [시도했다]. 말하자면 나는 반유대주의와 제국주의의 역사를 쓴 것이 아니라, 유대인 혐오라는 요소와 [제국주의적] 팽창이라는 요소가 전체주의적 현상 속에서 여전히 뚜렷하게 드러나고 또한 결정적인 역할을 하는 한에서 그 요소들을 분석했던 것이다. 따라서 그 책은 실제로 전체주의의 '기원들'을 다룬 것이 아니라 …… 전체주의로 결정화한 요소들에 대한 역사적 설명을 한 것이다.[40]

'결정화'라는 은유가 핵심이다. '기원들'이 역사적 원인을 의미하는 것으로 받아들여질 때마다 그녀는 자신이 전체주의의 원인들에 대한 상술을 시도하고 있지 않다고 명확하게 부인했다. 그녀의 태도는 훨씬 더 급진적이다. 아렌트에 따르면, "인과율causality은 역사학에서 아주 낯설고 왜곡된 범주이다. 모든 사건의 실제 의미는 우리가 그 사건을 초래한 과거 '원인들'로 꼽은 것들의 수가 얼마이든 간에 항상 그것을 초월할 뿐만 아니라 …… 이 과거 자체는 오직 그 사건 자체와 더불어 존재하게 되는 것이다. …… 사건은 그것의 고유한 과거를 비춘다. 사건은 결코 그 과거로부터 연역될 수 없다."[41] 이것은 역사에 대한 아렌트의 가장 기본적인 신념들 중 하나 — 역사의 근본적인 우연성 — 이다. 아렌트는 역사의 인과적 필연성이나 불가피성에 대한 모든 근대적 호소 — '진보'의 불가피성이든 '쇠퇴'의 불가피성이든 — 를 가차 없이 비판한다. '역사의 필연성'에 대한 믿음, 혹은 '역사의 불가피성'에 대한 믿음은 19세기에 너무나 존경받게

40)에릭 뵈겔린의 논평과 아렌트의 응답은 *Review of Politics*, 15/6 (Jan. 1953), 68-85에 실려 있다. 인용문은 77-78.

41)"Understanding and Politics"는 원래 "The Difficulties of Understanding"이라는 제목으로 나왔다. *Partisan Review*, 20/4 (1954); EU, 319에 재수록.

되었던 허구 — 위험한 허구 — 이다. 이 허구는 '역사의 열쇠'를 제시한다고 주장한 이데올로기들의 발생과 뒤얽혀 있다. 역사의 불가피성에 대한 이러한 믿음은 전체주의 이데올로기 속에서 기괴한 형태를 띤다. 전체주의 이데올로기는 초자연적 혹은 초역사적인 발전의 법칙들을 의지의 승리에 대한 극도의 오만과 역설적으로 나란히 놓는다.42)

회고적으로 우리는 전체주의라는 '전례 없는 사건'의 관점에서 전체주의로 결정화한 물밑에 감추어져 있던 역사적 요소들에 대해 이야기할 수 있다. 그러나 우리는 그런 소급적 설명에서 전체주의의 역사적 불가피성에 대한 거짓된 믿음으로 미끄러져 들어가는 오류를 경계해야 한다. 아렌트가 이를 그토록 강조한 이유는, 전체주의와 함께 절정에 달했고 전체주의로 결정화한 근대성의 숨은 경향들이 존재한다는 것을 그녀가 믿었음에도 불구하고, 전체주의가 근대의 흐름 속에 내장된 힘들과 경향들의 역사적 불가피성의 결과였다는 명제를 믿지 **않았기** 때문이다. 오히려 아렌트는 이에 대해 강력하게 반대했다. 전체주의에 대해 설명하면서 아렌트는 이렇게 덧붙인다. "그 자체의 과거를 조명할 만큼 충분히 대단한 사건이 일어날 때마다 역사는 존재하게 된다. 오직 그때에야 과거 사건의 무질서한 미로는 말해질 수 있는 하나의 이야기로 등장한다. 왜냐하면 그것은 시작과 끝이 있기 때문이다."(EU, 319) 정치적 반유대주의와 20세기 전체주의 운동으로 결정화한 여타 요소들을 검토한 아렌트의 관점은 바로 이러한 것이었다.43)

---

42)아렌트의 '전체주의' 개념에 대하여는 Margaret Canovan의 유익한 분석을 참조하라. *Hannah Arendt,* 23-28.

43)아렌트가 자신의 책의 '숨은 구조'라고 불렀던 것을 만들어낸 것은 결국 이러한 전체주의의 여러 '요소들' 때문이다. 여기에는 "반유대주의, 민족 국가의 퇴락, 인종주의, 팽창을 위한 팽창, 자본과 폭민의 결합" 등이 포함된다. 카노반은 *Hannah Arendt*, 28-44에서 이러한 요소들에 대한 섬세한 분석을 제시한다. 아렌트의 미간행 저작들을 폭넓게 사용한 최초의 학자 가운데 한 사람인 카노반은 "아렌트의 정치적 분석의 주제 전체가 사실상 금세기 중반에 있었던 정치적 파국들에 대한 반성으로 인

역사의 근본적 우연성에 대한 이러한 성찰은, 일어난 일은 일어날 수 밖에 없었다고 생각하게 만드는 온갖 종류의 역사적 필연성이나 불가피성에 대한 호소들에 대해 아렌트가 초지일관 반대했던 보다 근본적인 이유가 무엇이었는지 알게 해준다. 또한 여기에서 아렌트는 유대인 문제와 반유대주의에 대한 이해를 통해 역사와 정치에 대한 자신의 보다 일반적인 이해를 형성할 수 있었다. 아렌트에 따르면, '역사 철학' — 적어도 "공공연하게 혹은 암시적으로" 역사적 필연성을 주장하는 역사 철학들 — 은 진정한 정치에 대한 치명적인 적이다. "정치의 존재 이유는 자유"(BPF, 10)이며, 사실상 정치의 가능성 자체가 자유이기 때문이다. '새로운 시작'의 자발성이 터하고 있는 곳은 바로 자유이다. "시작은 …… 인간의 최고의 능력이다. 정치적으로 보면 그것은 인간의 자유와 같은 것이다."(OT3, 479)[44] 자신의 저작들 여러 곳에서 아렌트는 필연성과 자유의

해 착수된 것"이라고 주장한다. 나는 카노반의 주장에 동의하지만, "비록 반유대주의가 중요한 역할을 하지만 …… [전체주의에 있어서] 반유대주의가 사실상 본질적인 요소인 것은 아니다"라는 주장에는 동의하지 않는다. 이는 "나치 이데올로기가 반유대주의를 중심으로 하고 있으며, 나치 정책은 시종일관 그리고 비타협적으로, 유대인들에 대한 박해와 궁극적인 절멸을 목표로 삼고 있다"는 아렌트의 확고한 주장과 모순된다.

44) 전체주의에 대해 성찰하면서 아렌트는 역사가의 직업적인 왜곡déformation professionelle에 대해 이렇게 경고한다. "(역사가들은) 역사 속에서 끝은 많지만 시작이 없는 하나의 이야기를 보려고 한다. 이러한 경향이 정말로 위험해지는 것은, 사람들이 마치 역사가 역사가들의 전문적인 눈에 스스로를 드러내는 것처럼 역사로부터 하나의 철학을 만들기 시작했을 때이다. 소위 인간의 역사성에 대한 거의 모든 근대적 설명들은 기껏해야 과거 자료들을 정리하기 위한 작업가설에 불과한 범주들에 의해 왜곡되어 왔다." 아렌트 자신은 "이러한 위험한 성향"에 빠지지 않고, 모든 정치적 사유와 진정한 정치에 핵심적인 것과 날카롭게 대비시킨다. "시작과 기원이라는 개념이 엄밀하게 정치적인 모든 문제들에 대해 가져다주는 크나큰 결론은 다음과 같은 단순한 사실, 즉 모든 행위와 마찬가지로 정치적 행위는 본질적으로 항상 무언가 새로운 것을 시작하는 것이라는 사실에서 도출된다. 예컨대 그것은 바로, 정치학적 용어로 말하자면, 인간 자유의 핵심적 본질이다. 시작과 기원이란 개념이 모든 정치적 사유에서 차지하는 중심적인 위치는 역사학이 정치학의 영역에 그 방법과 범주를 제공하도록 허용된 이후에야 비로소 상실되었다."(EU, 320-321) 정치학의 자율성과 정치학을 역사 철학과 혼동하는 근대의 위험과 관련한 이러한 명제는 아렌트가 자신의

대립과 양립 불가능성을 강조한다. 역사의 진보를 주장하는 계몽주의 이론들에 대한 비판에서, 헤겔과 마르크스에 맞선 싸움 속에서 아렌트는 역사의 필연성을 주장하는 온갖 이론들을 뿌리 뽑는 작업으로 끊임없이 되돌아가고 있다. 그녀는 자유 자체가 역사의 필연성에 터하고 있다는 주장에도 도전한다. 이런 맥락에서 나는 정치와 역사에 대한 아렌트의 성찰들이 결코 '이론적인' 것만은 아니었다고 강조하고 싶다. 그것들은 20세기에 일어난 사건들에 대한 아렌트 자신의 고유한 경험과 응답들에 가장 깊은 뿌리를 두고 있다. 그것들은 유대인 문제, 특히 정치적 반유대주의의 성장에 대한 유대 민족의 대응(혹은 그 실패)을 해명하려는 그녀의 시도 속에서 이루어진 것이다. 근대 역사와 정치에 대한 아렌트의 성찰은 애초에 바로 이러한 관점으로부터 이루어졌다. 뿐만 아니라, 유대인 문제에 대한 고투의 흔적은 정치, 자유, 행위 그리고 공적 영역에 대한 아렌트의 일반적인 분석들 속에서도 뚜렷하다. 물론 이는 아렌트의 정치 이해가 시민적 공화주의 전통에 대한 그녀의 평가에 의해 상당한 영향을 받았다는 것을 부인하는 것은 아니다. 사실 시민적 공화주의 전통은 그녀에게 유대인 정치가 어떤 모습이 되어야 하는가에 대한 모델을 제공한다. 드레퓌스 사건에 대한 분석에서 아렌트는 다음과 같은 대담한 선언을 한다.

> 드레퓌스 구명의 가능성 또는 당위성의 기반은 오직 하나뿐이었다. 부패한 의회의 협잡과 무너져 가는 사회의 도덕적 부패, 성직자들의 탐욕스러운 권력욕은 인권에 기초한 국가라는 엄격한 자코뱅주의 개념과 정면으로 만났어야 했다. — 한 사람의 권리를 침해하는 것이 곧 만인의 권리를 침해

저술 전반에 걸쳐 반복적으로 강조하는 것이다. 아렌트의 정치적 사유의 상당 부분은 '인간 자유의 핵심적 본질'이라고 그녀가 생각하는, 무언가 새로운 것의 자발적인 시작이라는 개념에 기초를 둔 정치의 자율성과 존엄성에 대한 옹호로 간주될 수 있다. 애초에 이 주제는 유대인 정치의 실패에 대한 아렌트의 회한과 유대 민족이 정치적 행위를 주도해야 한다는 호소 속에서 발전되었다.

하는 것이라고 단언하는 공동체 삶에 대한 공화주의적 견해 말이다. (DA, 217)

아렌트가 이 글을 쓴 시기는 뉴욕의 독일계 유대인 주간지인 『아우프바우*Aufbau*』에 부정기적으로 기고하기 시작했을 때와 거의 일치한다. 첫 번째 글은 「유대인 군대 — 유대인 정치의 시작인가? Die jüdische Armee — der Beginn einer jüdische Politik?」[45]라는 제목의 글이었다. 그녀는 유대인 군대가 필요한 이유는 유대 민족이 (단지 연합 국가들의 시민으로서가 아니라) 유대인으로서 나치와 싸울 수 있기 위해서, 그리고 유대 민족으로 하여금 자신의 고유한 정치적 주도권을 쥐게 할 유대인 정치를 위해 필요한 연대의 형식을 발전시키기 위해서라고 주장했다. 이런 의미에서 언젠가는 "유대인 정치의 시작"이 있을 것이었다.

앞서 나는 아렌트가 1933년 독일에서 탈출하면서 자신이 유대인이라는 것이 자기 문제가 되었다는 아렌트의 언급을 인용했었다. "그리고 나의 문제는 정치적이었다. 순수하게 정치적인 것! 나는 실제적인 일, 전적으로 그리고 유일하게 유대적인 일로 뛰어들기를 바랐다." 처음에 이것은 파리에서 그리고 나중에는 뉴욕에서 다양한 유대인 조직과 시온주의 단체를 위해 일하는 것을 뜻했다. 그러나 우리는 아렌트가 정치의 **의미**를 탐구하기 시작한 때가 바로 이 시기부터라고 추정해 볼 수 있다.

『전체주의의 기원』을 쓰는 과정에서 아렌트는 자신이 **정치적인** 책을 쓰고 있음을 인식하게 되었다. 1958년에 두 번째 판이 나왔을 때, 그녀는 그 책에 대해 성찰하고 자신의 의도를 분명히 하는 기회로 이용했다.

나를 괴롭히는 문제는, 그 제목이 내가 책을 쓸 당시 주장하지 않았고 현재

45)*Aufbau*, 7/47 (Nov. 14, 1941), 1-2. 또한 YB, 178-181에 나오는 유대인 군대를 조직해야 한다는 아렌트의 호소에 대한 영 브륄의 논의를 보라.

에는 더더욱 믿지 않는 역사의 인과성에 대한 신념을 어렴풋하게나마 암시한다는 점이다. …… 책을 쓰는 동안, 이러한 의도들은 반복적으로 등장하는 어떤 이미지의 형태로 나에게 다가왔다. 나는 마치 나 자신이, 결정화된 그 구조를 파괴하기 위해서는 그것의 구성 요소들로 분해해야만 하는 어떤 구조를 다루고 있는 것처럼 느꼈다. 이 이미지는 나를 몹시 괴롭혔는데, 그 까닭은 나 자신이 생각하기에 구제하고 보존하고 기억하기 위해서가 아니라 반대로 파괴하기 위해 역사를 쓰는 것은 불가능하다고 여겨졌기 때문이다. 그것은 결국 나로 하여금 비록 이 책의 많은 부분이 분명 역사적 분석을 담고 있지만 내가 쓰는 것은 역사서가 아니라 정치적 저술이라는 결론으로 나아가게 했다. 그 책 속에 등장하는 과거 역사는 무엇이든 현재라는 관점에서 바라본 것일 뿐만 아니라, 전체주의의 등장이라는 사건이 비춘 빛이 없었더라면 결코 볼 수 없었을 것이다. 다른 말로 하면, 그 책의 1부와 2부에 등장하는 '기원들'은 특정한 결과를 필연적으로 불러오는 원인들이 아니라, 오히려 사건이 발생한 이후에만 기원들이 되는 것이다.[46)]

위의 주장들은 역사와 정치 모두에 대한 아렌트의 이해를 더욱 강화한다. 정치적 반유대주의의 역사적 등장은 전체주의의 등장을 불가피하게 불러온 '원인'이 아니었다. 좀 더 일반적으로 말해서, 어떤 사건을 **필연적으**

46)"Totalitarianism", *Meridian,* 2/2 (Fall 1958), 1. 이 문장을 에릭 뵈겔린의 비판에 대해 응답하면서 한 말과 비교해 보라. "애초에 내가 부딪혔던 문제는 다음과 같이 간단하면서도 당혹스러운 것이었다. 즉, 모든 역사 서술은 필연적으로 구원이며 대개는 정당화라는 것이다. 역사를 쓰는 것은 망각에 대한 인간의 두려움 때문이며, 기억하는 것 이상을 인간이 추구하기 때문이다. …… 따라서 나의 첫 번째 문제는 내가 보존하기를 원하지 않고 오히려 파괴하는 데 참여해야 한다고 느끼는 어떤 것, 즉 전체주의에 대해 어떻게 역사적으로 쓸 것인가 하는 것이었다."("Reply to Eric Voegelin", 77)

역사적 서사의 연속성을 파괴하기 위한 아렌트의 시도는 발터 벤야민의 역사와 반(反)역사에 대한 이해와 아주 닮아 있다. 아렌트와 벤야민에 대한 세일라 벤하비브의 논의를 참조하라. Seyla Benhabib, "Hannah Arendt and the Redemptive Power of Narrative".

로 발생하게 만드는 역사적 원인들은 존재하지 않는다. 이것은 또한 전체주의라는 사건으로 결정화한 구조 이전에는 그 출현을 막는 **정치적** 가능성이 실제로 있었다는 것을 의미한다. 우리는 또한 『전체주의의 기원』이 또 다른 의미에서 '정치적인 책'이라는 것을 알게 될 것이다. 모순어법으로 말하면, 아렌트는 정치의 가능성 자체를 파괴하고 제거해 버리려는 '정치 운동'의 하나로서 전체주의를 이해하게 되었다. 정치, 공적 영역, 행위와 자유에 대한 아렌트의 이해에 결부된 모든 특성들은 사실상 『전체주의의 기원』에 예기되어 있다. 이런 의미에서, 그것은 정치의 **의미**에 대한 그녀의 탐구, 즉 본래 유대인 정치의 필요성과 그 실패에 대한 그녀의 성찰에서 촉발된 탐구에 있어서 중요한 발전이다.

우리는 아렌트가 '정치적 반유대주의'와 이 새로운 이데올로기에 대한 유대 민족의 적절한 대응의 실패라는 말로 뜻하고자 한 것이 무엇인지를 탐색할 필요가 있다. 그러나 그렇게 하기 위해서는 왜 아렌트가 반유대주의의 두 가지 핵심 가설인 속죄양 이론과 '영원한 반유대주의'론에 대해 그렇게 강경하게 반대했는지를 살펴보아야만 한다. 그녀는 속죄양 이론을 몇 가지 이유에서 비판한다. 그것은 "희생양의 완전한 결백, 즉 어떤 악도 행하지 않았을 뿐 아니라 관련된 문제와 조금이라도 연관될 수 있는 어떤 것도 행하지 않았음을 은근히 암시하는 결백"(OT3, 5)을 주장한다. 결국 왜 몇몇 개인, 혹은 집단, 혹은 민족이 속죄양으로 발탁되는지는 비역사적인 수수께끼가 되어 버린다. 속죄양 이론은 비역사적일 뿐만 아니라, 사이비 역사적이다. 왜냐하면 그것이 사건에 대한 역사적 설명을 제공하려고 한다 하더라도, 아무것도 설명하지 못하기 때문이다. 어떤 사람이 자신의 실제적 혹은 상상적 불운의 원인으로 다른 사람을 비난할 사회심리학적 필요가 있다는 것을 인정할 수는 있지만, 역사적 문제는 왜 이 특정 집단이 비난받는 데 선택되었는가 하는 것이다. 논점을 강조하기 위해 아렌트는 제1차 세계대전 이후에 회자된 농담 하나를 전한다. "어떤 반유대주의자가 유대인들이 전쟁을 일으켰다고 주장했다. 그러자 상대방이 맞다, 유대인들과 자전거를 타는 사람들이 전쟁을 일으켰다고 대답했다. 왜 자전거 타는 사람들인가라고 전자가 물었다. 그러자 왜 유대인들인가라고 후자가 반문했다."(OT3, 5)

속죄양 이론은 딜레마에 빠져 있다. 그들은 역사적 사건이 왜 발생했는지에 대해서는 비역사적인 것 — "비난할 속죄양이 필요했다" — 을 이유로 들고, 설명이 필요한 문제, 즉 왜 이 **특정한** 속죄양인가 하는 문제에는 답하지 못한다. 혹은 속죄양이 필요했다는 주장의 설명력을 약화시키는 평범한 역사적 설명으로 슬그머니 되돌아간다.

> 속죄양 이론의 옹호자들이 왜 특정한 속죄양이 그 역할에 그렇게 적합한지를 열심히 설명하려고 할 때마다, 그들은 그 이론을 내버려 두고 스스로 평범한 역사적 연구에만 몰두하고 있음을 보여 준다. 그 속에서 그들은 역사가 수많은 집단에 의해서 만들어지고 어떤 이유들 때문에 한 집단이 선택되었다는 것 이외에는 아무것도 발견하지 못한다.(OT3, 5)

아렌트는 두 가지 의미가 내포된 '영원한 반유대주의'란 관념에는 훨씬 더 비판적이다. 유대인 혐오는 유대인들이 언제나 미움과 박해를 받아왔고 또 앞으로도 항상 그럴 것이라는 의미에서 하나의 영원한 현상이다. 그녀는 이 교의의 옹호자가 반유대주의자건, 편견 없는 역사가건, 심지어 유대인 자신이건 간에 상관없이 그것을 반대한다. 이 주장의 논리적 결론에 따르면, 반유대주의는 정상적인 것, 역사의 영원한 조건이 되어 버린다. "만약 인류가 2천 년 이상 유대인 학살을 고집해 온 것이 사실이라면, 유대인 살해는 정상적인 심지어는 인간적인 일이고, 유대인 혐오는 논란의 여지가 없이 정당화된다."(OT3, 7)

아렌트가 반유대주의의 속죄양 이론들과 영원한 반유대주의라는 교리를 모두 거부하는 데는 공통된 이유가 있다. 두 이론 모두 근대 유대인 역사가 근대 유럽 역사와 어떻게 얽혀 있는지를 외면한다. 그리하여 우리로 하여금 유대 민족이 그들이 속했던 구체적인 상황들에 대응했던 특정한 역사적 방식에 대해 이해하지 못하도록 주의를 돌리게 만들고, 유대인의 '책임의 몫'이라는 문제에 정직하게 대면하지 못하게 만든다.

> 소위 속죄양은 …… 공동 책임을 지지 못하게 되는 것뿐만이 아니다. 왜냐하면 그것은 세계의 부정의와 잔인함의 희생자이 되었기 때문이다.
> (OT3, 6)

> 자신의 행위에 대한 책임을 회피하고 싶어 하는 반유대주의자들의 이해할 만한 욕망과 마찬가지로, 공격받아 방어적인 입장에 놓인 유대인들이 어떤 상황 속에서도 자신들의 책임의 몫에 대해 논의하기를 원하지 않는다는 것은 더욱 이해할 만한 일이다.(OT3, 7)

> 반유대주의 운동의 정치적 중요성을 설명하려고 적어도 노력하는 오직 둘뿐인 교의들이 어떤 형태가 되든 유대인의 책임을 부인하고 구체적인 역사적 맥락에서 문제를 논의하기를 거부한다는 것은 매우 놀라운 일이다.
> (OT3, 8)

아렌트는 유대 민족에게 일어난 일에 대한 유대 민족의 책임(더 정확하게 말하자면 공동 책임)이라는 폭발적인 문제를 제기하고 있다. 우리는 그녀가 주장하는 바에 대해 오해하지 않도록 주의해야만 한다. 왜냐하면 이 문제는 비난이나 죄, 심지어 **도덕적** 책임의 문제도 아니기 때문이다. 오히려 그것은 정치적 책임, 즉 유대인들이 처했던 구체적인 정치적 상황들에 그들 스스로 어떻게 반응했는지(그리고 반응하지 않았는지)에 대한 문제이다. 유대 민족은 단순히 수동적 피해자나 희생자가 아니다. 비록 그들이 역사를 통해서 확실히 억압받았고, 박해받았고, 학살되었다 하더라도 말이다. 유대 민족은 역사상의 다른 모든 민족과 마찬가지로 역사의 단순한 피해자들이 아니다. 그들은 또한 다른 방식으로 반응했던 행위자들이다. 정치적 반유대주의에 대한 역사적 설명은 이러한 현상을 해명하고 그 현상을 적절하게 특징지을 뿐만 아니라 그에 대해 유대인들이 어떻게 대응했는지를 또한 탐구하고자 노력해야 한다.

19세기 말의 반유대주의적 범게르만주의 운동과 범슬라브주의 운동에서 정치적 반유대주의가 돌출했을 때, 유럽 유대인 공동체가 그토록 준비 없이 무방비 상태에 있었던 것은 그들이 어떤 중요한 정치적 경험도 하지 못했고 자신들의 책임의 몫을 받아들이지 못했기 때문이라고 아렌트는 주장한다. 그녀는 유대인 역사에 대해 다음과 같은 놀라운 주장을 펼친다.

> 유대인의 역사는 이러한 측면에서 매우 특별하고 독특한 한 민족의 사례를 보여 준다. 이 민족은 매우 잘 정의된 역사 개념과 거의 의식적이라고 할 만큼 명확한 지상의 목표를 가지고 자신의 역사를 시작했으나, 그다음에는, 이러한 개념을 버리지 않으면서, 2천 년 동안 모든 정치적 행위를 피해왔다. 그 결과 유대 민족의 정치적 역사는 다른 민족들의 역사보다 생각지 못한 우연한 요소들에 훨씬 더 의지하게 되었고, 그리하여 유대인들은 한 역할에서 다른 역할로 비틀거리며 나아갔으며 아무것에도 책임을 지지 않았다.(OT3, 8)

이것은 극도로 도발적인 주장이다. 우리는 아렌트의 친구이자 스승인 칼 야스퍼스가 언젠가 그랬듯이, 지나친 일반화 속에서 아렌트가 과장을 하고 있다고 비난할 수 있을 것이다. 그러나 우리는 아렌트의 과장이 가지고 있는 수사학적인 힘을 평가할 수 있다.[47] 아렌트는 근대 유대인 문제에 대한 실행 가능한 유일한 해결책은 정치적인 것이라고 확신했다. 사회적 동화정책은 유대인 해방과 양립할 수 없었다. 그녀는 유대 민족이 스스로의 정치적 책임을 받아들이고, **유대인으로서의** 자기 권리를 향한 투쟁에 나서고 정치적 반유대주의에 맞선 싸움에서 다른 민족들과 연합하기를 바랐다. 처음에 아렌트는 유럽 유대인들이 처해 있는 구체적인 역사적 상황 속에서 이것이 무엇을 의미하는지에 대해서는 극히 모호했다. 심지어 2차 세계대전의 가장 어두운 시기 동안에도 그녀는 '유대인 정치의 시작'으로서 유대인 군대의 형성을 요구했다. 이러한 요청, 즉 정치적 책임을 질 것에 대한 요구는 그녀의 모든 저작들 속에 등장하는 일반적인 주제가 되었다. 그녀는 진정한 정치적 행위의 침몰을 불러온 근대 세계의 사회적 관료제와 행정적 경영의 성장에 저항했다. 마가렛 카노반이 아렌

47)아렌트는 과장을 하고 있다는 비판을 자주 받았다. 내가 알기로 그런 비판을 한 최초의 사람은 칼 야스퍼스였다. 『시온 장로 의정서』라는 반유대주의적 위조품이 나치 정책으로 하여금 국제 파시스트를 형성하게 한 근거였다고 아렌트는 주장했었다. 아렌트에게 보낸 편지(1946년 6월 27일)에서 야스퍼스는 이렇게 말한다. "당신은 과장을 하고 있습니다 — 이 단어를 쓰면서도 나는 그것이 잘못된 표현이라는 것을 알고 있는데, 왜냐하면 당신의 전체 그림 속에서는 과장하고 있지 **않지만**, 예컨대 [『시온 장로 의정서』]를 나치 정책의 근거로 보는 것과 같은 예에서는 과장하고 있다고 보입니다."(C, 44) 아렌트와 야스퍼스는 서신 교환 중 이 과장이라는 문제로 자주 되돌아가곤 했다. 아렌트는 1952년 1월 25일자 편지에서 자신의 과장 경향에 대한 가장 강력한 변명 중 하나를 제시하고 있다. "'과장' — 물론입니다. 당신이 말씀하신 것처럼 '관념들의 관계들'은 다른 방식으로는 거의 제시될 수 없습니다. 따라서 그것들은 실제로는 결코 과장도 아닌 것입니다. 그것들은 해부의 결과물들입니다. 과장하는 것은 사유의 본성입니다. 몽테스키외가 공화정은 덕의 원리에 기초를 두고 있다고 말했을 때 그 역시 '과장'을 하고 있습니다. 게다가 금세기에는 현실이 너무나 극단적인 형태를 띠고 있어서, 우리는 과장하지 않고서도 현실이 '과장되었다'고 말할 수 있을 정도입니다. 기껏해야 익숙한 길을 따라 구르는 것에 지나지 않는 우리의 사유는 현실을 따라잡을 수 없습니다. 가능한 한 그 자체로 적절한 수준에서 무언가에 대해 말하려고 적어도 노력을 하고 있는 나의 '과장된' 사유는, 만약 당신이 그것을 현실에 대해서가 아니라, 모든 것들은 최상의 질서 속에 있다는 가정을 포기하지 않는 다른 역사가들의 주장에 비추어 본다면, 물론 아주 급진적으로 들릴 것입니다."(C. 175-176)

트의 정치 재평가 중 가장 긴급한 측면은 "정치에 대한 우리의 책임성에 대한 그녀의 메시지, 즉 시민으로서의 우리의 의무, 세계를 돌보는 것과 우리의 이름으로 행해진 것에 대해 책임을 지는 것"48)이라고 말할 때 나는 완전히 그녀에게 동의한다. 아렌트가 그녀의 동료 유대인들에게 처음 역설했던 메시지는 바로 이것이다.

아렌트는 유대 민족이 2천 년 동안 정치적 행위를 회피해 온 방식에 대한 자신의 과도한 일반화를 수정한다. 그녀는 "스무 세기에 걸친 유대인 디아스포라 동안 유대인들은 직접적인 정치 행위를 통해 자신들의 상황을 바꾸려는 시도를 단 두 차례만 했다"49)고 말한다. 첫 번째는 17세기의 사바타이 제비Sabbatai Zevi 운동이고 두 번째는 20세기의 시온주의다. 나는 아렌트가 17세기 사바타이 운동에 대해 말한 것에 대해 살펴보고자 한다. 왜냐하면 그것은 유대인 역사에 대한 그녀의 이해와 관련하여, 특히 정치의 의미에 대해 이해하려는 초창기 모색과 관련하여 많은 것을 보여 줄 것이기 때문이다(나중에 나는 시온주의에 대한 그녀의 복잡하고 모순적인 태도에 대해 탐구할 것이다).

사바타이 제비 운동은 "유대인 해방을 추구한 신비주의적 정치 운동으로서, 유대적 중세를 종결짓는 일대 파국을 초래했는데, 그 파국의 결과는 이후 2백 년 동안 유대인들의 태도와 기본적인 신념들을 결정했다."(JP, 166-167) 사바타이 제비는 유대인들을 다시 팔레스타인으로 되돌아가게 한다는 자칭 메시아였다. '예언자' 가자의 나탄Nathan of Gaza이 핵심 역할을 하고 그를 중심으로 일어난 이 운동은 유대인 디아스포라 전역에 걸쳐 유대인 공동체들이 만들어지게 했다. 그 이전 디아스포라 역

---

48)Canovan, *Hannah Arendt,* 276.

49)"The Jewish State, Fifty Years After: Where Have Herzl's Politics Led?", *Commentary,* 1 (May, 1946), 1-8. JP, 166에 재수록.

사에서, 전 세계에 흩어져 있는 아무런 공통점이 없는 유대인 공동체들 사이에 그처럼 대중적인 열정을 불러일으킨 사건은 없었다. 파국은 사바타이의 배교의 결과로 일어났는데, 사바타이는 공개적으로 이슬람교로 개종했던 것이다. 아렌트는 이 신비적 정치 운동과 그것의 영광 및 파국적인 여파에 대한 자신의 이해를 다음과 같이 요약했다.

> 1600년대 중반에 팔레스타인으로 돌아온 자칭 메시아 사바타이 제비를 따를 준비를 하던 유대인들은 메시아적 천년왕국을 향한 자신들의 최종 희망이 막 실현될 것이라고 여겼다. 사바타이 제비 시대 이전까지 그들은 상상의 영역, 즉 아득히 먼 과거에 대한 기억과 아득히 먼 미래에 대한 희망 속에만 존재하는 정치를 수단으로 그들의 공동체적 업무들을 수행할 수 있었다. 사바타이 운동과 함께 이러한 수세기에 걸친 기억과 희망은 절정에 달하였다. 그 파국의 여파는 종교만이 유대인들에게 정치적, 영적, 일상적 필요를 만족시켜 주는 확고한 틀을 제공할 수 있다고 믿는 시대에 — 아마도 영원히 — 종지부를 찍었다.(JP, 167)

아렌트의 사바타이 운동 해석은 20세기의 위대한 유대 신비주의 학자인 게르숌 숄렘의 획기적인 연구에 근거한 것이었다. 1948년 아렌트는 숄렘의 고전 『유대 신비주의의 주요 흐름들』을 칭송하는 서평을 썼다. 숄렘과 달리 아렌트는 이 신비주의 전통의 종교적 중요성이 아니라 정치적 중요성에 매료되었다. 아렌트는 숄렘이 "유대인 역사의 전체 그림을 바꾸었다"[50]고 주장한다. 그는 "다른 모든 민족들과 뚜렷이 다르게 유대인들은 역사를 만드는 자들이 아닌 역사의 수난자들이었다"(JP, 96)는 지배적인 견해에 도전한다. 아렌트는 숄렘이 자신과 유사한 주장을 펼치는, 적어도 유대 민족이 '역사를 만드는 자들'일 수 있었다는 것을 보여 주려고 하는

50)"Jewish History, Revised", *Jewish Frontier,* 15 (Mar. 1948), JP, 96에 재수록.

동반자라고 느꼈다. 아렌트에 따르면, 숄렘은 정치적 행위를 준비하고 유대인들을 정치적 행위로 이끄는 데 유대 카발라 사상이 지닌 힘을 보여주었다. 왜냐하면 카발라주의의 가르침 속에는 "세계의 드라마 속에 참여하는 인간"의 역할이 강조되고 있기 때문이다.

> 이삭 루리아Isaac Luria 학파는 유대 민족의 망명자적 실존을 과감하게 새롭게 해석했다는 점에서 그들의 앞선 모든 선조들보다 훨씬 대담했다. "이전에는 (디아스포라 유대인은) 이스라엘의 죄에 대한 처벌이거나 이스라엘의 믿음에 대한 시험으로 여겨졌었다. 지금도 여전히 이는 마찬가지지만, 본질적으로 그것은 하나의 임무이다. 그 목적은 퇴락한 불꽃을 그들이 처한 다양한 모든 곳에서 타오르게 하는 것이다." 처음으로, "세계 드라마의 주인공" 역할이 모든 유대인들에게 적용되는 형태로 정의되었다.
>
> (JP, 103)

이러한 '망명의 신화'는 대립하는 두 가지 목적을 뒷받침할 수 있다.

> 망명을 고통이 아닌 행위로 보는 신비주의적 해석을 통해, 그것은 사람들을 고무하여 메시아의 도래를 재촉하게 하는 한편, "그 발생과 성공을 결정짓게 될 모든 힘들의 폭발적인 분출"을 사바타이 운동으로 이끌어 올 수 있었다. 그러나 이 운동의 쇠퇴 이후 그것은, 메시아적 희망을 잃은 사람들이 망명과 그들의 피동적인 실존 및 단순한 생존에 대한 새롭고도 보다 일반적인 정당화를 필요로 했을 때도 똑같이 잘 뒷받침해 주었다.(JP, 103)

'고양된' 어떤 순간에 "유대 신비주의는 위대한 정치 운동을 일으킬 수 있었고 그것 자체가 직접적으로 진정한 민중 행동으로 변화해 들어갈 수 있었다."(JP, 104) 아렌트의 상상력을 사로잡은 것은 숄렘 연구의 바로 이러한 측면이다. 숄렘은 본래, 카발라에서 영감을 받은 종교 운동의 하나인 사바타이주의가 이후 우연한 방식으로 유대인들의 종교적 삶을 형성했던 과정에 대해 관심을 두었던 반면에, 아렌트는 신비주의적 가르침들이 '진정한 민중 행동'으로 전화한 것에 초점을 두었다(그리고 이를 과장하는 경향이 있었다). 그 이유는 아렌트가 유대인 역사에서 그만큼 결여되어 있음을 깨닫게 된 것이 바로 그런 민중적 행동이었기 때문이다. 아래로부터의 대중적인 유대인 정치를 향한 라자르의 요청에 매혹되게 만든 동일한 충동들은 유대 신비주의를 행위와 실현으로 나아가는 것으로 해석한 숄렘의 해석에 아렌트가 빠져들게 했다.

결론적으로, 사바타이 운동은 유대 역사에 있어서 '진정한 대중적 행위'의 고양된 한 순간인 동시에 그 가장 위대한 파국들 가운데 하나였다.

> 신비주의적 사유의 이러한 승리의 파국은, 만일 우리가 유일하게 이용할 수 있는 척도, 즉 그 민족의 미래까지 미친 영향력이라는 측면에서 본다면, 앞서 존재했던 다른 모든 박해들보다 유대 민족에게는 훨씬 더 큰 것이었다. 그 이후 유대인 정치체는 죽었고 유대 민족은 역사라는 공적인 무대에서 물러났다.(JP, 104-105)

이것은 아렌트의 비탄, 유대 민족의 고통에 대한 이야기이다. 아렌트의 유대인 역사 읽기는, 사바타이 운동이 '하나의 위대한 정치적 운동'이 되었던 짧은 시기를 제외하고, 유대 민족이 정치적 책임을 지는 데 실패했고 정치적 주도권을 획득하는 데 실패했다는 것이다. 사바타이 운동의 진정한 파국은 유대인들이 그것을 '역사의 공적인 무대'로부터 물러나는 것을 **정당화하는** 데 계속 이용했다는 것이다. 이것은 다음과 같은 비참한 믿음을 강화하였다. 즉 그들은 역사를 만드는 자가 될 수 없으며, 단지 역사의 피해자들 — 그들은 "항상 적대적이고 잔인한 환경의 결백한 희생자들"이었다 — 일 뿐이라는 것이다. 19세기 말의 정치적 반유대주의의 성장에 대해 유대인들이 그토록 준비되지 않은 상태로 있었던 이유가 바로 이러한 물러남, 즉 자신들의 운명에 대해 어떠한 책임도 지지 않으려 했던 태도 때문이라는 바로 이 사실로 인해 아렌트는 그토록 비탄해 마지 않았던 것이다.

유대인 역사에 대한 이러한 해석은 왜 아렌트가 (양면적 태도에도 불구하고) 처음에 — 적어도 1933년 그녀가 독일에서 탈출했던 시기 이후 — 시온주의에 매혹되었는지를 또한 보여 준다. 시온주의자들은 유대인의 역사를 동일한 방식으로 읽는다. 그들도 유대 민족이 역사를 만드는 자가 될 것을, 즉 더 이상 결백한 희생자의 역할을 맡거나 역사의 수난자가 되지 말 것을 요구했다. 시온주의에 대한 아렌트의 양면적 태도, 그리고 종국적인 결별은 정치적 행위의 필요성의 정도에 관한 것이 아니다. 그것은 어떤 **유형**의 정치 행위가 유대 민족에게 적합한가에 대한 것이다.

하나의 정치 운동으로서 사바타이 운동에 대한 아렌트의 해석은 몇 가지 이유에서 의미심장하다. 그녀는 결코 어떤 의미에서 사바타이주의가 **정치적** 운동이었는지를 상세하게 설명하고 있지 않다. 그녀가 '파국'이라고 부른 것은 그것이 매우 비정치적이었기 때문에 나타난 결과였다고 우리는 주장할 수 있다. 확실히 사바타이가 만든 정치적 조직은 없다. 또한 어떤 분명한 정치적 목적도 없다. 그것은 하나의 메시아적 운동으로서 17세기의 정치적 현실과 완전히 동떨어져 있었다. 아이러니하게도 19세기와 20세기 유럽 유대인들이 실존하는 '정치적 현실들'을 이해하지 못한 것에 그렇게 비판적이었던 아렌트가 사바타이에서는 그와 유사한 실패를 보지 못했다. 숄렘과 마찬가지로 아렌트는 "세계 드라마 속으로의 인간적 참여"와 "이전에는 들어보지 못한 방식으로, 모든 유대인들을 복구의 위대한 과정에 참여하는 주인공으로 끌어올린"(JP, 102) "티쿤(Tikkun, 광신적 카발라주의자)의 교리"를 강조하는 카발라주의의 영감에 초점을 둔다. 이것을 인정한다고 하더라도, 널리 퍼져 있던 '대중적 운동'을 인정한다고 하더라도, 이러한 대중 운동이 정치적 운동이었는지는 여전히 설명이 필요하다. "유대 신비주의는 행위와 실천으로 나아가는 경향이 있었다"는 숄렘의 발견에 열광한 아렌트는 이러한 난점들을 얼버무렸다.

그럼에도 우리는 아렌트가 사바타이 운동을 해석하는 방식에서 정치에 관한 그녀의 가장 강한 확신들에 대해 아주 중요한 것을 배울 수 있다. 우리는 이것을 그녀의 정치적 사유 속에 존재하는 민중주의적 혹은 급진적 태도라고 부를 수 있을 것이다. 그녀가 지지하고 옹호하고자 했던 의미의 민중주의는, 자발적인 집단적 행위가 자신만의 고유한 공적 영역을 만들어 내는 한 민족으로부터 생겨나는 것으로서, 이 공적 영역에서 말과 행위가 모습을 드러낸다. 아렌트는 정치에 대한 이해에 있어서 엘리트주의라고 자주 비난을 받아 왔다. 그 비난은 모든 사람이 엄정한 정치적 행위에 관여해야 한다거나 관계할 수 있다고 그녀가 생각하지 않았다는 점에서는 타당하다. 그녀가 생각한 정치는 언제나 소수 — 동료들과의 경쟁적 논쟁에 참여할 용기가 있는 소수 — 를 위한 것이었다. 그러나 이런 유형의 엘리트주의는, 인간이 무언가 새로운 것을 시작하고 구체적인 지상의 자유가 드러나는 공간을 창조하는 것이라고 그녀가 주장하는 대중주의와 완벽하게 양립할 수 있다. 정치적 현실들에 맞서지 못하고 정치적 행위에 참여하지 못한 유럽 유대인들에 대한 아렌트의 비판, '아래로부터의' 정치를 향한 라자르의 호소에 그녀가 이끌렸던 것, 유대인 정치에 참여하는 것을 두려워한 유대인 지도자들과 자선가들에 대한 그녀의 회의, 나치 전체주의와 싸우기 위해 유대인 군대를 조직해야 한다는 1940년대 초 그녀의 주장, 그리고 사바타이 운동의 영광(과 파국)에 대한 그녀의 해석은 모두 그녀의 사고 속에 있는 이러한 근본적인 민중주의적 성향 — 유대인 문제와 정치적 반유대주의의 끔찍한 결과에 대한 그녀 자신의 대면에서 나온 성향 — 에 의해 유발된 것이다.

아렌트에 따르면, 유대인의 역사는 사바타이 메시아 운동과 근대 시온주의의 발생을 제외하고 2천 년 동안 모든 정치적 행위를 회피해 온 한 민족의 놀라운 사례를 제공한다. 사바타이 운동의 진정한 파국은 사바타이 제비의 배교의 결과로 일어난 환멸과 절망, 그리고 혼란이 아니었다. 그것은, 아렌트가 보기에, 유대 민족이 역사의 공적 무대에서 물러났다는 사실이다. 그리고 "이러한 물러섬에 대한 종교적 정당성을 제공한 것이다. 유대인 정치체는 죽었다." 17세기 이후로 (근대 시온주의의 발생까지) 유럽 유대인들은 어떤 중요한 정치적 활동에도 참여하지 않았다. 아렌트의 기본 명제는 이전의 모든 유대인 혐오들과 주의 깊게 구분해야 할 근본적으로 새로운 무엇인가가 19세기에 등장했다는 것이다. 역사적 맥락에서 반유대주의를 분석하라는 (그리고 현혹시키는 속죄양 이론들이나 영원한 반유대주의의 교의에 이끌리지 말라는) 스스로의 권고를 따라, 그녀는 근대의 정치적 반유대주의는 민족 국가의 성쇠와 관련해서만 이해될 수 있다고 주장한다. 그녀는 또한 사회적 반유대주의와 정치적 반유대주의를 구분하는 것이 본질적이라고 주장한다. 사회적 반유대주의는 근대에 발생했는데, 그때 유대인들은 '사회'에 동화되기를 열망했다. 아렌트 자신이 인정하는 바에 의하면, 그녀가 사회적 반유대주의과 정치적 반유대주의의 차이를 완전한 깨닫게 된 것은 바로 파리에서 『라헬 파른하겐』을 마무리하고 있었을 때였다. 파리에 있는 동안 아렌트는 유럽의 정치적 반유대주의의 변화와 발전에 대한 더욱 체계적인 조사를 시작했다. 그녀의 대부분의 생각, 특히 프랑스 반유대주의에 관한 생각은 「드레퓌스 사건에서 오늘의 프랑스까지」에 잘 요약되어 있다. 드레퓌스 사건에 대해 그녀는 다음과 같이 썼다.

> [드레퓌스 사건은] 19세기 반유대주의의 다른 모든 요소들을 이데올로기적인 면과 정치적인 면에서 드러냈다. 그것은 민족 국가라는 특정한 조건

> 들을 배경으로 생겨난 반유대주의의 절정이다. 그러나 그것의 폭력적인 형식은 장래의 발전의 전조가 되었고, 그래서 그 사건의 주요 행위자들은 30년 이상 연기되어야만 했던 공연을 위하여 성대한 예행연습을 한 것처럼 보인다. 그것은 유대인 문제를 19세기의 주된 위치로 가져왔던, 드러나거나 은폐된, 혹은 정치적이거나 사회적인 모든 원천들을 함께 끌어냈다. 다른 한편, 그것의 때 이른 폭발은, 프랑스 정부 기구들과 정치적 위기들에 아랑곳하지 않고 살아남았기는 했지만, 결코 20세기 정치적 상황들에 잘 맞지 않는 전형적인 19세기 이데올로기의 틀 속에서 유지되었다.(OT3, 45)

드레퓌스 사건이 "결코 20세기 상황들에 잘 맞지 않았다"고 아렌트가 말할 때, 그녀는 자신의 사유에서 핵심이 된 구별 — 두 유형의 정치적 반유대주의 사이의 구분 — 을 넌지시 암시하고 있다. 야스퍼스에게 보낸 편지(1946년 8월 17일)에서 아렌트는 이 구별을 다음과 같이 요약한다.

> 저는 두 가지 종류의 근대 반유대주의를 구분합니다. 첫째는 민족 국가 내부에 존재하는 반유대주의(독일의 해방 전쟁과 함께 시작되어 프랑스의 드레퓌스 사건에서 종결되는)인데, 그것이 발생한 것은 유대인들이 국가에 특별히 유용한 집단이자 특별 보호를 받는 집단으로 등장했기 때문입니다. 그 결과, 국가와 충돌하게 된 다른 모든 집단들은 반유대주의적으로 되었습니다. 그런 다음 제국 시대(이는 1880년대에 시작됩니다)의 반유대주의가 등장합니다. 이 후자의 형태는 처음부터 국제적인 조직 형태를 띱니다.(C, 55)[51]

51) 야스퍼스에게 보낸 편지에서 아렌트는 다음과 같이 계속 주장한다. "2천 년에 걸친 유대인에 대한 증오의 역사는 일차적으로 유대 민족이 선민이라는 주장에 뿌리를 두고 있습니다. 모든 유대인 역사와 마찬가지로 이 역사는, 약간의 중요한 예외를 빼면, 불행하게도 너무나 많이 왜곡되어 있어서 여하튼 우리는 관련된 모든 것을 수정해야만 합니다. 중요한 예외 중 하나는 유대인 측에서 제시되는 것으로서 영원히 박해받는 한 민족의 역사라는 것이고, 다른 하나는 반유대주의자 측에서 제시되는 것으로서 악마의 역사라는 것입니다."(C, 55)

범게르만주의 정당과 범슬라브주의 정당의 형태로 처음 모습을 드러냈을 때는 그토록 주변적으로 보였던 바로 이 두 번째 유형의 국제적, 초민족적 반유대주의가 결국에는 훨씬 더 위험한 것으로 입증되었다. 먼저 어떻게 반유대주의가 민족 국가의 흥망성쇠를 배경으로 발전하게 되었는지에 대한 아렌트의 설명을 살펴보자.

아렌트는 "유럽 민족 국가들과 유대인 공동체의 동시적인 흥망성쇠를" 네 단계의 도식으로 개괄한다.(OT3, 14)[52] (1) 첫 번째 단계는 17세기와 18세기에 시작하는데, 이때 민족 국가들은 절대 군주들의 보호 아래 발전한다. 여기서 우리는 국사에 자금을 조달하고 군주들의 재정적 업무를 담당하는 부유한 '궁정 유대인' 집단의 등장을 보게 된다. 이러한 '궁정 유대인'은 자신들보다 더 가난한 동류 유대인들과 달리 특권을 누리고 보호를 받았다. (2) 프랑스 혁명 이후, 개개인의 궁정 유대인이 공급할 수 있

아렌트는 영원한 반유대주의라는 교의를 언급하면서도 이를 "유대 민족은 선민이라는 주장"과 연결시키고 있다. 아렌트는 항상 이 주장을 거북하게 느꼈다. 그녀는 선택받음이란 관념의 세속화가 이중의 의미를 지닌다고 보았다. 디즈레일리의 인종 선언에 대해 논하면서 아렌트는 동화된 유대인들의 세속화의 한 결과로 "유대인 신앙의 두 가지 기본 요소인 메시아적 희망과 이스라엘의 선택받음에 대한 믿음"이 변형되었다고 주장한다.

"메시아적 희망이 없으면, 선택받음이라는 관념은 영원한 분리를 의미했다. 특정한 한 민족에게 세계의 구원이라는 사명을 부여하는 선택받음에 대한 믿음이 없으면, 메시아적 희망은 특히 유대인의 정치적 열성에 매우 특징적이 된 보편적 박애와 인류 구원설이라는 어슴푸레한 구름 속으로 사라져 버렸다.

유대적 세속화의 가장 불길한 요소는, 선택받음이라는 개념이 메시아적 희망과 분리되고 있었던 반면, 유대교 속에서 이 두 요소가 인류를 위한 신의 구원 계획의 두 가지 측면이었다는 점이다. 메시아적 희망으로부터, 지상 낙원의 건설을 추구하는 정치적 문제에 대한 최종 해결책을 향한 충동이 자라났다. 신으로부터 선택받았다는 믿음으로부터, 신앙이 없는 유대인과 유대인이 아닌 사람들도 함께 공유한, 유대인은 천성적으로 보다 지적이고 우수하며 더 건강하고 생존에 적합하다는, 역사의 동력이요 지상의 소금이라는 환상적인 착각이 자라났다." (OT3, 74)

52) 민족 국가의 쇠퇴와 반유대주의의 탄생에 대한 그녀의 분석은 OT3의 '유대인, 민족 국가, 그리고 반유대주의의 탄생'을 참조하라.

는 것보다 더 많은 양의 신용과 자본이 필요했다. 그런데 "서유럽과 중부 유럽의 더 부유한 유대인 계층들의 부를 연합하면 …… 확장된 새 정부의 필요들을 충족시킬 수 있었다." 그래서 이 두 번째 단계에서는, 대부분의 유대인들이 여전히 이러한 특권들로부터 배제되고 모든 인간의 권리라고 가정되는 '권리들'로부터 배제되었음에도, 특별한 특권이 국제적 연계를 지닌 더 큰 집단의 부유한 유대인들에게 부여되었다. (3) 이 단계는 민족 국가가 제국주의 국가로 변형되면서 끝나게 되었다. 제국주의는 "민족 국가들의 근거 자체를 약화시켰다." 제국주의가 급속하게 성장하는 동안 부유한 유대인들은 국사에서의 그들의 독점적인 지위를 "제국주의적 성격의 사업 때문에" 잃어버렸다. 그래서 제국주의가 발생하고 확장되면서, 유대인의 부는 국가의 기능을 지원하는 데 점점 덜 중요하게 되었다. 그러나 부유한 유대인의 실질적인 재정적 지원이 쇠퇴하면서, 정치적 반유대주의가 증대하였다. 유대인 재정가들이 국가에 유용했던 것은, 그들이 권력이 있는 자들에 대하여 어떤 심각한 정치적 위협의 자세도 취하지 않았다는 바로 그 이유 때문이었다. 그러나 다른 사회적 집단들과 계급들이 국가와 충돌하게 되었을 때, 그 유대인들은 그 권력 배후에 있는 권력 때문에 비난받았다. (4) 드디어 제국주의가 승리하고 민족 국가들이 분열되면서, 부유한 유대인들은 한 무리의 개인들로 원자화되었다. "제국주의 시대에, 유대인의 자원은 무의미하게 되었다. 민족들의 힘에 대한 균형 감각과 유럽 상호간의 연대에 대한 감각이 부재했던 유럽에게 나라 없고 유럽에 낀inter-European 존재인 유대인이란 요소는, 그의 쓸모없는 부로 인해 보편적인 미움의 대상이 되었고 힘의 부재로 인해 보편적인 모욕의 대상이 되었다."(OT3, 15)

아렌트가 「상식의 침해로서의 반유대주의」를 말했을 때, 그녀는 유럽의 정치적 반유대주의가 그 절정에 도달했을 때는 유대인들이 그들의 정치적 권력과 영향력을 급속도록 상실하고 있었을 때였다는 사실의 역설

— 침해 — 을 강조하고 싶었다. 그녀는 이렇게 말한다. "히틀러가 정권을 장악했을 때, 독일 은행에는 이미 유대인 없었다. …… 독일계 유대인 공동체 전체가 오랜 완만한 성장을 마치고 사회적 지위와 인구에 있어서, 통계학자들이 몇 십 년 내 소멸할 것이라고 예상할 만큼 급속도로 쇠퇴하고 있었다."(OT3, 4)

민족 국가의 발전에 대한 아렌트의 접근 방식과 이해는 유대인 문제에 대한 관심에 의해 형성되었다. 이러한 관점에서 이루어진 민족 국가에 대한 접근은 그녀를 국가와 민족 사이의 '은밀한 갈등' — 불안정한 모순 — 에 특히 민감하게 만들었다. 근대 민족 국가의 탄생 자체에 존재하는 이러한 갈등은 유럽 유대인 집단의 운명에 깊은 의미를 가지고 있었다.

> 국가와 민족의 은밀한 갈등은 근대 민족 국가가 탄생한 직후부터 나타났다. 프랑스 혁명은 인권 선언과 민족 주권에 대한 요구를 결합시켰다. 동일한 본질적 권리들이 모든 인간의 양도할 수 없는 유산**이자** 특정한 민족들의 특정한 유산이라고 동시에 주장되었다. 동일한 국민이 법**과** 주권에 복종해야 한다고 동시에 선언되었다. 법은 보편적 인권으로부터 유래한다고 가정되었던 반면, 주권은 어떠한 보편적 법에도 제한받지 않으며 상위에는 아무것도 없다고 주장되었다. 이러한 모순의 실제적인 결과로서 그 이후로 인권은 오직 민족적 권리로서만 보호되고 강화되었고, 그것의 첫째가는 임무가 사람들에게 인간으로서, 시민으로서, 그리고 국민으로서의 권리를 부여하고 보장하는 것인 국가라는 제도 자체가 합법적이고 합리적인 외양을 상실했다. 낭만주의자들은 이제 국가를 그것이 존재한다는 사실 그 자체로부터 법을 초월하거나 또는 그 위에 있다고 가정되는 '민족정신national soul'의 흐릿한 대표자로서 해석할 수 있었다. 민족 주권은 따라서 인민의 자유라는 본래적 함의를 상실하고 무법적 독단이라는 사이비 신비주의적 후광에 의해 둘러싸이게 되었다.(OT3, 230)

유대인들은 19세기가 지나가는 과정에서 전개된 이러한 '은밀한 갈등'의 한복판에 사로잡혔다. 인간으로서 그리고 국가의 한 구성원으로서 그들은 '모든 인간의 양도할 수 없는 유산'이라고 가정된 인권의 보호를 받을 자격이 있다고 아마도 여겨졌을 것이다. 그러나 그들은 정말로 이러한 권리를 보장받아야 할 국민/민족nation에 속하는가? 고유한 종교와 이상한 관습들과 종교 의식들을 가지고 있는 분리된 한 민족people으로서, 그들은 진정으로 국민에 속하지 않았다. 혹은 반유대주의자들은 그렇게 주장했다. 설령 여러 세대에 걸쳐서 한 나라의 영토 내에서 살았다고 하더라도, 그들은 이질적인 요소였다. 보편적인 인권이 지닌 어떠한 실질적인 명분도 손쉽게 초월하는 '민족 주권'이라는 신비가 성장함에 따라, 유대인들은 '민족정신'으로부터 배제되게 되었다. 이러한 형태의 정치적 반유대주의는 그것이 행사한 그 모든 폭력에도 불구하고 유대 민족의 완전한 절멸을 요구하지는 않았다. 심지어 드레퓌스 사건 동안 "유대인에게 죽음을!"이라는 끔찍한 슬로건이 외쳐졌을 때조차도 그러했다. 민족 국가와 동일시되는 반유대주의는 민족의 정화, 즉 '민족정신'으로부터 이질적인 유대적 요소를 축출하는 것을 요구했다.

그러나 아렌트에 따르면, 경쟁하는 독립적인 민족 국가들과 유럽의 힘의 균형의 시대는 제국주의의 승리와 무한한 팽창욕과 함께 종말을 고하게 되었다. 제국주의적 기획의 급속한 확장과 함께, 인종주의적 사유에 의해 길러진 새로운 형태의 국제적·초국가적 반유대주의가 범게르만주의 및 범슬라브주의 운동의 정치적 이데올로기 속에서 발생했다.

인종적 사유는 독일인의 발명품이 아니었다. 대중에게 강한 호소력을 지닌 이데올로기로서의 인종적 사유와 인종주의는 "19세기 동안 서구 나라들 전반에서 동시다발적으로 등장했다."(OT3, 158) 국경을 초월하는 인종주의는, "지리적이든, 언어적이든, 관습적이든 혹은 다른 어떤 기준에 의해 정의되든 간에," 제국주의적 정치의 주된 이데올로기적 무기가 되었다. 제국주의적 정치의 구성, 인종주의, 그리고 초국가적인 형태의 정치적 반유대주의의 분출은 궁극적으로는 유대 민족에 대한 체계적인 학살, 즉 '최종 해결책'으로 이어지는 흐름의 시작이었다. "히틀러주의는 1930년대에 유럽 전역에 걸쳐 강력한 국제적 호소력을 행사했는데, 그 이유는 비록 그것이 국가 교의인 것은 독일 내부에 국한되었지만, 어디에서나 여론의 강력한 지지를 얻고 있었기 때문이다." 오늘날 거의 예언처럼 들리는 진술 속에서, 아렌트는 다음과 같이 경고하였다.

> 인종주의는 실로 서구 세계의 파멸을, 그리고 바로 그런 의미에서 인류 문명 전체의 파멸을 수행할 수도 있다. 러시아인들이 슬라브인들이 되었을 때, 프랑스인들이 검은 군대force noire의 사령관 역할을 맡았을 때, 영국인들이 '백인'으로 바뀌었을 때, 불길한 주문 하나로 이미 모든 독일인들이 아리아인이 된 것처럼 이러한 변화가 일어나면 이는 그 자체로 서양인의 종말을 의미할 것이다. 왜냐하면, 교양 있는 학자들이 뭐라고 하든, 정치적으로 말해 인종은 인간성의 시작이 아니라 종말이고, 민족들의 기원이 아니라 쇠퇴이며, 인간의 자연적인 탄생이 아니라 자연적 죽음이기 때문이다.(OT3, 157)

민족 국가 속의 정치적 반유대주의와 제국주의와 함께 발생한 반유대주의를 구별하면서 아렌트는 어째서 범pan 운동 — 범게르만주의와 범슬라브주의 — 이 본질적으로 국제적인 반(反)민족 국가 운동인지 강조한다. 이러한 형태의 반유대주의의 이른바 '논리'가 완전히 명백하게 되었을 때, 그것은 '민족정신'을 정화하기 위한 유대인의 절멸을 요구한 것이 아니라, 오히려 인류로부터의 유대인의 절멸을 요구했다. 본래 정치적 현실의 가장자리에 머무는 주변적 운동인 것 같았던 것이 나치 운동 속에서 강력한 현실성을 띠는 것이 되었다. 아렌트는 나치를 민족주의자들이라고 생각하는 것은 잘못이라고 주장한다. "그들의 민족주의적 선전은 그들의 길동무를 향한 것이지 확신을 가진 그들 내부 구성원들을 향한 것이 아니다.” 정치에 대한 그들의 접근 방식은 본질적으로 초국가적이다.

> 나치는 민족주의의 협소함과 민족 국가의 편협성에 대해 멈출 수 없는, 진정한 경멸감을 가지고 있었다. 그들은 국제적인 범위에서 펼쳐지는 자기들의 운동은 …… 특정한 영토에 결부될 수밖에 없는 그 어떤 국가보다도 더 중요한 것이라고 되풀이해서 말했다. 나치뿐만 아니라 50년에 걸친 반유대주의의 역사도 반유대주의를 민족주의와 동일시하는 것에 대한 반증이 된다. 19세기의 마지막 10년 사이에 등장한 첫 번째 반유대주의 정당들은 또한 국제적으로 동맹을 이룬 첫 번째 정당들이기도 했다. 처음부터 그들은 국제회의를 소집했고, 국제적인, 적어도 유럽 전역에 걸친 활동을 조직하는 데 관심이 있었다.(OT3, 3-4)

아렌트는 민족 국가의 특성을 지닌 더 오래된 형태의 민족주의와 보다 새롭고 훨씬 추악한 형태의 민족주의인 ‘종족적 민족주의’를 구별한다. 반유대주의가 새로운 유형의 정치적 이데올로기의 핵심적 구성 요소가 된 방식에 대한 단서를 제공하는 것은 바로 이 종족적 민족주의이다. 아렌트에 따르면, 종족적 민족주의는 대륙 제국주의의 배후 추진력이 되었다.53)

53)아렌트는 대륙의 제국주의와 해외의 제국주의를 다음과 같이 구분한다. “해외 제국주의와 구별되는 대륙 제국주의의 주된 의미는, 응집성 있는cohesive 팽창이라는 그 개념이 식민지와 본국의 방법과 제도 사이에 아무런 지리적 거리도 허용하지 않기 때문에, 제국주의와 그것의 모든 결과들을 유럽에서 느끼게 하기 위한 부메랑 효과를 필요로 하지 않는다는 점에 있다. 대륙 제국주의는 사실 본국에서 시작되었다. 대륙 제국주의가 민족 국가의 협소함을 경멸한다는 점에서 해외 제국주의와 공통점이 있다고 한다면, 종국에는 진정한 민족적 필요라고 흔히 표현되곤 하는 경제적 요구보다는 그 역사의 독립성과 살게 된 지역과 상관없이 유사한 종족적 기원을 가진 모든 민족들을 하나로 묶는다고 가정되는 ‘확장된 종족 의식’을 제시한다는 점에서 해외 제국주의와 차별화된다. 따라서 대륙 제국주의는 인종 개념과 상당한 유사성을 가지고 시작하여, 인종 사유의 전통에 열정적으로 빨려 들어갔으며, 구체적인 경험과는 거의 무관했다.”(OT3, 223-224)

> 삶과 세계를 보는 전체적 시야의 중심으로 반유대주의가 — 드레퓌스 사건 당시 프랑스에서 수행했던 단순한 정치적 역할과는 구별되게 — 갑작스레 등장한 원인은 …… 정치적 사실이나 환경보다는 오히려 종족적 민족주의의 본질 속에 놓여 있다. 범 운동으로 일어난 반유대주의의 진정한 중요성은, 유대인들에 대한 적대가 처음으로 유대 민족과 관련된 모든 실제적인 정치적, 사회적, 경제적 경험들과 단절되어 오직 한 이데올로기의 특유한 논리만을 따라갔다는 점에 있다.(OT3, 229)

정치적으로 말해, 종족적 민족주의는 "뿌리 없음rootlessness의 공기" 속에서 자라나고 자기 민족이 '적들의 세계'에 포위되었다고 주장한다. 종족적 민족주의는 자기 민족Volk이 독특하고 개별적이며, 타자들과 양립할 수 없다고 주장한다. 그리고 모든 국외자들에 의해 위협받는다고 주장한다. 이 새로운 종족적 민족주의에 융합한 초국가적인 정치적 반유대주의는 '폭민mob'을 조직하는 데 있어서 아주 강력한 정치적 무기임이 입증되었다. 그것은 "새로운 종류의 민족주의적 감정을 만들어 냈는데, 그것이 지닌 폭력성은 폭민 집단을 움직이는 데 탁월한 동력이라는 것과, 감정적 중심으로서 낡은 민족적 애국심을 대체하기에 아주 적합하다는 것이 증명되었다."(OT3, 226)

종족적 민족주의, 민족 국가에 대한 적대감, 인종주의적 제국주의, 그리고 초국가적인 반유대주의는 19세기의 마지막 몇 십 년 동안 발생한 범게르만주의 및 범슬라브주의 운동 속에서 모두 예견된 것이었다. 이것이 아렌트가 "나치즘과 볼셰비즘은 다른 어떤 이데올로기나 정치적 운동보다도 범게르만주의 및 범슬라브주의에 더 많이 빚지고 있다"(OT3, 222)고 단언한 이유이다. "우리 범게르만인들은 반유대주의를 우리 민족 이데올로기의 대들보로 생각한다"고 선언했던 것은 오스트리아의 범게르만주의 운동의 창시자인 쇠네러Georg von Schoenerer였다. 그러나 범 운동 이데올로기의 정식화와 그것의 진지한 정치적 적용 사이에는 시간적 지체가 있다.

> 그의 정신적 아버지라고 할 쇠네러보다 더 재빠르게, 인종주의의 위계적 원리를 이용하는 방법을 알았던 자, '최상의' 민족을 적절하게 조직하기 위해 '최악의' 민족의 존재에 대한 반유대주의적 주장을 활용하는 방법을 알았던 자, 또한 그들 사이에 위치하는 정복되고 억압된 모든 민족들을 적절하게 이용할 방법을 알았던 자, 유대인들을 필수적인 예외로 하고 각 민족이 자기들보다 열악한 민족을 경멸할 수 있게 하기 위하여 범 운동의 우월의식을 일반화하는 방법을 알았던 자 …… 그는 바로 히틀러였다.
>
> (OT3, 241)

아렌트에 따르면, 선택받음을 놓고 벌인 다툼 때문에 유대인들은 범 운동의 정치적 인종주의 이데올로기의 주요 표적이 되었다.

> 그러나 다른 무엇보다도 유대인들을 인종적 이데올로기의 중심으로 끌고 간 것은 범 운동의 선택받음에 대한 주장이 오직 유대인들의 주장과 심각하게 충돌할 수 있다는 훨씬 더 분명한 사실 때문이었다. 유대적 개념이 어떤 민족의 신성한 기원에 대한 종족적 이론과 아무런 공통점이 없다는 것은 중요하지 않았다. 폭민은 역사적 정확성과 같은 세세한 사항에는 그다지 관심이 없었고, 인류를 일으켜 세우려는 유대인의 역사적 임무와 지구상의 다른 모든 민족들을 지배하려는 그들의 '임무'의 차이를 거의 알지 못했다.(OT3, 240)

결국 유대인의 행위나 악행과는 무관한 유대인들에 대한 뿌리 깊은 질투와 원한이 있었다. 유대인들에 대한 적대감은 범 운동 이데올로기의 대들보가 되었다. 종족적 민족주의는 "신이 자기 민족을 선택했다고 하는 한 종교에 대한 정확한 도착이다." 아렌트는 이렇게 말한다.

> 유대인에 대한 인종주의자들의 적대감은, 신이 선택한 자, 신의 섭리에 의해 성공이 허락된 자가 정말 자기들이 아니라 유대인일지 모른다는 미신적인 견해로부터 출현했다. 초라한 겉모습에도 불구하고 세계 역사의 최종 승리자로 결국 등장하게 된다는, 합리적으로 이해할 수 없는 보장을 받았다는 한 민족에 대한 두려움 섞인 정신 박약적 원한이라는 요소가 있었던 것이다.(OT3, 242)

'선택된 민족'이라는 교의는 완전히 곡해되었다. "선택됨은 더 이상 공통의 인간성이라는 이상의 궁극적인 실현이 아닌 오히려 그것의 최종적 파괴를 위한 신화가 되었다."(OT3, 243)

한 발짝 물러서서 다시 한 번 아렌트가 사용하고 있는 결정화라는 은유를 고찰해 보자. 아렌트가 찾고자 하는 것은 전체주의의 원인 또는 기원이 아니라, 갑자기 분출하여 우연하게도 전례 없는 전체주의 현상으로 결정화한 물밑에 잠복한 숨은 흐름들과 요소들이다. 벤하비브는 아렌트가 발터 벤야민와 마찬가지로 "이야기의 연결 고리를 끊고, 이야기의 자연적 구조로서의 연대기 뒤흔들기를, 단편성과 역사의 막다른 길들과 실패와 단절들을 강조하기를"54) 원한다고 지적한다. 디슈Lisa J, Disch는 아렌트가 결정화의 은유를 사용할 때 칸트를 염두에 두었을 수도 있다고 암시한다. "제3의 비판(『판단력 비판』)에서 칸트는 우연성에 대한 은유로서 '결정화'라는 용어를 끌어들인다. …… 결정화는 점진적이고 단계적인 과정이 아니라, 갑작스럽고 예측할 수 없는 '**상호 폭발**, 즉 갑작스러운 응결,

54)Benhabib, "Hannah Arendt and the Redemptive Power of Narrative," 181-182.

…… 단 한 번의 **비약**에 의해 존재하게 된 사물의 형성과정을 묘사하는 말이다."[55] 일단 전체주의와 같은 사건이 결정화하면, 우리는 그것의 역사를 거슬러 올라가서 추적할 수 있다. "그 자신의 과거를 조명할 만큼 거대한 사건이 발생할 때마다 역사는 존재하게 된다."

벤야민과 마찬가지로 아렌트는 '역사를 거슬러' 빗질을 하고 있다. 그녀는 전체주의에 대해 그것을 파괴하는 데 기여하는 방식으로 쓰길 원했다. 역사를 쓰는 것이 일반적으로는 "구제하고 보존하고 기억하기" 위한 것이지만, 자기가 하고 싶은 것이 전체주의의 '결정화 구조"를 해체하고 파괴하는 것이라고 그녀는 주장했다. 그녀는 『전체주의의 기원』이 본질적으로 '정치적인 책', 즉 그것의 일차적 의도가 우리로 하여금 "전체주의 운동과 지배의 구조 그 자체"를 이해하고 파괴할 수 있도록 해주는 책이었다는 것을 깨닫게 되었다.

아렌트가 발견한 것은, 어떻게 유대인 문제와 반유대주의가 "처음에는 나치 운동에, 그다음에는 세계대전에, 그리고 종국에는 죽음의 수용소들의 설립에 촉매제가 되었는가"를 이해하기 위해서는, 근대 유대인의 역사와 반유대주의 및 유대인 문제가 근대 유럽의 보다 일반적인 역사와 어떻게 뒤얽혀 있는지를 이해할 필요가 있다는 사실이다. 사회적이고 정치적인 형태를 띤 반유대주의는 근대 민족 국가의 기원과 해체라는 큰 맥락 속에서만 이해될 수 있다. 유대인들이 그들의 공적 영향력을 상실했던 바로 그 순간에, 왜 정치적 반유대주의 이데올로기가 승리했는지 이해해야 하고, 어떻게 제국주의와 인종주의적 사유와 함께 새로운 형태의 초국가적인 반유대주의가 등장했는지를 알아야 한다. 우리는 어떻게 반유대주의가 하나의 **의견**에서 "역사의 열쇠, 혹은 '세계의 모든 수수께끼'에 대한 답, 혹은 자연과 인간을 지배한다고 가정되는 숨겨진 보편 법칙들에

55)Lisa, J. Disch, "More Truth than Fact", *Political Theory,* 21 (Nov. 1993), 683.

대한 심오한 지식을 가지고 있다고 주장하는" **이데올로기**로 변형되었는지를 분석해야만 한다. 우리는 왜 그리고 어떻게 이러한 초국가적인 정치적 반유대주의가 뿌리 없는 원자화된 대중들을 조직하는 데 그렇게 강력한 무기가 되었는지 이해해야만 한다.

아렌트는 유대인 문제에 대한 유일한 해결책은 정치적 해결책이라고 독일에서 탈출했을 때부터 반복적으로 주장했지만, 무엇이 적절한 정치적 응답인지에 대해서는 자신의 생각을 분명하게 밝히지 않았다. 그녀는 유대 민족(일차적으로는 유럽 유대인들)이 그들 몫의 책임을 담당하기를, 정치적 주도권을 획득하기를 바랐다. 그러나 그녀는 가장 일반적인 설명을 제외하고는 이것이 무엇을 함축하는지에 대해 상세히 설명하지 않았다. 유럽 유대인들이 19세기의 정치적 반유대주의의 성장을 감지하지 못했다는 그녀의 주장에도 불구하고, 그녀는 결코 어떤 방식의 유대인 정치가 실행 가능한지 — **언제** 그리고 **누구에** 의해서 — 에 대해서는 분명히 말하지 않았다. 유대인들이 유대인으로서 그들의 권리를 위해 싸워야 한다는 호소는 그 수사법은 의기양양하게 들릴지 모르지만, 자기 민족에 대해 '정치 현실'에 대해 순진하고 무지했다고 꾸짖는 한 사상가로부터 적어도 우리는 그들이 처한 역사적 상황에서 유대 민족이 어떻게 정치적인 행동을 할 수 있었는지 말해 주려고 시도해 주기를 바랄 수 있다. 그렇지 않으면, 아렌트 자신이 동료 유대인들에게 했던 비판, 즉 '정치 현실'에 무지했다는 비판은 아렌트에게도 돌아갈 것이다.

나는 『전체주의의 기원』을 정치의 의미를 향한 아렌트의 탐구에서 아주 중요한 한 단계로 읽을 수 있다고 암시했다. 앞서 우리는 내가 아렌트의 민중주의적 기질이라고 부른 것 — 진정한 정치는, 자기 몫의 정치적 책임을 지고 정치적 주도권을 기꺼이 감당하려는 한 민족의 집단적 행위로부터 출현한다는 것에 대한 그녀의 확신 — 이 갖는 중요성을 살펴보았다. 나아가 우리는 아렌트가 애초에 차별에 대한 사회적 대응과 정치적 반유대주의의 이데올로기적 이용에 대한 정치적 대응을 날카롭게 구별했을 때, 그녀의 일차적 강조점은 유대인들이 유대인으로서 그들의 정치적 **권리들**을 위해 싸울 필요가 있다는 것이었음을 보았다. 그러나 지금까지는 이것이 무엇을 의미하는지, 그리고 그녀가 권리 개념을 어떻게 해석하는지에 대한 구체적인 상술은 거의 없었다. 『전체주의의 기원』 중 가장 주목할 만하고 시사적인 장 가운데 하나는 「민족 국가의 쇠퇴와 인권의 종말」이다. 이 장에서 우리는 아렌트가 권리라는 용어로 무엇을 의미하는지, 그리고 그녀가 우리의 가장 기본적인 권리라고 여기고 있는 것이 무엇인지를 발견한다.

3 무국적 상태와 권리를 가질 권리

나는 개인적인 경험이 없이는 어떤 사고 과정도 가능하지 않다고 생각한다. 모든 사고는 숙고Nachdenken, 즉 어떤 문제나 사건에 대한 반성이다. — *Essays in Understanding, 1930-1954*

1964년 아렌트는 다음과 같은 질문을 받았다. "당신의 기억 속에 당신을 정치적인 것에 주목하게 만든 분명한 사건이 있습니까?" 그녀는 주저하지 않고 이렇게 대답했다. "1933년 2월 27일 독일 제국 국회 의사당이 불에 탄 사건, 그리고 그날 밤 뒤이어 벌어진 불법적인 체포들이라고 말할 수 있습니다." 그 순간 이후 계속 그녀는 "책임을 느꼈다." "즉, 나는 더 이상 사람이 방관자가 될 수 있다는 생각은 하지 않게 되었습니다."(EU, 4-5) 이후 여러 달 동안, 아렌트는 다른 사람들이 독일에서 탈출하는 것을 도왔다. 또한 그녀의 시온주의자 친구들도 도왔다. 그녀가 독일에서 망명하지 않을 수 없도록 한 사건으로 이끈 것이 바로 이러한 활동이다. 시온주의자들은 반유대주의 성명서들에 대한 자료를 수집하려고 했는데, 그러한 성명서들은 독일 외부에는 잘 알려져 있지 않았다. 그녀는 시온주의자라고 확실히 알려져 있지 않았기 때문에, 프로이센 국가 도서관에서 이에 관한 연구를 수행하기에 이상적인 인물이었다. 나치가 이 연구를 "무시무시한 선전 활동"이라고 여기고 있었음에도, 그녀는 기꺼이 도와주기로 동의했다. 그녀는 그 후 체포되고 구속되어 8일 동안 심문을 당했다. 다음은 이때 일어난 일에 대한 그녀의 설명이다.

> 그렇습니다. 나는 발각되었습니다. 하지만 나는 매우 운이 좋았습니다. 나는 나를 체포한 공무원과 친해져서 8일 후에 나왔습니다. 그는 매력적인 사람이었습니다. 그는 범죄 담당 부서에서 정치과로 진급되었습니다. 그는 무엇을 해야 할지 몰랐습니다. 그는 무엇을 해야 했을까요? 그는 나에게 "보통 때라면 나는 누군가를 내 앞에 두고 그냥 파일만 점검합니다. 그리고 무슨 일이 일어나는지 알고 있지요. 그런데 당신에 대해서는 어떻게 할까요?"라고 반복해서 말했습니다. …… 불행하게도 나는 그에게 거짓말을 해야 했습니다. 나는 조직을 노출시킬 수는 없었습니다. 나는 그에게 긴 이야기를 했고, 그는 계속 말했습니다. "나는 당신을 여기에 구금했습니다. 나는 당신을 다시 나가게 할 거예요. 변호사를 구하지 마세요! 유대인들은 이제 돈이 없습니다. 돈을 아끼세요!" 그사이 조직은 나에게 변호사를 구해 주었습니다. …… 나는 이 변호사를 해고했습니다. 왜냐하면 나를 체포한 이 사람은 개방적이고 품위 있는 얼굴을 하고 있었기 때문입니다. 나는 그를 신뢰했고, 두려움에 떠는 변호사와 함께하는 것보다 여기에 훨씬 더 많은 기회가 있다고 생각했습니다.(EU, 5-6)

그녀는 풀려나자마자 재빨리 — 합법적인 여행증서도 없이 — 독일을 떠날 준비를 했다. 친구들과 송별 파티를 한 다음 그녀와 그녀의 어머니는 한 밤중에 체코 국경을 넘었다. 그날 밤으로부터 18년 후 미국의 시민으로 귀화할 때까지 그녀는 무국적자, 더 정확하게 말해 나라 없는 비인간으로서 불안정한 생활을 했다. 그녀는 프라하에서 제네바로 옮겨 갔고, 마지막으로 파리로 갔다. 거기에는 독일에서 도주한 많은 유대인들이 모여 있었다. 아렌트의 망명자 유대인 동료 대부분은 파리에서 싸구려 호텔을 전전하면서 스스로 먹고살 방법을 찾으려고 애쓰며, 카프카적인 생활을 하고 있었다. 불법 이주민인 그들은 신분증을 구할 수 없었다. 그러나 그들은 적절한 서류 없이는 일자리를 구할 수가 없었다. 아렌트는 운 좋은 사람들 중 하나였다. 다양한 유대인 조직에서 일자리를 구할 수 있었기 때문이다. 그녀는 유대인 어린이들을 팔레스타인으로 이주시키기 위해 설립된 시온주의 조직인 '청년 엘리야Youth Aliyah'의 관리자로 고용되었다. 1930년대 후반 파리의 유대인 난민 상황은 악화되었다. '청년 엘리야'의 조직자들은 본부를 파리에서 런던으로 옮기기로 결정했고, 아렌트는 일자리를 잃었다. 그러나 1938년에 그녀는 파리의 유대인 난민을 돕는 유대인 기관에 고용되었다.

1940년 5월에 '적성 외국인들'(주로 독일계 유대인들)에게 포로수용소로 이송할 수 있도록 보고하라는 명령이 내려졌다. 엘리자베스 영 브륄은 이때 일어난 일을 생생히 기술한다.

> 1940년 5월 5일, 파리의 총독이 발표한 성명서는 모든 신문에 실렸다. 독일이나 자르 혹은 단치히로부터 온 17세와 55세 사이의 모든 남성들과 미혼이거나 자녀가 없는 기혼 여성들은 부역장이나 수용소로 이송되도록 보고하라고 되어 있었다. 남자들은 5월 14일에 버펄로 스타디움으로 집결해야 했고, 여자들은 5월 15일에 커다란 유리 지붕이 있는 동절기 경륜장으로 집결해야 했다. 그 끔찍한 명령들은 진부하게 구체적이었다. '적성 외국인들'은 이틀 동안 먹기에 충분한 음식과 주방용품, 배낭이나 "30킬로그램을 넘지 않는" 여행 가방을 가져갈 수 있었다. 그리하여 채비를 갖춘 유대인들은, 아렌트가 "당대의 역사에 의해 창조된 새로운 인간", 즉 "적에 의해서는 강제 수용소로 보내졌고 친구에 의해서는 수용소로 보내진" 새로운 인간이라고 냉소적으로 가리켰던 존재가 될 준비가 되었다.(YB, 152)[56]

이 명령은 아렌트가 두 번째 남편 하인리히 블뤼허와 헤어지고, 55세가 넘어 파리에 체류할 수 있게 된 어머니와 헤어지는 것을 의미했다(아렌트는 귄터 슈테른과 1929년에 결혼했지만 몇 년 후에 이혼했다. 1936년 그녀는 파리에서 블뤼허를 만났다. 그들은 둘 다 이전 배우자와 이혼한 후 1940년 1월에 결혼했다). 벨로드롬에서 혼란스럽게 한 주를 보낸 후에 귀르로 이송되었다. 이것은 아렌트에게 가장 절망스러운 일이었다. 어느 누구도 다음에 무슨 일이 일어날지 몰랐고, 최악의 사태를 두려워할 만한 이유가 있었기 때문이다.

> 귀르에 있는 수용소에서…… 나는 얼마간의 시간을 보내게 되었는데, 자살에 관한 이야기는 단 한 번만 들었다. 그것은 프랑스인을 괴롭히기 위한 일종의 항의로서의 집단행동에 대한 암시였다. 우리들 중 일부가 우리는 어떻게든 "해치워지기 위해" 이송될 것이라 말했을 때, 전체적인 분위기는 삶에 대한 강렬한 용기로 갑자기 바뀌었다. 일반적으로 만약 어떤 사람이 모든 사건을 사적이고 개인적인 불운으로 해석하여 사적이고 개인적으로 자신의 생을 마친다면, 그는 일반적인 사건들에 대해서는 비정상적으로 자기중심적이고 무관심해야 할 것이다. 그러나 바로 그 사람들이 개인적인 문제처럼 보이는 일에 직면하여 그들의 개인적인 삶으로 눈을 돌리자마자, 절망과 나란히 붙어 있는 비정상적인 낙관주의로 또 한 번 방향을 바꾸었다.(JP, 59)

아렌트의 행운은 계속되었다. 행운의 여신이 아렌트의 사유에 그토록 중요한 역할을 했다는 것은 그다지 놀라운 일이 아니다. 아렌트는 귀르 수용소를 가까스로 탈출했다. 1962년에 그녀는 자신의 탈출을 다음과 같이 기술하였다.

---

56)무국적자로서의 아렌트의 삶에 대한 보다 완전한 설명은 YB 제4장「무국적자」를 참조하라. "What Remains? The Language Remains" (EU, 1-23)도 참조하라.

우리가 수용소에 도착하고 몇 주일 후 …… 프랑스는 패배했고 모든 통신은 단절되었다. 그 결과 발생한 혼란의 와중에 우리는 수용소를 떠날 수 있는 석방 증서를 얻는 데 성공했다. 당시에는 어떠한 프랑스 지하조직도 존재하지 않았다. …… 우리들 중 어느 누구도 뒤에 남겨진 사람들에게 무슨 일이 일어났는지를 '기술할' 수 없었다. 우리가 할 수 있었던 것이라고는 우리가 일어나리라 예상한 것 — 그 수용소는 승리를 거둔 독일인들에게 넘겨질 것이라는 것 — 을 그들에게 말해 주는 것뿐이었다(총 7천 명 중 약 2백 명의 여성들이 떠났다). …… 그것은 유일한 기회였지만, 사람들이 칫솔만 가지고 떠나야 한다는 것을 뜻했다. 왜냐하면 어떤 교통수단도 없었기 때문이다.(YB, 155)

1942년과 1943년에 귀르에 남아 지독한 상황을 가까스로 견뎌 낸 대부분의 사람들은 절멸수용소로 보내졌다. 이 여성들을 죽음으로 몰아넣은 사람은 아돌프 아이히만이었다. 아렌트는 제2차 세계대전이 종식된 후까지 이러한 사실을 알지 못했다. 그러나 그녀가 (귀르를 탈출한 지 20년 후) 아이히만 재판에 참석하기 위한 준비를 하고 있었을 때 한 말은 통렬한 의미를 지닌다. "이 재판에 참석하는 것은, 어떻든 내가 내 과거에 대해 지고 있는 의무라고 느낀다."(YB, 329)

위험을 무릅쓰고 귀르를 탈출하려 했던 여성들의 수가 그렇게 적었던 이유 중 하나는, 그들에게는 갈 곳이 없었기 — 유대인들이 안전할 수 있는 장소는 없었기 — 때문이었다. 당시에는 그들을 도와줄 프랑스 지하조직도 없었고, 그들이 안전하게 이용할 수 있는 공공 수송 수단도 없었다. 지나가는 차를 얻어 타기도 하고 걷기도 하면서 아렌트는 가까스로 몽토방으로 갔는데, 그곳은 억류되었던 '적성 외국인'을 위한 중심지가 되었다. 그녀의 독일인 친구 로타 젬펠 클렌보르트가 임시로 집을 빌린 곳도 그곳이었다. 아렌트는 그때 하인리히에게 무슨 일이 일어났는지 알아내려고 애썼다. 또 다른 행운으로, 그녀는 몽토방에서 우연히 그를 만나게 되었다. 그가 보내졌던 정치범 수용소가 독일인들이 파리로 행군할 때 비워져서 그는 몽토방으로 왔던 것이다. 그 후 수개월 동안 한나와 하인리히는 프랑스 경찰과의 접촉을 피해 은둔 생활을 했고, 유럽을 탈출해서 미국으로 가는 비자를 구하는 당혹스러운 과정을 시작했다. 이를 위해 마르세유로 가는 몇 차례의 '불법적인' 여행이 필요했는데, 거기서 그들은 친한 친구였던 발터 벤야민을 몇 차례 만났다. 프랑스와 스페인의 국경에서 되돌려 보낸 날 밤 자살을 한 벤야민과는 달리, 한나와 하인리히는 가까스로 비자를 구했을 뿐만 아니라 국경을 건너 리스본으로 넘어갈 수 있었다. 둘은 3개월을 기다린 끝에 뉴욕행 배를 탔다. 한나와 하인리히는 발터 벤야민의 「역사 철학에 관한 테제」(그것은 그가 마르세유에서 그들을 마지막으로 만났을 때 그들에게 맡겨 놓은 것이었다)를 가지고 갔다. 리스본에서 3개월을 기다리는 동안, 그들은 벤야민의 테제들의 의미에 대해 열정적으로 토론했다. 그 유명한 아홉 번째 테제는 그들에게 특별한 의미가 있었다.

> '새로운 천사Angelus Novus'라는 제목의 클레Klee의 그림은, 한 천사가 뚫어지게 응시하고 있던 무엇인가로부터 막 떠나려고 하는 것 같은 모습을 보여 준다. 천사의 눈은 응시하고 있고, 입은 열려 있으며, 날개는 펼쳐져 있다. 이것은 사람들이 역사의 천사를 그린 방법이다. 천사의 얼굴은 과거를 향해 있다. 우리가 일련의 사건들을 지각하는 곳에서, 천사는 파편들 위에 파편들을 계속해서 쌓아 올리면서 발 앞에 내던져지는 하나의 파국을 본다. 그 천사는 머무르고자 하며, 죽은 자들을 깨우고 박살난 것을 온전하게 만들고 싶어 한다. 그러나 낙원으로부터 폭풍이 불어오고 있다. 폭풍은 천사의 날개를 격렬히 붙잡아, 천사가 더 이상 거기에 가까이 갈 수 없도록 만들었다. 이 폭풍은 천사를 그가 등을 돌렸던 미래로 끊임없이 몰고 가고, 파편 더미는 그의 앞에서 하늘로 쌓여 간다. 이 폭풍은 우리가 진보라고 부

르는 것이다.[57]

내가 아렌트가 독일과 프랑스에서, 그리고 종국에는 유럽에서 도주하였던 이야기를 한 것은 몇몇 이유에서이다. 그녀가 독일에서 동정심이 덜한 독일 공무원에게 심문받았더라면, 귀르를 탈출하지 못했더라면, 미국으로 들어가는 비자를 구할 만한 운이 없었더라면, 가까스로 리스본으로 갈 수 없었더라면, 그녀에게 무슨 일이 일어났을지, 그녀의 삶이 어떻게 되었을지 너무나 쉽게 상상할 수 있다. 이러한 사건들은 생과 사의 간극을 의미했다. 그녀가 사건의 근본적인 우연성 — 그녀의 모든 사고에 영향을 주었고 거기에 스며들어 있는 우연성의 의미 — 에 그토록 깊은 인상을 받은 것은 이러한 개인적인 경험들 때문이었다. 나아가 20세기 관료 정치의 끔찍한 공포에 대한 그녀의 이해를 특징지은 것은 무국적 유대인이자 '적성 외국인'으로서의 그녀의 경험들이었다. 그녀가 강조했던 것은 관료 정치의 합리성이 아니라, 그것의 순전한 비합리성이었다. 20세기에 관료 정치가 어떤 악몽이 되었는지를 파악하고 묘사했던 사람은 막스 베버Max Weber가 아니라 프란츠 카프카였다.

> 카프카 소설의 독자들은 카프가가 말한 악몽의 세계가 다가올 세계에 대한 사소한, 하지만 심리학적으로는 매우 흥미로운 예견이라고 생각하는 단계를 거칠 확률이 높다. 하지만 이 세계는 마침내 현실이 되었다. 1940년대를 살았던 사람들과, 특히 역사가 만들어 낸 가장 끔찍한 정부 밑에서 살았던 경험을 가진 사람들은, 카프카가 말하는 공포가 관료 정치라고 불리는 것 — 정치를 행정으로 바꾸고, 법을 자의적인 명령으로 바꾸는 것 — 의

57)Walter Benjamin, "Theses on the Philosophy of History," in *Illuminations*, ed. and introduced by Hannah Arendt (New York: Schocken Press, 1969), 257-258. "Franz Kafka: A Reevaluation", *Partisan Review,* 11/4 (1944)에서 이 주제에 대한 아렌트의 논의를 참조하라. 이 글은 EU, 74-75에 재수록.

진정한 본질을 적절하게 나타낸다는 것을 안다. 우리는 카프카가 생각했던 것이 단순한 악몽이 아니었다는 것을 안다. …… 카프카의 소위 예언이라는 것은 오늘날 공공연한 것이 되어 버린 구조의 기초에 대한 냉정한 분석에 불과하다.(EU, 73-74)

방랑하는 무국적 유대인으로서의 아렌트의 경험은 또한 유대인 파리아의 숨겨진 전통에 대한 그녀의 통찰을 형성하였다. 채플린의 '혐의자'처럼, 아렌트는 생존을 위해서는 자신의 재치에 의존해야만 할 때가 있다는 것을 알았다. 그녀는 "외관상 적의 세계의 화신처럼 보이는"(JP, 80) 경찰을 의심할 만한 상당한 이유를 가지고 있었다. 살아남기 위해서, 그리고 절망과 자살에 굴복하는 것에 저항하기 위해서는 "자연스러운 자유"와, 그녀가 하이네에 대하여 그렇게 찬양했던 살아 있음의 기쁨이 필요했다. 그러나 이것으로는 충분하지 않았다. 반유대주의에 동화되거나 '정치의 현실'을 외면하려는 유혹에 저항할 필요가 있었다. 모든 정치적 활동의 가능성조차도 점차적으로 멀어지는 세계에서는 카프카의 K 이야기의 교훈을 기억할 필요가 있었다. "인권은 투쟁할 만한 가치가 있으며 성의 규칙은 신성한 법이 아니다."(JP, 88) "사유는 새로운 무기"라는 것을 기억할 필요가 있었다.

「우리 피난민들」에서 아렌트는 비애감, 염려, 잘못된 낙관주의, 절망, 불합리함, 그리고 심지어는 무국적 유대인의 유머까지 파악하고 있다. 그녀는 이렇게 말한다. "먼저 우리는 '피난민들'이라고 불리는 것을 좋아하지 않는다. 우리 자신들은 서로를 '신참자들' 혹은 '이민자들'이라고 부른다. 피난민은 원래 그들이 행한 어떤 행위 때문에 혹은 그들이 가진 어떤 정치적 의견 때문에 피난처를 찾으려고 나온 사람을 말한다. …… 우리와 함께, '피난민'의 의미는 바뀌었다. 이제 '피난민들'은 우리들 중 아무 수단도 없이 새로운 나라로 가야 할 만큼 불운한 사람들로서 난민 위원회의

도움을 받아야만 하는 사람들을 뜻한다."(JP, 55)

아렌트는 사람들이 가정과, 직업과, 가족과, 자신의 언어로 이루어진 일상생활의 세계를 잃어버렸을 때 어떤 일이 일어나는지를 생생히 기술하고 있다. 순응하고 동화되고자 하는 열망의 불합리성을 조롱하면서, 그녀는 독일계 유대인들에 대해 이야기한다. 그들은 프랑스에 도착하자마자 "서로에게 자신들이 이미 프랑스인이었다고 주장하는 순응적인 사회집단 중 하나를 조직했다. 그들은 첫 번째 연설에서 이렇게 말했다. '우리는 독일에서 훌륭한 독일인들이었습니다. 그러므로 우리는 프랑스에서 훌륭한 프랑스인들이 될 것입니다.' 청중은 열광적으로 성원했고 아무도 비웃지 않았다. 우리는 우리의 충성을 증명할 수 있는 방법을 알게 되어 행복했다."(JP, 64) 이러한 잘못된 낙관주의, 새로운 환경에 동화되려는 이러한 열망에는 무언가 절망스러운 것이 있다. 그로 인해 사람들은 "유대인이 아닌 것으로 변화하려는 어리석은 열망"으로 미끄러져 들어간다. "우리의 '낙관주의'라는 덮개 아래, 동화가 희망 없는 슬픔임을 당신은 쉽게 간파할 수 있다."(JP, 63)

풍자적 반어법으로 아렌트는 동화가 왜 단순히 새로운 나라와 관습과 언어에 순응하는 것만을 의미하지 않고, 어떻게 '깊은' 철학적 의미를 띠는지를 말한다.

> 우리는 학자들에게 유대인들과 프랑스인들 사이의, 유대인들과 독일인들 사이의, 유대인들과 헝가리인들 사이의 …… 예정된 조화에 대한 철학적 논문을 쓰도록 하였다. 그토록 빈번하게 의심을 받았던 오늘날의 우리의 충성에는 오랜 역사가 있다. 그것은 전례 없는 위업을 이룬 동화된 유대인들의 150년 역사이다. 그들은 언제나 그들이 유대인이 아님을 증명했음에도, 언제나 유대인으로 남아 있는 데 성공했다.(JP, 64)

우스꽝스러운 유머에서 절망스러운 비애감에 이르는, 유대인 난민이라는 정신 상태에 대한 아렌트의 현상학적 기술에는 매우 중대한 초점이 있다. 왜냐하면 그녀는 정당한 법적 정치적 지위를 지니지 못한 무국적 상태의 인간 — 비존재의 인간 — 의 어려운 처지를 신랄하게 강조하기 때문이다. 이것은 그녀가 생애 내내 계속해서 투쟁한 문제이다. 그것은 계몽주의의 유산과, 추상적인 인간과 그의 소위 '양도할 수 없는' 권리의 중요성을 강조하는 고전적 자유주의의 특성에 대한 그녀의 비판의 원천 중 하나이다.

「우리 피난민들」의 마지막 단락에서 그녀는 유대인 피난민들의 딜레마와 곤경의 윤곽을 그린 후에, 다음과 같이 쓰고 있다.

> 그러나 당신이 우리에게 첫 번째 돌을 던지기 전에, 유대인이라는 것은 이 세계에서 어떤 합법적인 위치도 부여하지 않는다는 것을 기억하십시오. 만약 우리가 우리는 단지 유대인일 뿐이라는 진실을 말하기 시작한다면, 그것은 우리가 특정한 법이나 정치적 관습에 의해서 보호받지 않는, 오직 인간일 뿐인 인간의 운명에 우리 자신을 노출시킨다는 것을 의미할 것입니다. 나는 이보다 더 위험한 태도를 생각할 수 없습니다. 왜냐하면 우리는 그러한 인간이 아주 오래전에 존재하기를 멈추어 버린 세상에 살고 있기 때문입니다. 그리고 사회는 차별이, 어떤 유혈 참사도 없이 사람들을 죽일 수 있는 위대한 사회적 무기임을 발견했기 때문입니다. 그리고 여권이나 출생증명서, 그리고 심지어는 소득 증명서까지도 이제 공식 문서가 아니라 사회적 구분의 자료이기 때문입니다.(JP, 65)

무국적 인간이란 어떤 사람이 "특정한 법이나 정치적 관습"에 의해 보호받지 않는다는 것을 의미한다. 이것은 아렌트가 잠재적으로 아주 위험하고 불길하다고 생각했던 상황이다. 나치의 전체주의로 말미암아, 우리는 양도할 수 없는 인권에 대하여 말하는 것이 얼마나 공허한지 알았다.

> 우리는 무국적이 내포한 진정한 의미를 깨닫기 위하여, 독일 아닌 다른 국적을 가진 모든 유대인들은 "강제 이송되는 날 전에, 혹은 적어도 그날에 시민권이 박탈되어야만 한다"고 주장하는 나치의 극단적인 경우를 기억하기만 하면 된다(독일계 유대인들에게 그런 포고는 필요하지 않았다. 왜냐하면 제3제국에는 — 물론 폴란드 수용소로 강제 이송된 자들도 포함해서 — 그 지역을 떠난 모든 유대인들은 자동적으로 시민권을 상실한다는 법이 있었기 때문이다).(OT3, 280)

아렌트가 1951년에 쓴 글을 읽는 것은 당대의 세계 상황에 대한 극사실주의적인 주석을 읽는 것과 같다. 무국적 유대인으로서의 아렌트의 경험은, 정치적 돌발에 의해서 피난민과 무국적자 집단이 '창조되었을' 때 생겨나는 불길한 역설과 불안정성에 대한 예리한 통찰력을 그녀에게 제공하였다. 그녀는 새로운 무국적 집단의 갑작스러운 등장을 20세기에 가장 다루기 어려운 문제들 중의 하나 — 전체주의 통치보다 더 오래 지속된 문제 — 로 간주했다. 무국적성이라는 대중적 현상의 위험은 그녀가 우려하고 있던 문제들 중의 하나였다. 그녀는 『전체주의의 기원』의 결론 부분에서 "정치적, 사회적, 경제적 비참함을 인간다운 방식으로 경감시키는 것이 불가능해 보일 때마다 등장하는 강력한 유혹의 형태로서의 전체주의적 통치의 몰락보다도, 전체주의적인 해결책은 더욱 오래 살아남을 것이다"(OT3, 459)라고 썼다.

일찍이 나는 근대 민족 국가의 탄생과 더불어 나타난 국가와 민족 간의 갈등에 대해 언급했다. 그것은 보편적인 인권에 대한 선언과 영토적 민족 주권에 대한 요구 간의 갈등이다.[58] "18세기 말의 인권 선언은 역사의 전

58)J. T. Delos의 저서 *La Nation*에 대한 논평에서 아렌트는 다음과 같이 명백히 주

환점이었다. 그것은 순전히, 그때 이후로 신의 명령이나 역사의 관행이 아니라 인간이 법의 근원이 되어야만 한다는 것을 뜻하는 것에 지나지 않는다."(OT3, 290) 이러한 권리들은 심지어 국가의 주권에 반해서도 지지되어야 하는, 양도할 수 없으며 역사와 무관한 보편적 권리라고 이해되었다. 그러나 어떻게 그 권리들이 보장받고 보호받게 되었는가? 아마도 "민족이 정부의 문제에 있어서 유일한 주권자로 선포되었던 것처럼, 인간이 법의 문제에 있어서는 유일한 주권자로 등장했다."

> 달리 말해, 한 인간이 한 민족의 한 구성원으로서 다시 사라졌을 때, 그 인간은 보다 포괄적인 어떤 질서를 참조하지 않고서도 자신의 내부에 존엄성을 지닌 완전히 해방된, 완전히 고립된 존재로는 거의 나타나지 않았다. 처음부터, 양도할 수 없는 인권의 선언에 포함된 역설은 그것이 어디에도 존재하지 않는 것처럼 보이는 '추상적인' 인간을 고려에 넣었다는 것이다.(OT3, 291)

모든 유럽인들이 한 민족의 구성원이자 '민족들의 가족'에 속한다는 19세기의 허구가 존재하는 한, 보편적 권리의 선언(이에 따르면 모든 인간들 — 혹은 적어도 모든 소유를 가진 백인 남성들 — 은 '양도할 수 없는' 권

장한다.

"민족주의는 본질적으로 민족을 통한 국가의 정복을 의미한다. 이것이 민족 국가의 의미이다. 민족과 국가에 대한 19세기의 동일시의 결과는 이중적이다. 법적 제도로서의 국가는 인간의 권리에 대해 선언하고 이를 보호해야 하는 반면, 국가와 민족의 동일시는 민족성과 시민의 동일시를 함축하며, 따라서 인간의 권리와 민족 구성원의 권리 혹은 민족적 권리를 혼동하는 결과를 낳았다. …… "

"민족에 의한 국가의 정복은 민족 주권의 선언과 더불어 시작되었다. 이것은 국가를 민족의 도구로 변형시킨 첫 단계였으며, 결국 국가의 모든 법률과 법적 제도들이 민족의 복지를 위한 수단으로 해석되는 전체주의적 형태의 민족주의로 귀결되었다. 따라서 우리 시대의 악을 국가의 신성화로 보는 것은 상당한 오류이다. 신과 종교의 전통적 자리를 빼앗은 것은 민족이다."("The Nation", *Review of Politics,* 8/1 (Jan. 1946), 139)

리를 가졌다)과 영토적 민족 주권의 선언(이에 따르면 인간은 이러한 권리들을 보증하고 보호하는 문화적 정체성을 지닌 민족에 속한다)은 무시될 수 있다. 그러나 민족 국가의 약화와 함께, 제국주의의 성장과 확장과 함께, 그리고 특히 의도하지 않은 결과들의 연쇄 반응을 유발한 제1차 세계대전의 발발과 함께, 이러한 허구는 완전히 무너졌고, 인권의 보호자로 여겨졌던 민족 국가는 해체되었다.

> 유럽 민족 국가 체계 속에서 인권과 민족의 권리의 동일시가 내포하는 완전한 의미가 나타나는 때는, 마치 아프리카 한가운데에 있는 것처럼 유럽 한가운데에서도 민족 국가의 일상적인 기능에 의해 거의 보장되지 않는 기초적인 권리를 가진, 점차 증대하는 수의 사람들과 민족들이 등장하였을 때뿐이다. 인간은 모든 정부로부터 독립해 있는 것으로 간주되었기 때문에, 인권은 특히 '양도할 수 없는' 것으로 정의되어 왔다. 그러나 인간에게 그들 자신의 정부가 없어지고 최소한의 권리에 의지해야만 했던 그 순간, 어떤 권위도 그들을 보호하기 위해 남겨져 있지 않았고 어떤 제도도 그들을 안전하게 지키려고 하지 않는다는 것이 드러났다.(OT3, 291-292)

1914년의 폭발은, 불안정성이라는 심각한 결과와 더불어, 민족 국가들의 "유럽의 정치적 체계의 외형"을 뒤흔들어 놓았다. 그리고 이러한 불안전성은 베르사유 조약에 의해 악화되었는데, 이 조약에서는 불길하게도 우리가 새로운 인공적 민족 국가들을 수립할 수 있고 특별한 소수 민족 "평화 조약"으로 "소수 민족들"을 보호할 수 있다고 가정되었다.

> 조약들은 단일한 국가 내에 있는 많은 민족들을 한 덩어리로 만들었고, 그 가운데 일부를 '국가 민족'이라고 불렀으며, 정부에게 그들을 위임했고, 또 암암리에 다른 사람들(가령 체코슬로바키아의 슬로바키아인들이나, 유고슬로비아의 크로아티아인들이나 슬로베니아인들)은 정부에서 동등한 파

트너 — 물론 그들은 동등한 파트너가 아니었다 — 로 여기는 것으로 되었는데, 이와 동일한 독단을 통해 그 나머지는 '소수 민족들'이라고 불리는 세 번째 민족 집단이 창출되었고, 여기서 일부 주민들을 위한 특별한 규제를 준수하는 어려움이 새로운 국가의 많은 부담 위에 부가되었다.(OT3, 270)

이것은 '터무니없는 해결책'이었고 "거대한 국가들의 대표자들은 민족 국가들 내의 소수 민족들은 언젠가는 동화되거나 제거되어야 한다는 것을 유감스럽게도 너무나 잘 알고 있었다."(OT3, 273) 민족과 국가의 불안정한 균형을 깬 것은 이러한 근본적으로 불안정하고 위험한 사태였다.

동유럽과 남유럽에서의 소수 민족의 등장과 함께 그리고 중부유럽과 서유럽으로 몰려온 무국적 민족과 함께, 분산의 완전히 새로운 요소가 전후[제1차 세계대전]의 유럽에 등장했다. 시민권 박탈은 전체주의 정치의 강력한 무기가 되었고, 국민으로서 보장된 권리들을 상실한 사람들에 대하여 인권을 보장하지 못하는 유럽의 민족 국가들의 헌법적 무능성은 박해하는 정부들이 그들의 가치 기준을 그들의 적들에게까지 강요하는 것을 가능하게 만들었다. 박해자들이 지상의 인간쓰레기 — 유대인들, 트로츠키주의자들 등 — 라고 골라냈던 사람들은 실제로 어느 곳에서나 지구의 인간쓰레기 취급을 받았다. 박해가 바람직하지 못하다고 일컬었던 그들은 유럽의 바람직하지 않은 자들indésirables이 되었다. (OT3, 269)

아렌트가 대략 50년 전에 썼던 것은 거의 진실이었고, 아마 지금은 훨씬 더 진실일 것이다.

현실에서 훨씬 더 완고하고 결과에서 훨씬 더 멀리까지 영향을 미친 것은 무국적 상태였다. 이는 당대 역사에서 가장 새로운 집단적 현상이며, 당대 정치에서 가장 전조적인 집단인 무국적인들로 구성되어 끊임없이 증가하는 새로운 민족의 생존 양식이다. 그들의 생존 방식을 한 가지 요인만을 문제 삼아 비난할 수는 없다. 무국적자들 내부의 다양한 집단들을 고찰해 보면, 제1차 세계대전 종식 이래 모든 정치적 사건은 법의 범위 밖에 살고 있는 사람들에게 불가피하게 새로운 범주를 부여한 것으로 보인다.(OT3, 276-277)

한 국가의 영토 내에 여러 세대에 걸쳐 살았던 무고한 집단의 사람들에게서 모든 권리를 빼앗았던 '국적 박탈'이 전체주의 정부에 의해 대규모로 사용되기 오래전에, 인권에 대한 호소가 정치적으로 무기력하고 강제력을 상실했으며 인권을 어떻게 정의해야 할지에 관한 끝없는 토론에 종속되어 있었음이 명백해졌다.

더 이상 어떠한 주권 국가의 시민도 아닌 사람들이 등장할 때마다, 양도할 수 없는 것으로 여겨졌던 인권은 — 심지어 헌법이 인권에 기초한 나라에서조차도 — 강제적 힘을 상실했다는 것이 입증되었다. 그 자체로 거북한 이러한 사실에다, 우리는 인권에 대한 새로운 법안을 입안하려는 최근의 많은 시도로 야기된 혼란을 더해야 한다. 이러한 시도들은, 시민권과 구별되는 그러한 보편적인 인권이 정말로 무엇인지 아무도 어떠한 확신을 가지고 정의할 수 없을 것 같다는 점을 입증했다. 이러한 사람들의 어려운 처지가 정확히 그들의 인권의 상실에서 비롯되었다는 것에 모든 사람이 동의한다고 하더라도, 어느 누구도 그들이 이러한 인권을 상실했을 때 어떤 권리들을 상실한 것인지 알고 있는 것 같지 않다.(OT3, 293)

무국적 상태는 20세기 동안, 전체주의 통치의 발생과 쇠퇴 전후에 수백만의 사람들에게 영향을 미친 문제였다. 그러나 1930년대와 1940년대에 이 문제는 특히 유럽의 유대인들에게 격심했다. 갑자기 자신이 사회와 민족의 범위 밖에 존재하는 '비정상적인 지위' 속에 있음을 발견한 것은 유럽의 유대인들이었기 때문이다.

> 권리를 잃은 자들의 불행은 그들이 삶과 자유와 행복 추구권을 박탈당하거나 법 앞에서의 평등이나 의견의 자유—특정 공동체 '내에서' 문제를 해결하기 위해 만들어 놓은 방안—를 박탈당했다는 것이 아니라, 그들이 더 이상 어떤 공동체에도 전혀 속하지 않는다는 것이다. 그들의 곤경은 그들이 법 앞에서 평등하지 않다는 것이 아니라 그들에게 더 이상 법이 존재하지 않는다는 것이며, 그들이 억압받는다는 것이 아니라 아무도 그들을 억압조차 하려고 들지 않는다는 것이다. 이러한 다소 긴 과정의 마지막 단계에 가서야 그들의 생명권은 위협을 받았다. 그들이 완전히 '불필요한' 상태가 되기만 한다면, 만일 어느 누구도 그들을 '요구'하지 않는다면, 그들의 생명은 위험에 빠지게 될 것이다. 나치조차도 처음에는 모든 법적 지위(이등 시민의 지위)를 박탈함으로써, 그리고 게토와 강제수용소로 몰아넣어 살아 있는 자들의 세계로부터 단절시킴으로써 유대인들의 절멸을 시작하였다. 그리고 가스실을 가동하기 전에 그들은 그 근거를 검토하여 만족스럽게도 어느 나라도 이 사람들을 요구하지 않는다는 것을 발견하였다. 핵심은 완전한 무권리의 조건이 삶에 대한 권리가 의심받기 전에 만들어졌다는 것이다.(OT3, 295-296)

나는 아렌트가 1933년 정치로 전환한 때부터 정치적인 것의 의미에 대한 탐구를 시작했다고 주장하고 있다. 나치 전체주의의 현상을 이해하려는 고투 속에서 정치에 관한 그녀의 감각은 깊어지고 있었다. 독일에서, 프랑스에서, 끝으로 유럽에서 도주하지 않을 수 없었던 무국적 유대인으로서의 그녀의 개인적 경험은 행위와 정치를 이해하는 데 분명한 지각을 가져다주었다. 그녀의 탐구에서 인상적인 단계는 정치적, 법적 권리를 박탈당한 무국적 상태의 의미와 중요성에 대하여 성찰하는 가운데 생겨났다. 『전체주의의 기원』의 2부 마지막 부분인 「인권의 난제들」이라는 제목의 글을 주의 깊게 읽어 본다면, 그녀가 『인간의 조건』과 『혁명론』에서 정치, 행위, 복수성, 그리고 자유에 관해 훨씬 더 풍부한 논의를 할 주요한 주제들을 미리 고찰하고 있음을 알 수 있을 것이다. 마치 그녀의 무국적 상태의 경험과 그것에 대한 성찰이, 정치가 무엇을 의미하는지 그리고 인간의 삶을 온전히 살기 위하여 정치 조직 속의 시민이 되는 것이 왜 그렇게 본질적인지를 가르쳐 준 것 같다. 무국적 상태와 인간 권리의 박탈에서 그토록 의미심장한 것은 도대체 무엇인가?

> 인권의 근본적인 박탈은 무엇보다도 먼저 **의견들**을 의미 있게 만들고 행위들을 유효하게 만드는 **세계 속에서의 장소**를 박탈하는 것으로 나타났다. 시민의 권리인 **자유**와 정의보다 훨씬 더 근본적인 무언가는, 사람이 자신이 태어난 공동체에 속하는 것이 더 이상 과정의 문제가 아니며 속하지 않는 것이 더 이상 선택의 문제가 아닐 때, 혹은 그가 범죄를 저지르지 않는 한 그에 대한 다른 사람들의 대우가 그가 한 일이나 하지 않은 일에 따라 달라지지 않는 상황에 처해 있을 때 위태로워진다. 이러한 극단만이, 인권을 박탈당한 사람들의 상황이다. 그들은 자유의 권리를 박탈당한 것이 아니라 **행위**의 권리를 박탈당한 것이며, 그들이 바라는 대로 생각할 권리를 박탈당한 것이 아니라, **의견**의 권리를 박탈당한 것이다.
>
> (OT3, 296. 강조는 저자)

강조된 모든 항목은 진정한 정치에 관한 아렌트의 분석에서 본질적인 주제가 된다. 그녀가 말한 세계는 인간 — '세계 속에서의 **장소**'를 가질 때만 완전해지는 인간 — 의 복수성에 의해서 만들어지고 공유되는 공통적이고 실체적인 세계이다. 인간들로 하여금 그들이 공유하고 있는 것을 명백히 지각할 수 있게 하는 것은 이러한 장소이다. 그녀가 『정신의 삶』에서 우리에게 말한 바와 같이 "살아 있는 존재들, 인간과 동물들은 단지 세계 속에 존재하는 것이 아니라 **세계를** 구성하는 존재인데, 이것은 그들이 동시에 주체이자 객체 — 지각하고 지각되는 존재 — 라는 바로 그 이유 때문이다."(LM, 20) 세계 속에서 장소를 갖는다는 것은 다른 개인들과는 다른 각각의 개인이 공통적이고 공유된 세계에 대한 독특한 의견을 형성할 장소를 갖는다는 것이다. 『인간의 조건』에서 아렌트는 어떻게 **자기** 소외가 아닌, **세계** 소외가 "근대의 특징이 되었는지"(HC, 254)를 탐구하고 있다. 그리고 유대인의 역사를 그토록 깊게 특징지었던 것은 바로 이러한 무세계성, 곧 세계 소외이다. 우리가 복수의 관점으로 공동의 세계를 다른 동료 인간들과 공유한다는 감각을 잃어버린다면 — 혹은 강제로 그 공유에서 분리된다면 — 우리는 인간성의 어떤 부분을 상실할 것이다.

어떤 이가 권리를 가질 권리를 빼앗겼을 때 발생하는 근본적인 박탈이란 한 개인이 더 이상 행위할 기회를 갖지 못한다는 것이다. 이러한 권리는 (자유와 정의가 관련 있는 곳에서) 시민이 되는 전제 조건이 행위할 수 있는 능력, 시작할 수 있는 능력, 공유되고 공통된 세계에 대한 의견을 형성할 수 있는 능력이라는 점에서, 자유와 정의보다 훨씬 더 근본적이다. 의견doxa은 바로 정치의 원료이다. 그것은 동료들과 함께 의견을 형성하고 시험하고 논쟁하기 위한 상상력과 판단을 요구한다. 의견은 관심사나 단순한 주관적 편애와 혼동되어서는 안 된다.[59]

가장 근본적인 권리는 "권리를 가질 권리(그리고 이것은 어떤 이가 자신의 행위와 의견에 의해 평가받는 틀 속에서 산다는 것을 뜻한다)이며 어떠한 조직된 공동체에 속할 권리이다."(OT3, 296-297) 갑자기 수백만의 사람이 이러한 '권리를 가질 권리'를 상실하고 되찾을 수 없는 사람들이 되었을 때 일어난 일을 목격하는 것과 같은 커다란 충격은, 아렌트에게 가정과 세계에서의 장소와 정치적 위치를 갑자기 상실하는 것이 어떻게 "인간성으로부터의 전적인 추방과 같은 것이 되는지"(OT3, 297)를 가

59)OR, 227-228과 268에 나오는 의견에 대한 아렌트의 논의를 참조하라.

르쳐 주었다.

> 우리가 '인권'이라고 불러야만 하는 것은 어떤 전제 군주도 제거할 수 없는 인간 조건의 일반적인 특징으로 여겨져 왔던 것일 것이다. 그것의 상실은 언어의 타당성의 상실(아리스토텔레스 이래로 인간은 언어와 사고의 능력을 사용하는 존재로 정의되어 왔다), 그리고 모든 인간적 관계의 상실(또 아리스토텔레스 이래로 인간은 '정치적 존재', 즉 정의상 공동체 속에 살아가는 존재로 여겨져 왔다), 다른 말로 하면 인간적 삶의 가장 본질적인 특징들의 일부의 상실이 수반된다. …… **특정한 권리들의 상실이 아니라 자발적이며 어떠한 권리든 기꺼이 보장할 수 있는 공동체의 상실은, 끊임없이 증가하는 사람들에게 닥친 불행이다. 인간은 인간으로서 자신의 본질적 특성, 즉 인간적 존엄성을 상실하지 않고서도 소위 모든 인권을 상실할 수 있다는 사실이 드러난다. 정치체 자체의 상실만으로도 인간은 인간성으로부터 내쫓긴다.**(OT3, 297. 강조는 저자)

이러한 구절은 행위와 정치에 대한 아렌트의 성찰이 (결코 존재하지 않았던) 그리스 도시 국가에 대한 이상화된 향수적 그림 속에 '기원'을 두고 있다는 생각이 얼마나 비뚤어지고 잘못된 것인지를 극명하게 보여 준다. 아렌트에 대한 잘못된, 그러나 너무나 만연한 이러한 견해는 『인간의 조건』에 대한 피상적인 독서에서 비롯된 것이다. 아렌트의 사유, 즉 그녀의 '정치의 실천'의 이러한 측면이 과거와 미래 사이의 간극이다. 그녀는 20세기의 압도적인 정치적 현실, 즉 정치 공동체로부터, '권리를 가질 권리'로부터 배제된 수백만의 사람들의 갑작스러운 등장을 파악하려는 시도로부터 고무되어 정치적 의미에 대해 탐구하게 되었다.

"정치체 자체의 상실만으로도 (인간은) 인간성으로부터 내쫓긴다"는 그녀의 진술은 **인간적** 삶을 살기 위한 행위와 정치의 중요성을 집약적으로 보여 준다. 이러한 주장은 「파리아로서의 유대인」을 끝맺는 부분에서 공명을 일으킨다. "왜냐하면 민족이라는 틀 안에서만 인간은 스스로를 소진시키지 않고 인간들 속에서 인간으로서 살 수 있기 때문이다. 그리고 한 민족이 다른 민족과 조화를 이루면서 살아가고 기능할 때만 그 민족은 공통적으로 조건 지워져 있고 공통적으로 통제된 인간성이라는 땅 위의 업적에 공헌할 수 있다."(JP, 90) 우리는 이제 아렌트의 상황적, 인간주의적인 방향의 독특한 점 또한 이해할 수 있다. 모든 **단일한** 개인은 '권리를 가질 권리'를 가진다(혹은 가져야 한다)는 그녀의 주장 속에는 분명 **보편적인** 취지가 있다. 그러나 이러한 권리는 **특정한** 공동체의 삶에서만 구체화된다. 이러한 점에서 그녀는 프랑스 혁명의 인권 선언에 대한 에드먼드 버크Edmund Burke의 반대 속에 "실용적 건전성"이 있다고 생각했다. 그녀는 개인의 권리의 적법성의 원천으로서의 전통과 유산에 대한 버크의 호소를 승인하지는 않았지만, 그가 "인간으로 존재한다는 것의 추상적 무방비 상태" 속에서 아마도 우리에게 속하는 보편적 권리에 호소하는 것의 '자의성'을 지각했다고 생각했다.

> 인간 그 자체라는 가정된 존재에 근거하는 인권 개념은, 그것을 믿는다고 공언한 사람들이 여전히 인간이라는 사실만 제외하고 모든 다른 특성과 특정한 관계들을 실제로 잃어버린 사람들을 만나는 순간 파괴된다. 세계는 …… 인간으로 존재한다는 것의 추상적 무방비 상태 속에서 어떤 신성한 것도 발견하지 못했다.
>
> 절멸수용소의 생존자와 강제수용소와 포로수용소의 피수용자들과 심지어는 상대적으로 행복한 무국적자들까지도, 오직 인간으로 존재한다는 것의 추상적 무방비 상태를 버크의 논증 없이도 알 수 있었다.
>
> (OT3, 299-300)

아렌트의 발언들은 자유주의와 공동체주의에 관한 최근의 논쟁과 관련이 있다. 이렇게 뒤얽힌 논쟁들이 그렇게 추상적이고 '학구적'으로 보일 수 있는 이유 중 하나는 그 문제들이 정치적 경험들, 즉 아렌트의 성찰에서 아주 명백하게 나타나는 종류의 경험들과 관련 없이 빈번하게 논의되기 때문이다. 아무도 그녀를 공동체주의자 — 또는 적어도 공동의 정치적 삶 내에서 여러 관점과 의견의 비환원성과 갈등과 복수성을 약화시키는 유형의 공동체주의자 — 라고 비난할 수 없었다. 그러나 자유주의에 대한 평생에 걸친 아렌트의 의구심은 부분적으로는 "오직 인간으로 존재한다는 것의 추상적 무방비 상태"의 권리를 가지는(혹은 가져야 하는) 추상적인 인간으로 취급받는다는 것이 구체적으로 무엇을 의미하는지에 대한 그녀 자신의 경험에서 동기를 얻었다. 단지 "추상적인 인간"이라는 이유로 권리를 소유하는 어떤 사람이라는 계몽주의 인간 개념의 어두운 이면은, 전체주의의 폭력에 직면한 인간을 완전히 무력하고 무방비한 상태로 남겨 둔다. '권리들'이라는 말은 그 권리들이 정치적 제도 속에 구체적으로 구현되지 않고 정치적 제도에 의해 보호받지 못한다면 공허하고 무의미하다.

'권리를 가질 권리'에 대한 아렌트의 성찰의 중요한 정치적 귀결이 두 가지 더 있다. 첫 번째는 부정적인 것으로, 왜 아렌트가 주권 개념에 대하여 그렇게 비판적이었는가 하는 것이다. 주권은 자결권에 대한 민족이나 국민의 합법적인 권리와 혼동되어서는 안 된다. 아렌트는 19세기(제국주의가 발생하기 전)에 존재했던 민족과 국가 사이의 위태로운 균형이 국민 주권에 대한 무제한의 요구에 의해서 전복되었을 뿐만 아니라 그러한 요구 쪽으로 이끌렸다고 생각했다. 여기서 주권의 교의는 너무나 왜곡되어 전체주의의 정부가 "국적을 박탈할 주권", 곧 순수한 민족이나 인종에 속하지 않는 사람들을 배제하기 위한 (그리고 궁극적으로는 절멸시키기 위한) '권리'를 주장할 수 있게 되었던 것이다.

이론상, 국제법의 영역에서 "이민, 귀화, 국적, 그리고 추방"의 문제에 있어서 어디에도 주권보다 더 절대적인 것은 없다. 그러나 초점은, 공통의 이익에 대한 실제적인 고려와 묵인이 전체주의 통치가 발생할 때까지 국민 주권을 억제하였다는 것이다. 해당 정부가 국적 박탈의 주권을 어느 정도까지 사용하느냐에 따라 전체주의의 감염 정도를 측정하려는 생각이 들 정도이다. …… 그러나 동시에 우리는 적절한 때에 언제든 엄청난 수의 주민을 제거해도 좋다고 한결같이 진술된 새로운 법률을 양차 대전 사이에 통과시키지 않은 나라는 — 비록 그 권리를 폭넓게 사용하지는 않았더라도 — 유럽 대륙에 거의 한 나라도 없었다는 사실을 명심해야 한다.

(OT3, 278-279)

'권리를 가질 권리'에 대한 아렌트의 성찰의 두 번째 중요한 귀결은 '정치적' 개념으로서의 평등, 그리고 정치적 평등의 특이점을 이해할 필요에 대한 분석이다. 그녀는 우리에게 말한다.

단순한 생존에 관련된 모든 것과는 대조적으로, 평등은 우리에게 주어지는 것이 아니라 정의의 원리에 의해 인도되는 한에 있어 인간의 조직체의 결과이다. 우리는 평등하게 태어나지 않았다. 우리는 우리 자신의 평등권을 서로 보장하는 우리의 결단의 힘을 통해 한 집단의 구성원들로서 평등해진다.

우리의 정치적 삶은 조직체를 통해서 우리가 평등을 만들어 낼 수 있다는 가정에 기초한다. 왜냐하면 인간은 그와 동등한 사람들과 함께, 그리고 오직 그들과 더불어서만 공동의 세계 속에서 행위하고 공동의 세계를 변화시키고 건설할 수 있기 때문이다.(OT3, 301)

평등은 인간이 자신들을 정치체로 조직했을 때만 존재하게 된다는 이러한 주장은 정치에 대한 아렌트의 이해에 있어서 주요한 주제들 중 하나이다. 그것은 유대인의 역사에서 무엇이 결핍되어 있었는지에 대한 그녀의 가장 초기의 성찰들 속에 이미 예견되어 있다. 왜냐하면, 바빌론 유수 이후 유대 민족은 "동등한 사람들과 함께, 그리고 오직 그들과 더불어서 공동의 세계를 건설할" 기회를 갖지 못했기 때문이다. 이러한 주제는 『인간의 조건』뿐만 아니라 『혁명론』에서도 주된 것이 되었다.[60] 우리가 우리의 동료 인간들과 동등한 자로서 대면할 수 있는 것 — 그리고 그것에 의해서 분명하게 인간적 삶을 창출하는 것 — 은 오직 정치체의 창출 속에서 그리고 정치체의 창출을 통해서이다. 자연적 혹은 사회적 존재로서 우리는 평등하지 않다. 아렌트는 사회적 평등과 동질성에 대한 잘못된 의미를 조장하는 근대적 삶 속의 모든 것에 매우 회의적이었다. 이런 일이 일어났을 때 사회는 정치의 가능성 자체를 정복하고 제거한다. 니체처럼 그녀는 사회적 평등에 대한 요구 아래 잠재하는 것이 시기와 원한이라고 확신했다. 인간들 사이의 차이를 부정하거나 없애려 하는 것은 또한 그들의 독특한 개인적 특성을 부인하는 것이다. 완전한 인간성을 성취하기 위하여 우리는 우리의 차이를 인정해야 하고 심지어는 찬양해야 한다. 이는 정치적 공동체 안에서 정치적 평등의 창출과 양립할 수 있을 뿐만 아니라, 정치적 평등을 창출하기 위한 전제 조건이다.

무국적 상태, 곧 정치적 권리들의 갑작스러운 상실 — 아렌트가 독일에서 도주한 뒤 미국의 시민이 된 1951년까지 직접 경험했던 것 — 은 정치의 의미에 대한 그녀의 성찰을 자극한 근본적인 현상이었다. 정치적 권리들을 행사할 기회, 정치적 공동체에 속할 기회가 없이 우리는 완전한 인간적인 삶을 살 수 없다. 그러나 무국적 상태는 아직 최악의 상태는 아니다. 무국적 상태에서도 우리는 여전히 '권리'라는 말에 호소할 수 있다. 비록 그것이 미약하고 무력하다 하더라도 말이다. 나치는 무국적 상태, 국적 박탈, 개인들로부터 모든 권리들을 체계적으로 박탈하는 것이 '최종

60) 『혁명론』에서 아렌트는 '자유'와 '익명의 지배', '이소노미', 그리고 정치적 평등의 상관관계를 보여 준다. OR, 21-28 참조.

해결책' — 말살 — 으로 가는 첫 번째 단계일 뿐이라는 것을 잘 알았다.

> 비상식적인 목적과 결과 — 강제수용소 사회 — 에 비하여, 이러한 목적을 준비하는 사람이 따르는 과정과 개인들을 이러한 상황에 적응시키는 방법은 분명하고 논리적이다. 역사적, 정치적으로 이해할 수 있도록 살아 있는 시체들을 준비하는 작업이 비상식적인 대규모 시체 제조에 선행되었다. 그러한 전례 없는 상황에 대한 추진력과, 그보다 더 중요한 것, 곧 그에 대한 묵인은, 정치적 분열의 시기에 무수한 사람들을 갑작스럽고 예상치 못하게 집 없고 국적 없고 법의 밖에 존재하는 쓸모없는 상태로 만들었던 사건의 결과물이다. 그러는 동안 수백만의 사람들이 직업을 잃어 경제적으로 불필요하고 사회적으로 무거운 짐이 되었다. 이러한 일이 일어날 수 있었던 것은, 결코 철학적으로 정립되지 못하고 단지 명시되기만 했던, 그리고 결코 정치적으로 보장되지 못하고 단지 선언되기만 했던 인권이 그 전통적 형태에 있어서 모든 타당성을 상실해 버렸기 때문이다.(OT3, 447)

아렌트에 있어, "전체주의의 지옥"을 들여다보기, "잔혹한 행위에 대해 숙고하기", "인간 언어의 영역 외부에 있는 것"에 대해 말하기 위한 탐색(OT3, 446), 강제수용소 사회 — 전체주의 통치의 가장 중요한 제도 — 라는 비상식적인 세계에 대한 이해는, 정치의 의미와 공적 생활에 대한 우리의 책임, 그리고 정치가 인간적 삶을 영위하는 데 본질적이라는 지각에 대한 가장 심오한 통찰로 그녀를 이끌었다. 전체주의의 궁극적인 목적은 "외부 세계의 변형이나 사회의 혁명적 변화가 아니라, 인간 본성 자체의 변형이다."(OT3, 458) 그리고 이러한 변형은 행위와 정치에 필요한 인간의 조건 자체 — 자발성, 탄생성, 개별성, 그리고 복수성 — 의 파괴를 의미했다.

4 지옥으로의 하강

강제수용소의 현실은 지옥에 관한 중세의 그림과 그리 닮지 않았다.
—『전체주의의 기원』(제3판, 1968)

아우슈비츠에 대해서 처음 들었을 때 한나 아렌트는 믿지 못했다. 그녀와 하인리히는 그때부터 꼭 3년 전에 정치범 수용소로 보내졌었지만, 많은 동료들과 마찬가지로 그들도 나치가 무고한 사람들을 절멸수용소에서 체계적으로 학살하고 있다는 최초의 보도들을 믿지 않았다. 다음은 아렌트가 아우슈비츠에 대한 첫 번째 반응을 기술한 것이다.

> 그것은 1943년이었다. 그리고 처음에 우리는 그것을 믿지 않았다 — 남편과 내가 언제나 그러한 집단들은 무엇이든 할 수 있다고 이야기했음에도 불구하고 말이다. 그러나 군사적으로 불필요하며 요구되지도 않았기 때문에 우리는 그것을 믿지 않았다. 나의 남편은 전직 군사 역사가로서 이러한 문제에 대해서 어느 정도 이해하고 있었다. 그는 속지 말라고, 이러한 이야기들을 액면 그대로 받아들이지 말라고 말했다. 그들이 그렇게까지 할 수

는 없을 거라고 했다. 그러고 나서 반년이 지난 후 우리는 그것을 결국 믿게 되었다. 증거가 있었기 때문이었다. 그것은 정말 충격적이었다. 전에 우리는 글쎄요, 누구에게나 적은 있지요, 라고 말했다. 그것은 전적으로 당연한 일이었다. 왜 어떤 민족이 적을 가져서는 안 되는가? 그러나 이것은 다른 문제였다. 마치 끝없는 나락이 펼쳐져 있는 것 같았다. …… 이 일은 일어나지 말았어야 했다. 나는 단지 희생자들의 수를 이야기하려는 것이 아니다. 나는 그 방법, 시체들을 만들어 낸 방식 등등 — 이 일을 자세히 말할 필요는 없을 것이다 — 을 말하려는 것이다. 이 일은 일어나지 말았어야 했다. 우리들이 감내할 수 없는 어떤 일이 거기서 일어났다. 우리 중 아무도 결코 감내할 수 없는 일이.(EU, 13-14)

불신이나 부인을 계속하는 많은 사람들과 달리, “잔혹한 행위에 대해 숙고하기”를 외면하는 사람들과 달리, 아렌트는 이러한 참사를 직면하려고 노력했다. 그녀는 강제수용소가 “전체주의의 통치에서 가장 중요한 제도”(OT3, 44)였다고 믿었다. 어떤 전체주의 정부도 공포 없이는 존재할 수 없고, 어떤 공포도 강제수용소 없이는 효과적일 수 없다. 이러한 깨달음이 그녀로 하여금 『전체주의의 기원』의 형태에 대해 마음을 (다시 한 번) 바꾸게 하였다 — 그리고 결국 그녀로 하여금 그 책을 완성시킬 수 있도록 하였다. 더 이상 그것은 ‘제국주의’에 대한 책이 아니었고, 나치의 전체주의로 결정화된 요소들에 제한된 책도 아니었다. 그 책은 전체주의의 숨겨진 구조에 대한 책이 될 터였다. 1947년 무렵 그녀는 이미 그 책의 두 부분인 ‘반유대주의’와 ‘제국주의’에 포함될 내용을 거의 대부분 썼다. 그러나 야스퍼스에게 보낸 편지(1947년 9월 4일)에서 그녀는 자신의 생각에 변화가 있었다고 말했다. “세 번째와 결론 부분은 전체주의 국가들의 구조에 할애될 것입니다. 저는 이것을 완전히 다시 써야 합니다. 왜냐하면 여기에 특히 러시아와 관련해서 중요한 것이 있다는 사실을 최근에서야 알았기 때문입니다.”(C, 98) 강제수용소들은 단순한 나치의 현상이 아니라 '어떠한' 전체주의 통치를 위해서도 본질적으로 필요한 제도이다.

아렌트가 강제수용소들이 전체주의 통치의 공포 장치로 얼마나 중요한지를 알게 되었을 때, 그녀는 정보와 증거들을 수집하고 강제수용소들에 대해서 연구하기 위해서 연구소를 설립하자는 제안서를 썼다. 영 브륄은 그녀가 했던 일을 다음과 같이 간결하게 묘사한다.

> 아렌트가 전체주의 통치에서 강제수용소들의 중요성을 알게 되었을 때, 그녀는 "죽음의 수용소에 대한 연구 계획"에 지원을 요청하는, 『유대인 사회 연구』를 위한 1948년 12월 10일자의 메모를 준비했다. 그 계획은 수용소들에 대한 증거 자료들을 유치하는 것과 도서 목록을 준비하는 것, 생존자들과 인터뷰하는 것, 전쟁 전에 사용되던 모든 형태의 구금과 정치범 포로수용소에 대한 조사를 바탕으로 수용소의 역사를 기술하는 것, 수집된 모든 자료를 평가하는 것을 포함할 것이었다. 이와 유사한 제안이, 한나 아렌트가 『코멘터리』의 편집장인 엘리엇 코헨Eliot Cohen에게 추천했던 포괄적 계획의 일부를 이루었다. 그녀는 수용소가 전 세계적 정치 흐름과 관련되어 있으므로, 『코멘터리』가 강제수용소뿐만 아니라 전후의 유대인 문제의 전체적인 스펙트럼을 연구하는 조사 연구소를 지원해 줄 것인지를 물었다.(YB, 204)

어느 쪽 제안도 받아들여지지 않았다. 우리는 1948년에 아렌트가 유대인 지식인으로서의 정체성을 얼마나 단호하게 확인했는지 알 수 있다. 그때 아렌트는 엘리엇 코헨에게 보낸 편지에서 "우리에게는 역사에 기초를 두고 긴 정치적 전통을 통해 교육받은 지식 계급이 부족하다"라고 썼다. 그녀는 그러한 조사 연구소가 "국제 정치의 발전이 유대인에 대한 주변의 적개심을 다시금 결정화하게 될"(YB, 204-205)[61] 가능성에 대해 준비할

61)아렌트가 자신을 유대인 지식인으로 가장 명백히 생각한 것은 1940년대였다. 아렌트는 여러 유대인 기관을 위해 일했으며, 유대인 잡지에 종종 글을 기고했다. 아렌

수 있는 정보를 유대인들에게 제공할 것이라는 희망을 나타냈다.

1948년에 아렌트는 그녀의 가장 훌륭하고 통찰력 있는 논문들 중의 하나로 윤색되지 않은 제목을 달고 있는 「강제수용소들」을 출판했다. 그녀는 나중에 이 논문을 개정하여 『전체주의의 기원』에서 「권력을 장악한 전체주의」라는 장의 마지막 부분에 포함시켰다. 그녀는 그 책의 두 번째 판본인 1958년의 증보판을 위해 이 부분을 다시 개정하였다. 이렇게 계속된 개정판들에는 미묘하지만 중요한 차이가 있다.[62] 최초의 논문과 개정판들은 네 가지 이유에서 중요하다. (1) 강제수용소가 전체주의 통치를 위한 가장 중요한 제도라는 그녀의 깨달음은 "전체주의의 숨겨진 구조"에 대한 그녀 자신의 사고를 결정화하였다. (2) 그녀는 전체주의적인 지배 과정의 단계들에 대한 생생하고 날카로운 분석을 제공하였다. (3) 그녀는 자신이 「민족 국가의 쇠퇴와 인권의 종언」에서 시작했던 논증을 완성했다. 무국적 상태에 대한 아렌트의 성찰들이 그녀로 하여금 정치의 의미, 그리고 왜 정치 조직에 속하는 것이 우리의 인간성에 본질적인 것인지를 명백하게 해주었던 것과 마찬가지로, 전체주의 지배에 대한 그녀의 분석은 그녀로 하여금 인간적인 삶을 살아가는 데 핵심이 되는 것이 무엇인지에 대하여 더 깊이 통찰하게 해주었다. 이것은 강제수용소가 인간의 본성의 변화를 시험하는 실험실이라는 그녀의 분석으로부터 나온 것이다. (4) 우리는 바로 여기서 절대적이고 근본적인 악의 의미에 대한 그녀

트와 야스퍼스가 전쟁 후 다시 서신 교환을 시작했을 때, 아렌트가 보냈던 최초의 편지들 가운데에는 다음과 같은 내용(1945년 11월 18일)이 있다. "제가 미국에 있었던 이래로 — 그러니까 1941년 이래로 — 저는 프리랜서 작가, 즉 역사 저널리스트와 정치 저널리스트 중간쯤 되는 존재가 되었습니다. 후자의 자격으로, 저는 주로 유대인 정치에 대한 문제에 집중해 왔습니다."(C, 23-24)

62)달리 명시한 곳을 제외하고는 다음의 인용은 『전체주의의 기원』의 3판(OT3)을 사용하였다. 때때로 수정되기 전의 1951년의 초판(OT1)이나 1958년의 재판(OT2)을 인용할 것이다. 아렌트는 두 번째 증보판에서 「끝맺는 말」을 빼버리고 「헝가리 혁명에 대한 성찰」이라는 제목이 붙은 에필로그를 붙였다. 1968년에 나온 제3판에서는 이 에필로그를 빼기로 결정했다.

의 성찰들의 토대를 발견한다.63)

전체주의의 다른 어떤 측면보다도 강제수용소 현상은 이해의 가능성 자체에 도전하는 것처럼 보인다. 그러나 강제수용소가 전체주의 통치 내에서 한 역할을 이해하는 것은 전체주의 운동의 동학을 이해하는 데 필수적이다. 아렌트는 "강제수용소와 절멸수용소는 상상력에 의해서 완전히 파악될 수 없는데, 왜냐하면 그것이 삶과 죽음의 외부에 있다는 바로 그 이유 때문"(CC, 748)이라고 했다. 더욱이 "강제수용소에서의 삶에 필적할 만한 것은 없다. 그와 그럴듯하게 유사한 것들은 혼동을 일으키고 본질적인 것으로부터 주의를 흩뜨린다. 감옥과 유형지에서의 강제 노동, 추방, 고역, 이 모든 것은 잠시 동안은 유사한 모습을 제공하는 것처럼 보이지만, 자세히 검토해 보면 아무런 도움이 되지 않는다." (OT3, 416)64) 일어난 일을 파악하기comprehending, 이해하기understanding, 혹은 판단하기judging에 대한 모든 전통적인 범주와 개념이 파괴되었다. 우리는 『전체주의의 기원』에서 그녀가 한 이 같은 말의 통렬함을 인식할 수 있다. "파악은 우리의 세기가 우리들에게 부여한 무거운 짐을 검토한다는 것과

63) 절대악과 근본악에 대한 아렌트의 생각은 7장에서 논하겠다.

64) 아렌트가 이 주장을 하면서 강제수용소가 전체주의 정부에서 탄생한 것이라는 주장을 하는 것은 아니다. 그녀가 강조하는 것은 전체주의 정부에서는 이 수용소가 비공리주의적 기능을 하는 특징을 가지고 있었다는 것이다. "강제수용소도 전체주의 운동의 발명품은 아니다. 강제수용소는 19세기 초 보어 전쟁 기간에 등장했으며 인도뿐만 아니라 남아프리카에서도 '바람직하지 않은 분자들'을 위해 지속적으로 사용되었다. 여기서도 우리는 나중에 제3제국이 채택한 '보호 감금'이라는 용어를 처음 발견하게 된다. 이 수용소들은 많은 점에서 전체주의 통치 초기에 세워진 강제수용소와 일치한다. 이 수용소들은, 위반 행위가 입증될 수 없었으며 또 일상적인 법적 절차를 통해서는 선고를 받을 수 없었던 '혐의자들'에 대해 사용되었다. 이 모든 것은 전체주의적 지배 방식을 분명히 보여 준다. 이 모든 것이, 그들이 물려받아 이미 당연시한 '모든 것은 가능하다'라는 허무주의적 원리의 기초에 따라 이용하고 개발하고 결정화한 요소들이다. 그러나 이러한 새로운 지배의 형태들이 고유한 전체주의적 구조를 취하게 되면, 이 새로운 형태는 아직도 통치자의 공리주의적 동기와 자기 이익과 연결되어 있는 이 원리를 넘어서며, 지금까지 우리가 전혀 알지 못했던 영역과 손을 잡으려 한다. 이 영역이란 '모든 것이 가능'하게 되는 영역이다."(OT3, 440)

견딘다는 것을 …… [뜻한다] — 그것의 실존을 부인하는 것도 그것의 무게에 순순히 복종하는 것도 아니다."(OT3, viii) "강제수용소를 이해하려는 시도와 그것을 인간 역사의 기록에 끼워 맞추려는 시도에 있어서 우리가 겪는 엄청난 어려움은, 바로 공리주의적인 기준들이 …… 없다는 것, 무엇보다도 이러한 제도와 그것과 관련된 모든 것들을 둘러싸고 있는 비현실적인 이상한 분위기에 대한 책임이 부재한다는 것이다."65)

아렌트는 훨씬 더 멀리 나아간다. '홀로코스트 부인'이 그토록 도착적으로 유행하기 오래전에 그녀는 강제수용소들이 얼마나 '비현실적으로' 보이는지를 알았다. 심지어 수용소들이 해방되었을 때 입수된 살아 있는 시체들을 찍은 필름들은 "마치 심령술사 집회에서 찍은 이상한 실체들의 스냅사진만큼" 설득력이 있었다.(OT3, 446)

> 본질적으로 믿을 수 없는 것들을 자유주의적 합리화를 통해 교묘히 변명하여 발뺌하려는 커다란 유혹이 있다. 우리들 각각에게는 상식의 목소리로 우리를 움직이는 그러한 자유주의자가 잠재하고 있다. 우리는 우리의 이해력을 단번에 능가하는 현재 또는 기억 속의 경험 가운데 있는 요소들을 이해하려고 시도한다. 우리 모두가 느끼듯, 우리는 그 같은 어떠한 범주로도 결코 포괄할 수 없는 일을 범죄로 분류하려고 시도한다. 우리가 시체의 대량 생산을 대면하게 되었을 때, 살인 개념은 무엇을 의미하는가? 우리는 강제수용소 수감자들과 나치 친위대원들의 행동들을 심리학적으로 이해하려고 시도한다. 그때 우리가 깨달아야만 하는 바로 그것은 육체적 인간의 파괴 없이도 심리[혹은 성격]가 파괴될 수 있다는 것, 그리고 정말로 심리, 성격 그리고 개별성은 그것들을 붕괴시키는 완급을 통해서만 스스로를 표현하는 어떤 상황에 처한 것 같다는 것이다. (OT1, 415)

---

65)"Social Science Techniques and the Study of Concentration Camps", *Jewish Social Studies*, 12 (1950); EU, 234에 재수록. 이 글은 "The Concentration Camps"와 연관하여 쓰인 것으로서 처음의 글에서 제시한 몇몇 핵심들을 반복하고 확장한 것이다.

강제수용소와 절멸수용소 제도를 이해하기 위해 우리는 먼저 어떻게 그것들이 상식적인 공리주의적 사고에 도전하는지를 인식해야 한다. 그것들은 '반(反)공리주의적'이다. 사회과학의 '의문의 여지없는 근본적인 편견'은 이러한 제도를 이해하는 데 완전히 부적합하다.[66] 그럼에도 불구하고 그것의 기능에 대한 단서를 제공하는 것은 이러한 반공리주의적 특성이다.

> 다른 말로, 수용소들에 그 자체의 특이하고 거북한 특성들을 부여하는 것은, 수용소 자체의 비공리주의적 특성 — 완전히 무고한 사람들을 '처벌하는' 무감각성, 그들이 이익을 내는 일을 하는 상황이 되지 않도록 하는 것, 완전히 정복당한 민족을 불필요하게 겁주는 것 — 뿐만 아니라, 반공리주의적 성격, 즉 가장 위급한 비상사태의 군사 행위조차도 이러한 '인구 정책'을 방해하는 것이 허락되지 않았다는 사실이다. 나치는 전쟁에서 이기는 것보다 학살 공장을 운영하는 것이 더 중요하다고 확신하는 것 같다.
>
> (EU, 233)

그러나 왜인가? 학살 기구가 얼마나 반공리주의적이고 비합리적으로 보이는지를 입증하기 위해서, 헝가리 유대인들의 예를 고려해야 할지도 모른다. 1944년 봄과 여름에 나치가 전쟁에서 패배하고 있음은 매우 분명했다. 그들은 전쟁에서 지고 있었을 뿐만 아니라, 두 전선의 방어를 위해 입

---

66)이것은 "Social Science Techniques and the Study of Concentration Camps"에서 아렌트가 전개한 논점이다. 아렌트는 다음과 같이 쓰고 있다. "강제수용소 및 절멸수용소라는 제도, 즉 전체주의적 정부의 보다 폭넓은 공포 기제 내에서 이루어지는 기능뿐만 아니라 내부의 사회적 조건들은, 사회과학자들과 역사학자들로 하여금 세계와 인간 행위의 과정에 대해 지금까지 의문시되지 않은 근본적 전제들을 재고찰하게 할 현대 정치와 사회에 대한 적절한 이해를 향한 길에서 예기치 않은 장벽의 역할을 하기 쉬울 것이다."(EU, 232)

수 가능한 모든 자원을 절실하게 필요로 했다. 그러나 그들은 헝가리 유대인들을 절멸수용소로 수송하기 위한 노력을 아끼지 않았다. 1944년 가을에 이르기까지 40만 명의 유대인들이 죽음을 당하였다.[67]

그렇다면 이러한 수용소들의 반공리주의적 기능이란 무엇인가? 그 대답의 일부는 이데올로기적인 인종주의 사유의 도착적 논리이다. 만일 우리가 "논리적 순수성을 염두에 두고 인종주의의 터무니없는 이데올로기적 주장만을 고려한다면, 나치의 학살 정책은 너무나 납득이 잘 된다고 할 수도 있다. 그것의 잔혹한 행위들 뒤에는, 일단 처음에 비상식적인 전제가 받아들여지면 모든 것이 절대적 필연성에 따라 진행되는 편집증 환자의 증상의 특징인 동일한 경직된 논리가 놓여 있다."(EU, 233) 만약 '순수한' 아리아인들이 열등한 민족에 의하여 오염되고 전염될 위험에 처한 더 우수한 민족이라면, 이러한 전염성 병원체는 마치 해충이 박멸되는 것처럼 제거되어야 한다. 정치적 이데올로기로서의 반유대주의조차도 절멸수용소를 설명하기에는 충분하지 않다. "유럽 유대인의 운명도 절멸수용소들의 설립도 반유대주의에 의해서 완전히 설명되고 파악될 수 없다. …… 반유대주의는 단지 민족의 학살을 유대 민족에서 시작하는 것을 더 쉽게 만들기 위한 근거를 마련했을 뿐이다. 지금 우리는 이러한 히틀러의 말살 프로그램이 독일 국민의 폭넓은 계층을 제거하지 않는 선에서 멈추지 않았다는 것을 안다."(EU, 235) 집시, 동성애자, 공산주의자, 독일인 정신병자, 그리고 많은 다른 '바람직하지 못한' 집단들 또한 말살 대상 후보에 등록되었다.

강제수용소들의 가장 본질적인 기능은 "더 큰 공포 장치 내에서의" 역할이었다. 전체주의의 공포는 언제 어디에서든 타격을 가할 수 있어야 한

67) 헝가리에서 있었던 일과 헝가리 유대인들의 '재정착'을 조직할 때의 아이히만의 역할에 대한 자세한 설명은 Raul Hilberg, *The Destruction of the European Jews* (Chicago: Quadrangle Books, 1961), 509-554 참조.

다. 전체주의의 공포는 죄 있는 사람들과 결백한 사람들 모두에게 무차별적으로 향해 있다. "공포는 전체주의 지배의 본질이며"(OT3, 464), 전체주의 지배의 가장 효과적인 제도들은 강제수용소들과 절멸수용소들 — "모든 것은 입증될 수 있다는 전체주의의 근본적인 믿음이 내재하는 실험실들"(OT3, 437) — 이다.

아렌트는 "사후 삶에 대한 서구의 기본적인 개념, 즉 황천, 연옥, 지옥"(OT3, 445)에 상응하여 강제수용소들을 세 가지 유형으로 분류한다.

> 황천은 한때 비전체주의 국가들에서 인기가 있었던, 모든 종류의 바람직하지 못한 요소들 — 피난민들, 무국적자들, 반사회분자들과 실업자들 — 을 제거하기 위한 비교적 가벼운 형태에 해당된다. 불필요하고 무거운 짐이 되는 사람들에 대한 수용소일 뿐인 이 대체자 수용소들은 전쟁이 끝나고도 남아 있었다.(OT3, 445)

이것은 아렌트 자신이 강제 수용되었던 귀르를 정확하게 기술한다. 나는 그녀가 제2차 세계대전 종식 후 50년 동안 황천에 상응하는 수용소들의 수가 증가하고 있었다는 것에 분개하였을지는 모르지만 충격을 받지는 않았을 것이라고 어렴풋이 느낀다.

> 연옥은 [이전의] 소련의 강제 노동 수용소들에 의해 대표된다. 그곳에는 태만이 무질서한 강제 노동과 결합되어 있다. 글자 그대로 지옥은 나치에 의해 완성된 유형의 수용소들로 구체화되었다. 거기에서는 모든 생활이 가능한 최대의 고통을 예상하여 철저하고 체계적으로 조직되어 있다. (OT3, 445)[68)]

---

68)이것은 아렌트가 강제수용소를 지옥에 견준 첫 번째 예가 아니다. 1946년에 아렌트는 "The Image of Hell"이라는 제목으로 쓴 *The Black Book: The Nazi Crime Against the Jewish People*에 대한 서평에서 다음과 같이 말한다.

세 가지 모두에 공통적인 것은, "거기에 봉인된 인간 집단들이 마치 더 이상 실존하지 않는 것처럼, 이미 죽은 것처럼 취급되었다는 것이다."(OT3, 455) "강제수용소와 절멸수용소의 진정한 공포는, 수감자들이 살아 있는데도 불구하고 죽었을 때보다 더 효과적으로 살아 있는 자들의 세계로부터 배제된다는 사실이다. 왜냐하면 공포는 망각을 강요하기 때문이다."(OT3, 443)[69]

"사실은, 6백만의 유대인들, 6백만의 인간들이 무력하게, 대부분의 경우 의심도 없이, 죽음으로 끌려 들어갔다는 것이다. 사용된 방법은 공포를 축적하는 것이었다. 가장 먼저 나타난 것은 계산된 무시와 재산 박탈, 그리고 수치였으며, 이때 신체가 약한 이들은 신체가 강하면서 자신의 생명을 스스로 끊을 정도로 반항적인 이들과 함께 죽었다. 둘째로 나타난 것은 극단적인 기아 상태로, 이는 강제 노동과 결부되었는데, 이때 사람들은 그들의 체력에 따라 수천씩, 그러나 서로 다른 시간적 간격을 두고 죽었다. 마지막으로 나타난 것은 죽음의 공장이었다. 이곳의 사람들은 모두 함께, 젊은이와 늙은이, 약한 자와 강한 자, 병든 자와 건강한 자들이 함께 죽었다. 민족, 남자와 여자, 아이와 어른, 소년과 소녀, 선과 악, 미와 추로서가 아니라, 유기적 생명 자체의 가장 낮은 단계의 공통분모로 강등되어, 소 떼처럼, 물질처럼, 육체나 영혼이나 심지어는 죽음이 봉인할 수 있는 신체의 모습을 갖지 않은 사물처럼 원초적인 평등의 가장 어둡고 가장 깊은 계곡으로 던져졌다.

우리는 우애나 인간성이 없는 괴물 같은 평등 안에서 마치 거울에 비추어 보듯 지옥의 이미지를 본다."(EU, 198)

69) 강제수용소를 묘사하면서 아렌트는 종종 그것을 "망각의 구멍"으로 기술했다. 그러나 『아이히만』을 쓸 때엔 마음을 바꾸었다. "망각의 구멍은 존재하지 않는다. 인간적인 어떤 것도 완전하지 않으며, 망각이 가능하기에는 이 세계에 너무나 많은 사람들이 존재한다."(EJ, 232-233) 메리 매카시에게 보내는 편지(1963년 9월 20일)에서 아렌트는 이러한 전환을 인정한다. 그녀는 전체주의 이데올로기의 영향에 대한 자신의 원래의 평가에 대해 다음과 같이 언급한다.

"사람들이 『아이히만』을 주의 깊게 읽는다면, 아이히만은 내가 전체주의에 대한 책에서 생각했던 것보다는 이데올로기의 영향을 훨씬 덜 받았다는 것을 알게 된다. 개인에 대한 이데올로기의 영향을 내가 과대평가했던 것 같다. 전체주의에 대한 책에 나오는 이데올로기와 공포에 대한 장에서 나는 운동을 수행하는 엘리트들 사이에서 이데올로기적 내용이 이상하게도 상실되는 것에 대해 언급하였다. 예를 들면 반유대주의의 내용은 절멸 정책에서 상실되는데, 왜냐하면 절멸은 죽여야 할 유대인이 하나도 남지 않을 때에도 끝이 나지 않을 것이기 때문이다. 다른 말로 하면 절멸 자체가 반유대주의와 인종주의보다 더 중요한 것이다."(BF, 147-148)

그러나 총체적 지배를 확보하기 위하여 강제수용소들은 정확하게 어떻게 기능했을까? 여기서 우리는 아렌트의 훌륭하고 통찰력 있는 분석의 핵심에 도달한다. 나는 그것을 능가한 것은 결코 없었다고 생각한다. 그녀는 세 단계의 과정으로 이것을 설명한다.

(1) "총체적 지배의 도상에서 첫 번째 본질적인 단계는 인간의 법적 인격을 살해하는 것이다."(OT3, 447) 이것은 나치에 의해 심지어 그들이 강제수용소를 설립하기 전부터 시작되었다. 아렌트는 1933년 초에 유대인들(그리고 다른 이들)로부터 법적 권리를 박탈했던 일련의 강제적인 법적 조치에 대하여 언급하고 있다. 수용소에서는 어느 누구도 어떤 권리도 가지지 않았다. 인간이라는 이유로 모든 인간에게 속한다고 생각되는 인권은 강제수용소에서는 순전한 허구가 된다. "자의적인 체제의 목적은 모든 주민들의 시민권을 파괴하는 것으로, 이들은 궁극적으로 무국적자와 집 없는 자들과 마찬가지로 자신의 나라에서 법으로부터 소외된다. 인간의 권리의 파괴, 즉 인간 내부의 법적 인격을 죽이는 것은 그를 완전히 지배하기 위한 선행 조건이다."(OT3, 451) 그러나 이러한 권리의 파괴는 아직 '총체적 지배'가 아니다.

(2) "살아 있는 시체를 준비하는 그다음 결정적인 단계는 인간의 도덕적 인격을 살해하는 것이다. 이것은 역사상 처음으로, 주로 순교하는 것을 불가능하게 함으로써 이루어졌다. 수용소를 감독하는 나치 친위대원들은 모든 인간적 연대성을 타락시켰다. 나치는 수감자 스스로 일과와 행정에 책임을 지도록 수용소를 조직하는 데 탁월했다. 여기서 라자르가 20세기의 수용소들이 존재하기 오래전에 주목했던 것의 기괴한 형태를 목격하게 된다. 즉 유대인의 압제자들(처형자들)은 자신들의 정책들을 수행하는 데 유대인들을 이용했다. 강제수용소에서의 죽음은 익명적이었다(수감자가 살았는지 죽었는지 아는 것을 불가능하게 만들었다). 죽음은 의미를 빼앗겼으며 나치는 모든 증인들을 없애려고 노력하였고 그래

서 어떤 증언도 있을 수 없었다.

아렌트는 도덕적 인격에 대한 공격은 "살해하는 관료로 사는 것보다 희생자로 죽는 것이 더 낫다고 자신에게 말하는 인간의 양심에 의해 여전히 저항에 부딪혔을 것이다"(OT3, 452)라고 지적한다. 또는 소크라테스가 선언했듯이, 부정을 저지르는 것보다 부정을 당하는 것이 더 낫다. 그러나 나치는 양심의 마지막 흔적까지 제거하기 위하여 공포를 이용했다.

> 전체주의의 공포가 개인주의적 도피로부터 도덕적 인간을 분리하고 양심의 결정을 전적으로 의심스럽고 모호한 것으로 만드는 데 성공하였을 때, 그것은 가장 끔찍한 승리를 거두었다. 친구를 배반해서 죽게 하거나, 아니면 자신이 모든 면에서 책임을 지고 있는 아내와 아이들을 죽음으로 몰아넣어야 하는 양자택일에 직면할 때, 자살조차도 자신의 가족에 대한 즉각적인 살인을 뜻할 때 인간은 어떻게 결정해야 하는가? 대안은 더 이상 선과 악 사이가 아니라 살인과 살인 사이에 존재한다. 자신의 세 아이 중 한 명을 선택하여 살해당하게 해야 하는 그리스인 어머니의 도덕적 딜레마를 누가 해결할 수 있을까?(OT3, 452)

아렌트는 반복해서 양심의 문제 — 그것은 무엇이며, 어떻게 기능하는가 — 로 돌아간다. 이러한 문제들은 아이히만 재판에 대한 그녀의 보고에서, 그리고 도덕성과 판단에 대한 그녀의 계속된 성찰에서 특히 중요해진다. 우리의 전통적인 도덕적이고 법적인 체계가 전제하는 것은, 모든 성숙한 정상적인 사람은 자신의 도덕적 양심을 행사할 수 있고, 그것에 의해서 자신이 실제로 행하는 것과 상관없이 옳고 그른 것을 구별할 수 있다는 것이다. 이것은 아렌트가 자신의 교육에 대하여 결코 의문시해 보지 않은 것이었다. 그러나 강제수용소 — 모든 것이 가능하다는 가설이 실험되는 전체주의의 실험실 — 는 우리에게 인간의 양심까지도 말살될 수 있다는 것을 가르쳐 주었다.

(3) 법적 인격과 도덕적 인간을 죽이는 것 — 양심까지도 말살하는 것 — 은 아직은 최악의 상태는 아니다. 여기에 살아 있는 시체를 제조하는 과정의 세 번째이자 마지막 단계가 있다. 그것은 개인적 특성과 자발성의 말살이다.

> 도덕적 인간을 살해하고 법적 인격을 말살하고 나면, 개인적 특성의 파괴는 거의 언제나 성공적이다. 생각건대, 왜 수백만의 사람들이 저항하지 않고 가스실로 걸어가게 되었는지를 설명할 수 있는 집단 심리학의 몇몇 법칙이 발견될 수도 있다. 설령 이러한 법칙들이 단지 개인적 특성의 파괴만을 설명한다고 하더라도 말이다. 더욱 중요한 것은 개인적으로 죽음을 선고받은 사람들이 그들의 사형 집행인 중 한 사람과 함께 죽으려고 시도한 일이 아주 드물었다는 것과, 어떤 심각한 반란도 거의 없었다는 것, 그리고 해방의 순간에도 자발적으로 나치 친위대원들을 몰살하는 일이 매우 적었다는 것이다. **왜냐하면 개인적 특성을 파괴하는 것은 자발성, 즉 스스로 새로운 것을 시작하는 능력, 환경과 사건에 대한 반응을 근거로 해서는 설명할 수 없는 어떤 것을 파괴하는 것이기 때문이다.**(OT3, 455. 강조는 저자)

나는 몇 가지 이유에서 이 마지막 문장을 강조했다. 나중에 아이히만 재판에 대한 아렌트의 보고를 고찰할 때, 우리는 그녀에 대한 가장 거친 몇 명의 비판자들이 그녀는 희생자들에게 일어난 일로 그들을 '비난할' 뿐만 아니라 희생자들 — 특히 유대인들 — 이 그들의 박해자들에 대해 반항할 수도 있었을 것이라는 잘못된 낭만적 생각을 제시한다고 주장했음을 알 수 있을 것이다. 아이러니하게도 그녀는 개인적 특성과 자발성을 파괴하기 위해 나치가 사용한 기술들의 도착적 효과를 언제나 강조했다. 이것을 파악하지 않고서는 — 전체주의가 강제수용소에서 광범위하게 성취했던 목적, 즉 인간 본성의 변형과 모든 자발성의 제거를 수행하려 했다는 것을 이해하지 않고서는 — 우리는 전체주의 통치의 완전한 공포에 대해 결코 제대로 이해할 수 없을 것이다.

위의 문장을 강조한 데에는 또 다른 이유가 있다. 개인적 특성과 자발성에 대한 아렌트의 묘사 — "새로운 것을 시작할 수 있는 인간의 능력" — 는 바로 그녀가 나중에 인간의 자유를 행사하기 위한 필수 조건이 되는 행위 능력, 즉 '탄생성'이라고 부르게 되는 것의 특징에 관한 묘사이다.

다음은 모든 개인적 특성과 자발성이 말살된 사람들에 대한 아렌트의 기술이다.

> 그렇게 되면 인간의 얼굴을 한 유령 같은 꼭두각시 외에는 아무것도 남지 않는다. 그들 모두는 파블로프의 개처럼 행동하고, 자신이 죽으러 가는 순간에조차 완전한 신뢰성을 가지고 반응하며, 그들은 오로지 반응만을 할 뿐이다. 이것은 그 체제의 진정한 승리이다. "나치 친위대원들의 승리는 고통 받는 희생자가 저항 없이 스스로의 자유를 제약하고, 자신의 정체성에 대한 확인을 그만두는 지점에 이르기까지 그 자신을 포기하고 단념할 것을 요구한다. 그리고 그것은 아무런 대가 없이 이루어진 것이 아니다. 그것은 나치 친위대가 희생자의 패배를 원하는, 까닭 없는 단순한 병적인 잔혹성으로부터 나온 것이 아니다. 그들은 희생자가 교수대에 오르기 전에 그를 파괴하는 데 성공한 체제가 한 민족 전체를 노예의 상태로 유지하는 데 최고라는 것을 안다. 복종 속에서 말이다. 인형처럼 자신의 죽음을 향해 가는 인간들의 이러한 행렬보다 더 끔찍한 것은 없다. 이것을 보는 사람은 스스로에게 '그들이 이런 식으로 감소되기 위하여 주인의 수중에 어떤 권력이 감추어져 있는가'라고 되뇐다. 그리고 비통함에 차 있지만 패배한 상태로 눈길을 돌린다.(OT3, 455)[70]

70)아렌트는 David Rousset, *Les Jours de notre mort* (Paris: Éditions du Pavois, 1947)에서 한 구절을 인용하고 있다. 강제수용소의 분석 전반에 걸쳐 아렌트는 한 생존자가 남긴 이 보고서에 상당히 의존하고 있다.

총체적 지배의 마지막 목표는 '모든 자발성의 제거'(OT3, 456)이다. 모든 자발성은, 그것이 아무리 비정치적이고 무해하더라도 제거되어야 한다. "가장 기초적인 반응, 즉 똑같은 양상을 보이는 일련의 다른 반응들에 의해서 언제든 제거되거나 대체될 수 있는 반응들을 보이는 인류의 견본인 파블로프의 개는 전체주의 국가의 모범적인 '시민'이다. 그리고 그러한 시민은 수용소 밖에서는 불완전하게만 생산될 수 있다."(OT3, 456)

따라서 강제수용소들의 반공리주의적 성격은 '외견상' 그런 것일 뿐이다. 진실은, 강제수용소들과 절멸수용소들이 전체주의가 기능하는 데 필수적이라는 것이다.

> 강제수용소들이 없다면, 그것들이 불러일으키는 정의되지 않은 공포와, 전체주의적 지배 — 다른 어떤 곳에서도 그 근본적인 가능성 전부를 완전히 시험해 볼 수 없는 — 에 그것들이 제공한 아주 잘 정의된 훈련이 없다면, 전체주의 국가는 광신적으로 핵심 병력을 생산할 수도, 완전한 냉담함 속에서 한 민족 전체를 보존할 수도 없을 것이다.(OT3, 456)

총체적 지배는 법적 인격의 살해, 도덕적 인간의 학살과 양심의 말살, 그리고 개인적 특성과 자발성의 제거를 포함한다. 그러나 어떤 의미에서는 '총체적 지배'라는 말 자체가 오해를 불러일으킨다. 왜냐하면 그 말은 총체적 지배가 '인류'에 대한 지배라는 것을 암시하기 때문이다. 그러나 전체주의는 '인간에 대한 독재적인 통치'로 끝나지 않는다. 전체주의의 '논리'는 인간이 불필요한 존재가 되는 체제를 생산하려고 노력한다.

> 전체주의적 권력은, 자발성의 가장 희미한 흔적조차도 없는 꼭두각시들의 세계인 조건 반사의 세계 속에서만 획득되고 보장받을 수 있다. …… 모든 인간이 똑같이 불필요한 존재가 되지 않았기에 — 이것은 강제수용소들에

서만 가능했다 — 전체주의 지배의 이상은 달성되지 않았다.(OT3, 457)

모든 인간(희생자들과 처형자들)을 —그들의 개인적 특성, 자발성, 그리고 복수성에 있어서 — 쓸모없는 존재로 만들려는 이러한 무자비하고 조직적인 시도는 아렌트가 절대적인 혹은 근본적인 악이라는 말로 의미하는 것을 이해하기 위한 본질적인 단서이다(7장을 보라).

'총체적 지배'에 대한 아렌트의 분석이 이토록 중요한 이유 중의 하나는 그것이 행위와 정치에 대한 그녀의 개념을 아주 분명히 해주기 때문이다. 내가 의미하는 것을 좀 더 충분히 설명해 보겠다. 내가 주장하는 것은, 만약 우리가 정치에 대한 아렌트의 생각을 적절하게 이해하고자 한다면, 처음에 그녀를 자극했고 그래서 그녀의 생각에 깊이 영향을 주고 사상의 윤곽을 그린 개인적인 경험들과 사건들로 돌아가야만 한다는 것이다. (적어도) 1933년부터, 아렌트는 정치의 의미에 대한 탐구에 몰두했다. '의미'에 대해 말할 때, 나는 아렌트가 사용했던 식으로 그 단어를 사유의 결과로서 사용하고 있다. 아렌트는 의미와 진실 사이의 분명한 구별을 주장한다(반면 그것들의 상호 의존성은 인정한다). 그녀는 칸트가 이성Vernunft이라고 불렀던 기능을 의미와 연결시켰고, 오성Verstand을 진리와 연결시켰다. 아렌트가 '의미'라는 말을 사용할 때 중요한 점은 그것이 어떤 최종성도 띠지 않는다는 것이다. 사유의 활동에 개입하는 것은 언제나 새롭고 주의 깊은 시도를 요구한다. 그녀가 『정신의 삶』에서 우리에게 말한 것처럼, "만약 인간이 우리가 사유라고 부르는 의미에 대한 욕구를 잃어버리고 대답할 수 없는 질문들을 하기를 그만둔다면, 인간은 우리가 예술 작품이라고 부르는 사유의 산물들을 생산할 능력뿐만 아니라 모든 문명의 기저를 이루는, 대답할 수 있는 모든 질문들을 할 능력 또한 잃을 것임은 자명하다."(LM, 62) 아렌트는 "대답할 수 없는 질문"이라는 말로 물을 만한 가치가 없는 질문을 의미하지 않는다. 오히려 그녀는, 어떤 대답도 궁극적이고 결정적일 수는 없다는 것을 완전히 의식하고서 계속 질문하고 또 대답하려고 노력하기에 가장 중요한 질문들을 의미하고 있다.[71)]

정치의 의미에 대한 아렌트의 탐구는 유대인 정치에 대한 성찰과 더불어 시작되었다 — 혹은 차라리 근대에는 어떠한 중요한 유대인 정치도 없었다는 판단과 더불어 시작되었다. 그녀는 베르나르 라자르의 생각에 이끌리는 가운데, '의식적인 파리아'에 대하여 이해하는 가운데, 근대에 유대인 문제에 대한 유일한 해결책은 정치적인 것이라고 주장하는 가운데, 유대 민족이 유대인으로서 자신의 권리를 위해서 싸우는 아래로부터의 자발적인 정치 형태를 구상하였다.

우리는 무국적 상태에 대한 그녀의 성찰(무국적 유대인으로서의 자신의 경험으로부터 시작된 것)을 통해, 그녀가 권리에 대한 이해를 어떻게 다듬어 왔는지를 살펴보았다. 아렌트는 (정치적 공동체 밖에서) 단지 인간이라는 이유에서 양도할 수 없는 권리를 소유하는 추상적인 개인들로서의 인간에 대해 생각하는 것이 허울 좋고 대단히 위험한 것임을 밝혔다. 나치는 이러한 허구를 조롱했다. 아렌트는 인간으로부터 권리를 박탈하는 것이 어떻게 인간을 인간 이하의 존재로 만드는지 보여 주었다. 왜냐하면 권리가 행사되고 보장될 수 있는 것은 오직 정치적 공동체 안에서이기 때문이다. 그녀는 "인권의 근본적인 박탈은, 무엇보다도 의견들을 의미 있게 만들고 행위들을 유효하게 만드는 세계 내의 장소를 박탈하는 데서 명백하게 드러난다"고 주장했다.(OT3, 296)

그러나 아렌트가 진정한 정치에 필요한 것 — 행위 하는 것, 개시하는 것, 자발적으로 새로운 어떤 것을 시작하는 것, 복수의 인간 가운데 독특한 개인이 되는 것, 공통의 세계에서 관점과 장소를 가지는 것 — 에 대해

71) 진리와 의미의 구분에 대해서는 LM, 57-65 참조.

가장 깊이 천착한 것은 전체주의 통치를 위한 강제수용소들의 성격과 역할을 이해하려는 가장 어렵고 도전적인 과제에 착수했을 때였다. 왜냐하면 전체주의의 목표는 우리 인간성의 자발성을 파괴하는 것, 인간을 명령에 자동적으로 반응하는 종으로 변형시키는 것이기 때문이다.[72] 이것이 바로 강제수용소들이 가능성을 입증하기 위하여 착수한 것이다. 이것이 "모든 것은 가능하다"는 데 대한 최상의 '증명'이었을 것이다.

아렌트는 지옥으로, 즉 열려 있는 끝없는 나락으로 내려가 강제수용소의 "공포에 대해 숙고함"으로써, 행위, 정치, 그리고 살아 있는 인간의 삶에 근본적이고 중요한 것이 무엇인지를 아주 명백하게 보여 줄 수 있었다. 이것은 그녀의 스승 칼 야스퍼스가 "제한된 경험들" 중 하나라고 일컬었던 것으로, 그러한 제한된 경험들은 우리로 하여금 상투성과 상식의 편견을 타파할 수 있게 하며, 그렇게 함으로써 만일 그렇지 않았더라면 우리가 발견하지 못했을 것 — 우리의 인간성을 구성하는 것 — 을 발견할 수 있게 한다.

1958년 개정판의 총체적 지배에 대한 분석에 할애된 부분에서, 아렌트는 그녀가 이러한 지배의 목적에 대하여 얼마나 속속들이 알고 있었는지를 보여 주는 분석의 시작 부분에 몇 단락을 첨가했다. 아렌트는 다음과 같이 쓰고 있다.

> 마치 모든 인간이 오직 하나의 개인인 양 인간의 무수한 복수성과 차별성을 조직하려고 애쓰는 총체적 지배는, 각각의 사람들이 결코 변하지 않는

72)OT3에서 아렌트는 전체주의 이데올로기의 목표를 "인간성 자체의 변형"으로 규정하고 있다. "강제수용소는 인간 본성의 변형을 시험하는 실험실이다."(OT3, 458) 아렌트는 OT3 이후에는 '인간 본성'에 대한 언급을 하지 않는다. HC에서 아렌트는 자신이 왜 '인간 본성'에 대해 더 이상 언급하지 않는지 설명한다. (HC, 9-11) 그러나 이러한 변화는 전체주의가 완성하려고 했던 것에 대한 아렌트의 주장의 의미를 근본적으로 바꾸어 놓는 것은 아니다.

> 동일한 반응으로 귀착되어 이러한 일련의 반응들 각각이 어떤 다른 것과 무작위로 교환될 수 있다면 가능하다. 문제는 존재하지 않는 어떤 것, 즉 유일한 '자유'가 "자신의 종을 보존하는 데에만" 있는 다른 동물 종과 유사한 종류의 인간 종들을 만들어 낸다는 것이다. 전체주의적 지배는 엘리트 형성이라는 이데올로기의 주입과 수용소에서의 절대적인 공포 이 두 가지를 통하여 이러한 목표를 달성하고자 한다. 그리고 엘리트 형성이 무자비하게 사용된 목적인 잔악한 행위는 이를테면 이데올로기 주입의 실제적인 적용 — 강제수용소가 스스로를 증명해야 하는 실험의 근거 — 이 되었고, 반면에 수용소들 자체의 소름 끼치는 광경은 이데올로기의 '이론적인' 검증을 제공해야 했다.
>
> 수용소들은 사람들을 학살하고 인간을 인간 이하로 만들뿐만 아니라 과학적으로 통제된 조건 아래 인간 행동의 표현인 자발성을 말살하고, 인간의 개성을 단순한 것으로, 심지어 동물조차도 아닌 것으로 바꾸는 유령 같은 실험에 기여하기 위한 것이다. 우리가 알다시피, 배가 고플 때가 아니라 종이 울릴 때 먹도록 훈련된 파블로프의 개는 도착적 동물이기 때문이다.(OT3, 438)

복수성, 자발성, 개인적 특성, 행위, 의견, '세계 속에서의 장소', 자유와 같은 것들은 정치의 의미에 대한 아렌트의 이해에 핵심적인 요소들이다. 이것은 무국적 상태와 강제수용소들의 총체적 지배에 대한 탐색 가운데 그녀가 발견한 개념군이다. 아렌트는 『인간의 조건』과 『혁명론』, 『정신의 삶』에서 이러한 요소들로 되돌아와 이를 새로운 방식으로 엮었다. 의미에 대한 탐구는 결코 완결될 수 없다.

아렌트는 왜 유대 민족이 20세기 국제 정치의 폭풍의 중심 속으로 밀어 넣어졌는지를 이해하려고 함으로써 전체주의에 대한 연구를 시작했다. 강제수용소들의 총체적 지배에 대한 그녀의 성찰인 "잔혹한 행위들에 대한 숙고"는 완전한 인간의 삶 — 자발성, 행위, 그리고 복수성 — 을 영위하는 데에 무엇이 필요한지 그녀가 깊이 이해하도록 해주었다. 나는 클로드 르포르Claude Lefort가 다음과 같이 말한 것에 동의한다.

> 나치와 스탈린주의 변형들 모두에서, 전체주의에 대한 아렌트의 해석은 그녀의 정치 이론의 계속되는 상론을 지배하고 있다. 그녀는 전체주의의 모습을 전도시킴으로써 정치를 개념화하였고, 이것은 그녀로 하여금 정치의 모델 — 모델이라는 말을 사용하는 것은 그녀의 의도에 어긋나는 일일 것이다 — 이 아니라, 그 특징이 가장 분명하게 식별되는 특별한 순간 — 고대에는 그리스 도시의 순간, 근대에는 미국과 프랑스 혁명의 순간 — 에 나타나는 정치와의 연관성을 찾아보게 하였다. 1917년 러시아의 노동자 평의회의 순간과 1956년 헝가리 평의회의 순간이 이 목록에 첨가될 수 있을 것이다.[73)]

"그 특징이 가장 분명하게 식별되는" 정치의 "특별한 순간"에 대한 아렌트의 관심이 정치의 의미를 이해하기 위한 참조점들을 찾고자 하는 그녀의 열망에서 비롯되었다는 르포르의 주장은 전적으로 옳았다. 그녀가 과거를 참고하는 것은 우리의 현재의 상황과 그것의 위험들을 이해하기 위해서이다. "바다 밑바닥으로 내려가 진주조개를 캐는 잠수부처럼, 밑바닥을 파내서 그것을 드러내는 것이 아니라 진귀한 것과 독특한 것을, 즉 과거의 깊은 곳에서 진주와 산호를 채취하는 것, 그리고 그것들을 물위로 가지고 오는 것이다."(MD, 205) 이것이 바로 그녀가 "사고의 파편

---

73)Claude Lefort, "Hannah Arendt and the Question of the Political" in *Democracy and Political Theory* (Minneapolis: University of Minnesota Press, 1988), 50. 르포르의 주장에 대한 나의 경고는 '정치 이론'에 대한 그의 언급과 관계된다. **이론**은 '정치의 의미'보다 훨씬 더 결정적인 어떤 것을 제시하는 경향이 있다. 훨씬 더 중요한 것은, 아렌트를 자세히 읽을 때 행위와 정치에 대한 아렌트의 이해가 얼마나 복잡한지가 드러난다는 것이다. 카노반은 정치와 행위에 대한 아렌트의 이해의 그물로 얽혀 들어간 많은 경향들을 추적하는 데 특히 도움이 된다. 카노반의 *Hannah Arendt*, 136-143에 나오는 "The Complexities of Arendt's Account of Action"을 특히 참조하라.

들", 즉 참조할 점들을 그렇게 애써 찾고자 했던 정신이며, 그것은 우리로 하여금 전체주의가 그토록 파멸적인 위험에 빠트린 것이 과연 무엇인지를 이해할 수 있게 해준다.

5 시온주의 — 유대인 조국과 유대 국가 사이에서

팔레스타인과 유대인 조국의 건설은 오늘날 전 세계 유대인들의 커다란 희망과 커다란 자부심을 이루고 있다. 만약 이러한 희망과 자부심이 또 다른 파국으로 소멸된다면, 유대인들에게 개인적으로 또 집단적으로 일어날 일은 거의 상상할 수 없을 것이다. …… 그러한 비극에 의하여 인생관과 세계관 전체가 바뀌지 않을 유대인은 이 세계에 존재하지 않는다.

— 「유대인 조국을 구하기 위하여 — 아직 시간이 있다」(1948년 5월)

나는 서론에서 한스 모겐소가 한나 아렌트에게 "당신의 입장은 무엇입니까? 당신은 보수주의자입니까? 자유주의자입니까? 오늘날의 여러 주의 주장들 가운데 당신의 입장은 어디에 속합니까?"라고 거칠게 물었을 때 모겐소와 아렌트가 주고받은 내용을 인용했다.

저는 어떤 집단에도 속하지 않습니다. 당신도 알다시피 내가 가입했던 유일한 집단은 시온주의자 집단이었습니다. 오직 히틀러 때문이었습니다. 그리고 그것은 1933년부터 1943년까지였습니다. 그 후 저는 그들과 결별했습니다. 유일한 가능성은 유대인으로서 맞서 싸우는 것이지 인간으로서 싸우는 것이 아니었습니다. 저는 인간으로서 싸우는 것이 크게 잘못된 것이라고 생각했습니다. 왜냐하면 만일 당신이 유대인으로서 공격을 받으면

> 당신은 유대인으로서 저항해야지 "실례합니다. 나는 유대인이 아닙니다. 나는 인간입니다"라고 말할 수는 없기 때문입니다. 이것은 어리석은 것입니다. 그리고 나는 이런 종류의 어리석음으로 둘러싸여 있었습니다. 다른 어떤 가능성도 없었습니다. 그래서 나는 유대인 정치 — 진정한 정치는 아닌 — 속으로 들어갔고, 사회사업에 참여했고, 정치와도 다소 관련을 맺었습니다.(RPW, 333-334)

이러한 솔직한 대답조차도 오해받기 쉽다. 그것은 마치 아렌트가 "오직 히틀러" 때문에 10년 동안 시온주의자들에게 가담했고, 그런 다음 그들과 결별했다고 우리에게 말하는 것처럼 들린다. 그러나 현실은 더 복잡하다. 아렌트는 1933년에 독일에서 도주했을 때 "내가 유대인으로서 특별히 할 수 있는 일이 무엇일까?"라는 물음을 스스로에게 던졌다. "…… 그것은 조직과 일을 하는 것이다. 처음으로 말이다. 시온주의자들과 함께 일하는 것. …… 나는 실제적인 일, 전적으로 그리고 유일하게 유대적인 일로 뛰어들기를 원했다. 이런 생각을 하면서 나는 당시 프랑스에서 일을 찾았다."(EU, 12) 비록 그녀는 파리 시절 그리고 뉴욕 시절 초기에 여러 유대인 및 시온주의 조직과 밀접한 관계를 맺었지만 결코 자신의 입장을 시온주의와 완전히 동일시하지 않았다. 그녀의 목소리는 항상 이의를 제기하는 비판의 목소리였다. 그녀의 유보적이고 모호한 태도, 그리고 비판의 기초를 완전히 이해하려면 우리는 그녀의 어린 시절의 삶을 어느 정도 상기해야 한다. 그녀를 시온주의로 이끌었던 것은 어떠한 종교적이고 정신적인 경험이나 깊은 정서적인 경험이 아니었다. 그녀를 양육한 어머니는 "전적으로 비종교적"(EU, 6)이었다. 그녀의 친할아버지는 자유주의적 유대인 공동체의 회장으로 분명한 반시온주의자였다. 그녀는 어떠한 독일 시온주의 청년 단체에도 가담한 적이 없었다. 대학생이었을 때 그녀는 한스 요나스와 쿠르트 블루멘펠트의 친구가 되었는데, 둘 다 헌신적인 시온주의자였으며 팔레스타인으로 이주했다. 하지만 아렌트 자신이 진지하게 알리야(Aliyah, 이스라엘로 이주한 자)가 되겠다고 생각했다는 증거는 없다. 1933년에 독일에서 도주했을 때, 그녀의 목적지는 예루살렘이 아니라 파리였다. 그녀는 정치적 현실 — 나치와 반유대주의의 정치적 해독이 나타나는 것 — 에 "충격을 받은" 후에 시온주의로 이끌렸다. 그녀는 시온주의에 직면해야 한다고 생각했다. 왜냐하면 그녀는 근대 유럽의 유대인들의 가장 큰 실패는 생명력 있는 유대인 정치를 시작하지 못한 것이라고 생각했기 때문이다. 시온주의자들은 이러한 확신을 완전히 이해하고 그에 따라 행동한 유일한 사람들이었다. 그녀를 시온주의로 이끌고 간 것은 정치 — 유대인 정치의 필요 — 였다. 그리고 그녀가 나중에 그것과 결별했던 이유도 정치 — 시온주의 정치에 대한 그녀의 비판 — 였다.

아렌트가 파리에 있을 동안 유럽 유대인들의 상황이 악화되었는데, 이때에도 여전히 그녀는 팔레스타인으로 "올라가는 것"을 진지하게 생각하지 않았다. 1935년 그녀는 '청년 알리야'의 훈련생들과 함께 그곳을 처음으로 여행했는데, 시라쿠사 — 거기서 그녀는 처음으로 그리스 신전을 보았다(수년 후 그곳을 다시 방문했다) — 와 트란스요르단의 페트라 — 거기서 그녀는 그 유명한 로마의 신전을 보았다 — 를 잠시 방문했을 때 가장 기뻐했다. 그녀는 팔레스타인에서 보았던 어떠한 것보다도 이것들에 대해 훨씬 더 생생하고 지속적인 인상을 갖게 되었다.[74]

그러나 아렌트의 생각은 키부츠(이스라엘 집단 농장)의 실험에 사로잡혔다. 키부츠 운동은 새로운 형태의 유대인, 즉 유대인 '귀족 계층'을 창출하고 있었지만, 그녀 자신은 칼루츠(chalutz, 유대인 개척자)의 삶을 살고 싶지 않았다.[75] 그렇다면 아렌트를 시온주의로 이끌었던 것은 무엇인가?

---

74)아렌트의 최초의 팔레스타인 여행에 대한 영 브륄의 논의 참조. YB, 138-139.

75)다음은 아렌트가 키부츠 운동에 대해 "Zionism Reconsidered"에 묘사한 것이다. "사회적 이상으로부터 칼루츠와 키부츠 운동이 성장했다. 그 운동의 구성원, 그들이

그것은 바로 사회적 동화라는 유럽 유대인들의 계획이 완전한 재난이었다는 그녀의 확고한 신념이었다. 유대인 해방의 염원은 위선과 자기기만에 기초하여 동화하려는 필사적인 시도와 혼돈되었다. 유럽의 유대인들은 동화정책이 반유대주의 — 혹은 말살 정책 — 에 대한 보호책이 아니라는 것을 발견하고 있었다. 만약 유대인들 자신이 자신의 운명에 대한 책임을 지려고 한다면, 만약 그들이 단순한 희생자, "역사의 피해자"가 되지 않고자 한다면, 그들은 정치적 행위에 참여해야만 한다.

마치 아렌트가 자신이 '실천적 삼단논법'이라고 불렀던 것의 논리적 결과로 시온주의가 되었던 것처럼 보이기도 한다. 만약 유대인 문제의 유일한 해결책이 정치적인 것이고, 정치적 행위에 참여할 준비가 되어 있는 유일한 유대인 집단이 시온주의자들이라면, 반드시 시온주의에 합류해야 한다는 것이다. 그녀는 분명히 어떠한 감정적 또는 정신적 '시온으로의 부름'도 느끼지 않았다. 또한 그녀는 결코 유대인 디아스포라의 삶이 시온주의와 양립할 수 없다고 생각하지 않았다. 팔레스타인 밖에서 번성

태어난 땅에 사는 소수자들은 오늘날의 팔레스타인 유대인들보다 거의 규모가 크지 않은 소수자 집단이었다. 하지만 그들은 새로운 종류의 유대인, 나아가 새롭게 정립된 가치를 가진 새로운 종류의 귀족을 창조하는 데 성공했다. 그 가치란 물질적 부와 착취 및 부르주아적 생활에 대한 진정한 경멸, 문화와 노동의 독특한 결합, 소규모 집단 내에서의 엄격한 사회 정의 실현, 그리고 놀랍게도 개인적 소유에 대한 어떠한 바람도 없는 가운데 자신의 손으로 하는 일과 비옥한 토양에 대한 사랑이 넘치는 자부심 등이다."(JP, 138)

수년 후 메리 매카시가 이스라엘에 대한 나탈리 사로트의 열정적인 응답에 대해 아렌트에게 편지를 썼을 때, 아렌트는 다음과 같이 응답했다.(1969년 10월 17일 편지) "이스라엘에 대한 나탈리의 반응은 아주 이해할 만합니다. 저는 키부츠주의에 대한 제 자신의 첫 번째 반응을 아직도 잘 기억하고 있습니다. 저는 그것이 새로운 귀족주의라고 생각했습니다. 물론 그때에도 저는, 그녀가 지금 그러한 것처럼, 사람들은 거기서 살 수 없다고 생각했습니다. '이웃에 의한 통치', 이는 물론 그것의 최종적인 귀결점입니다. 하지만 만일 진정으로 평등을 믿는다면, 이스라엘은 아주 인상적입니다."(BF, 248-249)

또한 아렌트는 같은 편지에서 이렇게 말한다. "그러나 저도, 이스라엘에서 일어나는 어떠한 현실적 파국이든 다른 무엇보다 저에게 깊은 영향을 줄 것이라는 것을 압니다."

하는 유대인의 삶이 없다면 시온주의는 편협해질 것이다. 그녀는 자신을 시온주의자들과 가장 가깝게 동일시했을 때조차도 시온주의 이데올로기(그녀는 모든 형태의 이데올로기에 반대했다)를 날카롭게 비판했다.

아렌트의 독특한 시온주의는 테오도르 헤르츨이나 카임 바이츠만 Chaim Weizmann보다는 베르나르 라자르에 의해서 더 많이 형성되었다. 그녀는 라자르의 반항적인 열정 — 자신의 권리를 위해 싸우기 위해 일어나는 유대 민족이라는 관점 — 에 끌렸다. 라자르에게 그랬듯이, 그녀에게도 "지역적 문제는 이차적인 것이었다 — '유대인들은 하나의 민족으로 그리고 하나의 국가의 형태로 해방되어야 한다'는 일차적 요구의 결과일 뿐이다." 라자르처럼, 그녀가 추구한 것은 "반유대주의로부터 벗어나는 것이 아니라 자신의 적들에 대항하는 민족의 동원이었다."(JP, 128) 시온주의의 목표는 '강대국들'과 반유대적 정부들과 함께 일함으로써만 달성될 수 있다고 생각하는 시온주의의 기본 주장에 대해 아렌트는 일관되게 반대했다.[76] 그래서 그녀는 시온주의자들이 나치 등장 초기에 '상호적인' 이익, 즉 나치는 유대인들을 제거하길 원했고 시온주의자들은 유럽의 유대인들을 팔레스타인으로 이주시키길 원했기 때문에 그랬듯이, 나치와 협력하는 것에 대해 냉소적이었으며 위험하다고 생각했다.

아렌트는 시온주의자의 정치 행로에 어떠한 중요한 영향도 끼치지 않았다. 기껏해야 그녀는 '정치 현실'에 대한 구체적인 감각이 없는 지적인 이단자로, 아무리 나쁘다 하더라도 시온주의자의 목적에 대한 배반자 정도로 취급되었다. 시온주의 역사의 견지에서 보면, 아렌트는 사소하고 중

76)반유대주의가 "성전 파괴 이후 고통당하는 모든 유대인들에 대해 책임이 있는 '추진력'이며, 유대인들이 자기들의 이익을 위해 그것을 사용하는 방법을 배울 때까지 반유대주의는 계속해서 유대인들이 고통을 당하게 만들 것"이라는 헤르츨의 주장에 꾸준히 반대하기는 했지만, 그래도 아렌트는 "헤르츨의 위대함이 지속적인 이유는 유대인 문제에 대해 무엇인가를 하려는 바로 그 의욕, 정치적 방식으로 그 문제를 해결하고 행동하려는 그의 의욕 때문이라고 생각했다."(JP, 166)

요하지 않은 인물이었다. 그러나 팔레스타인의 시온주의자들과 유대인들이 그들의 문제 — 예를 들면 유대인과 아랍인 간의 문제 — 에 정직하게 맞서지 않을 때 일어날 일에 대한 그녀의 구체적인 경고들은, 그녀가 1940년대에 그것들을 강력하게 진술했을 때만큼 오늘날 우리의 현실에도 들어맞는다. 시온주의적 견해에 대한 그녀의 반대에서 가장 중요한 것은, 그런 견해들이 20세기 정치에 대한 아렌트 자신의 생각에 관해 무언가를 드러내 주었다는 것이다. 그것은 바로 민족 국가와 민족 주권의 개념(과 실천)에 어떤 잘못이 있으며, 무엇이 민족 국가의 정치적 대안인가에 관한 것이다.

아렌트는 가능한 가장 강력한 ('과장된') 언어로 그녀의 의견을 표현하고 옹호하는 데 결코 주저하지 않았다. 그녀는 점점 더 대담하게 시온주의적 정책들을 비판했다. 그녀는 시온주의자들이 1942년에 채택한 빌트모어Biltmore 프로그램에 반대했는데, 이에 따르면 팔레스타인에 있는 유대인들(당시 소수 민족이었던)이 그들의 '조국'에서 실제적인 다수자(아랍인들)에게 소수자의 권리를 부여하도록 되어 있었다. 아렌트는 첫 번째 시온주의 이민자들이 처음으로 팔레스타인으로 간 때로부터 50년 동안 유대인-아랍인의 관계의 폭발적인 현안을 무시하고, 모호하게 하고, 은폐했다고 느꼈다.

시온주의자들에 대한 아렌트의 가장 날카롭고 신랄한 비판은 1944년 10월 미국 시온주의자들의 집회에서 만장일치로 채택된 결의안(이후에 국제시온주의연합 the World Zionist Organization에 의해서 승인됨)에 의해서 촉발되었다. 그 결의안은 "분할되지도 않고 축소되지도 않은 팔레스타인 전체를 포함하는 …… 자유롭고 민주적인 유대 국가"의 설립을 요구했다. 아렌트에 따르면 이것은 시온주의 역사에서 결정적인 전환점으로, 보다 온건한 일반적인 시온주의자들을 보다 더 극단적인 수정주의자들에게 완전히 굴복하게 만들었다.[77]

그녀가 쓴 논문 「시온주의 다시 보기」 — 이 결의안을 비난하고 시온주의 운동의 역사와 실패에 대한 자신만의 해석을 제공한 — 는 그녀가 유대인과 시온주의 문제에 대해 이전에 쓴 다른 어떤 논문보다도 더 강렬하며 열정적이었다. 그녀는 반어법, 풍자, 비난, 냉소, 그리고 솔직한 탄핵 등 모든 수사학적인 방법을 사용했다. 그녀의 열정은 반시온주의에서 생겨난 것이 아니라, 오히려 국제적 시온주의자 운동의 의기양양한 힘에 대한 분노와 실망에서 생겨났다. 「시온주의 다시 보기」에서 사용된 수사들이 너무 강한 나머지 『코멘터리』는 그것을 출간하지 않겠다고 거절했다. 아렌트가 항의하자 편집자 중 한 사람인 클레멘트 그린버그Clement Geenberg는 자신이 그것이 "너무 많은 반유대주의적 함의를 담고 있다 — 그러한 함의를 당신이 의도하였다는 의미가 아니라 우호적이지 않은 독자들이 그런 식으로 이해할 수 있다"(YB, 223에서 재인용)[78] — 고 생각했음을 인정했다.

아렌트는 자신의 목소리가 소수자의 것이라는 것, 자신의 의견이 남들에 의해 억눌리고 있다는 것을 알았지만 이것이 그녀를 단념시키지는 못했다. 그녀가 반복해서 인용했던, 가장 좋아했던 인용구들 중 하나가 사실상 모토가 되었다. "승리의 원인은 신들을 기쁘게 하지만 패배의 원인은 카토를 기쁘게 한다Victrix causa diis placuit, sed victa Catoni." 이러한 선언은 아렌트에게 특별한 의미를 띠었는데, 그것은 공화주의에 대한 그

77)팔레스타인 전체와 트란스요르단을 포함하는 유대 국가를 목표로 삼았던 시온주의 운동의 극단적 분파를 지칭하는 데 사용되었던 '수정주의자'라는 표현이, 최근에는 홀로코스트가 실제로 일어났다는 것 자체를 부정하는 주변적이지만 요란한 집단을 지칭하기 위해 사용된다는 것은 아주 씁쓸한 아이러니이다.

78)1944년에 *Commentary*에 보낸 "Zionism Reconsidered"는 유대인 집단 외부에는 거의 알려지지 않았던 잡지인 *Menorah Journal*, 33 (Aug. 1945), 162-196에 수록되었다. 아렌트가 여기에서 사용한 수많은 수사학적 장치들은 『아이히만』에서 다시 사용되었다. 후자에서 아렌트는 시온주의적 목표를 위해 그 재판을 이용하려 시도했던 벤구리온에 대한 경멸을 감추지 않았다. 그녀는 '반시온주의', '반유대주의,' 그리고 '유대적 자기혐오'의 입장을 취했다고 하여 격렬한 공격을 받았다.

녀의 생각과 판단에 반영되었다.79) 승리의 원인들이 신을 기쁘게 했을 뿐만 아니라 역사가들, 특히 근대의 역사가들은 승리를 거둔 역사의 원인들과 운동들을 강조하는 쪽으로 압도적으로 편향되어 있었다. 근대 역사의 많은 부분은 '승리를 거둔' 원인들의 점진적인 발전으로서 기술된 것이다. 역사의 문제에 관한 그녀의 사고에 아주 깊은 영향을 주었던 발터 벤야민과 마찬가지로, 아렌트는 이러한 편향 — 역사가 계속적이며 점진적인 승리들의 이야기로 이해되는 — 에 대해 비판적이었다.

벤야민과 아렌트 둘 다 패배한 원인들 — 대부분의 역사적 평가와 기억으로부터 잊히고, 주변화되고, 망각된 원인들 — 로부터 훨씬 더 많은 것을 배울 수 있다고 믿었다. 이 주제는 아렌트가 혁명 정신이라는 '잃어버린 보물'과 혁명의 '진보적' 발전 속에서 자발적으로 발생하는 — 그리고 너무나 빨리 사라져 버리는 (그리고 억압되는) — 명백한 자유가 달아나는 순간을 재발견하려고 노력하였을 때 두드러지게 나타났다. 이러한 의미에서 "승리의 원인은 신들을 기쁘게 하지만 패배의 원인은 카토를

---

79)아렌트는 이 주장이 카토의 것이라고 하였지만 사실상 그것은 Lucan, *Pharsalia* (Bellum civile I, line 128)에서 온 것이다. 아렌트는 최초의 저서인 『라헬 파른하겐』에서 이 구절을 인용했으며, 그녀가 죽고 난 뒤 그녀의 타자기에서 발견된, '정신의 삶. 제3부 판단'이라는 제목이 붙어 있던 종이에도 있었다. 야스퍼스에게 보내는 편지에서 아렌트는 시온주의자인 친구 쿠르트 블루멘펠트에 대해 묘사하는 가운데 그것을 인용하였다.

"그분에 대한 생각을 말씀드리면 다음과 같습니다. 그의 70회 생일을 기념하여 나온 논문집에 많은 논문들이 실렸는데, 거기에 나오는 한 일화가 너무나 전형적으로 그를 나타내 주고 있어서 제 뇌리에서 떠나질 않습니다. 젊은 시절에 그는 시온주의자가 되기를 거부하는 사람을 시온주의자로 만들려고 애를 쓰고 있었습니다. 거부한 사람이 '하지만 당신은 이 일이 어떠한 성공도 보장할 수 없는 일이라는 것을 인정해야 해'라고 했습니다. 그러자 블루멘펠트는 '내가 성공하는 데 관심이 있다고 누가 말해?'라고 응수했습니다. …… 겐츠가 항상 인용했던 카토의 말을 당신은 알고 계시지요. 승리의 원인은 신들을 기쁘게 하지만 패배의 원인은 카토를 기쁘게 한다는 말 말입니다. 이것은 공화주의의 정신입니다."(C, 244)

아렌트에게서 나타나는 이 인용문의 용법과 의미에 대한 추가적 코멘트는 *C*, 735-736에 나오는 편집자의 주 2 및 EU에 대한 제롬 콘의 서문, xxiii을 참조하라.

기쁘게 한다"라는 말은 "공화주의의 정신"이었다.

그녀는 의견을 표현하고 방어하지만 결국 동료들로부터 무시를 당하는 것이 어떤 것인지를 직접적인 경험을 통해 알고 있었다. 베르나르 라자르처럼 아렌트 자신은(『아이히만』이 출간되기 오래전부터) 자신의 민족들 사이에서 파리아가 되어 가고 있었다. 그녀는 수정주의로 전환한 시온주의에 의해 심란해졌을 뿐만 아니라, 이데올로기적 순응, 즉 어떠한 반대도 관용하지 않으며 대립되는 의견을 억압하는 순응을 지향하며 커져 가는 압박에 의해 경각심을 가지게 되었다. 정치의 의미에 대한 탐구에서 그녀는 의견 — 특히 복수성과, 공적 공간에서 동료들과 논의되는 의견의 대립 — 의 역할을 강조했다. 그녀에게는 이것이야말로 진정한 정치와 명백한 정치적 자유의 심장이었다.[80] 아렌트에게 만장일치의 경향 — 공통 세계에 대한 다른 관점들을 한 사람, 하나의 당, 하나의 이데올로기라는 하나의 단일한 '진리'와 바꾸어 놓은 것 — 은 근대의 가장 치명적인 경향이었다. 이것이 그녀가 그토록 명확히 '정치적인 것'과 '사회적인 것'을 구분한 중요한 이유 중 하나이다. 근대에 '사회적인 것'은 인간을 관례화하려고 하는 — 인간의 자발성과 복수성을 제거하려는 — 모든 경향을 일컬었다. 더욱이, 그녀의 지속적이고 우호적인 철학과의 싸움은 하나의 단일한 철학적 진리의 '강요'에 대항하는 축소될 수 없는 복수성에 대한 옹호에 초점을 두고 있었다. 철학자들은(거의 예외 없이) 의견doxa의 불확실성을 참지 못했다. 그들은 의견doxa은 측정되어야만 하며 진리aletheia로 대체되는 것이 바람직하다고 주장했다. 얼핏 보면 의견이 시험

80) 정치에 대한 의견이 갖는 의미와 그 중요성은 PP에서 탐구된다. 여기서 아렌트는 doxa를 의견과 명성에 연결시킨다. "도크사라는 말은 의견뿐만 아니라 광채와 명성도 의미한다. 도크사 자체는 정치 영역과 연결되는데, 정치 영역은 모든 사람이 자기 자신이 누구인지를 보여 줄 수 있는 공적 공간을 말한다."(PP, 80) (PP는 제롬 콘이 편집한 아렌트 유고집 『정치의 약속』에 '소크라테스'라는 제목으로 들어 있다. 위의 문장은 『정치의 약속』(푸른숲, 2007), 42에서 인용한 것이다 — 역주.)

되고 논박될 수 있는 공적인 영역을 창출할 필요에 대한 아렌트의 강한 옹호는 언론 자유에 대한 고전적 자유주의의 주장과 유사하게 보일 수도 있다. 그러나 의견의 충돌이 '최종적' 진리로 인도할 것이라고 믿어서 이러한 복수성을 정당화한 것이 아니라는 점에서 아렌트는 전통적 자유주의와 중요한 차이를 보인다. 그러한 견해를 지지하는 것은 여전히 의견을 진리라는 기준에 의해서 측정하는 것이다. 아렌트의 요지는, 진리가 의견을 형성하는 데 중요하다고 하더라도 — 그리고 심각한 상황에서는 결정적일 수 있다고 하더라도 — 의견과 진리는 동일하지 않다는 것이다. 의견의 충돌은 진리라는 기준에 의해서가 아니라, 그것이 더 나은 정보에 근거하고 더 단단한 토대를 가진 의견을 향해 나아가는가에 의해서 판단되어야 한다.[81] 이 맥락에서 내가 강조하고 싶은 점은 의견의 복수성과 충돌에 대한 아렌트의 옹호가 단순히 이론적인 것이 아니라는 것이다. 그것은 단지 철학과 정치의 관계에 대한 성찰의 결과나, 근대의 숨은 경향들에 대한 이해에서만 비롯된 것이 아니었다. 그것은 시온주의 및 시온주의적 이데올로기에 대한 그녀 자신의 '개인적 경험들'의 결과였다. 논문 「유대인 조국을 구하기 위하여 To Save the Jewish Homeland」에서 그녀는 동료 유대인들에게 다음과 같이 경고하였다.

> 의견의 만장일치는 아주 불길한 현상이고, 우리 근대 대중 시대의 한 특성이다. 그것은 사회적 삶과 개인적인 삶을 파괴하는데, 그 삶은 우리의 본성

81) 진리(특히 철학자들이 추구하는 진리)와 의견의 구분에 대해서는 PP를 참조하라. 이 강의에서 아렌트는 플라톤의 "진리의 폭정"에 대해 언급하는데, 그녀는 이것이 소크라테스에 대한 재판과 선고가 담고 있는 의미에 대한 플라톤의 성찰에서 나온 것이라고 주장한다. 아렌트는 소크라테스와 플라톤을 조심스럽게 구분한다. "소크라테스에게 변증술은 정치적 행위였고, 엄격한 평등성에 근거한 주고받기였으며, 그 성과는 이러저러한 일반적 진리에 도달한다는 결과를 통해서는 측정될 수 없는 것이었다." 소크라테스는 "다른 사람들이 여하튼 무엇인가를 생각하여 그들의 도크사 가운데에서 진리를 발견하도록 돕고 싶어 했다."(81; 『정치의 약속』, 43-44)

과 신념이 서로 다르다는 사실에 근거하고 있다. 다른 의견들을 주장하고, 다른 사람들이 똑같은 문제에 대해서 다르게 생각한다는 것을 깨닫는 것은 모든 토론을 중단시키고 사회적 관계를 한 무리 개미들의 관계로 격하해 버리는 신에게나 합당한 확실성으로부터 우리를 보호해 준다. 만장일치의 여론은 의견이 다른 사람들을 통째로 제거하는 경향이 있다. 대중의 만장일치는 동의의 결과가 아니라 광신과 히스테리의 표현이기 때문이다. 동의와는 대조적으로, 만장일치는 어떤 잘 정의된 목적에서 멈추는 것이 아니라 전염병처럼 관련된 모든 문제들로 퍼진다.(JP, 182)

나는 아렌트가 「시온주의 다시 보기」에서 지적하는 몇 가지 중요한 문제들을 검토하고자 한다. 왜냐하면 이 논문은 이전 10년 이상 진화해 온 시온주의에 관한 그녀의 신념을 요약하고 있기 때문이다. 그것은 시온주의에 대한 그녀의 비판의 기본적인 노선을 분명히 보여 준다. 가장 중요한 점은, '실제로 존재하는' 시온주의 정치와 아렌트와의 만남이 정치에 대한 그녀 자신의 이해를 어떻게 예리하게 만들어 주었는지 우리가 알 수 있다는 것이다. 결과적으로 그것은, 아렌트의 정치적 사유의 기조를 이해하기 위해서는 우리가 그것이 유대인 문제와 그녀의 다각적인 조우에 어떤 식으로 근거하고 있으며 또 어떻게 그로부터 비롯되었는지를 알아야 한다는 나의 중심 주제를 한층 더 뒷받침하게 될 것이다.

이 논문의 극적이고 신랄하게 비판적인 시작에 유의해 보자.

50년에 걸친 시온주의 정치의 최종적 결과는 국제시온주의연합의 가장 크고 가장 유력한 분과의 최근 결의안 내에 구현되었다. 미국의 시온주의자들은 1944년 10월 애틀랜틱시티에서 열린 그들의 마지막 연례 집회에서, "분할되지도 않고 축소되지도 않은 팔레스타인 전체를 포함하는 …… 자유롭고 민주적인 유대 국가"에 대한 요구를 좌파에서 우파에 이르기까지 만장일치로 채택했다. 이것은 시온주의 역사의 전환점이었다. 왜냐하면

> 그것은 그토록 오랫동안 논박되어 왔던 수정주의자의 프로그램이 마침내 승리를 거두게 되었다는 것을 뜻했기 때문이다. 애틀랜틱시티의 결의안은 심지어 소수 민족인 유대인이 다수 민족인 아랍인에게 소수민족의 권리를 부여했던 빌트모어 프로그램(1942)보다 한 걸음 더 나아간 것이었다. 이번에 이 결의안에서 아랍인들은 언급조차 되지 않았으며, 그들에게는 자발적인 이민이나 이급 시민권 사이의 선택만이 남게 되었다. 그것은 마치 기회주의적 이유만이 시온주의 운동이 그 최종 목적들을 진술하는 것을 사전에 막았음을 인정하는 것처럼 보인다. 팔레스타인의 장래의 정치 조직에 관한 한, 이러한 목적들은 이제 극단주의자들의 목적들과 완전히 동일한 것으로 보인다. 그것은 아랍인과 유대 민족 사이의 이해의 필요성을 끈질기게 설교한, 바로 팔레스타인 내부에 있는 유대인 정당들에게는 치명적인 타격이었다. 반면에 그것은, 팔레스타인에서 일어난 많은 부정한 일들로 인한 압력과 유럽에서 일어난 끔찍한 파국적 일들을 통해 이전보다도 더욱 민족주의적이 된, 벤구리온의 지도 아래 있는 다수의 입장을 상당히 강화시킬 것이다.(JP, 131)

이 첫 문단은 아렌트를 가장 괴롭혔던 중심적인 문제들을 제기한다. 일차적 문제는 "팔레스타인 유대인들이 형성하려던 것이 어떤 종류의 정치 체제인가에 대한 문제"이다. 그 문제는 바로 팔레스타인이 '유대인들의 조국'인 장소가 될 것인가의 여부, 혹은 (수정주의자들이 요구했던 대로) 시온주의의 열망에 따른 유일하게 실행 가능한 목적이 주권이 있는 유대 국가의 건설인가의 여부였다. 이러한 문제에 대하여 분명한 태도를 취하려면 유대인과 아랍인 간의 갈등 및 소수와 다수의 권리들의 문제에 정직하게 대면해야 했다. 아렌트는 팔레스타인의 시온주의 역사는 많은 부분에서 (부분적으로는 잇따른 아랍인 폭동 때문에) 그 문제의 복잡성을 대면하는 데 실패했다고 주장했다. 수정주의자들은 적어도 굉장히 솔직하다는 장점을 가지고 있었다. 그들은 트란스요르단을 포함하여 '고대의' 팔레스타인 전체를 포괄하는 유대 민족 국가의 창출을 대담하게 주장했다. 그 결과는 아랍인 주민들이 다른 아랍 나라들로 '옮겨진' 동질적인 유대 국가일 터였다. 아렌트는 그러한 해결책을 용납할 수 없다고 생각했다. 그것은 새로운 무국적 민족, 팔레스타인의 아랍 피난민을 창출했할 것이었다. 우리는 『전체주의의 기원』에서 그녀가 한 냉소적인 비판을 상기해야 한다. "유일하게 해결할 수 없는 것으로 간주되었던 유대인 문제가 전쟁 후에 — 다시 말해 식민지화된 후 정복된 지역을 통해 — 정말로 해결되었지만, 이것은 소수 민족의 문제도 무국적자의 문제도 해결하지 못했다. 반면에 우리 세기의 모든 사건들처럼, 유대인 문제의 해결책은 새로운 범주의 난민들, 즉 아랍인들을 만들었고, 그로 인해 무국적자들과 권리를 잃은 자들의 수가 다시 70만 명에서 80만 명 정도 더 증가했다."(OT3, 290)

아렌트는 「시온주의 다시 보기」에서 — 그리고 사실상 팔레스타인과 이스라엘에 대한 모든 저작에서 — 근동의 평화는 유대인들과 아랍인들의 직접적인 협상을 필요로 하며, 그것과 더불어서만 생겨날 것이라고 강한 어조로 주장했다. 영국이든 미국이든 러시아든 간에 강대국들이 팔레스타인의 문제들을 해결할 수 있다고 유대인들이 생각하는 것은 무모하고 위험한 일이었다. 아렌트가 1950년에 그렇게 단호하게 주장했던 것은 50여 년이 지난 지금도 마찬가지로 (어쩌면 오히려 더) 옳다.

> 근동의 평화는 이스라엘 국가와 아랍 민족, 그리고 서구에 필수적이다. 평화는 휴전과는 달리 외부로부터 강요될 수 없으며, 유대인들과 아랍인들 사이의 협상과 상호 타협, 그리고 점진적인 합의를 통해서만 도출될 수 있다.(JP, 193)

이스라엘 국가가 건설되기 전에, 아렌트는 (모종의 통찰력으로) 만약 시온주의자들이 "지중해 연안의 민족들을 계속해서 무시하고 멀리 떨어져 있는 거대한 강대국들에만 주의를 기울인다면" 시온주의자들은 강대국들의 도구로서만, 외국의 그리고 적대적인 이해관계의 중개자로만 보이게 될 것이라고 우려했다.

> 자기 자신의 역사를 아는 유대인들은 그러한 사태가 유대인 혐오의 새로운 파도를 불가피하게 일으키게 될 것임을 알아야만 한다. 미래의 반유대주의는, 유대인들이 그 지역의 낯선 강대국들의 존재로부터 이익을 얻었을 뿐만 아니라 실제로 그것을 도모하였고, 따라서 그러한 결과에 대해 책임이 있다고 주장할 것이다.(JP, 133)

이것은 반시온주의자들과 반유대주의자들에 의해서 끝없이 되풀이되어 온 비난이다.

아렌트는 유대 민족 국가의 설립이 시온주의 정치의 유일한 목적이라고 생각하는 시온주의의 경향을 비판하였다. 시온주의자들은 아렌트가 생각하기에 더 이상 실현 가능하지 않은 정치적 모델을 채택하는 함정에 빠지고 있었다. 유럽적인 의미에서 민족 국가는 기본적으로 동질적인 주민 — 즉 공통의 전통, 언어, 공유된 경험에 의해 통일성을 이룬 주민 — 을 통치하는 국가를 의미했다. 민족 국가의 '논리'에 따르면 소수 민족 거주민은 언제나 문제가 되었다.[82] 수정주의자들은 유럽의 민족 국가들이 자신들에게 했던 바로 그것 — 아랍인들을 이등 시민으로 만들거나 더하게는 그들 모두를 새로운 국가로부터 배제하는 것 — 을 자신들이 팔레

---

82)이러한 유럽적 의미에서의 민족 국가는 동질적인 민족 집단을 전제한다. 아렌트는 "미국의 정치 구조는 …… 유럽적인 의미에서의 민족 국가는 아니다"라고 주장했다. 결국 "미국의 정치체는 훨씬 넓은 관용을 수많은 민족의 공동체적 삶에 부여할 수 있었으며, 이로써 이 민족들은 모두 미국 국가의 삶을 형성하고 규정하게 되었다."(JP, 158-159)

스타인의 아랍인들에게 하기를 원했음을 인정하려 들지 않았다. 아렌트는 추악한 형태의 유대 민족주의의 출현에 대해서 경고하였다. "민족주의는 그것이 민족의 거친 힘만을 믿을 때는 아주 나쁘다. 외국 민족의 힘에 필연적으로 그리고 명백히 의지하는 민족주의는 분명히 더 나쁘다."(JP, 132-134)

그러나 유대 민족 국가의 설립이 거부된다면, 그렇다면 무엇이 대안인가? 아렌트는 유대인 조국과 유대인 주권 국가를 예리하게 구분한다. 아렌트는 "아랍 민족과 유대 민족 사이의 이해를 끈질기게 주장하는 팔레스타인에 살고 있는 시온주의자 소집단"과 자신의 입장을 동일시했다. 1925년에 주로 지식인들과 대학 교수들로 구성된 소집단이 조직되어 스스로를 평화의 계약Brit Shalom이라고 불렀다. 그들은 유대인들과 아랍인들이 똑같은 권리를 갖는 이중 민족 국가를 주창했다. 그들은 심지어 밸푸어 선언도 반대했는데, 그 선언은 대부분의 시온주의자들로부터 획기적인 것으로 환영받았던 것이었다. 특히 평화의 계약 참여자들은 영국이 유대인들에게 팔레스타인을 주겠다고 '약속'하지 말았어야 했다는, 지극히 인기 없는 입장을 취했다. 평화의 계약에 동조하는 사람들 대부분은 순진하고 비현실적일 뿐만 아니라 시온주의의 배반자들이라고 여겨졌다. 평화의 계약을 이끄는 지도자인, 히브리 대학교 초대 총장 유다 마그네스는 시온주의자의 목적에 대한 배반자라는 비난을 받았다. 평화의 계약은 결코 넓은 지지를 이끌어 내지 못했다. 평화의 계약은 1929년 그리고 1930년대에 줄곧 발생한 유대인들과 아랍인들 사이의 시가전 이후 온건한 지지자 대부분을 잃었다. 많은 시온주의자들은, 이 일이 유대인들과 아랍인들이 같은 영토 내에서 동등한 자들로서 함께 평화롭게 살 수 있다는 생각이 완전히 비현실적인 것임을 확인해 주었다고 여겼다. 그럼에도 1942년에 마그네스는 유대인과 아랍인의 화해를 위한 노력을 계속하였다. 그는 이후드라는 새로운 당을 설립하였는데, 이 당은 마르틴 부버

Martin Buber, 헨리에타 졸드Henrietta Szold('청년 알리야'의 설립자), 에른스트 지몬Ernst Simon과 같은 뛰어난 인물의 지지를 받았다. 아렌트는 시온주의의 진부한 슬로건과 정치에 반대하는 이후드를 지지했음에도 처음에는 마그네스의 친영국적인 성향에 거리를 두었다. 이스라엘 국가의 설립으로 이어진 팔레스타인에서의 교전 이후 짧은 기간 동안, 그녀는 미국에서 마그네스와 그의 지지자 집단과 긴밀하게 일하였다. 이 시기는 그녀가 — 충실한 반대자로서 — 직접적인 정치 행위에 참여했던 그녀 일생의 몇몇 짧은 시기들 중 하나이다. 그러나 마그네스와 이후드에 대한 아렌트의 적극적인 지지를 탐구하기에 앞서, 그녀가 「시온주의 다시 보기」에서 상술하고 있는 시온주의 역사에 대한 이해를 고찰해 보자.

아렌트에 따르면 시온주의 운동은 "19세기 유럽의 전형적인 두 개의 정치 이데올로기" — 사회주의와 민족주의 — 에 의해 "창시되었다." "민족적 억압이라는, 사회적인 상황에 처해 있던 소규모 유럽 민족들의 민족 혁명 운동" 안에는 외견상 모순적인 이 같은 두 가지 이념의 혼합물이 존재했다. 그러나 시온주의 운동 내에서는 그러한 혼합은 결코 실현되지 않았다."(JP, 136-137) 양자 사이에는 긴장이 존재했다.

> 그 운동은 동유럽 대중들로부터 발생한 사회적-혁명적 세력들과 중부 유럽의 국가들에서 헤르츨과 그의 지지자들에 의해 천명된 민족 해방에 대한 열망 사이에서 처음부터 분열되어 있었다. 이러한 분열의 역설은, 전자가 사실상 민족적 억압에서 야기된 민족 운동이었던 반면, 사회적 차별에 의해서 생겨난 후자는 지식인들의 정치적 신조가 되었다는 것이다.
>
> (JP, 137)

독일계 유대인 지식인인 아렌트는 "동유럽 대중들"의 사회적 혁명 세력에 훨씬 더 공감했다. 왜냐하면 그것이 진정한 민족 운동이었기 때문이었다. 사회적 혁명 세력에 대한 이러한 신뢰는 유대인 문제와 시온주의에 대한 아렌트의 사고에서 변치 않는 주장이다. 이것은 헤르츨과 그의 지지자들에 대한 그녀의 혹평의 기초였는데, 이들은 이러한 사회적 혁명 세력들을 두려워했다. 헤르츨은 "모든 사회적 운동 자체에 대하여 맹목적인 적대감을 가지고 있었다"(JP, 171)고 아렌트는 주장했다. 아렌트의 사고 속에 나타나는 민중주의적 경향은 시온주의에게 일어난 일에 대한 그녀의 언급 속에 강하게 나타난다. 그녀는 민족주의 자체가 "민족들의 국가적 조직의 위대한 혁명적 원리"였던 것과 마찬가지로, 사회주의는 한때 "혁명적 노동 운동의 원천이었음"을 우리에게 상기시킨다.(JP, 140-141) 불행하게도 양자 모두 이데올로기로 퇴락해 버렸다 — 그리고 시온주의의 운명도 마찬가지였다.

시온주의자의 혁명의 열정을 배신한 것은 시온주의 자체의 정치 역사라고 아렌트는 주장한다. '실제로 현존하는' 시온주의에 대한 그녀의 비판은 내재적인 것이었으며, 사회적-혁명적 시온주의에 대한 약속을 우리에게 상기시킨다.

> 인민의, 인민에 의한, 인민을 위한 정부를 신봉하는 모든 사람에게는 슬픈 일임에 틀림없지만, 시온주의의 정치 역사는 유대인 대중으로부터 발생한 진정한 민족적 혁명적 운동을 쉽게 무시할 수 있었던 것이 사실이다. 시온주의의 정치 역사는 민족에서 나오지 않은 요소들과 주로 관련이 있음에 틀림없다. 그 역사는 그들이 따랐던 테오도르 헤르츨이 그랬던 것만큼 인민에 의한 정부를 거의 신봉하지 않았던 사람들과 관련되어 있음에 틀림없다 — 그들 모두가 인민을 위해 무엇을 하기를 단호히 바라고 있었다는 점이 사실임에도 불구하고 말이다.(JP, 142)

만약 시온주의자들이 그들 자신의 혁명적 기원들에 대하여 진실하였다면 일어났을지도 모르는 일에 대한 아렌트의 이해는 다음의 글에서 통렬하지만 웅변적으로 표현되었다.

> 그토록 이상주의적 열정을 가지고 출발하여 당시의 권력자들에게 그 최초의 순간을 팔아먹은 민족 운동, 역사적으로 다른 조건을 가졌더라도 목적이 본질적으로 동일했던 다른 피억압 민족들과 유대를 느낄 수 없었던 민족 운동, 제국주의의 관심을 이용함으로써 우리 시대의 가장 사악한 힘과 타협하려고 자유와 정의의 때 이른 꿈속에서조차 시도하였던 민족 운동의 광경에 실망한 이들, 이 사람들은, 다른 민족과는 달리 자유를 위한 싸움을 시작할 영토조차도 소유하지 못한 유대인들의 상황이 얼마나 심하게 어려웠는지를 공정하게 고려해야 한다. 헤르츨이 설계했고 바이츠만이 파국에 이르기까지 지지했던 노선에 대한 대안은 유럽의 모든 진보 세력들과의 동맹을 의미했을 것이다. 그것은 분명 강력한 혁명 운동에 근거하여 협상하기 위해 유대 민족을 조직하는 것이었을 터이다. 이것은 커다란 위험을 내포했을 것이다. 시온주의자 조직 내에서 이러한 방법을 고려했던 적이 있다고 알려진 유일한 사람은 위대한 프랑스 시온주의자 베르나르 라자르였는데 …… 그는 초창기인 1899년에 그 조직을 탈퇴해야 했다. 그 이후로 어떤 책임 있는 시온주의자도, 자유를 향해 이송되는 대신 자유를 성취하는 데 필요한 강력한 의지를 유대 민족에게서 기대하지 않았다. 그래서 어떤 공식적인 시온주의 지도자도 유럽에서 혁명적 세력을 감히 지지하려 하지 않았다.(JP, 152)

이곳 또는 어떤 다른 곳에서도 아렌트는 이러한 '혁명적 세력들'이 무엇인지 밝히지 않았다. 또한 아렌트는 어떤 유대인 공동체들이 언제, 어디서, 어떻게 그러한 연대를 이루었는지에 대해 상술하지 않았다. 그녀가 이러한 문제들에 대해 상세하게 이야기하지 못하는 한, 그녀는 무책임하게 낭만적이고 공상적이었다고 비난받을 수 있을 것이다. 그러나 아렌트는 현실주의에 대한 호소, 그리고 가능성을 폐쇄하고 상상력을 제약하며 심각한 논쟁을 제한하는 시온주의의 장황한 호소 — '선택은 없다' — 에 대해 비판적이었다. '실질적인' 해결책을 제안하지 않았다고 비판받을 수도 있지만, 그녀는 시온주의 운동에 일어나고 있었던 일에 대하여 판단하는 중이었고 이를 통해 시온주의의 약속을 상기하고 있었다. 그녀는 소위 정치적이고 실천적인 시온주의의 국면을 역전시키려고 노력하였다. '정치적 시온주의자'라는 말로 그녀가 의미했던 것은 "시온주의가 이데올로기, 세계관Weltanschauungen, 역사의 열쇠를 커다란 여행 가방에 넣어 다니던 19세기의 정치 운동에 속한다고 생각한"(JP, 140) 사람들이었다. 그러한 이데올로기들은 한때 "진정한 정치적 열정들이라는 원동력을 먹고 살았지만, 정치적 조건보다 오래 존속하면서 우리 시대의 폐허 한가운데에서 살아 있는 유령들처럼 함께 느릿느릿 걸어가기만 하는 운명을 경험하였다."(JP, 140) 아렌트는 바이츠만의 '실천적' 시온주의에 조금 더 많이 공감하였는데, 그것은 '팔레스타인의 설립' 에 있어서 실천적인 업적들의 필요를 강조하였다. 그러나 그녀는 그러한 설립을 국제적 반유대주의에 대한 해결책이라고 생각하는 것은 순진하다고 보았다. 그녀는 "팔레스타인의 설립이 반유대주의에 대한 우리의 대답"이라는 바이츠만의 주장을 비판했다. 이 주장의 '불합리함'은 롬멜의 군대가 유럽 국가들에서와 똑같은 운명을 가진 팔레스타인의 유대인들을 위협했을 때 드러났다.

아렌트는 심지어 키부츠 운동의 정치적 지도력의 부족에 대해서도 비판적이었는데, 그 운동은 그녀가 '새로운 유형의 유대인'을 창출하는 사회적 실험으로서 무척 상찬했었던 것이다. 그녀가 의미했던 것은 키부츠 주민들이 그들의 운동의 업적들과 운명에는 관심을 기울이지만, 키부츠 운동에 영향을 미치지 **않은** 유대인이나 팔레스타인 정치에 대해서는 충분한 관심을 갖지 않는다는 것이었다. "사실상 어떤 의미로는 그들은 정치를 하기에는 너무나 품위가 있었으며, 그들 중 최고위의 사람들은 어쨌든 정치로 인해 자신의 손을 더럽힐까 봐 걱정했다. 그러나 그들은 수천 명의 유대인들을 새로운 이주자로 상륙시키지 않았던 팔레스타인 외부의 유대인들의 삶의 어떤 사건에도 전혀 관심이 없었다. 그리고 그들은 장래의 이민자가 아닌 모든 유대인들을 지겨워하였다."(JP, 138) 시온주의가 유대 민족의 전 세계적인 사회적 혁명 운동의 전위의 주역이 되지 못한 것을 가지고 시온주의를 판단하는 것은 어쩌면 비현실적이었을지도 모른다. 그러나 이것이 아렌트가 시온주의의 성공과 실패를 평가한 시각이었다. 실망에 찬 아렌트는 다음과 같이 썼다.

> 따라서 사회적-혁명적 유대 민족 운동은, 반세기 전에 너무나 고상한 생각을 가지고 시작하여 근동의 특수한 현실과 세계의 일반적인 사악함을 간과하였기 때문에 — 대부분의 그런 운동들이 그렇듯이 — 민족주의적 주장뿐만 아니라 국수주의적 주장들까지도 무조건적으로 지지하면서 끝났다 — 그러나 이는 유대 민족의 적들이 아니라 그 잠재적 친구들과 현재의 이웃들에 반대하는 것이었다.(JP, 140)

「시온주의 다시 보기」는 1944년에 쓰였다. 당시 제2차 세계대전은 여전히 진행 중이었고, 나치의 절멸수용소들은 여전히 순조롭게 기능하고 있었으며, 대영 제국의 악명 높은 백서White Paper는 실질적으로 유대인 이민에 대하여 팔레스타인을 폐쇄하였고, 국제연합은 아직 세워지지 않았다. 독일이 항복하고 몇 년 후에야 팔레스타인과 관련된 일들이 급속도로 전개되었다. 당시에 아렌트는 『전체주의의 기원』을 완성하고 있었지만, 팔레스타인에서 일어나고 있는 일에 마음을 빼앗겼다. 1947년 6월 30일, 그녀는 야스퍼스에게 "오늘날 저와 그리고 많은 다른 이들에게, 신문을 펼쳤을 때 제일 먼저 팔레스타인에서 무슨 일이 일어나고 있는지를 살펴보는 것은 당연한 일이 되었습니다"(C, 91)라고 썼다. 1947년 9월 4일, 그녀는 시온주의 운동과 팔레스타인에서 이룩된 일에 대하여 긍정적인 태도를 보였다. 그녀는 야스퍼스에게 다음과 같이 썼다.

> [시온주의자들] — 따라서 동화정책의 지지자가 아닌 사람들 — 은 선민이라는 관념을 믿지 않는 유일한 자들입니다. 팔레스타인에서 일어났던 일 자체가 특별한 일입니다. 그것은 단순한 식민지화일 뿐 아니라 새로운 사회 질서에 대한 진지한 시도입니다. …… 하나의 민족으로서의 유대인에 관한 한, 최근 몇 년 동안 우리가 소위 민족성의 진정한 변화라고 부를 수 있는 대단히 중요한 변화가 그들 안에서 발생했습니다.(그것이 영구적인 것인지 저는 알 수 없습니다.)(C, 98)

1948년 4월 18일, 이스라엘 국가 설립 선언과 팔레스타인에서의 전면전이 발생하기 한 달 전에 아렌트는 우려를 표하였다. "그러나 정치적 상황은 아주 나쁘게 보여, 전쟁이 일어날 것이라고는 진심으로 믿지 않는 우리들조차도 여전히 때때로 일말의 공포를 느낍니다."(C, 108)

국제연합이 최초의 주요 결정 중 하나 — 팔레스타인의 분할과 유대 국가의 설립을 받아들이는 것 — 를 내린 것은 1947년 11월 29일이었다. 과거 국제연맹을 괴롭혔던 문제는 국제연합 역시 괴롭혔다. 어쨌든 어떤 외부 세력도 이러한 결정을 이행하는 데 필요하지 않다고 생각되었다.

> 아랍인들이 이러한 환상을 깨는 데는 2개월도 걸리지 않았고, 미국이 분할에 대한 입장을 바꾸고 국제연합에 대한 지지를 철회하며 팔레스타인에 신탁 통치를 제안하는 데 채 3개월도 걸리지 않았다. 국제연합 회원국들 중 오직 소련과 그 위성국들만 여전히 분할과 유대 국가의 즉각적인 선포에 찬성하다는 입장을 분명히 했다.(JP, 178)

신탁 통치는 유대인 기구Jewish Agency와 아랍 최고 동맹Arab Higher League에 의해 즉각적이고 단호하게 거부되었다. 유대인들은 원래의 국제연합의 결정을 고수할 '도덕적 권리'를 주장하였다. 아랍인들은 국제연명이 정했던 자결권을 고수할 '도덕적 권리'를 주장하였는데, 이 자결권의 의미는 팔레스타인이 현존하는 다수 아랍인의 지배를 받으며 유대인들에게는 '소수 민족의 권리들'을 부여한다는 것이었다. 그사이에 유대인 기구는 국제연합의 결정과 상관없이 새로운 이스라엘 국가의 존재를 선포했다. 유대인들과 아랍인들 사이의 싸움을 멈추려는 해결책이나 헛된 시도를 하거나 시행할 의지를 가진 어떤 외부 당국자도 없는 상태에서 전면전은 불가피한 것 같았다. 1948년 5월 아렌트로 하여금 탄원서 「유대인 조국을 구하기 위하여 — 아직 시간이 있다」를 쓰도록 만든 것은 이러한 상황이었다. 그녀는 "어떤 대가를 치르든 끝까지 싸우려는 두 민족 모두의 현재의 욕구는 순전히 비합리적일 뿐이다"(JP, 179)라고 생각했다.

아렌트는 미국의 유대인들과 팔레스타인의 유대인들 사이에 새로운 주권 국가를 건설하려는 압도적인 의견 일치가 있다는 사실에 대해 한탄했다. 시온주의는 더 이상 당파적, 논쟁적 문제가 아니었다. "분리 및 유대 국가의 수립을 사적으로나 공적으로 지지하지 않는 조직은 하나도 없었고 그런 개인도 거의 없었다." 그녀는 독특하고 날카로운 반어법으로 당시 미국 유대인의 상황을 이렇게 기술했다.

> 불과 얼마 전까지도 여전히 시온주의를 의지가 약한 사람들을 위한 이데올로기라며 경멸했으며 유대인 조국의 건설을 희망 없는 시도로 간주하여 그 대단한 지혜로 거부했던 유대인 좌파 지식인들, 신문 기사 제목에 어떻게 유대인들이 나오지 않게 할 것인가 하는 몹시 중요한 문제에 의해 유대인 정치에 대한 관심이 늘 좌지우지되었던 유대인 사업가들, 팔레스타인을 지독히 비싼 구호 대상으로 원망하며 '더 값진' 다른 목적에 사용될 기금

> 을 빼돌렸던 자선가들, 수십 년 동안 미국이 약속의 땅이라는 것을 진정으로 천진스레 확신했던 이디시어 신문의 독자들 — 브롱크스로부터 파크애비뉴까지, 아래로는 그리니치빌리지, 위로는 브루클린에 이르는 이들 모두는 유대 국가가 필요하다는 확고한 신념으로 결속되어 있다.(JP, 180)

아렌트는 팔레스타인의 유대인들 사이에도 동일한 만장일치가 있음을 알았으며, 좌파 키부츠주의를 표방하며 이중 민족 국가 프로그램을 강력히 주장했던 조직인 하쇼머 하차이르Hashomer Hatzair가 "국제연합의 결정이라는 '기정사실'"에 직면하여 자신의 프로그램을 포기했다는 사실에 주목했다. 아렌트가 그러한 "의견의 만장일치가 아주 불길한 현상"(JP, 182)이라고 우리에게 경고한 것은 이러한 상황에서이다.

다시 한 번 그녀는 "모든 이방인들은 반유대주의적이고 모든 사람들과 모든 사태가 유대인에게 불리하다는 냉소적이고 뿌리 깊은 확신"에 대해 — 거의 무모하게 — 공격했다. 그녀는 이것이 "명백한 인종주의적 국수주의"(JP, 183)라고 말했으며, 팔레스타인의 유대인들의 일반적 분위기는 "테러리즘과 전체주의적 방법의 증대를 조용히 묵인하고 비밀리에 성원하는 분위기"(JP, 181)라고 주장하였다.

아렌트는 "정착촌Yishuv이 무너졌다면," 만약 유대인들이 또 다른 파국을 겪었다면 무슨 일이 일어났을 것인지에 대한 자신의 관심을 피력하였다. "팔레스타인에서의 이러한 유대인의 실험은, 개인적인 경우뿐만 아니라 근대적 삶의 억압과 그것의 미해결 문제들에 의해 존엄성과 인간성 자체를 아주 심각하게 위협받는 우리 시대의 광범위한 인간 집단에게도 수용되고 적용될 수 있을 해결책에 대한 희망을 제공한다."(JP, 186)

더욱이 또 다른 선례의 바로 그 가능성이 정착촌과 함께 전해질 수 있었다. 이는 "두 민족 간의 긴밀한 협력의 가능성으로, 한 민족은 유럽 문명의 가장 진보한 방법을 체현하고 있으며, 다른 민족은 식민지의 억압과

퇴보의 과거 희생을 체현하고 있다. 아랍인-유대인 협력이라는 이러한 생각은 비록 어떤 규모로도 결코 실현되지 않았고 오늘날에는 표면상 어느 때보다 요원해 보이지만, 이는 이상적인 백일몽이 아니라 사실에 대한 냉정한 진술이며, 이것이 없다면 팔레스타인에서의 유대인의 모험 전체가 파국을 맞을 것이다."(JP, 186)

우리는 1948년 5월, 이스라엘 국가 건설의 결과로 생겨난 행복감에도 불구하고, 유대인들을 바닷속으로 몰아넣기로 결정한 아랍의 적들에 둘러싸인 이 새로운 국가의 운명이 불확실했다는 것을 잊어서는 안 된다. 가장 냉혹하고 혼란스러우며 거의 무시무시한 것, 특히 오늘날 우리의 견지로 해석해 볼 때 그러한 것은, 만약 유대인들이 전쟁에서 **승리한다면** 일어날 수 있을 일에 대한 아렌트의 예측이다.

> 그리고 설령 유대인들이 전쟁에서 승리한다 하더라도, 결국 팔레스타인에서의 시온주의의 독특한 가능성들과 업적들이 파괴된다는 것을 알게 될 것이다. 그 땅은 시온주의자와 비시온주의자를 포함한 세계의 유대인들의 꿈과는 상당히 다른 어떤 것이 될 것이다. "승리를 거둔" 유대인들은 완전히 적대적인 아랍 주민들에게 둘러싸이고, 영원히 위협받는 국경 내에 갇혀서, 모든 다른 관심과 활동들을 침몰시킬 정도의 물리적 자기 방어에 열중하며 살게 될 것이다. 유대인 문화의 성장은 더 이상 모든 사람들의 관심사가 되지 않을 것이다. 사회적 실험들은 비실용적인 사치로서 폐기되어야 할 것이다. 정치적 사유는 군사 전략을 중심에 두게 될 것이다. 경제적 발전은 오직 전쟁의 필요에 의해서만 결정될 것이다. 그리고 이 모든 것은 — 아무리 많은 이민자들을 계속 흡수할 수 있고 아무리 넓게 국경을(팔레스타인과 트란스요르단 전 지역이 수정주의자들의 정신 나간 요구이다) 확장할 수 있다하더라도 — 적대적인 이웃들에 의해 수적으로 크게 압도당한 아주 작은 민족의 운명으로 여전히 남아 있게 될 것이다.(JP, 187)

승리와 패배라는 두 가지 가능성에 대한 그녀의 비관적인 묘사를 받아들인다면 과연 무엇을 할 수 있었을까? 아렌트는 아무리 멀고 절망적이며 터무니없는 것으로 보인다고 해도, "이 같은 곤경에서 빠져나올 수 있는 방법"이 있다고 생각하였다. 그녀는 완전히 희망이 없어 보인다 해도 결코 인기 없는 위치나 명분의 주장을 피하는 사람이 아니었다. 그녀는 다음과 같이 권고했다.

> 국제연합은 이러한 전례 없는 상황 속에서, 아랍인-유대인 협력을 신실하게 믿는 자라는 기록 때문에 현재 고립되어 있는 유대인과 아랍인 개인들에게 나아감으로써, 그리고 그들에게 휴전 협정을 요구함으로써 전례 없는 한 걸음을 내딛도록 용기를 북돋우라. 유대인 쪽에서는, 몇몇 탁월한 비시온주의자들뿐만 아니라 시온주의자들 가운데 소위 이후드 집단이 이러한 목적에 가장 적합한 사람들이다.(JP, 189-190)

아렌트는 사실상 **첫 번째** 단계로서 분할보다는 오히려 신탁 통치를 추천하고 있었다. 그녀는 "모든 가능성 있고 실천 가능한 단계는 오늘날 그 주목적이 오로지 평화 조약인 잠정적인 노력이라는 것"을 인정했다. 그러나 그녀는 휴전과 분할의 유예 이상을 제안하고 있었다. 그녀는 민족 국가가 더 이상 유대 국가(혹은 다른 어떤 새로운 국가)를 설립하는 데 적당한 모델이 아니라고 끊임없이 주장했다. 그래서 문제는 대안이 무엇인가라는 것이었다. 그 문제는 팔레스타인에서 시작되고 있었던 전쟁에 비추어 볼 때 긴급한 구체성을 지니고 있었다. 우리는 여기서 아렌트의 정치적 사고에서 가장 참신한 주제 가운데 하나가 되는 정치적 대안에 대한 첫 번째 밑그림 중 하나를 발견한다. 그녀는 아랍인-유대인 지역 공동체 평의회들에 기초한 '연방 국가'의 성립을 옹호했다. 마그네스와 이후드를 분명히 언급하면서 아렌트는 다음과 같이 쓰고 있다.

> 최근에 마그네스 박사가 인정하기도 한 연방 국가라는 대안적 제안은 **훨씬 더 현실적**이다. 이는 두 개의 서로 다른 민족을 위한 공동 정부를 수립하는 것이라는 사실에도 불구하고, 정의상 해결되지 않는 골치 아픈 다수-소수 민족의 병렬을 피한다. 더욱이 연방 구조는 **유대인-아랍인 공동체 평의회들**에 의지해야만 할 텐데, 이것은 유대인-아랍인 갈등이 근접성은 가장 낮고 우호성은 가장 높은 선에서 해소될 것이라는 것을 의미한다. 결국 연방 국가는 이후 근동과 지중해 지역에서의 연방 구조를 향한 자연스러운 디딤돌이 될 수 있을 것이다.(JP, 191. 강조는 저자)

당시(1948년 5월)에 할 수 있는 선택들을 고려해 볼 때, 아렌트는 분할보다는 신탁 통치를 선호했다. 그 이유는 그녀가 신탁 통치를 '이상적인' 혹은 '영원한' 해결책으로 여겼기 때문이 **아니라**, 그것이 연방제로 전환할 수 있는 시간을 벌어 줄 것이기 때문이었다. 그녀는 연방 국가가 "두 민족의 반대를 무릅쓰고 머리 위에서" **부과**될 수 없다는 점을 아주 분명히 하였다(아렌트는 해결책을 부과하기 위해 국제연합이든 영국이든 미국이든 소련이든 간에, 어떤 제3의 세력을 신뢰할 수 있다는 생각에 지속적으로 반대하였다).

아렌트는 일련의 강력한 제안들로 자신의 논문을 끝맺는다 — 그녀가 주장했던 제안들은 "유대인 조국의 현실을 구하는 유일한 방법"이었다. "팔레스타인에 있는 유대인들의 진정한 목표는 유대인 조국의 건설이다. 이 목표는 결코 유대 국가라는 사이비 주권을 위해서 단념되어서는 안 된다. …… 팔레스타인의 독립은 유대인-아랍인 협력이라는 굳건한 기초 위에서만 달성될 수 있다. …… 모든 테러 집단들의 제거와 모든 테러 행위에 대한 신속한 처벌은 팔레스타인에 있는 유대 민족이 정치적 현실에 대한 감각을 회복했고, 시온주의자의 지도력이 정착촌의 운명을 담당할 수

있을 만큼 다시 책임성을 회복했다는 유일한 타당한 증거이다."(JP, 192)

아렌트는 "팔레스타인의 정치적 해방"을 위한 유일한 "현실적인" 해결책으로 간주했던 것을 마지막 제안에 요약했다.

> 규모가 작고 가능한 한 많은 수가 존재하는 지역 자치 정부 및 유대인-아랍인 도시 평의회와 지방 평의회야말로, 결과적으로 팔레스타인의 정치적 해방을 가져올 수 있는 유일한 현실적인 정치적 수단이다. 아직 너무 늦지 않았다.(JP, 192)

이것은 아렌트가 시대에 뒤떨어진 19세기의 민족 국가와 민족 주권 개념에 대한 20세기의 대안으로 채택한 첫 번째 밑그림들 중 하나 — 평의회 체제 — 이다. 이것은 그녀의 가장 중요한 정치적 주제들 가운데 하나 — 그녀가 무사고의 민족주의에서 맹목적 애국주의로의 하강이라고 본 것에 대한 대답 — 이다. 다음 장에서 나는 예기치 못했고 전례가 없었던 1956년 헝가리 혁명에서 평의회 체제가 아렌트에게 어떻게 생명력 있는 것으로 다가왔는지를 밝힐 것이다. 그것은 『혁명론』에서 근대의 혁명에 대한 그녀의 분석의 중심이 되었다. 평의회 체제와 지방 평의회들의 연방제에 대한 아렌트의 최초의 생각이, 팔레스타인의 유대인 조국이 어떤 정치 형태를 받아들일 수 있는가에 관한 구체적인 정치적 맥락 속에서 처음으로 나타났다는 사실은 거의 조명된 적이 없었다. 평의회의 정치적 중요성에 대한 최초의 몇 가지 성찰과 새로운 유형의 연방제에 관한 그녀의 견해의 주요한 원천이 되어 준 것은, 유대인 문제, 특히 유대인 조국의 정치 구조에 관한 문제와의 직면이었다. 1948년 5월에 아랍인-유대인 지역 평의회들의 연방을 제안함으로써 아렌트는 절망적으로 순진하고 정치적으로 무책임하다는 비난을 받게 되었다. 그러한 계획은 의심, 적개심, 그리고 유대인들과 아랍인들 사이의 갈등이라는 추악한 현실을 무시한 것이었다. 그러한 지역 평의회가 "결과적으로 팔레스타인의 정치적 해방으로 이끌 수 있는 유일한 현실적 정치 척도"라는 그녀의 주장과는 **반대로,** 많은 시온주의자들과 비시온주의자들에게 그녀의 제안은 완전히 비현실적인 것으로 보였다. 평의회 체제를 통해 아렌트가 의도한 것이 무엇인지, 그리고 왜 그것이 그녀의 정치적 사유에서 그토록 중요한 역할을 하는지에 대해서 더 상세하게 검토하기 전에 나는 마그네스와 그녀의 관계 및 이후드에 보낸 그녀의 지지에 대해 살펴보고자 한다. 이때는 아렌트가 이해를 모색하는 관찰자가 아니라 (패배한) 정치적 대의를 지지하는 활동적 참여자였던, 그녀의 삶에서 몇 안 되는 시기 중 하나이다.83)

이스라엘 주권 국가라는 '기정사실'을 열렬하게 인정한 다수의 시온주의자들과 비시온주의자들에게 반대했을 때, 그녀는 심한 공격을 받았다. 헌신적인 미국인 시온주의자 벤 핼펀Ben Halpern은 그녀가 "앙팡 테리블enfant-terrible 콤플렉스"를 가지고 있으며, "큰 물의를 일으키는 데" 빠져 있다고 비난하였다. 그녀는 저명한 시온주의자들 — 헤르츨, 바이츠만, 그리고 벤구리온 — 의 평판을 훼손하려는 '잠재의식적' 의도를 가지고 있는 것처럼 보였다.(YB, 230) 핼펀은 그녀를 '부역자'라고 불렀는데, 이 말은 제2차 세계대전 이래로 계속 불온한 의미를 지니고 있었다. 그렇게 심한 비난과 모욕이 아렌트에게 쏟아진 것은 이것이 마지막이 아니었다. 그런 일은 『아이히만』의 출간과 더불어 훨씬 더 맹렬하게 다시 일어났다. 그러나 아렌트는 적대적인 비난에 거의 동요하지 않았고 그것 때문에 아렌트와 마그네스의 긴밀한 '협력'이 방해받지도 않았으며, 마그네스는 이후드의 제안에 대한 아렌트의 지지를 구했다.

분할 계획이 실패한 후 베르나도테 백작Count Bernadotte은 국제연합

83)아렌트와 마그네스와의 관계 및 이후드에 대한 아렌트의 지지 활동에 대한 보다 자세한 설명은 YB, 225-233 참조.

으로부터 팔레스타인의 위기를 해결하기 위해 노력할 것을 요구받았고, 유대인들과 아랍인들 사이에서는 공공연한 투쟁이 발발했다. 마그네스는 아렌트에게 국제연합 심의를 위해 제출할 제안을 (데이비드 리스먼 David Riesman과 함께) 준비하자는 요청을 하였다. 마그네스는 국제연합이 팔레스타인에 신탁 통치를 수립하기로 결정할 경우 이후드가 협상 집단으로 지목되기를 희망했다. 그는 아렌트에게 이후드를 대표하는 미국 정치 위원회의 의장직을 맡아 달라고 요청했지만, 아렌트는 거절했다. 아렌트는 자신이 절제력이 부족하다는 것을 잘 알았기에 마그네스에게 "나는 좋은 의장이 가져야 할 많은 자질을 갖고 있지 못하다"(YB, 230)라고 썼다. 『코멘터리』의 상상력이 풍부하고 진보적인 편집장인 엘리엇 코헨은 마그네스에게 이스라엘의 국제연합 대표인 오브리 에번Aubrey Eban이 내놓은 고무적으로 보이는 제안에 대한 답문을 써달라는 요청을 하였다. 그 제안이란 만약 아랍인들이 이스라엘 국가를 인정한다면 유대인-아랍인 협력이 가능할 수 있다는 것이었다. 마그네스는 그러한 대답을 쓰는 데 도움을 달라고 아렌트에게 요청하였다. 국제연합이 이후드의 제안을 긍정적으로 받아들일 것이라는 예상은 이르군-슈테른 Irgun-Stern 테러리스트들에 의해 베르나도테 백작이 암살되었을 때 산산이 부서졌다 (이들은 아렌트가 1948년 5월 그녀의 논문 「유대인 조국을 구하기 위하여」에서 제거되어야만 하고 묵인되어서는 안 된다고 주장했던 그 테러리스트들이었다). 베르나도테 백작의 중재와 제안들은 마그네스와 이후드의 마지막 희망 중 하나로 보였다. 베르나도테의 최초의 권고들은 아렌트와 이후드가 주장하는 것과 매우 근접했다. 그가 암살된 지 몇 주 후, 아렌트는 「베르나도테의 임무」라는 제목의 논문을 썼는데, 거기서 그녀는 유대인들과 아랍인들 사이의 연합의 필요를 개괄하고 다시 한 번 되풀이하였다. 베르나도테의 주된 관심은 평화에 있었다. 그는 유대인들과 아랍인들 양자 모두와 함께 논의하고 그들을 설득하려고 하였다. 그럼에도 그는 "유대인들로부터는 영국의 대행자라는 비난을 받았고 아랍인들로부터는 시온주의자의 대행자라는 비난을 받았다." "그는 물론 어떤 이의 대행자도 아니었으며, 좁은 의미에서는 국제연합의 대행자조차 아니었다. 왜냐하면 그는 1947년 11월 29일의 국제연합의 결정[분할 계획]을 기록한 문서상의 조항들에 자신이 묶여 있다고 생각하지 않았기 때문이다." 그러나 유대인들과 아랍인들은 더 이상 논의하거나 타협하거나 협상할 의지가 없었다. 아렌트는 베르나도테에 대한 자신의 존경과 유대인과 아랍인 양자 모두의 '광신'에 대한 환멸을 간명하게 표현했다.

> 그들 자신의 선전의 끊임없는 소음으로 귀가 멀어서, 그들[유대인들과 아랍인들]은 더 이상 고결한 목소리를 구별할 수 없었다. 그리고 그들 자신의 광신에 의해 과열되어, 마음의 진정한 온기를 느끼지 못하게 되었다. 어느 누구의 대행자도 아니었던 베르나도테는 전쟁의 대행자들에 의해 암살되었을 때 평화의 영웅으로 죽었다.[84)]

마그네스는 아렌트의 논문에 즉시 열광했고 어두워지고 있는 상황에 우울해했다. 1948년 10월 7일 그는 아렌트에게 그녀의 논문이 "만약 결정권이 누군가에 의해 검토되고 가슴 깊이 받아들여진다면, 중요한 결과를 얻게 될 것이다"라고 썼다. 그녀가 한 이야기는 아주 '비극적인' 것이었다. 마그네스가 베르나도테에 대해서 썼던 것, 즉 "여기에 가득한 희망으로 시작하여 거의 정말 속에서 끝난 위대하고 선한 사람이 있었다"라는 말은, 마그네스 자신에 관한 것일 수도 있었다. 그는 호소하듯 물었다. "정말로 출구는 없는가?"(YB, 232)

이 편지를 쓴 지 3주 후인 10월 27일에 마그네스는 영 브뤌이 쓴 것처럼 "출구에 대한 자신의 물음에 대답하지 않은 채"(YB, 232) 생을 마쳤다.

---

84)"The Mission of Bernadotte," *New Leader,* 31 (Oct. 1948), 819.

짧은 시간 동안 그의 생각은 유다 마그네스 재단의 설립으로 유지될 수 있었고, 아렌트는 재단의 지도자 직을 요청받았을 때 받아들이려고 하지 않았다. 적대적인 청중에게 마그네스의 생각을 지지하는 발언을 하고 반대의 고함 소리를 들은 후에, 그녀는 엘리엇 코헨에게 "저는 어떠한 직접적인 정치적 일을 할 자격도 없습니다"(YB, 233)라고 썼다. 그러나 그녀는 마그네스에 대한 자신의 마지막 공적 의사 표시로 「근동의 평화인가 휴전인가?」를 간행했는데, 여기에는 다음과 같은 언급이 있었다.

> 이 글은 고인이 된 예루살렘의 히브리 대학교 총장 유다 레온 마그네스의 제안에 따라 1948년에 쓴 것이다. 그는 제1차 세계대전의 종식으로부터 1948년 10월 그의 생을 마감하는 날까지 팔레스타인의 아랍인-유대인에 대한 이해를 탁월하게 대표한 유대인이었다. 그를 추모하며 이 글을 헌정한다.(JP, 193)

「근동의 평화인가 휴전인가?」는 팔레스타인에 대한 아렌트의 이전의 저술들보다는 어조가 훨씬 더 온건하다. 그러나 그녀는 진정한 평화가 있으려면 아랍인과 유대인의 협상, 타협, 그리고 협력이 필요하다는 그녀의 본질적인 많은 주장들을 되풀이한다.

그 논문의 마지막 절, '연방제인가? 소국 분할정책Balkanization인가?'에서 그녀는 비민족주의적 정책의 진정한 목적들에 대한 그녀의 견해를 상술한다. "소국 분할정책의 유일한 대안은 지역 연방제이다."(JP, 217) 그녀는 "그 지역의 모든 다양한 민족들과 타협하고, 각각 그 자체의 독립적인 지역 내에서 자유로우며, 그 지역 전체의 복지를 위해서 다른 민족들과 협력하는 근동의 동맹"(JP, 218)에 대한 에번의 제안을 지지했다. 그러한 연방제를 좀 더 잘 실현하기 위한 최상의 희망은 '두 개의 독립된 정치적 실체'가 함께 기능하는 '팔레스타인 동맹'과 함께 시작되었다. 그러한 동맹은 팔레스타인에 대한 국제연합 특별 위원회의 1947년 「소수자 보고서」와 일치하는 것이었다. 그녀는 그러한 동맹이 이상향이라고 주장하는 사람들은 그러한 연방제를 위한 모델 — 미합중국 헌법 — 이 존재한다는 것을 기억해야 함을 자신의 독자들에게 상기시켜 주었다.

불안정한 휴전보다는 평화, 소수 분할정책보다는 연방제. 이것이 아렌트(와 이후드)가 요구한 것이다. 그녀는 자신의 주장이 실패할 것이라는 것을 이미 알고 있었다. 그러나 그녀가 자신에 대한 벤 햌펀의 공격에 대답하면서 지적한 것처럼, "우리는 정치에서 단지 경고만을 다룰 뿐 예언을 다루지는 않는다."(JP, 238) 그녀는 다음과 같이 경고하면서 그녀가 팔레스타인(혹은 이스라엘)에 대해서 썼던 마지막 주요 논문 「근동의 평화인가 휴전인가?」를 마무리한다.

> 아주 오랫동안 자유 국가의 발전의 상징이었던 민족 주권은 소수 민족들의 민족적 생존에 가장 위험한 것이 되었다. 국제적 상황과 팔레스타인의 지리적 위치를 고려해 볼 때, 유대 민족과 아랍 민족이 이러한 법칙으로부터 면제될 것 같지 않다.(JP, 222)

아렌트는 마그네스를 그의 신념 때문에 존경했다. 그의 임종 직전에 그녀는 그에게 편지를 썼는데, 그 편지에는 정치에 대한 아렌트 자신의 양면적 태도가 잘 드러나 있다.

> 지난 세월 동안 당신을 알고 지낸 특권을 가진 것에 제가 얼마나 감사하고 있는지 말할 수 있는 기회를 저에게 주시겠습니까? …… 우리 세기에 정치는 거의 절망스러운 일이며 저는 언제나 그것을 회피하고자 하였습니다. 당신이 보여 주신 모범 때문에 저는 절망하지 않았고 또 다가올 많은 세월 동안도 제가 절망하지 않을 것임을 당신이 알아주셨으면 합니다.(YB, 233)

마그네스가 임종한 지 나흘 후, 그녀는 야스퍼스에게 보낸 편지(1948년 10월 31일)에서 그에 대해 기술했는데, 마그네스에 대한 찬사를 썼다.

> 예루살렘의 히브리 대학교의 총장인 마그네스는 제게…… 자신의 미국인 소집단의 정치 고문으로 활동해 달라고…… 요청해 왔습니다. 이번 여름에 우리는 서신을 교환했고 이를 통해 저는 마그네스와 매우 긴밀한 업무적 관계를 발전시켰는데, 그는 대단한 사람이었습니다. 그는 이번 주에 임종하였습니다. 저는 그가 아프다는 것을 알고 있었으며 그도 역시 알고 있었습니다. 그것이 제가 그의 제안을 받아들인 이유 가운데 하나였습니다. 저는 이제 무슨 일이 일어날지 모릅니다. 간단히 말해 그 사람은 대체될 수 있는 인물이 아닙니다. 그는 전형적인 미국적 상식과, 정의에 대한 진정한 반(半)종교적인 유대적 열정을 동반한 품위를 비범하게 겸비한 분이었습니다. 그는 사람들에게 개인적인 영향을 끼쳤고 유대인들과 아랍인들 사이에서 어떤 권위를 가지고 있었습니다. 그것은 실제의 정치적 영향력이 아니라 그보다 훨씬 이상의 것이었습니다. 그의 팔레스타인 집단은 언제나 민족주의적 각성에 흡수될 위험이 있었는데 그는 이를 막았습니다. 저는 그들이 이제 더 '현실적'이 되어 결과적으로 그들의 영향력을 모조리 잃어버리고 활기 없는 중용만을 나타내고 잇따라 타협하면서 와해될까 봐 많이 우려하게 됩니다.(C, 117)

불행하게도, 아렌트는 무엇이 일어날지에 대해서 너무나 선견지명이 있었고, 결국 그 일은 일어나고야 말았다. 그녀는 정치적 활동가의 자리에서 물러났다. 우선 그녀는 결코 자기 자신을 정치적 활동가로서 — 혹은 심지어 활동가들을 위해 이론적 청사진을 설계하는 자로서도 — 여기지 않았다. 아렌트는 그러한 일을 정치사상가의 역할이라고 (혹은 역할이어야만 한다고) 생각하는 것은 호도되고 오만하고 위험한 일이라고 여겼다. 그녀의 열정은 이해하는 것이었다. "어떤 일을 행하는 데 주로 관심이 있는 다른 사람들이 있습니다. 나는 그런 사람이 아닙니다. 나는 아무것도 하지 않고도 아주 잘 살 수 있습니다. 그러나 나는 무슨 일이 일어나든지 그것에 대해 적어도 이해하려고 노력하지 않고는 살 수 없습니다."(RPW, 303)

6 ‘근대의 가장 내밀한 이야기’ — 혁명과 평의회 체제

근대의 가장 내밀한 이야기를 정치적으로 써 내려가는 혁명의 역사 – 1776년 필라델피아의 여름과 1789년 파리의 여름에서부터 1956년 부다페스트의 가을에 이르기까지 – 는 변화무쌍한 환경에서 느닷없이 나타났다가 다른 신비로운 상황에서 마치 신기루처럼 다시 사라지는, 아주 오래된 보물 이야기와 같은 우화 형식으로 이야기될 수 있을 것이다.

—『과거와 미래 사이』

아렌트의 사유 방식을 가장 잘 특징짓는 말은 그녀가 반복해서 사용한 ‘사고 행렬thought-trains’이라는 말이다. 모든 사유는 ‘개인적 경험’과 사건들에 근거한다(혹은 근거해야 한다). 사유는, 글자 그대로, 그런 사건들에 대한 숙고(nachdenken)이다. 그것들은 우리의 사유에 특이성과 구체성을 부여하면서 활력을 불어넣는다. 우리가 아렌트를 주의 깊게 읽는다면, 그녀의 이야기를 구성하고 그녀의 사고 행렬을 따라가는 사건들 속에 그녀의 사유를 놓아 보려고 시도한다면, 우리는 그녀가 말하고 있는 것(그리고 왜 그런 말을 하는지)을 신선하고 또한 비판적으로 날카롭게 파악할 수 있다. 이러한 사고의 행렬은 종종 독립적 원천을 가지고 있어서 서로 엇갈리고 뒤엉킨다. 그것들은 아렌트의 사유가 매우 복잡한 패턴으로 직조되었음을 드러낸다. (때때로 그것들은 서로 충돌하고 갈등을 일으켜서 쉽게 조화될 수 없는 불협화음을 낳는다. 뒤에서 나는 아렌트의 판단에 대한 성찰들을 악의 문제와 관련하여 고찰하면서, 그러한 불협화음의 사례를 살펴볼 것이다.) 그러나 나는 여기서 20세기 정치를 이해하기 위한 아렌트 자신의 탐구와 뒤섞여 그것을 보다 진전시켰던 아렌트 사고 행렬의 한 사례라고 할 수 있는 평의회에 대한 그녀의 성찰을 살펴보고자 한다.

앞으로 돌아가서 민족 국가에 대한 아렌트의 핵심 주장들을 다시 검토해보자. 원래 아렌트는 유대인 문제와 반유대주의라는 관점에서 민족 국가의 의미와 숨은 갈등들에 접근하였다. 19세기의 민족 국가는 비록 인권에 대한 보편적인 요구와 민족 주권에 대한 보다 특수한 요구 사이의 불안정한 긴장을 결코 적절하게 해결하지 못했지만 프랑스 혁명 이후 꽃을 피웠다. 유대인들은 이 갈등 속에 사로잡혔는데, 그 이유는 그들이 인간으로서는 보편적 인권을 부여받았다고 가정될 수 있었지만, 고유한 종교와 의식과 관습을 지닌 독특한 민족으로서는 암운이 드리워졌기 때문이다. 그들은 유럽 민족들에 진정으로 '속하지'는 않았다. 혹은 특히 반유대주의자들에 의해 그렇게 주장되었다. 민족 국가는 19세기의 마지막 수십 년 동안 제국주의의 급속한 성장과 함께 쇠퇴하였고 제국주의는 인종적 사고와 손을 잡고 행진하였을 뿐만 아니라, 새롭고 더 사악한 형태의 정치적 반유대주의를 낳았다. 해외와 대륙 양쪽에서의 제국주의의 승리와 더불어, 유럽 역사의 숨은 힘들이 분출하여 전체주의로 결정화할 수 있는 무대가 마련되었다. 민족 국가 붕괴의 진정한 전조가 된 사건은 제1차 세계대전이었다. 그럼에도 1919년 평화협정은 마치 민족 국가가 여전히 생명력 있는 정치 제도인 것처럼 이루어졌다. 지도 위에 경계선을 그림으로써 — 비록 이러한 경계선에 의해 표시되는 영토가 아주 다양한 민족, 종교, 인종 집단을 포괄한다 하더라도 — 인위적인 새로운 민족 국가를 만들 수 있다는 재앙을 불러일으킬 가정들이 있었다. 이것이 잠재적으로 얼마나 폭발하기 쉬운 것인지 깨닫지 못한 파국적인 실패가 있었다. 그것은 민족 주권의 논리가, 특히 보다 국수주의적인 형태 속에서, 소수 집단을 인구 중 다수 민족으로 강제적으로 동화시키거나 완전히 배제하는 것을 의미한다는 것을 깨닫지 못한 실패였다. 이것은 뿔뿔이 흩어져 있던 유대인들뿐만 아니라 사실상 유럽의 모든 소수 집단들에 영향을 주었다.

아렌트의 관점에서 보면, 유대 국가의 한 모델로 잠재적으로 매우 위험한 19세기의 낡은 민족 국가 개념에 의지한 것은 다름 아닌 수정주의적인 시온주의 이데올로기였다. 그것은 공포를 조성하고 아랍인들의 팔레스타인 탈출을 '고무하기' 위해 테러를 사용하는 것을 용인했던 추악한 '인종주의적 국수주의'를 길러냈으며, 그 결과 아랍인 피난민의 수가 증대되었다. 「근동의 평화인가 휴전인가?」라는 글에서 아렌트는 앞서 마그네스가 했던 주장을 지지했다.

> 만약 팔레스타인의 아랍인들이 아랍 세계의 선전의 영향과 실제적인 공포 속에서 그들의 집과 땅을 '자발적으로' 떠났다면, 우리는 이러한 선전 활동 중 가장 영향력 있는 주장이 데이르 야신Deir Yassin에서 있었던 이르군-슈테른의 만행이 재현되는 것에 대한 공포였음을 잊어서는 안 된다. 데이르 야신은 유대인 당국이 그러한 행위를 막거나 그 죄를 벌할 능력 또는 의지가 없는 지역이다. 유대인 강제 추방자들의 비극을 팔레스타인 집단 이주의 핵심적인 논거로 삼을 수 있었던 바로 그 사람들이, 우리가 아는 대로라면, 신성한 땅에서 새로운 범주의 강제 추방자를 만들어 낼 준비가 되어 있어야 한다는 것은 불행한 일이다.(JP, 216)

아렌트는 팔레스타인에 유대인(혹은 이스라엘) 주권 국가를 세우는 것을 반대했던 것만큼이나 강하게 유대인의 조국을 발전시키는 일에는 찬성했다. 그녀는 팔레스타인에 아랍인과 유대인 연방을 구성하자고 주장한 마그네스를 적극적으로 지지했는데, 이 연방은 보다 포괄적인 근동 연방을 위한 토대가 되리라고 그녀는 생각했다. 그녀에게 연방이란 무엇을 말하는가? 팔레스타인에서 유대인과 아랍인의 연방이란 어떠한 정치적 구조를 가질 것인가? 아렌트가 「유대인 조국을 구하기 위하여」의 결론에서 했던 제안을 다시 한 번 인용해 보자. "작은 규모이며 가능한 한 많은 수로 존재하는, 지역 자치 정부 및 유대인-아랍인 도시 평의회와 지방 평의회야말로 팔레스타인의 정치적 해방을 결국 가져올 수 있는 유일한 현실적인 정치적 수단들이다."(JP, 192) 아렌트에게 '평의회'의 정확한 의미는 무엇인가? 열띤 논쟁 속에서 그리고 팔레스타인에서 발생하는 사건들의 긴박성 속에서, 아렌트는 "이러한 현실적인 정치적 수단들"이 정확히 무엇인지 설명하지 않았다. 혹자는 유대인-아랍인 평의회에 대한 이런 제안이 돈키호테식이고 유토피아적이며 — 그 반대라는 아렌트의 주장에도 불구하고 — '비현실적'이라고 생각할 수도 있다.

1940년대 전체에 걸쳐, 아렌트는 19세기 민족 국가(그리고 민족 주권)의 실패와 20세기 전체주의의 가공할 현실적 성공에 맞서는 실현 가능한 정치적 대안을 생각하기 시작했다. 또 다른 독립적 사고 행렬이 그녀의 사유 속에서 모양을 갖춰 가고 있었는데, 그것은 근동의 정치로부터 아주 멀리 떨어져 있던 한 사건을 중심으로 결정화하기 시작했다. 1956년 헝가리 혁명은 그녀가 평의회 체제라는 말로 생각했던 바의 윤곽을 드러낼 기회를 제공하였다. 러시아 군대에 의해 파괴되어 비극적 결말을 맞았음에도 불구하고 헝가리 혁명은 소비에트 전체주의의 취약성을 드러내면서 실낱같은 희망을 불러일으켰다. 여기에는 자유가 그 모습을 드러내는 공적 영역의 창출에 대한 뚜렷한 현시가 있었다. 아렌트는 『전체주의의 기원』의 1958년판에 「헝가리 혁명에 대한 성찰」(이하 「성찰」)을 에필로그로 포함시키기로 결정했다.

이 「성찰」을 관통하는 정신은 열의, 흥분, 희망 중 하나이다. 우리의 정상적, 표준적, 상식적 가정들에 도전하고 의문을 품는 것은 바로 이러한 사건들이다. 강제수용소를 이해하기 위해 사회과학적 기교를 사용하는 것에 대한 그녀의 초기 비판을 떠올리게 하는 한 문단에서 아렌트는 다음과 같이 말한다.

> 과거와 현재의 사건들 — 사회적인 힘들과 역사적인 경향이 아닌, 질문지들과 동기 연구도 아니고, 사회과학의 창고에 있는 다른 어떤 장치도 아닌 — 은 진실이며, 정치학자들이 믿을 수 있는 유일한 스승이다. 왜냐하면 그것들은 정치와 관련된 것들에 대한 가장 신뢰할 수 있는 정보의 원천이기 때문이다. 일단 헝가리에서 발생한 그러한 사건이 자발적으로 일어나면, 모든 정책, 이론, 미래 예측은 재검토할 필요가 있다. 그런 견지에서 우리는 전체주의적 형태의 정부뿐만 아니라 전체주의의 형태를 띠는 제국주의의 본질에 대한 우리의 이해를 점검하고 더욱 확장시켜야 한다.(OT2, 482)

이 사건의 중요성과 "그것이 야기한 비극"에 대한 아렌트의 깊은 감수성은 「성찰」을 시작하는 방식 속에 생생하게 드러난다.

> 내가 이 글을 쓰는 것은 헝가리 혁명의 불길이 12일간 전후 전체주의의 거대한 풍경을 조명한 이후 1년 이상이 지난 시점이다. 이것은 그 위업이 승리나 패배에 달려 있지 않을 진정한 사건이었다. 그것의 위대함은 그것이 불러일으킨 비극 속에서 안전하게 자리 잡고 있다. 러시아에 의해 점령된 부다페스트 거리에서 죽은 자들을 공개적으로 애도하던 검은 옷을 입은 여성들의 침묵의 행렬을 누가 잊을 수 있겠는가. 그 혁명의 마지막 정치적 제스처를 누가 잊을 수 있겠는가. 그리고 그 혁명 1년 후, 패배하고 위협당한 사람들이 행동할 여력이 아직 남아 있는 데도 공공 오락 시설, 극장, 영화관, 커피하우스, 레스토랑과 같은 장소를 자발적으로 그리고 이심전심으로 피함으로써 그들의 자유를 위해 죽은 사람들을 다시 한 번 공개적으로 추모했을 때, 그 누가 이 기억의 견고성을 의심할 수 있겠는가. …… 헝가리에서 일어났던 일은 그 밖의 다른 곳에서는 일어나지 않았고, 12일간

의 그 혁명은 붉은 군대가 나치의 지배로부터 그 나라를 '해방시킨' 이후의 12년보다 더 많은 역사를 담고 있다.(OT2, 480)

아렌트는 이러한 '자발적인 혁명'이 분출한 역사적 맥락을 해명하기 위하여 이 사건에 앞서 12년 동안 있었던 일을 검토하고 스탈린 사망 이후 러시아에서 일어난 일을 분석한다. 무해한 학생 시위로 시작된 것이 24시간도 안 되어서 무장 폭동이 되었다. 그 혁명은 노동자와 군대를 포함한 헝가리 민중의 많은 부분들을 포괄했다. "이 순간 이후부터 어떤 프로그램, 지시, 선언들도 아무런 역할을 하지 못했다. 혁명을 이끈 것은 전체 민중의 공동 행동이라는 단순한 계기였는데, 그들의 요구는 너무나 명백하여 그것을 공식화할 필요조차 없을 정도였다. 러시아 군대는 이 땅을 떠나라! 자유선거를 통해 새 정부를 뽑아야 한다! 문제는 행동의 자유, 언론의 자유, 사상의 자유를 얼마나 허용해야 하는가가 아니라 이미 기정사실이 된 자유를 어떻게 제도화하는가였다."(OT2, 496)

아렌트는 당, 군대, 정부 관료를 포함한 매우 정교하고 외관상 침투 불가능해 보이는 전체 권력 구조의 급속한 해체를 기술한다. 그녀는 혁명 평의회와 노동자 평의회의 자발적인 발생을 강조한다. 그것들은 개개인의 인간들이 그들의 동료들과 함께 토론하고 행위할 수 있는 공적 영역들을 창출했을 때 발생하는 정치적 기구들이다. 공적인 자유가 모습을 드러내는 것은 바로 이 평의회 속에서이다. 그 평의회들은 "민중이 위로부터 주어진 정부(혹은 당 프로그램) 없이 며칠, 몇 주, 몇 달 동안 자신들의 고유한 정치 기구들을 따르도록 허용되었을 때마다 지금까지 백 년 이상 동안 등장하곤 했던 바로 그 조직이었다."(OT2, 497)

이 평의회들은 1848년 유럽을 휩쓴 혁명 속에서 처음 등장했기 때문이다. 그것들은 1871년 파리 코뮌의 반란 속에서 재등장했고, 1905년의 첫 번째 러시아 혁명에서 몇 주간 존재했으며, 제1차 세계대전 후 러시아 10월 혁명과, 독일과 오스트리아의 11월 혁명에서 완전한 모습으로 다시 나타났다. 지금까지 평의회가 항상 패배해 왔지만 이는 결코 '반혁명'에 의한 것만은 아니었다.(OT2, 497)

아렌트는 평의회가 잠시 동안 존재하게 되었을 때마다 반복해서 되풀이되었던 비극적 패턴이 무엇이었는지 암시하고 있다. 민중에 의한 평의회의 적들은 그 위원회를 분쇄하였던 '전문적인' 혁명가들이었다.

평의회의 등장에 대한 아렌트의 성찰은 근대 유대인 정치의 실패에 대한 그녀의 이보다 앞선 성찰을 재평가하기 위한 관점을 제공한다. 아렌트가 희망했던 것은 유대인들 스스로 그런 혁명 위원회를 창출할 수 있는 것, 라자르의 제안대로, 그들의 자유를 쟁취하기 위해 그리고 지키기 위해 다른 억압받는 민족들과 협력할 수 있는 것, 마지막으로 이 모든 것을 '지도자 없이, 미리 공식화된 프로그램' 없이 할 수 있는 것이었다.(OT3, 497) 이것은 그녀의 사고 속에 있는 민중주의적 기질의 실현이었을 것이다. 그리고 유대인과 아랍인이 함께 일하는 평의회 체제라는 이러한 생각은 유대인이나 아랍인의 독립적인 주권 국가에 대한 정치적 대안이다. 유대인 조국과 관련한 사고 행렬과 평의회 체제에 관한 사고 행렬은 서로 뒤얽혔으며 서로를 보강한다.

평의회 체제를 묘사하면서 아렌트는 다음과 같이 말한다. "평의회는 오로지 민중의 행동과 자발적인 요구로부터만 탄생했으며, 최선의 정부 형태에 관한 어떤 이론도 미리 생각해 내지 못했을 뿐만 아니라, 이데올로기로부터 연역될 수도, 예견될 수도 없는 것이었다."(OT2, 499) 평의회는 민주 제도의 한 전형이지만, "그러나 어떤 의미에서는 그 이전에 결코 볼 수도 생각할 수도 없는 것이었다."(OT2, 499)

> 근대적 상황 속에서 평의회는 우리가 알고 있는 당 체제를 대체할 유일한 민주적 대안이며, 그것이 근거하는 원리들은 많은 면에서 당 체제의 원리들과 날카롭게 대립한다. 따라서 평의회에 선출된 사람들은 저변에서 선택된 것이고, 당의 작동 방식에 의해 선발된 것도, 대안을 가진 개인들이나 후보자 명부로서 유권자들에게 제안된 것도 아니다. …… 따라서 선출된 사람들은 그의 개인적 자질에 대한 신뢰 외에 어떤 것에도 묶여 있지 않으며, 그래서 그의 긍지는 "정부나 당이 아닌 노동자들에 의해," 즉 위로부터도 아래로부터도 아닌 동료들에 의해 선출되었다는 것이다.(OT2, 499)[85]

평의회 체제는 아렌트의 정치적 사유의 중심을 이루는 두 가지 상호 연관된 개념들, 즉 '지배 없음'과 정치적 평등(이소노미)을 이해하는 데 도움이 된다. 첫눈에 보기에 (혹은 두 번 보더라도) 정치는 **누가 누구를** 지배하는가의 문제가 아니라 '지배가 없는 것'이라는 아렌트의 반복된 주장은 — 잘못된 것은 아니더라도 — 이상하게 들린다. 그러나 이제 우리는 그녀가 의미하는 것을 이해할 수 있다. 평의회들에서 구성원들은 정치적 평등권자들로서 만난다. 심지어 리더십이라는 것도 지배의 문제가 아니라 동료들과 함께 행위하고 이야기하는 것의 문제이다. 평의회들 — 실제로 근대에 자발적으로 존재하게 된 그러한 평의회들 — 은 그 속에서 평등이나 권리 평등isonomy이 창출되는 바로 그 제도이며, 정치적 평등은 사회적 평등이라는 잘못되고 위험한 생각과 혼돈되거나 그것으로 환원되지 않아야 한다. 지배가 없다는 것과 — 아렌트가 근대 사회의 만연한 특징으로 간주했던 — '익명Nobody'에 의한 관료적 지배와 혼동되어서는 안 된다.

만약 우리가 혁명적 평의회 — 1956년 헝가리 혁명과 함께 다시 한 번

85)아렌트가 여기서 인용하는 것은 헝가리 혁명에 대한 다음과 같은 보고서이다. *The Revolt of Hungry: A Documentary Chronology of Events* (New York: Free Europe Committee, n.d.)

존재하게 된 평의회 — 의 구체적인 등장이라는 견지에서 그리스 도시 국가에 대한 아렌트의 논평을 읽는다면, 우리는 그녀가 '그리스적인 것'이라는 말로 의미한 것을 더 잘 이해할 수 있다. 『혁명론』에서 그녀는 공적 자유의 등장이 그리스 도시 국가의 발생과 시기적으로 일치한다고 말한다. 그것은 "그 시민들이, 지배자와 피지배자를 구분하지 않는, 지배가 없는 조건 아래에서 함께 살았던 정치적 조직을 포함했다. '지배 없음'라는 개념은 '이소노미'라는 말로 표현되었고, 고대인들이 설명했듯이 정부의 형태 중에서 그것의 두드러진 특징은 …… 지배 개념이 완전히 부재한다는 것이었다."(OR, 30) 그리고 이소노미, 즉 이러한 평등은 오직 도시 국가라는 인공적인 제도에서만 존재했다. 아렌트가 평의회의 본질적인 특성이라고 보았던 것은 바로 이 이소노미이다.

아렌트는 피라미드 구조를 구상했는데, 이에 따르면 민중으로부터 직접적으로 생겨난 지역 평의회들은 상위 평의회의 구성원들을 선출하게 된다. 그녀는 평의회 체제들에 많은 유연성이 있다고 주장한다.

> 헝가리에서 우리는 모든 종류의 평의회들이 자발적으로 형성되는 것을 보았다. 이들 각각은 과거에 이미 존재해 온 집단과 일치하는데, 여기서 사람들이 늘 함께 살아왔고 정기적으로 만났으며 서로를 전부터 알고 있었다. 그래서 이웃의 평의회들은 순전히 함께 살아가는 것으로부터 나타났고, 군이나 다른 지역적 평의회들로 성장했다. 혁명적 평의회들은 함께 싸우는 데서 성장했다. 작가 및 예술가 평의회는 카페에서, 학생들과 청년들의 평의회는 대학에서, 군사 평의회는 군대에서, 공무원 평의회는 공무원 사무실에서, 노동자 평의회는 공장에서 탄생되었다. 기타 등등. 이질적인 각각의 집단에서의 평의회 형성은 단순한 우연적인 함께함에서 정치적 제도로 바뀌었다.(OT2, 500)

사람들은 여전히 항의할지도 모른다. 1956년 헝가리 혁명과 1948년 팔레스타인에서 유대인과 아랍인이 직면했던 상황은 전혀 다르지 않은가? 아렌트는 분명히 이 점을 부인하지 않았을 것이다. 그녀는 평의회들이 자발적으로 조직된 역사적 상황들 — 거기서 '자유의 섬'은 창출된다 — 에 대하여 구체적이고 상세할 필요가 있다고 항상 주장했다. 그러나 그녀가 그녀의 관심의 초점을 평의회에 두었던 한 가지 이유는 바로 그것이 근대에 가장 다양한 역사적 상황들과 가장 이종적인 정치적 맥락들 속에서 계속 재등장했기 때문이다.

그녀가 결코 예견할 수 없었던 방식으로 색이 바라지 않는 진리가 드러난다. 마그네스가 임종하기 몇 주 전 아렌트는 이렇게 쓴다. "우리 세기에 정치는 거의 절망적인 일입니다. …… 당신이 보여 주신 모범 때문에 저는 절망하지 않았고 또 다가올 많은 세월 동안도 제가 절망하지 않을 것임을 당신이 알아주셨으면 합니다."(YB, 233) 1948년에 그녀가 몰랐던 것은 자신과 마그네스가 당시 팔레스타인을 옹호하며 주장했던 형태의 정치가 완전히 다른 정치적 맥락에서 세계의 정반대 지역에서 짧게나마, 헝가리에서 초기적인 평의회 체제의 재등장과 함께 나타날 것이라는 사실이었다.

민족 국가와 전체주의에 대한 정치적 대안으로서의 평의회 체제는 계속해서 아렌트의 마음을 지배했다. 그녀는 『혁명론』, 특히 마지막 장 「혁명의 전통과 그것의 잃어버린 보물」에서 평의회 체제의 의미와 문제들을 탐색했다. 미국 혁명에 대한 그녀의 찬사와 프랑스 혁명에 대한 그녀의 비판에도 불구하고, 그녀는 "혁명 정신을 기억하지 못하고 그것을 개념적으로 파악하지 못한 혁명 이후의 사유의 실패보다, 혁명에 영속적인 제도를 제공하지 못한 혁명의 실패가 더 앞선다"(OR, 232)고 주장하였다. 모든 근대 혁명의 핵심적 문제는 혁명 정신이 보존될 수 있는 안정된 제도를 어떻게 만들어 내느냐 하는 것이었다. 아렌트는 미국의 혁명에 대해 말하면서, "이 공화국에는 …… 그것을 건설하는 과정에서 도구로 쓰였던 바로 그 자질을 연습하기 위한 영역, 공간이 보존되어 있지 않았다"(OR, 232)고 말한다. 힘겨운 정치적 문제는, 언제나 다시 상실될 위험에 처해 있는 이러한 보물이 소장될 수 있고 보존될 수 있는 — 혁명 정신이 계속 살아 있고 계속해서 소생할 — 적절한 정치 제도를 어떻게 만들어 내느냐 하는 것이었다. 아렌트는 이것이 '국가 건설의 역설' 이라고 생각했다. 혁명의 목표는 헌법을 기초하는 것이다. 새로이 만들어진 공적 영역에서 나타나는 손에 잡힐 듯한 자유는 헌법을 세우는 바로 그 활동 속에서 드러나는 것이다. 그러나 모든 혁명이 직면하는 어려움은, 그것의 성공이 그 속에서 혁명 정신이라는 보물이 상실되는 제도로 귀결될 수 있다는 것이다. 그래서 아렌트는 미합중국 헌법의 설립자의 실패가 "마을 모임과 마을회관 모임을 헌법 속으로 수렴하지 못한 것, 혹은 오히려 근본적으로 변화된 상황 아래 그들을 변형시킬 방법과 수단을 찾지 못한 것"이었다(OR, 236)고 말한다. 진정한 역설은, 공적 자유가 오직 혁명적 국가 건설자들을 위해서만 존재했다는 사실인 것처럼 보인다. 아렌트에 따르면, 제퍼슨은 어느 누구보다도 "공화국의 구조 속에 있는 불가피한 결점을 가장 분명하고 가장 열렬한 집중력을 가지고 인지했던" 미국의 정치 사상가였다. 국가 건설 세대의 혁명 정신을 회복하기 위하여 공화국을 지방 분회(기초 공화국, 혹은 평의회)로 나눌 것을 요구한 사람은 바로 제퍼슨이었다.

> 제퍼슨의 '기초 공화국들'에 대한 계획이 수행되었더라면, 그것은 프랑스 혁명 동안 나타난 파리코뮌과 민중 단체들 속에서 우리가 찾아볼 수 있는 새로운 정부 형태의 연약한 맹아들을 훨씬 더 앞섰을 것이다. 그러나 제퍼슨의 정치적 상상력이 그 통찰력과 범위에서 그것들을 능가했더라도, 그의 생각은 여전히 동일한 방향으로 나아가고 있었다. 제퍼슨의 계획과 프랑스의 혁명 단체들은 기이할 만큼 정확하게 19세기와 20세기를 통해서

> 모든 순수한 혁명에서 등장하게 될 평의회들, 소비에트나 독일식 평의회 Räte를 예견케 하였다. 이 평의회들은 등장할 때마다 모든 혁명 정당들의 외부에 있었을 뿐만 아니라, 혁명 정당과 그 지도자들이 완전히 예상하지 못하는 자발적인 민중들의 조직으로서 등장했다. 제퍼슨의 제안과 마찬가지로 [그리고 1948년 유대인-아랍인 평의회에 대한 아렌트와 마그네스의 제안과 마찬가지로], 이들 평의회들은 정치인, 역사가, 정치 이론가에 의해, 그리고 가장 중요하게는 혁명 전통 그 자체에 의해 완전히 무시되었다. …… [역사가들은] 평의회 체제가 그들의 눈앞에 완전히 새로운 정부 형태를 얼마나 가깝게 보여 주는지, 혁명 그 자체의 과정 속에서 설립되고 조직된 자유를 위한 새로운 공적 영역을 얼마나 생생하게 보여 주는지 이해하지 못했다.(OR, 249)

아렌트는 '민중'을 '폭민mob'이나 '대중'과 구분했다. 20세기의 원자화된 대중은 전체주의 등장을 위한 유익한 조건들 중의 하나였다. 우리는 폭민과 대중에 대한 아렌트의 비판과 민중에 대한 그녀의 긍정적인 평가와 신념을 혼돈하지 않도록 주의해야 한다. "정부의 제재가 없는 민중은 본래 무정부적이고 무법적이라는 과거의 편견은 평의회들의 출현과 가장 첨예하게 대립되었는데, 평의회는 등장할 때마다, 헝가리 혁명 동안 가장 분명히 나타났던 것처럼, 국가의 정치 경제적 삶의 재조직화와 새로운 질서의 확립으로 연결되었다."(OR, 271)

1956년 헝가리 혁명은 아렌트에게 평의회 체제의 재등장에 대한 예시였다. 또한 그녀는 초기 단계에 있던 미국 인권 운동에 의해 자극을 받았다. 1970년에 행한 「정치와 혁명에 관한 생각」이라는 제목의 인터뷰에서, 그녀는 다시 한 번 평의회 체제로 돌아가서, 어떻게 그것을 '민족 주권'과 근대 정치의 정당체제에 대한 정치적 대안으로 이해될 수 있는지 보여 주었다. 그녀는 「헝가리 혁명에 대한 성찰」과 『혁명론』에서 주목했던 많은 부분을 되풀이했다. "평의회 체제는 정치적 행위의 경험 자체에 상응하며 그로부터 나오는 것 같다." 평의회 체제는 "아래로부터 시작해서, 계속 위로 올라가 마침내 의회에 이르게 된다."(CR, 232)

> 평의회는 다음과 같이 말한다. 우리는 참여하기를 원하고, 우리는 논쟁하기를 원하며, 우리는 우리의 목소리가 공적으로 들리기를 원하며, 우리는 우리나라의 정치적 과정을 결정할 기회를 갖기를 원한다. 국가는 너무나 커서 우리 모두가 함께 모여 우리의 운명을 결정할 수 없기에 우리는 국가 내에서 수많은 공적인 영역들을 필요로 한다. 우리가 투표용지를 넣는 투표소는 확실히 너무나 좁다. 그 투표소는 단 한 사람만을 위한 공간이기 때문이다. 정당들에게는 완전히 부적절한 곳이다. 거기서 우리는, 우리들 대부분은, 조작된 선거민에 불과하다. 그러나 우리들 중 열 명만이라도 탁자에 둘러 앉아 서로 자신의 의견을 표현하고 서로 다른 이의 의견을 듣는다면, 의견들의 교환을 통하여 의견의 합리적 형성이 발생할 수 있다. 거기에서는, 또한, 우리들 중의 어떤 사람이 우리보다 더 높은 평의회 앞에서 우리들의 의견을 나타내는 데 가장 적절한가가 분명해질 것이며, 거기에서 우리들 의견은 다른 의견들의 영향을 통하여 분명해지거나 수정되거나, 잘못된 것으로 판명될 수도 있을 것이다.(CR, 233)

아렌트는 모든 사람이 평의회의 구성원이 되기를 원한다거나 될 필요가 있다는 것이 아니라, "각 개인에게 기회가 주어져야 한다"고 지적한다.

그녀는 1948년에 유대인-아랍인 평의회들과 팔레스타인에서의 연방의 가능성에 대하여 썼던 것을 생각나게 하는 말로 논평을 끝맺는다.

> 이러한 방향에서, 나는 새로운 국가 개념의 형성 가능성을 본다. 주권 원리가 완전히 낯선 것이 될 이러한 부류의 평의회 국가는 가장 다양한 종류의 연방제에 경탄할 만큼 적합할 것인데, 특히 그 이유는 그 안에서 권력이 수직적이 아니라 수평적으로 구성될 것이기 때문이다. 그러나 만일 누군가

> 내게 그 실현 가능성에 대해 어떻게 전망하느냐고 묻는다면, 내 대답은 가능성이 있다고 해도 아주 미미하다는 것이 될 것이다. 아마도 그러한 가능성이란 다음 혁명의 결과로서 나온다고나 할 수 있을 것이다.(CR, 233)

1958년, 아렌트는 메리디언북스 출판사를 위한 개정판을 준비하면서 『전체주의의 기원』에 (앞서 지적했듯이) 「헝가리 혁명에 대한 성찰」을 에필로그로 첨가하였다. 그녀는 메리디언북스 내부 잡지에 "새롭게 확장된 개정판"에 대한 짤막한 글을 썼다. 그녀는 에필로그를 첨가한 이유를 설명하고, 여기에 어색한 점이 있다는 것을 인정한다. "이 [에필로그] 속에는 어떤 희망적인 것 — 물론 많은 조건이 달려있지만 — 이 담겨 있는데, 그것은 오늘날의 문제들을 표현하는 오직 하나뿐인 명확한 말은 전체주의에 대한 공포였다는 제3부의 가정과 조화시키기 어렵다는 것이다."[86] 『전체주의의 기원』을 썼을 때 그녀가 평의회 체제의 중요성을 알고 있었음에도 불구하고, 그녀는 "그것의 재등장에 대한 어떤 희망도 없었기에 이를 설명하지 않고 내버려 두었다." 정치 사상가로서 매우 독특한 것이라고 내가 생각하는 것을 아렌트는 계속 말하고 있다.

> 헝가리 혁명은 하나의 교훈을 남겨 주었다. 만약 우리가 헝가리 혁명 동안의 평의회 체제의 놀라운 재등장에 대해 고찰해 본다면, 그것은 마치 우리가 우리 시대에 등장한 새로운 두 가지 형태의 정부를 마주하고 있는 것처럼 보일 것이다. 양자 모두는 파산한 민족 국가의 정치체를 배경으로 했을 때만 이해될 수 있다. 총체적 지배의 정부는 우리가 아는 다른 무엇보다도 대중 사회의 타고난 경향들과 확실히 더 잘 어울린다. 그러나 평의회 체제는 대중이 아닌 민중의 오랜 희망의 결과였음이 분명하며, 우리가 다른 모든 곳에서 헛되이 찾는, 대중 사회와 대중적 인간 형성에 대한 구제책을 아

86)"Totalitarianism", 1.

주 미약하게나마 가지고 있다.

따라서 이번 개정판의 마지막 장은 에필로그 또는 추후 생각인 것이다. 나는 내가 희망하는 것이 옳은지에 대해 조금도 확신하지는 않지만, 우리가 당면한 모든 본질적인 절망들과 냉혹하게 마주하는 것만큼이나 현재의 모든 내재적 희망들을 제시하는 것이 중요하다고 확신한다. 어떻든, 정치적 문제를 다루는 작가에게는 이것이 균형 잡힌 책을 독자에게 내놓는 것보다 분명 더 중요하다.[87)]

이 구절은 한나 아렌트가 정치 사상가로서 어떤 점이 독특한지 잘 요약하고 있다. 많은 주석자들은 (동조하든 적대하든) 아렌트 사유의 거의 모든 영역 속에 심각한 긴장과 대립하는 경향, 심지어는 명백한 모순처럼 보이는 것들까지 포함되어 있음을 주목해 왔다.[88)] 더욱이 서론에 인용된 한스 모겐소와 아렌트의 대화에서 알 수 있듯이, 그녀의 사유를 분류하고 범주화하는 것은 사실상 불가능하다. 아렌트는 여러 입장들을 분류하는 표준적 방식들을 가로지르는, 차이점들을 만나게 하는 방법을 가지고 있다. 그녀는 강한 어조로 선언한다. "저는 이 세기의 진정한 물음들이 이런 종류의 것을 통해 어떤 해명을 얻을 것이라고 생각하지 않습니다."(RPW, 334) 그녀의 사고에서 나타나는 많은 긴장들은 20세기 정치에 대한 그녀의 이해를 중심으로 맴돌고 있다. 그녀는 절망한 사상가, 암울한 우리 시대의 예언자인가? 그녀의 글을 선택적으로 읽는다면, 우리는 쉽게 이러한 결론에 도달할 수 있다. 그녀는 (에필로그를 첨가하기 이전에) 다음과 같은 주장으로 『전체주의의 기원』을 끝맺는다. "우리 시대의 위기와 그것의 중심적 경험은, 하나의 가능성이자 **영원히 존속하는 위험으로서 지**

87) 위의 글.

88) 이러한 모순에 대해서는 나의 다음 논문을 참조하라. "Judging — the Actor and the Spectator," in *Philosophical Profiles: Essays in a Pragmatic Mode*,(Cambridge: Polity Press, 1986), 221-237.

금부터 영원히 우리와 함께할 것만 같은 완전히 새로운 형태의 정부를 가져왔다."(OT3, 478. 강조는 저자) 민족적 주권을 요구하는 유대 국가에 대한 그녀의 예측은 차가웠다. 『인간의 조건』으로 돌아간다 하더라도, 이것을 절망적인 책으로 읽지 않기란 쉽지 않다. 그것은 하나의 이야기를 펼쳐 놓는데, 이 이야기 속에서 '사회적인 것'의 승리와 더불어 전통적인 활동 — 행위, 작업, 그리고 노동 — 의 위계는 전도되었다. 이러한 견지에서 볼 때, 가장 높은 형식의 인간 활동인 행위 — 그 속에서 우리는 말과 행동으로 타인에게 나타난다 — 는 더 이상 실제적으로 가능한 일처럼 보이지 않는다. 더욱 나쁜 것은, 우리 사회는 더 이상 노동인의 사회조차도 아닌 '직업인'의 사회라는 것이다. 우리는 행위로부터 제작, 노동, '직업의 소유'로 이어지는 운동에 대한 아렌트의 이야기와, 하이데거의 「기술에 관한 문제」에서 등장하는, 인간들조차도 단순히 인적 자원으로 만들어 버리는 '닦달Gestell'에 대한 냉혹한 묘사에서 엿보이는 유사성을 놓칠 수 없다.[89)]

아렌트를 왜곡하는 또 다른 독법이 있다. 그것은 탄생성, 자발성, 새로운 시작 그리고 자유 등의 범주들에 초점을 맞추는 낙관적인 해석이다. 이 해석은 혁명 정신에 대한 그녀의 열성적인 묘사, 기초적 공화국, 그리고 지역 평의회 등을 급진적인 정치 행위를 위한 청사진으로 읽도록 유혹한다.

(선택적 강조를 통해) 아렌트를 이렇게 반대로 해석하는 독법을 지지하는 많은 증거를 발견할 수 있다 하더라도, 이는 정치적 사상가로서 그녀에게 가장 특징적인 것이 무엇인지를 놓치고 있다. 그녀는 절망적이지도 희망적이지도 않았던 사상가였다. 그녀는 우리가 이 극단들 사이에서 불안정하고 예측할 수 없는 긴장들을 견뎌야 한다고 주장한다. 가장 심오

---

89)하이데거와 아렌트의 이러한 유사점과 몇 가지 중요한 차이점에 대해서는 나의 논문 "Heidegger's Silence"를 참조하라.

한 아렌트의 통찰은, 동일한 인간들이 근본악도 만들고 '자유의 섬'도 창출한다는 것, 그것이 바로 인간의 조건이라는 것이다. 총체적 지배와 전체주의의 테러를 '만든' 것은 괴물이 아니라 인간들이다. 그러나 인간들은 또한 공적 자유가 나타나는 기초적인 공화국들을 만들 수 있다. 이렇게 완전히 상반되는 극단들을 만들 수 있는 것은 바로 **동일한** 능력들이다. 정치적 맥락에서 보자면, 이것은 전체주의와 평의회 체제 양자 모두가 등장한 시대가 바로 근대라는 것을 우리가 깨달아야 한다는 것을 의미한다. 양자 모두 "민족 국가라는 파산한 정치체"에 대한 응답이다. 전체주의는 패배했지만, 여전히 우리와 함께 있는 대중 사회의 처리하기 어려운 문제를 해결하기 위하여 전체주의적 방법들을 사용하려 하지 않을 것이라는 어떤 보장도 없다. 평의회 체제는 거듭해서 패배했지만, 그러나 이것이 언젠가 안정된 정치 제도들 속에 평의회 체제가 안주하지 못하리라고 믿을 이유도 아니다. "[평의회 체제는] 우리가 다른 모든 곳에서 헛되이 찾는, 대중 사회 및 대중적 인간의 형성에 대한 구제책을 아주 미약하게나마 포함하고 있다."[90)]

아렌트는 어느 쪽으로든 극단으로 밀려나는 것을 거부했다. 그녀는 우리의 세계 내 존재being-in-the-world에 정수가 되는 존재론적 개방성이라고 불릴 수 있는 것을 주장한다. 이것이 내가 위 인용문을 아렌트의 요약으로 해석할 수 있다고 주장한 이유이다. 정치 사상가는 현재의 '내재적 희망들'뿐만 아니라 현재의 '본질적 절망들'에 정직하게 대면해야 할 의무가 있다. 또한 이것을 판단의 균형을 상실하지 않는 방식으로 해야 할 의무가 있다. 이것이 아렌트가 『전체주의의 기원』를 위해 야스퍼스의 비문을 인용한 것이 그토록 적절하다고 스스로 느꼈던 이유라고 나는 생각한다. "과거에도 굴복하지 않고 미래에도 굴복하지 않는 것. 중요한 것은

90)"Totalitarianism", 1.

전적으로 현재에 있는 것이다."(OT1, vii)[91] 그녀가 우리에게 말하듯, 『전체주의의 기원』은 "분별없는 낙관주의와 분별없는 절망, 둘 다를 배경으로 쓰여졌다. 그것은 진보와 파멸이 동전의 양면이라고 주장한다. 양자 모두 신념이 아닌, 미신의 조항들임을 주장한다."(OT3, vii)

우리는 유대인 조국의 문제, 혹은 유대 국가의 문제에 대해 아렌트가 몰두하였던 것으로부터 먼 길을 걸어온 것 같다. 평의회에 관한 그녀의 첫 번째 주장은 그녀가 유대 민족 국가에 대한 대안을 제안하면서, 그리고 아랍인과 유대인이 지역 평의회에서 협력할 수 있는 방안을 제안하면서 나왔다. 기초적 공화국들과 평의회 체제에 대한 그녀의 통찰은 서로 다른 독립적인 원천을 가지고 있었다. 특히 그녀가 18세기 이래 반복해서 재등장한 혁명 정신의 잃어버린 보물을 이해하려고 노력할 때 그랬다. 유대인 문제와의, 특별히 유대인 조국의 정치적 구조와의 아렌트의 초기 고투는 결국 그녀로 하여금 정치의 의미와 '현재에 내재한 희망'을 더 일반적으로 통찰하도록 만들었다.

엘리자베스 영 브륄은 '유대인 조국'에 대한 아렌트의 희망들을 다음과 같이 통찰력 있게 평가한다.

> 유대인들의 조국 속에서 한나 아렌트는 자신의 정치 이론의 기초를 이루는 모든 요소들, 즉 새로운 사회 형식들, 지역 정치 평의회들, 연방제, 그리고 국제 협력 등을 보기를 원했다. 그녀가 전체주의 정권의 희생자들인 자기 자신의 민족이 전체주의가 또 다른 현상으로 나타나는 것을 막을 수 있는 제도들의 세계 모델을 제공할 수 있다고 생각하는 것은 유쾌한 일이었다. 언제나 그렇듯 그녀의 가장 큰 기대들과 자기 민족이 영웅적일 것이라는 가장 깊은 소망의 좌절은 한나 아렌트에 의해 분노와 아이러니 속에서

91)BPF의 서문에 나오는 카프카의 우화에 대한 아렌트의 주석을 참조하라.

기록되었다.(YB, 229)

나는 이 주장에 대해 한 가지, 하찮지는 않을 교정을 더하려 한다. 평의회 체제에 대한 그녀의 반성을 포함한 "[아렌트의] 정치 이론의 기초를 이루는 요소들" 대부분은 원래 그녀가 유대인 문제와 직면하는 가운데 형성되었다. 이것이 바로 그녀의 활동의 '원인'이 좌절에 이르렀을 때, 그녀의 흥분과 극단적 실망감이 그토록 강렬했던 이유이다. 승리의 원인은 신들을 기쁘게 하지만, 패배의 원인은 카토를 기쁘게 한다(Victrix causa diis placuii, sed victa catoni).

7 근본악에서 악의 평범성으로 : 잉여성에서 무사유로

1945년, 아렌트는 "악의 문제가 전후 유럽의 지적 삶의 근본 문제가 될 것"(EU, 134)이라고 선언했다. 그녀가 틀렸다. 대부분의 전후 지식인들은 악의 문제와 직접적으로 대면하기를 피했다. 하지만 아렌트에게 그것은 근본적인 것이 되었다. 그녀는 반복해서 이 문제로 돌아갔고, 죽음이 임박한 순간에도 여전히 그것과 고투하고 있었다.

아렌트가 '악의 평범성'이라는 문구를 사용했으며, '근본악'에 대한 이전 생각들을 (아마도) 포기했다는 것은 잘 알려져 있다. 그러나 이 표현들을 통해 그녀가 의미하려 했던 것에 대한 엄청난 혼란이 있어 왔다. 20세기 악의 문제를 탐구하기 위한 그녀의 고투 이야기는 생각보다 훨씬 더 복잡하고 미묘하다. 뒤얽히고 구불구불한 그 이야기를 따라가는 일은 탐정 소설을 읽는 것과 같다. 온갖 종류의 잘못된 실마리들이 들어 있고, 그 중 일부는 아렌트 자신에게서 비롯된 것이다. 하지만 온갖 헐렁한 결말들이 깨끗하게 매듭지어지는 그런 종류의 이야기는 아니다. 모든 독립적인 사유 — 난간 없는 사유 — 와 마찬가지로 여기에는 종착점이 없다. 이 장에서 나는 아렌트가 절대악 또는 근본악이라는 말로 의미하려 한 것에 주로 초점을 맞추고자 한다. 그다음 장에서는 악의 평범성에 대한 그녀의 사유를 탐구할 것이다. 우리가 마주해야 할 문제는 이중적이다. 아렌트가 근본악이라는 말로 의미한 것은 무엇인가? 그리고 그녀는 악의 의미와 관련한 자신의 생각을 바꾸었는가?

아렌트가 악의 의미와 관련한 자신의 생각을 바꾸었음을 보여 주는 결정적인 증거로 여겨지는 것 — 그녀 자신의 증언 — 을 인용함으로써 시작해 보자. 『아이히만』 출간 직후, 게르숌 숄렘과 한나 아렌트 사이에 교환된 서신들이 출간되었다. 숄렘은 악의 평범성에 관한 아렌트의 '명제'를 신랄하게 비판하면서 편지를 끝맺었다. 나는 숄렘의 비판과 아렌트의 긴 답변을 인용하고자 한다. 왜냐하면 이 문헌이 앞으로 논의할 문제에 대해 결정적인 중요성을 가지기 때문이다. 숄렘은 혐오감과 경멸감을 가까스로 참으면서 냉소적으로 다음과 같이 말한다.

> 당신의 책을 읽은 후에도 저는 '악의 평범성'에 관한 당신의 명제를 여전히 납득할 수 없습니다. 당신이 달아 놓은 부제를 그대로 믿는다면 전체 논거의 밑바탕이 될 이 새로운 명제는 하나의 구호로서 나에게 충격을 주었습니다. 하지만 전체주의에 관한 당신의 저서에서 아주 다른, 사실상 모순적인 명제를 뒷받침하기 위해 수행했던 것과 같은 깊이 있는 분석의 산물로서 그런 것은 아니었습니다. 그 당시 당신은 악이 진부하다는 사실을 아직 발견하지 못했었습니다. 그때 당신의 분석에서 그토록 설득력 있고 박식한 증언을 했던 '근본악'과 관련한 것들 중 이 슬로건 외에는 아무것도 남아 있지 않습니다. 이 이상의 것이 되려면, 도덕 철학이나 정치 윤리학에 적합한 개념으로서 좀 더 진지하게 탐구되었어야 했을 겁니다. 당신의 명제를 더 진지하게 받아들일 수 없어서 유감입니다. 저는 솔직하고 악의 없이

평가하고 있다고 생각합니다. 당신의 이전 저술을 염두에 두면서, 저는 이 책이 다른 모습이 되었기를 기대했었습니다.(JP, 245)

여기서 숄렘은 당시 많은 아렌트의 비판자들이 훨씬 더 신경질적으로 말했던 것을 요약한다. '악의 평범성'이라는 문구 자체가 거슬렸던 것이다. 그것은 아이히만이 수행했던 일뿐만 아니라 홀로코스트라는 가공할 공포를 사소하게 만드는 것처럼 보였다. 위에서 제기된 문제들에 대해 직접적으로 응답하면서, 아렌트는 이렇게 말한다.

결론적으로, 당신이 저를 잘못 이해하지 않았고 또 당신이 제기하여 정말 기뻤던 유일한 문제로 가봅시다. 제가 생각을 바꾸었고, 더는 '근본악'에 대해 말하지 않는다는 점에서 당신은 아주 옳습니다. 우리가 마지막으로 만난 지 한참이 되었는데, 그렇지 않았더라면 아마도 우리는 이전에 그 주제에 대해 이야기를 나누었을 것입니다(첨언하면, 저는 왜 당신이 '악의 평범성'이란 저의 용어를 구호 혹은 슬로건이라고 부르는지 모르겠습니다. 제가 아는 한, 저 이전에 아무도 그 용어를 사용하지 않았습니다. 어쨌든 그것은 중요하지 않습니다). 악이 결코 '근본적'이지 않다는 것, 악은 단지 극단적일 뿐 어떤 깊이나 악마적 특성도 가지고 있지 않다는 것이 진정한 지금의 제 의견입니다. 악은 그것이 표면에 번식해 있는 곰팡이처럼 퍼져 나간다는 바로 그 이유 때문에, 온 세상에 퍼져 전 세계를 황폐하게 할 수 있습니다. 생각이란 어떤 깊이에 도달하고 뿌리로 내려가려 하는 것이기 때문에, 악은 (제가 말했듯) '생각의 중단'입니다. 생각이 스스로 악과 관계를 맺는 순간, 거기에 아무것도 없기 때문에 당황하게 됩니다. 그것이 악의 '평범성'입니다. 오직 선만이 깊이를 가지고 근본적일 수 있습니다. 그러나 여기서는 이러한 문제들을 심각하게 다룰 수 없습니다. 저는 다른 맥락에서 이를 더 상세히 설명하겠습니다. 아이히만은 내가 말하려는 것에 대한 좋은 사례가 될 것입니다.(JP, 250-251)

이 이상 얼마나 분명하고 명백할 수 있을까? 아렌트는 자신이 생각을 바꾸었다고 확인해 주었다. 그녀는 이제(1964년) "악은 결코 '근본적'이지 않다"고 믿는다. 엘리자베스 영 브륄 역시 아렌트가 여기서 말한 것을 확인해 준다. "아렌트는 나치의 불가해한 본성을 지적하기 위해 『전체주의의 기원』에서 자신이 사용했던 '근본악'이란 개념을 거부했다. 이렇게 함으로써 그녀는 긴 악몽에서 스스로를 구했다. 그녀는 더 이상 괴물들과 악마들이 수백만 명의 학살을 설계했다는 생각을 하면서 살 필요가 없게 되었다."(YB, 367) 그럴 것이다. 하지만 우리가 앞으로 돌아가서 숄렘과 아렌트의 서신 교환을 고찰하면, '근본악'의 의미에 대한 언급이 너무 **적다**는 것에 놀라게 될 것이다. 아주 희미한 암시만이 주어져 있다. 한나 아렌트가 자신의 생각을 바꾸었는가라는 질문에 답하려면, 먼저 그녀가 '근본악'이라는 말로 정확히 무엇을 의미하려 했는지 밝혀야 한다. 관련된 증거가 모아지면 우리의 탐정 작업은 여기서 출발해야 한다.

이 책의 4장인 '지옥으로의 하강'에서 아렌트의 주요 논문인 「강제수용소들」에 대해 논의했었는데, 본래 그 논문은 1948년 『파르티잔 리뷰』에 발표된 것이다. 아렌트는 이 논문을 『전체주의의 기원』에 포함시키기 위해 수정했다가, 재판(1958년)을 위해 한 번 더 고쳤다. 다양한 이 판본들을 주의 깊게 읽어 보면, 절대악 또는 근본악에 대한 그녀의 생각이 어떻게 변화했는지 알 수 있다. 1948년의 원래 논문에서 아렌트는 '근본악' 이라는 용어 대신, '절대악'에 대해 이야기한다.

> 수용소에서 살인은 모기를 눌러 죽이는 일만큼이나 비인격적인 관리 기술 — 수용소가 초만원이 되거나 일소되었을 때처럼 — 에 불과했다. 혹은 수인이 고문에 굴복했을 때처럼 우연한 부산물과 같은 것이었다. 체계적인 고문과 체계적인 아사는 항구적인 죽음의 분위기를 만들어 냈는데, 그 속에서는 삶은 물론 죽음까지도 실질적으로 방해를 받았다.

결코 도망칠 수 없는 **절대적인 악**에 대한 공포는 이것이 변증법적 진화와 발전의 종언이라는 것을 알았다. 그것은 근대 정치가, 엄밀하게 말하자면 정치 영역으로 결코 들어와서는 안 되는 문제, 즉 전부 아니면 전무(all or nothing)라는 문제 주위를 선회하고 있음을 알았다. 전부는, 무한한 가능성이 충만한 인간 사회이고, 전무는, 글자 그대로 인류의 종말을 뜻한다.

(CC, 748. 강조는 저자)

『전체주의의 기원』 초판은 다소 형식적인 「끝맺는 말」로 마무리된다. 아렌트는 후속 판부터 이 부분을 삭제했지만, 책의 본문 속에 그 일부를 통합해 넣었다. 본래의 「끝맺는 말」에서 아렌트는 근본악에 대해 다음과 같이 말했다.

지금까지 모든 것이 가능하다는 전체주의의 믿음은 모든 것은 파괴될 수 있다는 것만을 증명한 것 같다. 그런데 모든 것이 가능하다는 것을 증명하기 위한 그들의 노력에서, 전체주의 정부들은 인간이 응징할 수도 없고 용서할 수도 없는 범죄가 있다는 것을 부지불식간에 발견했다. 불가능한 것들을 가능하게 만들었을 때, 그것은 자기의 이익, 탐욕, 열망, 원한, 권력욕, 그리고 비겁함이라는 악한 동기들에 의해서 더 이상 이해되고 설명될 수 없는 응징할 수 없고 용서받을 수 없는 절대악이 되었다. 그래서 그 절대악은 화로써 복수할 수 없고, 사랑으로 참아 낼 수 없으며, 우정으로 용서할 수 없는 것이다. 죽음의 소용소나 망각의 구덩이에서 죽은 희생자들은 그들의 학살자들의 눈에는 더 이상 '인간'이 아닌 것과 꼭 마찬가지로, 이러한 최신종의 범죄자들은 심지어 인간의 죄성sinfulness의 연대감의 범위 밖에 있다.

절대악의 실제적 모습을 눈앞에서 보면서도 그것을 이해하기가 아무리 어렵다고 해도, 그것은 모든 인간이 똑같이 잉여로 여겨지는 체계의 발명과 밀접하게 연관되어 있는 것 같다. 이러한 체계를 만든 이들은 다른 모든 이들의 잉여성뿐만 아니라 그들 자신의 잉여성을 믿는다. 그리고 전체주의의 학살자들은 훨씬 더 위험하다. 왜냐하면 그들은 그들 스스로 살아 있거나 죽었는지, 그들이 계속 살아온 존재이거나 태어난 적도 없었는지에 대해 전혀 상관하지 않기 때문이다. 시체 공장과 망각의 구덩이의 위험성은, 오늘날 도처에서 증가하는 인구와 고향 상실을 고려할 때 만일 우리가 계속해서 공리주의적 관점에서 우리의 세계에 대해 생각한다면 많은 사람들이 계속해서 잉여의 존재가 된다는 것이다.(OT1, 433. 강조는 저자)

아렌트가 개정판(1958)과 그에 이어지는 판본에서 「끝맺는 말」을 제외했을 때, 그녀는 위의 단락 대부분을 「총체적 지배」에 대한 그녀의 논의 속에 통합시켰다. 그러나 그녀는 또한 매우 중요한 내용을 추가하였다. 위에서 인용된 첫 번째 문단 바로 다음에 아래 문장들을 첨가했다.

우리가 '근본악'을 이해할 수 없는 것은 우리의 철학 전통 전체의 고유한 속성 때문이다. 이는 악마에게도 천상의 혈통을 인정했던 기독교 신학에도 해당이 되며, 자신이 만들어 낸 '근본악'이라는 말로써 적어도 이런 악의 존재를 짐작했었던 것으로 보이는 유일한 철학자인 칸트에게도 해당이 된다. 물론 그는 즉시 그것을 '도착된 사악한 의지'라는 개념으로 합리화했고, 이 의지는 이해 가능한 동기로 설명할 수 있는 것이었다. 그래서 실제로 이 현상을 이해하기 위해 기댈 수 있는 것은 아무것도 없다. 그럼에도 불구하고 이 현상은 압도적 현실로서 우리 앞에 나타나, 우리가 알고 있는 모든 기준들을 붕괴시킨다. 식별할 수 있는 것이 단 하나 있다. **즉 우리는 근본악이, 모든 인간을 똑같이 잉여적인 존재로 만드는 체계와 관련하여 출현했다고 말할 수 있다.**(OT2, 429; 『전체주의의 기원 2』, 252. 강조는 저자)

이 몇 가지 문헌들이 무엇을 뜻하는지 살펴보기 전에 나는 아렌트가 '절대악' 혹은 '근본악'이란 말로 의미했던 것을 규명하기 위해 문헌 하나를 더 인용하고자 한다.[92]

1951년 초, 『전체주의의 기원』이 서점에 나오기 전에 아렌트는 칼 야스퍼스가 자신의 생일에 받아 볼 수 있도록 그에게 사본을 보냈다. 그는 유능한 자신의 옛 학생이 쓴 책의 머리말에 자기 저서에서 인용한 구절이 사용된 것을 기뻐하면서, 즉시 그 책을 받았다고 알렸다. 그 책의 서론과 끝맺는 말을 처음 읽은 후 그는 "야훼께서 너무 멀리 사라지지 않았는가?"(C, 145)라는 알쏭달쏭한 물음을 메모로 추가했다. 그에게 보낸 다음 편지에서 아렌트는 그 물음이 "그 답을 발견하지 못한 채 몇 주 동안이나 지금 내 마음 속을 맴돌고 있다"고 썼다. 그러나 그 물음은 근본악에 대한 다음과 같은 반성을 불러일으켰다.

> 악은 예상했던 것보다 더 근본적인 것으로 판명되었다. 객관적인 용어로 말하면, 근대의 범죄들은 십계명 속에서 제시되지 않았다. 다른 말로 하면, 인간이 저지를 수 있는 가장 악한 일들은 이기심이라는 악덕으로부터 나온다는 선입관으로 서구의 전통은 고통 받고 있다. 그러나 우리는 가장 커다란 악들이나 근본악이 더 이상 인간적인 견지에서 이해할 수 있는 악마적 동기들과 관련이 없다는 것을 안다. **근본악이 진정으로 무엇인지 나는 모른다. 그러나 그것은 나에게 이 현상, 즉 인간들을 불필요한 인간으로 만드는 것(목적에 대한 수단으로서 그들을 사용하는 것이 아니다. 그 목적은 그들을 본질이 손상되지 않은 인간으로 남기고 오직 그들의 인간적 존엄성만을 침해하는 것이다)과 다소 관련이 있는 것처럼 보인다. 이것은 모든 예측 불가능성 — 그것은, 인간에 있어서, 자발성에 해당하는 것이다 — 이 제거되자마자 일어났다.** 그리고 다시금 이 모든 것은 (단순한 권력욕을 가진 것이 아니라) 개개인의 인간들의 전능함이라는 망상으로부터 생겨났다 — 또는, 그것과 함께 간다고 하는 것이 더 낫겠다. 만약 인간 그 자체로서의 인간 개개인이 전능하다면, 사실 복수의 인간이 존재해야 할 이유가 전혀 없다 — 마치 일신론에서 신을 유일한 존재로 만든 것이 오직 신의 전

92)아렌트는 '절대악'과 '근본악'을 동의어처럼 썼으나 후자를 더 선호했다.

> 능함일 뿐이라는 것과 마찬가지이다. 그래서 이와 같은 방식으로 인간 개개인의 전능함은 복수의 인간을 불필요하게 만들게 될 것이다.
>
> (C, 166. 강조는 저자)

절대악 혹은 근본악과 관련한 이러한 주장들을 우리는 어떻게 이해해야 할까? 먼저, 가장 충격적인 것은 아렌트가 말하지 않은 것이다. 어떤 구절에도 근본악을 "괴물들과 악마들이 수백만 명의 학살을 설계했다는 생각"으로 이해해야 한다고 암시하는 부분은 없다. 나는 이 점을 더욱 강조하고자 한다. 아렌트가 이 같은 믿음에 동조했다는 증거는 전혀 없다. 도리어 그녀는 그러한 주장을 단호히 거부했다. 그것도 아이히만 재판을 목도하기 오래전에 말이다. 1948년에 쓴 논문인 「강제수용소들」에서 이미 아렌트는 수용소들이 돌격대(SA)에 의해 운영되고 있을 때 발생한 일들과 나치 친위대(SS)에게 인수된 이후 발생한 일들을 날카롭게 구분한다. 돌격대(악명 높은 '갈색 셔츠')는 "범죄적이고 비정상적인" 정신 상태를 대표했다. 그들은 사디스트적인 괴물이라고 생각될 수 있을 것이다.

> 돌격대의 맹목적인 잔혹 행위 이면에는 종종 사회적으로나 지적으로나 육체적으로 그들보다 우월한 — 그리고 이제 자신들의 손아귀에 (마치 그들의 가장 야만적인 꿈들의 성취인 것만 같이) 놓여 있는 — 모든 사람들에 대한 뿌리 깊은 적대감과 원한이 깔려 있었다. 이러한 원한은 수용소에서 결코 완전히 소멸하지 않았는데, 우리에게는 인간적으로 이해할 만한 최후의 감정적 잔여물로 여겨진다.(CC, 758)

그러나 그러한 행동이 비록 변태적이고 사디스트적일지라도, 그것은 아직 인간적으로 이해할 수 있었다. 이것은 아직 진정한 공포 — '책상 앞의 살인자들'이 사태를 장악했을 때 일어난 변화 — 가 아니었다. 푸코의 말처럼 들리고, 푸코를 예견케 하는 한 구절에서 아렌트는 이렇게 썼다.

그러나 진정한 공포는 친위대가 수용소의 관리를 인수했을 때 시작되었다. 오래된 자발적인 잔혹 행위는, 인간의 존엄성을 파괴하도록 계산된 절대적으로 냉정하고 체계적인 인체의 파괴에 자리를 양보했다. 죽음은 회피되거나 무한히 연기되었다. 수용소는 더 이상 인간의 탈을 쓴 짐승들, 말하자면 실제로 정신병원과 감옥에 있어야 할 사람들을 위한 놀이공원이 아니었다. 사실은 그와 정반대였다. 그것은 '연병장'으로 바뀌었는데 …… 거기에서는 완전히 정상적인 사람들이 완벽한 친위대 요원이 되도록 훈련 받았다.(CC, 758)

아렌트는 '비정상적인' 괴물이라는 너무나 대중적인 나치 이미지를 단호하게 거부했을 뿐만 아니라, 한층 강력하고 자극적인 주장을 펼쳤다. '근본악'은 '악마적 동기들'로 설명될 수 없다는 주장 말이다. 이것은 나중에 아렌트가 『아이히만』에서 제시한 주요 논점 중 하나와 양립하는 것으로서, 거기서 아렌트는 "누구도 아이히만에게서 사악하고 악마적인 어떤 심연을 끌어내지 못한다"(EJ, 288; 『아이히만』, 399)고 말했다.

이제 아렌트가 칸트를 인용한 것이 그녀가 '근본악'이라는 말로 뜻한 바를 이해하는 데 도움이 된다고 기대할 수도 있을 것이다. 무엇보다 그녀는 '근본악'이라는 표현을 만든 사람이 칸트라고 말한다. 칸트가 『이성의 한계 내에서의 종교』에서 근본악에 대해 말한 것은 물론 사실이며, 이것이 칸트의 도덕 철학, 특히 인간의 자유에 대한 그의 분석을 이해하는 데 핵심적인 개념이라고 주장하는 주석자들도 있다. 따라서 아렌트가 근본악이란 말로 의미했던 것이 무엇인지 파악하기 위해, 먼저 칸트가 뜻하고자 한 것이 무엇이었는지 살펴보고, 그다음에 아렌트가 칸트로부터 전유한 것이 무엇이었는지에 초점을 맞추는 것이 현명할 것 같다.[93] 그러나

93)칸트가 말하는 근본악의 의미에 대한 해석에 대해서는 다음 글들을 참조하라.

이것은 지금 우리가 다루고 있는 문제에 대한 관심을 흩뜨릴 수 있는 잘못된 실마리 중 하나이다. 아렌트는 근본악에 대한 자신의 이해가 칸트의 것과 매우 다르다는 점을 지적한다. 칸트를 아주 짧게 언급하면서 아렌트가 했던 말을 다시 한 번 숙고해 보자. "자신이 만들어 낸 '근본악'이라는 말로써 적어도 이런 악의 존재를 짐작했었던 것으로 보이는 유일한 철학자인 칸트에게도 해당이 된다. **물론 그는 즉시 그것을 '도착된 악마적 의지'라는 개념으로 합리화했고, 이 의지는 이해 가능한 동기로 설명할 수 있는 것이었다.**"(OT3, 459. 강조는 저자) 아렌트가 칸트를 공정히 다루고 있는지는 논쟁의 여지가 있다. 그러나 아렌트가 자신이 '근본악'이라는 말로 의도한 바를 칸트가 파악했다고 생각하지 않는다는 것은 분명하다. 칸트의 분석은, 근본악을 설명할 수 있는 이해 가능한 동기들이 있다는 전제에 근거해 있다. 이것이 그녀가 "실제로 이 현상을 이해하기 위해 기댈 수 있는 것이 아무것도 없다. 그럼에도 불구하고, 이 현상은 압도적 현실로서 우리 앞에 나타나 우리가 알고 있는 모든 기준들을 붕괴시킨다"(OT3, 459)고 덧붙인 이유이다.

제기되어야 할 질문은 다음과 같은 것이다. **아렌트**가 근본악이라는 말로써 의미했던 것은 무엇인가? 그녀는 야스퍼스에게 보낸 편지에서 중요한 단서를 제공한다. "그것은 나에게 이 현상, 즉 인간들을 잉여적인(불필요한) 인간으로 만드는 것(목적에 대한 수단으로서 그들을 사용하는 것

John Silber, "The Ethical Significance of Kant's Religion", introductory essay to *Kant's Religion within the Limits of Reason Alone* (New York: Harper & Row, 1960), Lxxxix-cxxxiv; Henry E. Allision, *Kant's Theory of Freedom* (Cambridge: Cambridge University Press, 1990); idem, "Reflections on the Banality of (Radical) Evil: A Kantian Analysis," *Graduate Faculty Philosophical Journal*, 18/2 (Winter 1995), 141-158; Sharon Anderson-Gold, "Kant's Rejection of Devilishness: The Limits of Human Volition" *Idealistic Studies*, 14 (1989), 35-48. 앤더슨 골드는 "칸트의 근본악 개념과 『아이히만』에 나오는 아렌트의 '평범한' 악 개념 사이에는 어떤 유사성이 있다"고 주장하기도 한다.(48, n.30)

이 아니다. 그 목적은 그들의 본질을 손상되지 않은 인간으로 남기고 오직 그들의 인간적 존엄성만을 침해하는 것이다)과 다소 관련이 있는 것처럼 보인다." 이것은 또한 그녀가 『전체주의의 기원』에서 '근본악'이라는 표현을 도입했을 때 지적했던 점이다. 따라서 질문은 이제 다음과 같이 바뀐다. 아렌트가 "근본악은 모든 인간을 똑같이 잉여적인 존재로 만드는 체계와 관련하여 출현했다"(OT3, 459)고 말했을 때, 그녀가 의미하는 바는 무엇인가?

잉여성은 『전체주의의 기원』에서 가장 넓게 퍼져 있는 주제 중 하나다. 이 주제는 민족 국가의 쇠퇴와 인권의 목적에 대한 분석에서 매우 중요하다. 이는 또한 무국적 상태에 대한 분석과, 인간이 권리를 가질 권리를 박탈당했을 때 일어나는 일에 대한 분석에서도 결정적이다. 전체주의적 지배를 특징짓는 잉여성이라는 새로운 현상에 대한 아렌트의 분석은 총체적 지배를 다루는 부분에서 가장 명료하다. 인간을 불필요하게 만드는 것은, 인간다움의 조건 그 자체를 제거하는 것이다. 아렌트는 절대악 혹은 근본악에 대해 간단히 논의하기에 앞서 이를 다음과 같이 요약한다.

> 그러므로 전체주의 이데올로기의 목표는 외부 세계의 변형이나 사회의 혁명적 변화가 아니라 인간 본성 자체를 바꾸는 것이다. 강제수용소는 인간 본성의 변화를 시험하는 실험실이며, 그래서 수용소의 수치는 피수용자나 '과학적인' 기준에 따라 엄격하게 수용소를 운영했던 사람들의 문제가 아니다. 그것은 모든 인간의 관심사이다. 어차피 이 세상에 항상 흘러넘쳤던 고통도 쟁점이 아니고 희생자의 수도 쟁점이 아니다. 인간 본성 자체가 위험에 처해 있는 것이다. 이 실험이 인간은 인간에게 늑대homo homini lupus라는 허무주의적 진부함이 꾸준히 현실화되는 사회를 만듦으로써 인간의 변화가 아니라 단지 그 파괴에만 성공한 것처럼 보여도, 우리는 이 실험이 확고한 결과를 보여 주려면 전 지구에 대한 통제를 필요로 하므로 여기에는 반드시 한계가 있다는 점을 명심해야 한다.(OT3, 458-459)

앞서 나는 아렌트의 인간의 조건에 대한 이해의 핵심, 특히 인간적 행위를 위한 조건으로서 복수성을 강조한 것이 『전체주의의 기원』의 바로 이 절정부에 담겨 있다고 암시했었다.[94] 아렌트는 "공포에 대해 심사숙고하는 가운데" 우연히 다음과 같은 사실을 충격적으로 깨달았던 것 같다. 전체주의가 그다지 숨기려 하지 않았던 목표, 즉 인간을 **인간** 그 자체로서 불필요하게 만들고 인간의 본성을 변형시키겠다는 계획적인 시도 때문에, **인간적** 삶을 영위하는 데 핵심적인 것들, 복수성, 자발성, 탄생성, 그리고 개별성이 파괴되었다는 것. 이것이 바로 아렌트가 '근본악'이라는 말로 의미한 것 — "가공할 현실로서 우리 앞에 나타나, 우리가 알고 있는 모든 기준들을 붕괴시킨" 새롭고 전례 없는 현상 — 이다. 대량 학살, 집단 학살, 무고한 사람들의 참을 수 없는 대규모의 고통, 조직적인 고문과 테러 등은 이전 역사에도 있었다. 그러나 전체주의의 목표는 억압이 아니었으며, 그 의미가 **인간**에 대한 총체적 지배라는 뜻에서라면 심지어 '총체적 지배'조차 아니었다. 아렌트의 이해에 따르면, 전체주의는 사람들의 인간성을 제거하려고 노력한다. 이것이 바로 그녀가 나치의 범죄를 (만약 우리가 그것을 '범죄'라고 부를 수 있다면) '**인간성**에 대한 범죄'라고 주장했던 이유 중 하나이다. 『아이히만』에서 그녀는 이렇게 말한다.

94)본래 있었던 「끝맺는 말」 대신 『전체주의의 기원』 제3판(1968)에 붙인 「이데올로기와 테러 — 새로운 국가 형태」에서 아렌트는, 총체적 테러가 모든 복수성과 자발성을 어떻게 파괴하려고 하는지를 강조한다. "[총체적 테러는] 개개인의 인간들 사이에 존재하는 경계와 의사소통의 통로를 철로 된 하나의 끈으로 대체한다. 이 끈은 사람들을 너무나 단단하게 묶기 때문에 마치 복수의 사람들이 거대한 몸집을 가진 한 사람 속으로 사라져 버린 것처럼 보일 정도다. …… 테러라는 강철의 끈은 사람들의 복수성을 파괴하고 다수를 한 사람으로 만들어 버리는데, 이 단수의 인간은 틀림없이 자신이 역사나 자연의 진행 과정의 일부인 것처럼 행동하려고 할 것이다. 그런데 이 테러라는 강철의 끈 속에서 하나의 장치, 즉 역사의 힘과 자연의 힘을 해방시킬 수 있을 뿐만 아니라 그 힘들을 그대로 내버려 두었다면 결코 도달하지 못했을 속도로 이 과정을 가속화할 수 있는 장치가 발견되었다."(OT3, 465-466)

"유대인이 살해될 당시 어떤 국적을 가지고 있었는가에 상관없이 단지 유대인이라는 이유에서 살해되었음은 의심의 여지가 없으며", 또한 이러한 전례 없는 범죄는 "유대 민족의 육체에 저질러진, 인간성에 대한 범죄이다."(EJ, 269) 근본악은 악에 대한 서구의 전통적 이해와 다르다. 왜냐하면 그것은 인간적으로 이해 가능한 '악한 동기들'과 관계가 없기 때문이다. 실제로 그것은 **인간적** 동기와는 전혀 관계가 없다. 그리고 이것이 바로 아렌트가 '악의 평범성'을 이야기하면서 아이히만과 관련하여 말한 것이다. "자신의 개인적 발전을 도모하는 데 각별히 근면한 것을 제외하고, 그는 어떠한 동기도 가지고 있지 않았다. …… 흔히 하는 말로 하면, 그는 **단지 자기가 무엇을 하고 있는지 결코 깨닫지 못했던 것이다**."(EJ, 287) 근본악은, 아렌트가 그토록 통렬하게 이야기하듯, 인간을 '인간으로서 불필요하게' 만들고 있다. 카노반이 말하듯, 아렌트는 "결코 '괴물들과 악마들'이란 형식으로 사고하지 않았으며, '평범성'이야말로 비인간적 힘에 자신을 내맡기고 인간을 동물의 일종으로 전락시키는 것을 표현하는 훨씬 더 정확한 방식이다."[95)]

그럼에도 이 단계의 아렌트의 사유에는 결정적인 틈새가 있는 것처럼 보인다. 전체주의가 "인간 본성 그 자체의 변형"을 목표로 삼고 있고 "강제수용소는 인간 본성의 변형을 시험하는 실험실"이라는 주장을 받아들인다 하더라도, 우리는 여전히 왜 그녀가 이것을 근본악 혹은 절대악이라고 불렀는지 물을 수 있다. 아렌트는 인간 본성에 대한 규범적 개념을 미리 가정하는 것처럼 보인다. 그런 개념은 그 자체가 정당화를 필요로 한다. 그러나 이런 식으로 문제를 설정하면 오해를 낳기 쉽다. 왜냐하면 그

---

95)Canovan, *Hannah Arendt,* 24, n.30. 또한 카노반은 아렌트의 잉여성 개념의 또 다른 측면을 드러내기도 한다. 전체주의적 살인자들이 위험한 이유는 그들이 그들 **자신의** 잉여성을 믿기 때문이라는 것이다. 그들은 그들 자신을 "자연과 역사의 초인간적 법칙"에 내맡긴다.

렇게 할 때 그녀의 놀라운 통찰력이 지닌 예리함을 놓치기 때문이다. 『전체주의의 기원』에서 그녀가 '인간 본성'과 '인간 본성의 변형'에 대해서 말하는 데 주저하지 않았음은 물론 사실이다. 그러나 『인간의 조건』에서 그녀는 훨씬 더 신중하다.

> 오해를 피하기 위해서 말해 둘 것은, 인간의 조건은 인간의 본성과 동일하지 않으며 인간의 조건에 상응하는 인간 활동들과 능력들의 총합이 인간 본성을 구성하지도 않는다는 점이다. ……
>
> 인간 본성의 문제, 아우구스티누스가 "나는 내 자신에게 하나의 문제가 되어 버렸다quaestio mihi factus sum"라고 한 것은, 우리가 그것을 개인 심리학적 의미로 보든 일반적인 철학적 의미로 보든 답변할 수 없는 것처럼 보인다. 우리는 우리 주변에 있는 우리 아닌 다른 모든 사물의 자연적인 본질을 알 수 있고 결정할 수 있으며 규정할 수 있지만, 우리 자신에 대해서 동일한 것을 할 수 있으리라고는 거의 기대할 수 없다 — 이는 마치 우리가 자신의 그림자를 뛰어넘으려는 것과 같은 일이다. 더욱이 인간이 다른 사물과 똑같은 의미에서의 본질 또는 본성을 가졌다고 생각할 만한 어떤 자격도 우리는 부여받지 않았다. 달리 말해서, 만약 우리가 본질 또는 본성을 가지고 있다면, 오로지 신만이 그것을 알 수 있다고 정의할 수 있을 것이며, 그 첫 번째 전제 조건은 마치 '무엇what'에 관하여 말하는 것처럼, '누구who'에 대해 말할 수 있어야 한다는 것이다.(HC, 9-10)

여기서 아렌트는 아우구스티누스에게서 발견한 철학적 주제를 표현하고 있는데, 이 주제는 그녀의 철학적 스승이었던 하이데거와 야스퍼스를 통해 강화된 것이었다. 그러나 고정된 인간 본성에 대한 회의에는 또 다른 중요한 차원이 있다. 자신의 생각이 자신의 경험에 깊이 뿌리박고 있다고 주장하는 아렌트는, 전체주의의 도래로 인해 우리는 더 이상 인간 본성의 고정성을 믿지 않는다는 것, 혹은 "모든 것이 가능하다"는 것 — 심지어

'인간'을 인간적이지 않은 어떤 종으로 아주 근본적으로 변형시키는 일조차도 가능하다는 것 — 을 입증하려는 전체주의적인 충동에 저항할 어떤 것이 인간 존재의 내면 깊은 곳에 존재하고 있다는 것을 더 이상 믿지 못하게 되었다고 주장했다. 에릭 뵈겔린은 "인간 본성 자체가 위험에 처했다"고 주장한 데 대하여 그녀를 날카롭게 비판했다.

> 전체주의의 성공은 이전에 우리가 보아 온 어떤 것보다도 정치적이고 인간적인 현실로서의 자유를 근본적으로 제거한 것 같다. 이러한 상황에서는 불변하는 인간 본성에 집착하여 인간 자체가 파괴되고 있다거나 혹은 자유는 인간의 본질적인 능력들에 속하지 않는다고 결론을 내리는 것이 아무런 위안이 되지 않을 것이다. 역사적으로 볼 때, 우리는 인간 본성이 실존할 때에만 그것에 대해 알며, 그 어떤 영원한 본질의 영역도 인간이 그의 본질적인 능력들을 상실하게 되면 우리를 위로하지 못할 것이다.96)

많은 곳에서 아렌트는 그녀가 불가능하다고 믿도록 교육받은 것들이 가능할 뿐만 아니라 너무나 생생한 현실이 되었음을 깨닫고 자신이 얼마나 큰 충격을 받았는지 확인하고 있다. 그녀는 1965년 뉴스쿨에서 행한 강의(「도덕 철학의 몇 가지 문제들」)를 자신이 존경하는 윈스턴 처칠의 말을 인용하면서 시작했다. "물질적인 것이든 정신적인 것이든, 내가 항구적이며 절대적이라고 믿도록 교육받았던 거의 모든 것들이 지속되지 않았다. 불가능하다고 내가 확신하거나 불가능함이 확실하다고 배웠던 모든 일들이 현실이 되었다." 이것이 전체주의의 쓴 교훈이다. 악의 의미를 묻는 데 있어서 더욱 중요한 사실은 도덕적 기준들이 전체주의 앞에서 거의 보편적인 붕괴를 맞았다는 것이다. 그녀는 선언했다. "1930년대와 1940년대에 우리는 …… 공적 생활과 사적 생활에서 확립된 모든 도덕 기

96)Arendt, "Reply to Eric Voegelin", 83-84.

준들의 붕괴를 보았다." "이 모든 것은 예고도 없이 하룻밤 사이에 붕괴되었으며, 그래서 마치 도덕성이 다른 것과 교환될 수 있는 하나의 사회적 관행, 관습, 그리고 관례로 갑자기 드러난 것처럼 보였는데, 이는 한 개인이나 민족이 식사 예절을 바꾸는 것보다도 어렵지 않은 것이었다."[97] 아렌트는『정신의 삶』서론에서도 비슷한 주장을 한다.

> 선악의 문제가 통상 '도덕'이나 '윤리' 과목에서 다루어진다는 사실은 우리가 이것들에 대해 얼마나 무지한가를 보여 준다고 할 수 있다. 'moral'이란 말은 'mores'라는 라틴어에서 유래했으며, 'ethics'는 ethos라는 그리스어에서 유래했다. 'mores'는 행동의 규칙과 연계되는 반면, 'ethos'는 'habit'라는 말과 마찬가지로 'habitat'라는 말에서 나왔다.(LM, 5.『정신의 삶』, 19)

결론적으로, 아렌트가 근본악 혹은 절대악이란 개념을 착상하기 위해 규범적인 인간 본성 개념을 무비판적으로 전제했다고 말하는 것은 정확하지 않다. 오히려, 불가능한 것처럼 보였던 것 — 그 이데올로기가 인간 종을 인간보다 못한 어떤 것으로 변형시키는 것을 포함한, "모든 것은 가능하다"는 원리에 근거한 전례 없는 전체주의 운동이 발생할 수 있었다는 것 — 을 목도하는 잊지 못할 경험에 의해서 아렌트 자신의 사고가 깊은 영향을 받았다고 말하는 것이 더 통찰력 있는 것이다. 더욱 놀라운 것은 전체주의 체제가 이러한 '원리'를 강제수용소의 실험실에서 증명하려고 했다는 점이다. 아렌트를 따라다니며 괴롭혔던 유령, 즉 전체주의라는 유령은 그 속에서 인간이 불필요하게 되어, 심지어 인간성이라는 개념 그 자체조차 제거되는 그런 것이다.

97)"Some Questions of Moral Philosophy", in *Arendt Archives*, Library of Congress.(제롬 콘이 편집하여 2006년 출간된 유고집 *Judgment and Responsibility*에 수록되었다 — 역주)

근본악과 악의 평범성이 **모순적**이라고 말한 숄렘에 반대하여, 나는 이러한 악의 개념들의 **양립 가능성**을 주장하고자 한다. 나는 애초에는 실마리처럼 보이지도 않았던 실마리 하나를 추적하고자 한다. 숄렘에 대한 아렌트의 답변으로 돌아가 보자. 그녀는 별다른 생각 없이 이렇게 말한다. "(첨언하면 저는 왜 당신이 '악의 평범성'이라는 제 용어를 구호 혹은 슬로건으로 부르는지 모르겠습니다. 제가 아는 한, 저 이전에 아무도 그 용어를 사용하지 않았습니다. 어쨌든 그것은 중요하지 않습니다.)" 아렌트는 또 틀렸다. 악의 '평범성'이란 말은 아렌트가 잊고 있는 것처럼 보이는 매우 중요한 맥락에서 그전에 사용되었다. 1946년, 『아이히만』이 나오기 약 15년 전에 아렌트는 야스퍼스와의 서신 교환에서 나치 전쟁 범죄들에 대한 문제를 논의했다.

아렌트와 야스퍼스가 전쟁에 의해서 중단된 서신 교환을 다시 시작한 1년 뒤인 1946년, 야스퍼스는 아렌트에게 자신의 저서 『책임 문제Die Schuldfrage』를 보냈다. 이 책은 나치 전쟁 범죄들과 독일의 죄를 다룬 것이었다. 이 책에 대해 논평하면서 아렌트는 나치의 '범죄들'에 대해 다음과 같이 썼다(1946년 8월 17일).

> 당신이 나치의 정책을 하나의 범죄('범죄적인 죄')로 정의내린 것이 저는 의아하게 여겨집니다. 나치의 범죄는 제가 보기엔 법의 한계를 파괴합니다. 그리고 그것이 바로 정확하게 그들의 괴물성을 구성하는 것입니다. 이러한 범죄에 대해서는, 어떤 처벌도 충분히 가혹하지 않습니다. …… 즉, 이 죄는, 모든 범죄적인 죄와 대비해 볼 때, 어떠한 법적 체제의 한도도 넘어서며 이를 박살 냅니다.(C, 54)

이러한 비판에 답하면서 야스퍼스는 다음과 같이 썼다.

> 당신은 나치가 저질렀던 일이 '범죄'로 이해될 수 없다고 말합니다 — 나는 당신의 의견을 전적으로 편안하게 느끼는 것은 아닙니다. 왜냐하면 모든 범죄적 죄를 넘어서는 죄는 위대함 — 악마적 위대함 — 의 경향을 띠기 때문입니다. 내가 보기에 이러한 것을 나치에 대해 말하는 것은 히틀러에게 있는 '악마적인' 요소 등등에 대한 모든 말만큼이나 부적절합니다. 나에게는 우리가 그러한 것들을 그들의 전적인 평범성 속에서, 그들의 무미건조한 사소함 속에서 보아야만 할 것 같습니다. 그것이 그들의 진정한 특징이기 때문입니다. 박테리아는 민족들을 쓸어버릴 전염병을 일으킬 수 있지만, 박테리아는 그저 박테리아로 남습니다. 나는 어떤 신화나 전설의 암시도 공포로 간주합니다.(C, 62)

이것은 1946년에 야스퍼스가 한 말이지만, 1964년에 아렌트가 숄렘에게 답변한 말이라고 해도 아무 문제가 없을 것이다. 아렌트가 다음과 같이 악의 확산을 곰팡이에 비유한 것은 야스퍼스가 박테리아에 비유한 것의 기묘한 메아리라고도 할 수 있다. "악은 …… 어떤 깊이나 악마적 특질도 가지고 있지 않습니다. 악은 그것이 표면에 번식해 있는 곰팡이처럼 퍼져 나간다는 바로 그 이유 때문에, 온 세상에 퍼져 전 세계를 황폐하게 할 수 있습니다."(JP, 251)[98)]

다시 아렌트가 자신의 생각을 바꾸었는가라는 물음으로 돌아가 보자. 우리는 아렌트가 근본악에 대하여 공개적으로 쓰기 이전이자 악의 평범성에 대하여 쓰기 훨씬 오래전인 1946년에 야스퍼스와 이 문제를 논의했을 때, 그녀가 나치의 '범죄성'을 어떻게 이해했는지 물을 수 있을 것이다. 이리저리 추측할 필요는 없다. 1946년 12월 17일 야스퍼스에게 보낸 편지에서 아렌트는 다음과 같이 말한다.

---

98)박테리아와 곰팡이를 동원한 이 같은 '생물학적' 은유는 이중의 의미를 가지고 있는데, 나치가 유대인과 생물학적으로 동일시한 것이 바로 그것들이었기 때문이다.

> 나는 나치가 저지른 일은 "유무죄를 넘어서는" 것이라는 내 평가를 놓고 당신이 말한 것이 절반의 설득력을 가지고 있음을 깨달았습니다. 말하자면, 나는 지금껏 내가 이것을 표현했던 방식에서 '악마적 위대함'에 위험할 만큼 가까이 다가갔음을 확실히 깨달았습니다. 당신과 마찬가지로 나 역시 그것을 전적으로 거부합니다. 하지만 늙은 숙모를 살해하려는 사람과 자신들의 행동이 불러올 경제적 손실을 조금도 고려하지 않은 채 (강제 추방은 전쟁에 기울여야 할 노력에 크나큰 손실이었습니다) 시체를 만드는 공장을 지었던 사람들 사이에는 여전히 큰 차이가 있습니다. 우리는 끔찍한 것들을 신화화하려는 충동들과 싸워야만 합니다. 그 같은 정식화를 피할 수 없었던 만큼, 나는 실제로 벌어진 일을 이해할 수 없었습니다. 아마도 그 모든 일의 배후에 있었던 것은 단지 다음과 같은 사실이었을 겁니다. 즉, 개개인의 인간들이 인간적인 이유로 다른 개개인의 인간들을 살해하지 않았다는 것, 그게 아니라 **인간이라는 개념을 제거하기 위한 조직적인 시도가 있었다는 것** 말입니다.(C, 69. 강조는 저자)

나치의 범죄를 묘사하기에 적절한 개념으로서 '악마적 위대함'이라는 말을 이보다 더 완강하게 거부하기란 어려울 것이다. 아렌트가 '전적으로 거부한' 것이 바로 이것이다. 야스퍼스와 마찬가지로 그녀는 끔직한 것을 신화화하려는 모든 충동들과 싸워야 한다고 강력하게 주장한다. 아렌트는 자신의 정식화 역시 악마화라는 잘못된 방향의 길을 암시한다는 점에서 비판적으로 보고 있다. 문제는 '부정적인' 숭고미를 만들어 내지 않으면서도 이해할 수 없는 것들을 이해하고, 재현할 수 없는 것들을 재현하는 언어를 찾는 것이다. 왜냐하면 악에 대해 말하는 가운데 우리가 직면하는 문제는, 칸트가 숭고에 대하여 말하는 방식과 강한 가족 유사성을 낳기 때문이다. 그러나 근본악에는 숭고한 것이 아무것도 없다. 근본악은 복수의 인간을 불필요하게 만들려는 체계적인 시도이다. 그것은 개개의 인간으로서 존재한다는 개념과 **현실**을 제거하려는 조직화된 시도이다.

신학적 용어로 말하자면, 그것은 신의 창조물을 파괴하고 인간을 '도착적 동물'로 변형시키려는 대담한 시도이다.

엄격하게 말해서, 근본악은 처벌할 수도 용서할 수도 없다. 왜냐하면 처벌과 용서는 근본악이 제거하려는 대상, 즉 인간의 행위를 전제하기 때문이다. 『인간의 조건』에서 아렌트는 다음과 같이 쓰고 있다.

> 용서에 대한 대안이지만 결코 그 반대는 아닌 것이 처벌이다. 용서와 처벌은 간섭하지 않는다면 끝없이 계속될 어떤 것을 끝내려고 시도한다는 점에서 공통점을 가진다. 그러므로 인간사의 영역에서 매우 의미 있는 구조적 요소는 인간은 처벌할 수 없는 것을 용서할 수 없으며 용서할 수 없다고 판명된 것을 처벌할 수 없다는 점이다. 이는 칸트 이래로 우리가 '근본악'이라 부르는 죄의 진정한 특징이지만, 그것의 본질에 대해서는 공적 무대에 드물게 분출되는 그 모습을 목격한 우리조차도 거의 알지 못한다. 우리가 아는 전부는 우리는 그러한 죄를 처벌할 수도 용서할 수도 없으며, 따라서 그것은 인간사의 영역과 인간의 잠재적 힘을 초월한다는 사실이다. 근본악이 등장할 때마다 인간사의 영역과 인간의 잠재적 힘은 모두 근본적으로 파괴된다.(HC, 241)

아렌트는 소위 나치의 범죄들과 전체주의의 근본악이 우리의 전통적 개념들과 기준들의 경계를 파괴한다고 생각했다. 하지만 이렇게 말한다고 해서 '악마적 위대함'이 이러한 '범죄들'의 특성이라고 말하는 것은 아니다. 왜냐하면 '악마적 위대함' 자체가 인간적인 — 너무나 인간적인 — 범주이기 때문이다. 전체주의라는 근본악은 신화화되어서도 안 되고 미화되어서도 안 된다.

1946년의 아렌트와 야스퍼스의 서신 교환은 근본악의 의미와 관련한 혼란과 밀접하게 연관된 또 다른 혼란을 해결하는 데 도움이 된다. 이 혼란은 아렌트의 몇 가지 수사학적 표현 때문에 초래된 것이기도 하다. 야스퍼스는 아렌트가 나치의 범죄를 기술하면서 '시적인 길'이라고 할 만한 방식을 채택하고 있다고 비판했다. "당신이 그것을 표현하는 방식은 시적인 길에 가깝습니다. 그리고 셰익스피어 같은 사람이라도 이런 재료에는 적절한 형식을 부여할 수 없었을 겁니다 — 그의 본능적인 미적 감각이 그것을 왜곡하게 만들었을 테니까. 그리고 그것이 바로 그가 그런 일을 시도할 수 없었던 이유일 겁니다."(C, 62) 야스퍼스가 여기서 셰익스피어를 언급한 것은 매우 시사적이다. 왜냐하면 '악마적 위대함'의 모델이 될 만한 가장 위대하고 가장 감동적인 인물들을 창조한 사람이 바로 셰익스피어이기 때문이다. 아렌트 자신도 악에 대해, 특히 악의 평범성과 악에 대한 전통적인 개념들을 구분하려고 할 때마다 셰익스피어를 자주 언급한다.[99] 아렌트의 수사학적 표현들은 종종 '악의 평범성'의 대안을, 신학적으로 혹은 미학적으로 '악마적 위대함'이라고 범주화되는 악으로 암시한다. 때문에, 우리는 그녀가 근본악과 악마적 위대함을 동일시한다고 잘못 생각하기 쉽다. 그래서 아렌트는 악의 평범성이란 용어로 자신이 의미한 것을 설명하고 분명히 하려는 최초의 시도들 중 하나에서 다음과 같이 썼다.

> 아이히만은 이아고도 맥베스도 아니었다. 또한 리처드 3세처럼 '악인임을 입증하기로' 결심하는 것처럼 그의 마음과 동떨어진 일은 없었다. …… [아이히만은] 어리석지 않았다. 그로 하여금 그 시대의 엄청난 범죄자들 가운데 한 사람이 되게 한 것은 (결코 어리석음과 동일한 것이 아닌) 순전한 무사유였다. …… 이처럼 현실로부터 멀리 떨어져 있다는 것과 이러한 무사

99) 비록 아렌트가 나치의 범죄와 '악마적 위대함'에 대한 시적 재현을 비교하는 것을 전적으로 거부했지만, 잉여성에 대한 셰익스피어의 이해를 참조할 수 있었을 것이다. 고너릴과 리건에 대한 리어의 응답을 상기해 보라.
"오, 필요를 논하지 말라! 가장 미천한 거지도
가장 보잘것없는 것이나마 여분을 갖는다." *King Lear*, II. iv. 263-264.

> 유가, 인간 속에 아마도 존재하는 모든 악을 합친 것보다도 더 많은 대파멸을 가져올 수 있다는 것, 이것이 사실상 예루살렘에서 배울 수 있는 교훈이었다.(『아이히만』, 391-392)

우리는 『정신의 삶』의 서론에서 이와 유사하지만 더욱 공들인 비교를 찾아볼 수 있다.

> 사실 나는 두 가지 약간 상이한 계기 때문에 정신의 활동에 관심을 갖게 되었다. 직접적인 계기는 예루살렘 법정에서 진행된 아이히만 재판을 참관하면서 나타났다. 나는 재판을 취재하여 보도하는 과정에서 '악의 평범성'에 대해 언급하였다. 나는 그 말이 악이라는 현상을 이해하는 사상적 전통—문학적, 신학적 또는 철학적 전통—과 상반된다는 사실을 어렴풋이 인식했지만, 그 말의 이면에 깔린 명제나 교의를 주장하지는 않았다. 우리는 악이 마력을 지닌 무엇이라고 배웠다. 악의 화신은 사탄이며, "하늘에서 떨어진 것"(누가복음 10장 18절)이거나 타락한 천사인 루시퍼이다("악마 또한 천사이다"—우나무노). 그런데 사탄의 원죄는 ("루시퍼 같이 자랑하는") 자만심, 즉 가장 훌륭한 존재들만이 가질 수 있는 그러한 오만이다. 이들은 신에게 복종하기를 거부하고 신과 같아지기를 원한다. 우리는 흔히 악한 사람들은 질투심에서 행동한다고 한다. 이러한 질투심은 그들 자신의 잘못이 아닌 일로 인해 결과가 좋지 못한 것에 대한 분노(『리처드 3세』)이거나, "주님이 아벨과 그의 제물들을 받아들이고 카인과 그의 제물들을 받아들이지 않았다"는 이유로 아벨을 살해한 카인의 질투심이다. 혹은 악한 사람들은 약점에 이끌릴 수도 있다(『맥베스』). 혹은 이와 반대로 사악함은 강력한 증오를 통해 순전한 선을 찾거나("나는 무어인을 증오한다. 가슴속 깊이 증오한다"라는 이아고의 말, 빌리 버드의 '야만적' 순수성에 대한 틀레가르트의 증오, 멜빌이 '천성에서 나타나는 타락'으로 간주한 증오), 혹은 '모든 악한 욕망의 근원'인 탐욕에 의해 찾는다. 그러나 내가 대면했던 것은 이러한 것들과 전적으로 다르지만, 부정할 수 없을 정도로 사실

> 적인 것이다. 나는 행위자의 행위의 명백한 악에 대해 그 악의보다 심층적인 근원이나 동기를 추적하는 것을 불가능하게 만드는 그의 노골적인 천박성에 충격을 받았다. 그의 행적들은 괴물적인 것이었다. 그러나 행위자 — 현재 재판을 받고 있는 아주 유능한 행위자 — 는 아주 일상적이며 평범하면 했지 결코 악마적이거나 괴물 같지 않았다. 그에게는 이데올로기적 확신이나 특이한 악의적 동기의 징후는 없었다. 우리가 그의 과거 행적뿐만 아니라 검찰 측 사전 심리와 재판 당시 그의 행태를 통해 발견할 수 있었던 유일한 특징은 전적으로 부정적인 것이었다. 즉 그것은 우매함이 아니라 무사유였다.(LM, 3-4. 『정신의 삶』, 16-17)

이 구절은 아렌트가 '악마적 동기들'의 현현이라고 이해되는 악에 대한 전통적인, 구축된 개념에서 얼마나 많이 벗어나 있는지를 보여 준다. 전통으로부터의 이러한 이탈은 악의 평범성에 대한 그녀의 분석에서 몹시 거북한 것이다. 그러나 그녀는 이미 근본악에 대해서도 동일한 논점을 주장한 바 있다. 즉 그것은 '악마적 동기'의 문제가 아니라, 오히려 "인간이라는 개념을 제거하려고" 시도하는 문제, 다시 말해 인간을 인간 그 자체로서 불필요하게(잉여적으로) 만드는 문제인 것이다. 아렌트는 또한 여기서 자신이 아이히만의 '괴물 같은 행위들'을 이해하는 핵심적인 단서로 여긴 것이 무엇인지를 지적한다. 그것은 그의 무사유, 다시 말해 생각과 판단에 있어서의 전적인 무능력이다.

아렌트가 자신의 생각을 바꾸었는가라는 질문으로 돌아가 보자. 정제되지 않은 이 질문은 너무 애매하고 모호하다. 이것은 잘못된 답을 불러온다. 그러나 우리는 이 애매한 질문을 답변이 가능한 좀 더 구체적이고 선명한 질문의 형태로 분석할 수 있다. 첫째, 아렌트가 『전체주의의 기원』에서 제시한 근본악은 악의 평범성이라는 개념과 (숄렘이 주장하듯) "모순되는가?" 아니다! 나는 아렌트가 근본악이라는 말로 의미했던 것은 인간을 불필요하게 만드는 것, 즉 인간적인 삶을 영위하기 위해 요구되는 조건을 제거하는 것이라고 주장했다. 이것은 그녀가 악의 평범성에 대하여 말한 것과 완전히 양립할 수 있다. 아이히만은 자신의 "괴물 같은 행위"의 결과가 이것이라는 것을 파악할 수 있는 사려thoughtfulness가 부족했다. 둘째, 아렌트는 나치의 범죄들을 "괴물들과 악마들의 행위"라는 말로 적절하게 설명할 수 있다고 생각했던 적이 있었는가? 아니다! 그녀는 분명하고 일관성 있게 나치의 범죄성을 그렇게 이해하는 것을 "전적으로 거부했다." 셋째, 아렌트는 '악마적 위대성'과 같은 개념이 전체주의적 지배의 악을 이해하는 데 적절하다고 생각한 적이 있었는가? 아니다! 이미 1946년에 아렌트는 자신이 그 같은 개념을 거부한다는 것을 아주 분명히 했으며, 자신의 개념이 나치의 악을 그런 식으로 이해하는 것처럼 암시하는 것에 대해 비판하기까지 했다. 아렌트는 전체주의의 근본악을 신화화하고 미학화하려는 모든 경향들에 대해 저항한다.

이러한 질문들에 대해 아니라고 힘주어 말한다고 해서, 아렌트가 '악의 평범성'에 말했을 때 강조점의 변화나 이동이 있었다는 것을 부정하는 것은 아니다. 사실 그러한 변화는 중요하다. 근본악에 대한 그녀의 초기 분석에서 핵심 개념은 **잉여성**이었다. 아이히만 재판을 목격한 후 그녀는 **무사유**로 관심을 돌렸다.[100] 아렌트는 20세기 전체주의의 출현과 함께 등장한 악이 지닌 전례 없는 독특한 성격을 이해할 필요성을 처음 느꼈던 것 같다. 인간의 본성을 바꾸려는 시도, 즉 복수성, 자발성, 개별성 속에 존재하는 인간을 불필요하게 만들려는 그토록 철저하고 체계적인 시도

100) 메리 매카시(아렌트의 영어를 자주 교정해 주었다)가 아렌트에게 알려 주었던 것처럼, '생각 없는thoughtless' 상태가 된다는 것은 가장 일반적으로는 사려 깊지 않다거나 주의력이 결핍되었다는 뜻이다. 그럼에도 아렌트는 이 표현을 사유 — 자신이 하고 있는 일에 대한 반성 — 의 불능 혹은 거부를 지칭하기 위해 사용하기를 고집했다. 아이히만은 어리석은 것이 아니라, 진부한 생각과 '언어 규칙들'에 너무나 깊이 사로잡혀 있어서 멈추어 사유할 수 있는 상상력을 결여하고 있었다.

가 이전에는 결코 없었다는 것이 그녀의 대답이다. 그러나 아이히만 재판 이후 그녀는 다른 새로운 문제에 사로잡히게 되었다. 그것은 바로 다른 상황에서는 그토록 '정상적'이고 '평범한' 사람들이 저지른 '괴물 같은 행위들'을 어떻게 설명할 것인가 하는 것이었다.

아이히만 재판 이후로 아렌트는 나치의 이데올로기적 세뇌의 역할에 대한 자신의 이해를 수정한다. 위에 인용된 구절들에서 그녀가 말했듯이 "[아이히만]에게는 이데올로기적 확신이나 특이한 악의적 동기의 징후는 없었다." 아렌트가 악의 평범성을 의문의 여지가 없는 현상으로 받아들이자 전혀 새로운 흐름의 질문들이 제기되기 시작했다. 이제 그녀는 무슨 자격으로 악의 평범성이란 개념을 소유하는지 질문을 받았다. 한나 아렌트가 이 개념의 의미와 귀결점들과 관련하여 고투한 전체 이야기는 근본악의 의미와 관련한 고투만큼이나 복잡하고 미묘하다.

20세기 전체주의로 결정화한 사건은 새롭고 전례 없는 형태의 체제를 현실화시켰다. 그 체제는 총체적 테러에 의한 총체적 지배를 달성하는 데 열성적이었다. 이 새로운 전체주의 체제는, 인간을 불필요하게 만들고 나아가 인간성을 제거하려고 시도하는 근본악이라는 심연을 우리 앞에 펼쳐 놓았다. 가장 놀라운 것은 인간의 조건을 파괴하고 변형시키려는 이러한 몸서리나는 계획적 시도가 괴물스러운, '악마적인 동기들'을 필요로 하지 않는다는 점이다. 그것은 평범하고 정상적인 사람들의 무사유 — 생각하는 능력의 부재 — 로부터 초래될 수 있다. 심지어 소비에트 전체주의의 붕괴 이후에도, 우리는 생각지도 않은 환경에서 또다시 출현한 근본악이라는 유령에 사로잡혀 있다. 이 모든 것의 실제적인 가능성을 부인하는, 인간 본성과 관련한 존재론적 보장이나 '진리'는 존재하지 않는다. 오히려 전체주의가 우리에게 가르쳐 주어야 했던 교훈은, 근본악이 불가능하다고 생각하는 것이 하나의 환상이라는 것이다. "모든 것은 가능하다."

아렌트의 모든 사유는 근본악의 출현이라는 상존하는 실제적 **위험**을 향해 있었다.

8 악, 사유 그리고 판단

1960년 5월 23일, 이스라엘의 수상인 데이비드 벤구리온은 크네세트(Knesset, 이스라엘 의회)에 놀라운 발표를 했다. 악명 높은 나치 전범 아돌프 아이히만 — 그는 리카르도 클레멘트Ricardo Klement라는 가명으로 부에노스아이레스 근교에 살고 있었다 — 은 이스라엘 정보부에 의해서 체포되어 항공편으로 이스라엘로 압송되었다. 벤구리온이 이 사실을 세상에 발표하고 있을 때, 아이히만은 이미 이스라엘 감옥에 있었다.

아돌프 아이히만의 이름은 널리 알려져 있었다. 그는 '최종 해결책'을 수행하는 데 있어서 "살인적인 열정"과 관료적 효율성을 가지고 중요한 역할을 했다. 나치가 두 개의 주요 전선에서 패퇴하면서 패전이 분명해지고 있었던 1944년 여름과 가을에도, 그는 수많은 유대인들을 절멸수용소로 이송하기 위한 준비를 계속했다. 아이히만과 그가 속했던 부서인 제국중앙보안본부 IV-B-4가 했던 일을 상세하게 증명하는 자료는 어마어마

했다. 이 증거 자료들은 전쟁이 끝난 이후부터 수집되었다. '아우슈비츠'가 모든 절멸수용소들을 대표하는 이름으로 강하게 각인되었던 것과 마찬가지로, 아이히만은 수백만 명의 유대인들의 죽음에 책임이 있는 모든 나치를 대표하는 자가 되었다. 감상적인 면이 있었던 아이히만은 재판 없이 자신을 공개 교수형에 처해 줄 것을 제안하였다. 그러나 이것은 이루어지지 않았다. 그는 "인류에 대한 범죄"와 "유대 민족을 파멸시키려는 의도로 유대인들에게 범한 범죄"로 이스라엘 법정에서 재판을 받을 예정이었다.

아이히만 재판은 뉘른베르크 재판보다 더 충격적이고 의미심장하리라 기대되었다. 초점은 한 개인의 행위에 집중될 것이었다. 나치가 유대인들에게 했던 것과 유대인들이 고통 받은 것에 대한 모든 이야기가 세상에 알려질 기회가 있을 것이었다. 재판에 앞서 벤구리온 스스로 이 재판이 몇 가지 목적에 기여하도록 의도되었음을 분명히 했다. 그것은 '최종 해결책'이 어떻게 수행되었는지를 상세하게 증명할 것이었다. 또한 반유대주의의 귀결점과 관련하여 세계에 교훈을 제공할 것이었다. 마지막으로 이스라엘에 살고 있는 유대인들뿐만 아니라 뿔뿔이 흩어져 사는 유대인들도 교육할 것이었다. 아이히만 재판은 유대 민족의 생존에 이스라엘이 왜 그렇게 중요한지를 세계만방에 보여 줄 것이었다.

아이히만이 예루살렘에서 재판 받을 것이 분명해졌을 때 아렌트는 그 재판에 참석하기로 결심했다. 그녀는 "이 재판에 참석하는 것은, 어떻든 내가 내 과거에 대해 지고 있는 의무라고 느낀다"(YB, 329)고 말했다. 칼 야스퍼스가 재판에 대한 우려를 표현했을 때 아렌트는 그에게 다음과 같이 썼다. "만약 내가 그곳에 가서 이 걸어다니는 재앙을 그의 모든 기괴한 공허함 속에서 활자의 매개 없이 얼굴 대 얼굴로 마주하지 않는다면, 나는 결코 나 자신을 용서할 수 없을 것입니다."(C, 409-410) 아렌트는 『뉴요커』의 편집자인 윌리엄 숀에게 접근하여 재판에 대한 '보고서'를 쓰겠다고 제안했다. 숀은 즉시 받아들였다. 그녀는 적절하다고 생각되는 것은 무엇이든 자유롭게 쓸 수 있었다.

아렌트는 아이히만 재판에 앞선 10년 동안 유대인이나 시온주의나 이스라엘과 관련한 사건들에 대해서는 공개적인 글을 쓰지 않았다. 이 주제들에 관한 마지막 주요 논문이 「근동의 평화인가 휴전인가?」(1950년)인데, 아렌트는 이 논문을 유다 마그네스에게 헌정하고 아랍인과 유대인의 협력에 기초한 유대인 조국에 대한 그의 희망을 약술했다. 이것은 시온주의에 대한 활발한 논쟁에서 그녀가 물러서겠다는 뜻을 드러낸 논문이었다. 왜냐하면 마그네스와 함께 자신이 싸워 온 대의가 이미 패배했다는 것을 알았기 때문이다. 1950년대 10년은 아렌트가 정치사상가로서 명성을 쌓아 가고 있던 때였다. 그녀의 명성은 『전체주의의 기원』의 출간과 함께 시작되었다. 1958년에는 『인간의 조건』을 출간했다. 아이히만의 체포가 발표되었을 때는 『혁명론』을 쓰고 있는 중이었다.

한동안 아렌트가 유대인과 관련한 사건들에 대해 아무것도 출간하지 않았지만, 이스라엘의 진행 상황은 그녀의 생각과 조금도 다르지 않았다. 이것은 그녀가 쓴 편지, 특히 야스퍼스와 블루멘펠트에게 보낸 편지에서 분명히 드러난다. 아렌트는 이스라엘 국가의 실제적 현존을 받아들였고 그것의 업적에 대해 자부심까지 느끼고 있었다. 그러나 이스라엘의 맹목적 애국주의, 수정주의 이데올로기의 성공, 이스라엘 당국에 의해 조장된 유대인 역사의 왜곡, 팔레스타인 아랍인들에 대한 이스라엘 정치인들의 관심 부족, 이스라엘과 아랍 간의 직접적인 회의와 협상에 관여하는 데 대한 이스라엘인들의 실패에 대해서는 여전히 비판적이었다. 그녀는 "랍비들에 의한 신정theocratic 통치"에 강하게 반대했으며, 작지만 유력한 정통 교단들의 정치적 지지를 얻기 위해 시민적 자유와 관련한 문제에서 타협할 의향을 내비치는 세속 정치가들에 대해서도 강하게 반대하였다. 야스퍼스와의 계속된 서신 교환에서 아렌트는 이스라엘에 대한 그의 순진함을 지적했다. 이스라엘에 대하여 야스퍼스가 맹목적이라고 느꼈던 것이다. 1958년 11월 16일에 야스퍼스에게 보낸 편지에 등장하는 다음 구절들은 이스라엘에 대한 그녀의 비판적 태도를 전형적으로 드러낸다. 또한 이것은 1940년대에 쓴 논문들에서 피력되었던 생각이 여전히 이어지고 있음을 보여 준다.

> 며칠 전 이스라엘에 대해 당신이 알고 싶어 하는 것에 대해 써놓았던 종이쪽지를 우연히 발견했습니다. 비유대인 아내들과 함께 폴란드에서 이주해 온 유대인 난민들(그들이 히틀러 시대에 살아남게 된 것은 그 아내들 덕이었습니다!)에 관한 율법학자들의 회람을 편지와 함께 동봉합니다. 며칠 전 한 친구가 나에게 지금 이스라엘에는 율법학자들의 신정적 통치를 용납할 수 없다는 사람들이 점점 많아지고 있다고 말해 주었습니다. 또 다른 정보는, 군대의 한 연대가 수에즈 작전 하루 전에 대량 학살을 자행했던 마을의 이름이 크파 카심Kfar Kassim이라는 것입니다. 그 이야기는 이렇습니다. 이스라엘 영내의 모든 아랍인 마을에 대한 포위 명령이 내려졌고, 모든 주민들은 오후 5시까지 귀가해 있어야 했습니다. 위반자는 남자든 여자든 어린아이든 모두 총살될 것이었습니다. 그러나 이 발표는 4시 30분까지 크파 카심에 전달되지 않았습니다. 주민들은 들에 나가 있었으며 제시간에 통보를 받을 수 없었습니다. 그래서 그 마을은 결국 거의 완전히 쑥대밭이 되었습니다. 모든 사람들, 여자들, 아이들 등이 말입니다. 병사들은 이 명령이 주어지자, 제시간에 통보받지 못한 사람들을 어떻게 해야 하는지 물었습니다. 유대인 장교의 대답은 다음과 같은 것이었습니다. 알라가 그들에게 자비를 베푸시길! 이 문제는 결국 며칠 전 법정에 회부되었고, 병사들은 종신형을 선고받았습니다. 또한 그 명령을 내린 장교를 기소하라는 결정이 내려졌습니다. 사람들이 이것을 두려워하는 이유는, 그 명령이 어디서 시작되었는지 아무도 알지 못하기 때문입니다. 다시 말해, 사실은 그들이 십중팔구 알고 있기에 두려워하는 것이겠지요. 대중들은 알지 못합니다. 그리하여 결론은 이렇습니다. 본때를 보여 주기 위해 아랍-유대 전쟁

(1947년경) 개전 초기에 일소된 첫 번째 아랍 마을은 데이르 야신이란 마을이었습니다. 팔레스타인에서 아랍인들이 집단적으로 탈출한 것은 바로 이 대량 학살에 의해 크게 촉발된 것입니다. 그것은 리디체Lidice 사건의 재현이라고 널리 규정되었습니다.(C, 358)[101)]

아이히만 재판에 참석하기 위해 예루살렘에 갔을 당시, 이스라엘 국가에 대한 아렌트의 독립적인 비판적 태도는 폭넓은 대중들에게 그다지 알려져 있지 않았다(1940년대 동안 쓰인 팔레스타인에 대한 그녀의 논문 대부분은 전문적인 유대인 정기 간행물에 실렸다). 아렌트는 자신을 결코 반시온주의자라고 생각하지 않았고, 오히려 '충성스러운 반대파'의 일원으로 생각했다.[102)] 재판에 앞서 몇 달 동안 재판의 타당성에 관한 법적, 도덕적, 정치적 문제들에 대한 광범위하고 국제적인 논쟁이 있었다 — 아무런 공식적 인도 절차 없이 아이히만을 체포하여 납치한 것의 적법성 문제, 법정이 그를 기소할 합법적 사법권을 가지고 있는지에 관한 문제, 그를 재판하는 데 어떤 법이 적절한지, 혹은 이스라엘에서 공정한 재판을 받을 수 있는지에 관한 문제 등이었다. 아이히만이 범죄를 저질렀을 당시 존재하지도 않았던 이스라엘의 한 법정에서 그가 재판을 받는다는 사실을 어떻게 정당화할 수 있는가도 역시 문제시되었다.

---

101)데이르 야신 학살 사건은 1948년 4월 8일에 실제로 일어났던 일이다. 아렌트는 (마그네스를 언급하며) 이 학살에 대해 "Peace or Armistice in the Near East?" *Review of Politics*, 12/1(Jan.1950), 56-82(JP, 193-232에 재수록)에서 언급하였다. 리디체는 체코슬로바키아의 한 도시로 1942년 6월에 라인하르트 하이드리히의 저격 사건에 대한 보복으로 파괴되었다. 하이드리히는 아이히만의 상관으로, "최종 해결책의 진정한 설계자"였다.(EJ, 36)

102)아렌트는 이 말을 "To Save the Jewish Homeland: There is Still Time" *Commentary*, 5(May 1948), 398-406(JP, 178-192에 재수록)에서 사용하였다. 그녀는 이렇게 썼다. "민주 정부를 신봉하는 사람들은 누구나 충성스러운 반대파의 중요성을 안다. 지금 이 순간의 유대인 정치의 비극은, 그것이 전적으로 유대인 당국자들에 의해 결정되었다는 것, 그리고 그 어떤 의미 있는 반대도 팔레스타인이나 미국에 존재하지 않았다는 것이다."

야스퍼스와 아렌트는 서신 교환을 통해 이러한 문제들의 많은 부분을 논의했다.[103] 야스퍼스는 아이히만이 이스라엘의 법정에서 재판을 받아야 한다고 생각하지 않았다. 대신 그는 법적 재판이 아닌 '역사적 사실'에 대한 공적인 조사를 제안했다. 그는 이스라엘 법정이 아이히만을 반유대주의자들의 순교자로 만들지도 모른다고 염려했다. 아렌트는 야스퍼스의 반대 주장을 하나하나 논박하려고 애썼다. 그녀는 이스라엘이 "세계 유대인을 대변할 권리"를 가지고 있지 않다는 데는 야스퍼스와 의견을 같이 했지만, "이스라엘은 희생자들을 대변할 권리를 가지고 있다. 왜냐하면 그들 대다수(30만 명)가 지금 이스라엘 시민으로 살고 있기 때문이다"라고 주장했다. 또한 아이히만의 범죄가 이스라엘이 존재하지 않았을 때 저질러졌다는 반론에 대해서는, "팔레스타인이 이스라엘이 된 것은 이들 희생자들을 위해서라고 말할 수 있다"는 말로 반박했다. 이러한 주장은 열성적인 시온주의자의 목소리처럼 들린다. 아렌트는 이론적으로 아이히만이 "적절한 힘을 가진 국제 법정"에서 재판을 받는 것이 낫다는 것을 인정했지만 불행하게도 그런 법정은 존재하지 않았다. 또한 아렌트는 이스라엘 법정이 아이히만을 재판할 '자격'을 가지고 있음을 보여 주는 논거를 제시했다(1960년 12월 23일자 편지를 보라. C, 414-418). 이러한 세부 사항들을 언급하는 이유는 — 특히 『아이히만』에 대한 맹렬한 비판과 아렌트에게 가해진 중상모략을 고려하자면 —, 역사적 기록을 바로잡는 것과, 재판 이전에도 아렌트가 이스라엘이 아이히만을 체포하여 법정에 세울 권리가 있다고 옹호했다는 것을 아는 것이 중요하기 때문이다. 우리는 또한 그녀가 법정 판결의 핵심 부분에 동의했으며 사형 선고가 타당하다고 인정했음을 알게 될 것이다.

그러나 아렌트는 재판과 관련한 이스라엘의 선전에 대해 불편함을 표

103) 다가올 재판에 대한 그들의 계속된 논의에 대해서는, 특히 1960년 가을부터 1961년 4월 재판 시작 전까지 왕래한 서신들을 참조하라.

시했다. 아이히만이 이스라엘 법정에서 재판받는 것의 적절성과 정당성을 논하고 난 후, 그녀는 다음과 같이 말한다.

> 재판 자체의 진행에 대해서라면, 저는 당신과 함께 두려움을 공유하고 있습니다. …… 이스라엘 청년들과 (더 나쁘게는) 전 세계에 무언가를 보여주려고 노력할 것임은 매우 확실합니다. 특히 이스라엘인이 아닌 유대인들은 양처럼 살육당하는 상황 속으로 말려들 것입니다. 아랍인들도 마찬가지입니다. 그들은 나치와 공모했다고 비난받을 것입니다. 문제 자체를 왜곡할 다른 가능성도 있습니다.(C, 416)

야스퍼스와 아렌트는 "**인류의 적**hostes humani generis이라는 개념이 그 재판에서 얼마간 필수불가결하다"는 데 의견이 일치했다. "중요한 것은 비록 논쟁 중인 그 범죄가 주로 유대인들에 대하여 저질러졌다고 하더라도, 결코 유대인들이나 유대인 문제에 국한되는 것이 아니라는 사실입니다."(C, 423)

1961년 4월 11일, 아돌프 아이히만의 재판이 마침내 예루살렘의 가장 큰 강당인 인민 전당, 베스 하암Beth Ha'am에서 시작되었다. 한나 아렌트는 "다른 언론인들"과 함께 거기에 참석했다. 재판은 8월까지 지속되었다(아렌트는 짧은 기간 동안만 참석했다). 판결은 4개월 동안 연기되었다가 12월 11일에 선고되었다. 아이히만은 교수형을 선고받았다. 사건은 항소되었다. 1962년 5월 29일의 두 번째 판결은 상소 법원인 이스라엘 대법원에서 내려졌다. 아이히만은 자비를 베풀어 달라는 탄원서를 제출했는데 이는 즉시 거부되었다. 1962년 5월 31일, 그는 교수형에 처해졌다.

1963년 2월 16일, 아이히만 재판에 관한 한나 아렌트의 다섯 개의 보고서 중 1회 분이 『뉴요커』에 실렸다. 『뉴요커』의 방침을 따라 그 시리즈는

"예루살렘의 아이히만 — 상세한 보고서"라는 제목이 붙여졌다. 그러나 그 연재물은 실리기도 전에 물의를 일으켰다. 아렌트가 아이히만의 결백을 입증하고 유대인 학살에 대해 유대인 자신에게 책임이 있다고 비난한다는 소문이었다. 그녀는 반시온주의자이자 반유대주의자라는 비난을 받았다. 그녀는 "무정하고", "악의적이며", "거만하고", "경박했다." 그녀는 사실을 왜곡했다. 그녀는 '악의 평범성'이라는 표어로 전체 홀로코스트를 하찮은 것으로 만들었다. 심지어는 아이히만을 그가 살해한 유대인들보다 훨씬 더 매력적으로 보이게 만들었다고 그녀를 비난하는 사람들이 있었다. 아렌트는 공격받고 위협받았으며, 비방되고 비판되었다. 가장 가까운 친구들 중 일부는 그녀와 결별했다. 아이히만 논쟁은 몇 년 동안이나 뜨겁게 진행되었다. 심지어는 『아이히만』이 출간된 지 30년 이상이 흐른 오늘날까지도, 그녀가 쓴 것에 대하여 그녀를 용서하지 못하는 사람들도 있다.[104)]

나는 아렌트의 보고와 악의 평범성에 대한 그녀의 이해를 재검토하는 나의 의도를 분명히 하고 싶다. 나는 아렌트를 재판하거나 비난하거나 변호하는 데 관심이 없다. 나의 목표는 그녀가 말하고 있는 것이 무엇이고 왜 그렇게 말하는지를 이해하는 것이다. 나는 아렌트가 예루살렘에서 아이히만과 대면한 후 발생한 기본적인 '사고 행렬'의 일부를 추적하려 한다. 그녀의 책 속에는 비판받아 마땅한 것들 — 그녀가 말한 것과 그것을 말한 방식 모두 — 이 많이 있다. 전체적으로 그녀는 빈정거리는 투의 반어법 문체를 사용했다. 그리고 자신의 강한 주장들의 어조를 낮추려 하지 않았다. 그녀는 검사장 기드온 하우저Gideon Hauser에 대한 경멸감과 벤구리온에 대한 비판적 태도를 숨기지 않았다. 보고서 첫머리에서 아렌트는 이렇게 썼다. "이스라엘 수상 데이비드 벤구리온이 아이히만을 아르

104)'악의 평범성에 대한 보고'라는 부제는 『뉴요커』에 게재될 당시에는 없었다가 1963년 5월 책으로 출간되었을 때 부쳐졌다.

헨티나에서 납치하여 '유대인 문제 최종 해결책'에 대한 그의 역할을 재판하도록 예루살렘 지방법원으로 압송하라고 결정했을 때 염두에 두었던 쇼와 같은 재판을 하기에, 이 법정은 분명 그리 나쁜 장소가 아니라고 할 수 있다." "벤구리온은 이 재판의 보이지 않는 무대 감독으로 남아 있다."(EJ, 4-5; 『아이히만』, 51) 이것은 자신의 보고서를 동조적으로 읽어주기를 바라는 수사라고는 거의 볼 수 없다. 아렌트가 다루었던 주요 주제들 중 하나는 개인적 책임의 불가피성이다. 나는 그녀의 책이 읽힌 방식(그리고 오독된 방식)과 그 책이 그렇게 많은 고통과 분노를 불러일으킨 이유에 대해 아렌트 자신에게도 일부 책임이 있다고 생각한다.

또한 나는 아렌트의 보고서가 그토록 문제적인 이유는, 그것이 우리에게 현대 세계에서 악의 의미, 존경할 만한 사회의 도덕적 붕괴, 너무나 쉽게 대량 학살을 "정상적인", 수용할 만한 행동으로 받아들이는 태도, 미약하기 짝이 없는 소위 양심의 소리, 살인적인 행위들과 "나란히 갔던" 미묘한 공모와 협력 등등의 문제들과 대면하게끔 하기 때문이라고 생각한다. 불행하게도 이러한 것들은 나치의 테러에만 국한되지 않으며, 여전히 우리와 함께 있고, 끝없이 그것들과 싸울 것을 우리에게 요구한다.

비록 아렌트가 검사장 기드온 하우저와 그가 제시한 논거를 비판적 — 심지어 경멸적 —으로 보긴 했지만, 세 명의 재판관에게는 최상의 존경을 표시했음을 기억하는 것은 중요하다. 그녀는 아이히만의 책임과 관련한 그들의 판결에 완전히 동의했다. "이 문제에 대한 그들의 판결은 올바른 것 이상이었고, 그것은 진리였다." 아렌트는 판결문에서 다음 구절을 인용했다.

> 우리가 현재 고민하고 있는 것처럼 엄청나고 복잡한 범죄, 즉 수많은 사람들이 다양한 차원에서 그리고 다양한 행동 방식(그들의 다양한 지위에 따라 입안자, 기획자, 실행자)으로 참여한 범죄에서는, 범죄를 저지르도록 자

문하고 유혹했다는 일상적 개념을 사용하는 것은 의미가 없다. 이러한 범죄들이 희생자의 수의 측면에서뿐만 아니라 범죄에 개입한 사람들의 숫자의 측면에서도 집단적으로 이루어졌기 때문에, 이 수많은 범죄자들 가운데 희생자들을 실제로 죽인 일에서 얼마나 가까이 또는 멀리 있었던가 하는 것은, 그의 책임의 기준과 관련된 한에서는 아무런 의미가 없다. 그와 반대로, 일반적으로 **살상 도구를 자신의 손으로 사용한 사람으로부터 멀리 떨어져 있을수록 책임의 정도는 증가한다.**(EJ, 246-247; 『아이히만』, 342. 강조는 아렌트)

이것은 아렌트가 자신의 보고서 전체에서 강조했던 핵심 논점들 중 하나이다. 그녀는 아이히만이 "그 자신의 손"으로 명백한 살인 행위를 저질렀음을 검사 측이 "의심의 여지없이" 입증했다고 생각하지 않았다. 또한 아이히만을 악마로 만들려는 검사 측의 시도, "유대인에 대한 비정상적 적대감"에 사로잡힌 "가학적 괴물"로 묘사하려는 (아렌트가 보기에) 멜로드라마적 시도에 대해 강하게 반대했다. 그러한 관습적인 범주들에 의지함으로써 (재판관들과는 달리) 검사장은 이러한 "탁상 범죄자"의 특징과 그의 범죄를 모호하게 했다. 아이히만은 "도착적이지도 가학적이지도" 않았다. 그는 "끔찍할 정도로 정상"이었다. "사실상 인류의 적인 이러한 새로운 유형의 범죄자는 자기가 잘못하고 있다는 것을 알거나 느끼는 것을 거의 불가능하게 만드는 상황에서 범죄를 저질렀다."(EJ, 276; 『아이히만』, 379) 아렌트가 생각하기에 바로 이것이 전례 없는 것이며, 아이히만의 행위와 책임을 분명히 이해하기 위해 직면할 필요가 있는 것이다.

그러나 내가 주장하려는 것처럼 아이히만에 대한 아렌트의 판단이 검사장의 "괴물"이라는 비난보다 훨씬 심한 저주임이 사실이라면, 아렌트는 왜 그렇게 혹독하고 날카로운 공격을 받았는가? 많은 비판자들은 그녀의 보고서가 사실적인 오류들 — 그 실수들은 너무나 터무니없어서 그녀의 주장과 판단의 근거를 무너Em린다 — 로 가득 차 있다고 주장한다.[105] 그러나 이것은 그 스캔들의 주요한 이유가 아니다. 게르숌 숄렘이 아렌트에게 보낸 공개서한에서 몇 가지 핵심적 문제들을 다루었을 때 그는 다수의 의견을 대변하고 있었다. 책의 어조가 문제였다. 숄렘은 아렌트가 "악의적이고" "경박하다"고 비난했다. 그녀는 자기 민족에 대한 사랑이 부족했고 유대 민족의 고통을 다루는 데 있어서 정성Herzenstadt이 부족했다. 또한 그는 유대인 공동체를 조직하고 나치의 명령을 수행하기 위한 목적으로 나치에 의해 선발된 유대인회Judenräte의 역할에 대한 아렌트의 설명에 의문을 표시했다. 이것은 가장 큰 소동을 불러일으킨 부분인데, 유대인 공동체 내에서 특히 그랬다. 숄렘은 아렌트가 "선동을 위해 의도적으로 과장하는" 죄를 범했다고 주장했다. 그는 유대인들이 나치 지배하에서 고통 받은 것과 행한 것에 대해 "우리 세대가 역사적 판단을 내릴 수 있는 위치에 있는지" 의문을 제기했다. 마지막으로 숄렘은 "'악의 평범성'과 관련한 아렌트의 명제"에 대해 경멸감을 숨기지 않았다. 그는 이 문구를 슬로건이자 표어라고 불렀다.(JP, 240-245)

숄렘의 핵심적 반론들은 아렌트가 씨름하고 있던 기본 문제들을 탐색하는 데 유용하다. 아렌트에 대한 가장 맹렬한 공격들을 촉발시킨 유대인회에 관한 논의를 고찰해 보자. 그저 몇 쪽에 지나지 않는 적은 분량을 차지할 뿐이지만, 그녀를 영혼과 심장이 없는 냉혈한으로 **보이게** 한 것은, 그들의 희생을 이유로 희생자들을 비난하는 것처럼 보이는 바로 이 부분이다. 보통 유대인회의 구성원들은, 지역 유대인 공동체를 단속하고 통제

---

105)『아이히만』에 대한 다양한 비판에 대한 논의는 YB, ch.8 "*Cura Posterior:* Eichmann in Jerusalem(1961-1965)"를 참조하라. 또한 Barnouw's *Visible Spaces*, ch.6 "The Obscurity of Evil: Listening to Eichmann"도 참조하라. 아렌트의 오류에 대한 균형 있는 주장에 대해서는 Hans Mommsen, "Hannah Arendt and der Prozess gegen Adolf Eichmann" introduction to *Eichmann in Jerusalem: Ein Bericht von der Banalität des Bösen,* tr. Brigitte Ganzow(Munich: Piper Verlag, 1986), i-xxxvii을 참조하라.

하는 책임을 맡고 있던 지역 유대인 지도자들 중에서 선출되었다. 유대인회의 설립과 관련한 나치의 명령들, 누가 선출되고 그들이 무슨 일을 하고 또 하지 않았는지를 상세하게 보여 주는 광범위한 문서 자료들이 있었다. 반대와 저항, 심지어는 몇몇 구성원들의 자살도 있었지만, 나치는 유대인회를 구성하고 적절하게 기능하게 하는 데 대단히 성공적이었다. 아렌트는 유대인회에 관한 논의를 시작하면서 다음과 같이 썼다. "자기 민족을 파괴하는 일에서 유대인 지도자들이 담당한 이러한 역할은 유대인들에게 의심의 여지없이 이 모든 비극적 이야기 중 가장 어두운 부분이다."(EJ, 117; 『아이히만』, 187-188) 그러나 가장 공격적이고 거슬리는 비판은 다음과 같은 것이다.

> 어디에서 살든지 간에 유대인에게는 인정받는 지도자들이 있었고, 거의 예외 없이 이들의 리더십은 이러저러한 이유에서 이러저러한 방식으로 나치와 협력했다. 모든 진실은 만일 유대인이 정말로 조직이 되어 있지 않았고 또 지도자가 없었더라면 혼란과 수많은 불행들이 있었겠지만, 희생자들 전체가 4백만, 5백만, 6백만에 달할 리가 거의 없었을 것이라는 점이다.(EJ, 125; 『아이히만』, 196-197)

이 주장은 너무 자극적이고 불온하기 때문에, 아렌트가 말하는 것과 말하지 않는 것을 유심히 살펴볼 필요가 있다. 아렌트는 유대인회 구성원들의 이유나 동기에 대해 도덕적 심판을 내리고 있지 **않다**. 유대인회가 없었더라면 수백만 명의 유대인들이 학살되지 않았을 거라고 주장하는 것도 아니다. 유대인회가 만들어지기 이전에도 친위대 돌격대(Einsatzgruppen, 이동 살상 부대)는 매우 "효과적으로" 유대인들을 살해했다고 아렌트 자신이 보고하고 있다.

아렌트에게 퍼부어진 비난들이 지닌 역설 가운데 하나는, 그녀가 보고서에서 아주 일찌감치, 검사가 증인들에게 "당신은 왜 저항하지 않았습니까?"라고 물었던 것에 대해 비판하고 있다는 점이다. 그녀는 이 질문이 "잔인하고도 어리석은"(EJ, 11-12; 『아이히만』, 61)것이라고 말했다. 그것은 어떠한 반항이나 저항도 용납하지 않는 참혹한 처벌들, 나치 테러의 전체성을 망각한 것이었다. 자신의 논점을 강조하기 위하여 아렌트는 다음과 같이 말했다.

> 그것은 1941년 독일 비밀경찰 파견대에게 공격을 감행한 네덜란드 유대인들의 운명을 잠시 상상해 보는 것만으로도 충분하다. …… 그에 대한 보복으로 430명의 유대인이 체포되어 …… 글자 그대로 죽을 때까지 고문을 당했다. …… 몇 달 동안 계속해서 천여 명이 죽었다. …… 죽음보다 훨씬 더 나쁜 일들도 많았다. 친위대원들은 희생자들이 생각하고 상상한 것과 별반 차이가 없는 일들이 그들에게 일어나도록 했다.(EJ, 12; 『아이히만』, 61)

그러나 아렌트는 유대인회의 지도자들이 '이주'— 즉, 강제 노동 수용소와 죽음의 수용소로의 이송 — 를 위한 유대인들을 선발하는 일에 협조한 것을 "경계"를 넘어선 것이라고 생각했다.106) 그녀의 짧은 논의는 몇

106)제롬 콘은 나로 하여금 아렌트 아카이브에 있는 매우 시사점이 많은 미간행 자료들에 주목하게 했다. 잡지 『루크Look』를 위해 『아이히만』에 대한 반응에 관해 기사를 쓰고 있던 새뮤얼 그래프턴Samuel Grafton은 아렌트에게 일련의 질문을 보냈다. 아렌트는 자신의 응답에 기초해 쓴 기사에 대해 승인할 권리를 갖는다는 조건으로 질문에 답하기로 동의했다(내가 알기로 『루크』는 그래프턴의 기사를 게재한 적이 없다). 하지만 그래프턴의 질문에 답한 13쪽 분량의 초고가 있다. "유대인 공동체 지도자들은 어느 순간에 그들[유대인들]에게 '더 이상 협조하지 말고 투쟁하시오!'라고 말했어야 했나요?"라는 아렌트는 다음과 같이 대답했다.

> "그 공동체 지도자들이 당신이 말한 것처럼 '더 이상 협조하지 말고 투쟁하시오!'라고 말할 수 있었던 적은 없었습니다. 존재하기는 했지만 아주 작은 역할만을 했던 저항이 의미하는 것은 단지, 우리는 그런 종류의 죽음을 원하지 않는다, 우리는 명예로운 죽음을 원한다는 것을 의미할 뿐이었습니다. 하지만 협력이라는 문제는 사실 거북한 문제입니다. 유대인 지도자들이, '우리는 더 이상 협력하지 않겠소, 우리는 숨어 버릴 것이오'라고 말할 수 있었던 순간은 분명 있었습니다. 그 순간은, 이송

몇 지도자들이 나치의 명령을 되돌리기 위해 시도한 다양한 노력들을 정당하게 평가하지 않는다. 이러한 맥락에서 아렌트는 자신의 보고서에서 나중에 보여 주는 것을 여기에서는 언급하지 않는다. 즉 유대인들이 주변 주민들의 지지를 받는 상황에서는 유대인 지도자들이 매우 다르게 행동했다는 것 말이다. 덴마크의 유대인 지도자들은 덴마크 사람들과 협력해서 비교적 적은 수이지만 유대인들 대부분을 스웨덴으로 도주시킬 수 있었다.[107] 아렌트는 "만약 유대인들이 조직화되어 있지 않고 지도자가 없었더라면" 나치 학살의 희생자들은 훨씬 더 적었을 것이라고 주장하면

의 의미를 그들이 충분히 인식하는 가운데 이송 대상자 명단을 준비하라는 주문을 나치로부터 받았을 때였을 겁니다. 죽음의 장소들로 이송될 사람들의 숫자와 범주를 정한 것은 나치들이었지만, 누가 가고 또 누가 생존할 가능성을 가질지는 유대인 당국이 결정했습니다. 다시 말해, 협력자들은 그 특정한 순간에 삶과 죽음의 주인들이었습니다. 그것이 실제로 무엇을 의미하는지 당신은 상상할 수 있습니까? ……

이러한 정책을 정당화하는 논리는 많이 있지만, 그중 가장 중요한 것은 카스트너 보고서에 있는데, 이는 독일에서 등장했습니다. a) 만일 우리 가운데 누군가가 죽어야 한다면, 그것은 나치가 결정하기보다는 우리가 결정하는 것이 낫다고 생각하는 충분히 일반적인 견해입니다. 저는 동의하지 않습니다. 나치로 하여금 그들의 살인마로서의 일을 하게 하는 것이 무한히 더 나을 것입니다. b) 백 명의 희생자를 냄으로써 천 명을 구할 수 있을 것이라는 견해도 충분히 그럴듯합니다. 이것은 인간 희생제의의 마지막 형태처럼 들립니다. 일곱 처녀를 골라 그들을 희생시킴으로써 신들의 분노를 잠재우라. 글쎄요, 이건 제 종교적 신앙이 아니며, 가장 분명한 것은 유대교 신앙도 아니라는 점입니다.

저는 이 점에 대해 당신의 질문에 답했지만, 이처럼 우리의 "마음대로 할 수 없었던 과거"에 대중의 주목을 끄는 것은 결코 제 의도가 아니었다는 점을 지적해 두어야겠습니다. 유대인회가 재판정에 올랐기 때문에 다른 모든 것들에 대해서 그러했던 것처럼 거기에 대해서도 저는 보고를 해야 했었습니다. 제 보고서의 맥락에서 이러한 것은 어떠한 중요한 역할도 하지 않습니다. 남겨 두지도 않았고 강조하지도 않은 것입니다. 모든 합리적 비중에 따라 들어오게 된 것입니다."("Answer to Grafton, Draft" in *Arendt Archives*, Library of Congress)

107) 덴마크에 대하여 아렌트는 다음과 같이 썼다. "덴마크 유대인들의 이야기는 아주 특별하며, 덴마크 사람들과 덴마크 정부의 행위는 유럽 모든 나라들 가운데 독특한 것이었다. …… 사람들은 비폭력적 행위 가운데, 그리고 너무나 압도적인 폭력 수단을 가진 적에게 저항하는 가운데 내재된 엄청난 잠재력에 대해 무엇인가를 배우려는 모든 학생들을 위한 정치학 필독서로 이 이야기를 추천하고 싶을 것이다."(EJ, 171; 『아이히만』, 251)

서, 확고한 증거를 통해 그 옳고 그름을 입증하는 것이 거의 불가능한, 사실에 반하는 충격적인 역사적 심판을 내리고 있다. 그럼에도 우리는 그녀가 확신하는 진리의 핵심을 부정할 수 없다. 비록 아렌트가 폭넓은 대중을 상대로 유대인회의 역할을 논한 첫 번째 사람들 가운데 하나이긴 하지만, 그녀가 말한 것의 대부분은 홀로코스트를 연구하는 학자들에게 이미 잘 알려져 있던 것이었다. 더욱이 그녀의 심판을 뒷받침하는 상당한 학문적 근거가 있다. 이사야 트렁크가 동유럽 유대인회만 다룬 그의 상세한 연구를 통해 수집한 증거들은 부분적으로는 아렌트를 반박하려는 취지에서 만들어졌지만, 실제로는 그녀의 핵심 주장을 뒷받침하고 있다. 그는 다음과 같이 말한다.

> 대량 "이주 작업" 동안 독일인들이 유대인회와 유대인 경찰로 하여금 실제 이송을 위한 준비 작업에 착수하고 그것의 최초 단계들에 참여하도록 했을 때, 상황은 도덕적으로 참을 수 없게 되었다. 이송 최초 단계의 임무는 주로 유대인 경찰에게 강요되었다. 그리하여 유대인회들은 공동체를 대표하는 기관으로서 이전에는 결코 경험하지 못했던 비극적인 딜레마에 직면했다. 협조는 이제 도덕적으로 위험한 경계선까지 도달했다. 위원회는 동료 유대인들 중 일부의 삶과 죽음에 대한 운명적 결정을 내리기 위해 소환되었다.[108]

가장 날카로운 아렌트 비판자 중 하나인 월터 라쾨르는 그의 논문 「예루살렘의 한나 아렌트 — 다시 다루는 논쟁」을 아렌트 자신이 썼음 직한 진술로 결론을 맺는다.

> 그런데 비록 많은 사례들에서 사태를 경감시키는 환경을 찾을 수 있고 몇

108)Isaiah Trunk, *Judenrat*(New York: Stein and Day, 1972), 570.

몇 지도자들이 실제로 영웅적으로 행동했다고 할지라도, 유대인회라는 현상은 전체적으로 부정적인 함의를 지녔으며, 그것이 옳았다. 유대인회들이 '최종 해결책'을 돕도록 나치에 의해 이용된 그 마지막 순간부터 그들의 행위는 변명할 수 없는 것이 되었다.109)

그런데 왜 아렌트는 유대인회의 문제를 그녀의 보고서에서 제기하는가? 이 (적어도 유대 민족에게) 어두운 모든 이야기 가운데 가장 어두운 장면이 아이히만과 무슨 관계가 있었는가? 역설적이게도 이 질문 — 유대인회를 논하는 이유 — 은 아이히만에 관한 논쟁에서 거의 고려된 적이 없었다. 하지만 아렌트는 매우 분명하다. 그녀는 다음과 같이 썼다.

예루살렘 재판이 세계의 눈앞에 그 진정한 차원을 드러내 보이지 못하는 이 장의 이야기에 내가 집중하는 것은, 이 이야기가 존경할 만한 유럽 사회에서 발생한 나치의 전반적인 도덕적 붕괴에 대해 가장 놀랄 만한 통찰을 제공해 주기 때문이다 — 이것은 독일뿐만 아니라 모든 나라들에서도, 또 학살자들뿐만 아니라 피해자들에 대해서도 그렇다.

(EJ, 125-126; 『아이히만』, 197)

아렌트가 강조하고자 했던 핵심 논점은 바로 이것이다. "존경받을 만한 사회"에서 발생한 "전반적인 도덕의 붕괴" 말이다. 아렌트는 자신의 심판 속에서 존경받을 만한 독일 사회의 도덕적 붕괴에 대해 비난하고 있는 것이다. 그녀는 다른 독일인들은 물론 많은 나치들이 자신들은 항상 히틀러에게 "마음속으로 반대했으며", 더 악화될 수 있었던 공포를 "완화시키려고" 노력했을 뿐이라는, 그녀가 "전후의 동화"라고 불렀던 되풀이되

109)Walter Z. Laqueur, "Hannah Arendt in Jerusalem: The Controversy Revisited," in *Western Society after the Holocaust,* ed. Lyman H. Legters(Boulder, Colo.: Westview Press, 1983, 118.

어 읊어진 변명을 경멸했다. 아렌트가 우리가 대면하기를 바랐던 것은 "처형자들뿐만 아니라 희생자들 사이에서도 나타난 **전반적인** 도덕의 붕괴"였다.

이 도덕적 붕괴는 그녀가 1933년 독일로부터 도주했을 때 개인적으로 경험한 것이었다. 그녀의 삶 가운데 이 기간을 돌아보면서 아렌트는 다음과 같이 말한다. "그 문제, 개인적 문제는, 우리의 적들이 아닌 친구들이 행했던 것이다. 비교적 자발적인 — 어떻든 아직 테러의 압력을 받아 일어나지 않은 — 공동 작용Gleichschaltung 속에서 마치 그것은 빈 공간이 우리를 둘러싼 것 같았다."(EU, 10-11)[110]

아렌트가 유대인회에 대해 논하는 보고서의 맥락을 살펴보자. 아렌트는 "아무도 제게 와서 제가 의무를 수행하면서 한 일에 대해서 저를 책망한 적이 없습니다"(EJ, 131; 『아이히만』, 204)라는 아이히만의 주장을 검토하고 있다. '양심의 목소리'와 아이히만의 양심의 문제는 재판에서 중요한 문제가 되었다. 아렌트는 그 법정의 판결문에서 말했던 것처럼 아이히만이 "양심의 목소리를 듣기를 거부하였다"고 생각하지 않았다. 그와 반대로, 그의 '양심'은 "존경받을 만한 사회"의 목소리와 대화하는 텅 빈 공간과 같았다. 그리고 그가 들었던 것은 수백만 명의 무고한 희생자들을 학살하는 것은 본질적으로 아무것도 잘못된 것이 없다는 것이었다. "그의 양심은 그 '좋은 사회'가 모든 곳에서 자기와 마찬가지로 열정과 열성을 가지고 반응하는 것을 보았을 때 사실상 휴식 상태에 있었다."(EJ, 126; 『아이히만』, 198)

이러한 "전박적인 도덕적 붕괴"에 의해 제기된 도덕적 반성이란 문제는 여생 동안 계속해서 그녀를 따라다니며 괴롭혔다. 1965년 뉴스쿨에서

110)독일어 Gleichschaltung은 글자 그대로 '공동 작용'이나 '협동'으로 번역될 수 있지만, 이는 그 말이 지니고 있는 공범이나 '청소'와 같은 추악한 인종주의적 색채는 전달해 주지 않는다.

행한 강의록인 「도덕 철학의 몇 가지 문제들」은 도덕적 문제에 대한 아렌트의 관심 배후에 놓여 있는 "기본적인 경험"을 논의함으로써 시작한다. 그녀는 자기 세대의 지배적인 믿음이 "도덕적 행위는 당연한 일이다"라는 것이었다고 말했다. 그러나 "제정신을 가진 어느 누구도 더 이상 이것을 [믿을] 수 없다."[111] 아렌트에게, 가장 다루기 힘든 도덕적 문제는 나치의 행동이 아닌 평범하고 존경받을 만한 사람들의 행동으로부터 야기되었다. 마가렛 카노반은 아렌트를 그토록 괴롭혔던 것을 다음과 같이 간결하게 요약한다.

> 비록 이러한 [평범하고 존경받을 만한] 사람들이 그 같은 범죄들이 일상적이지 않았던 사회에서 살았더라면 결코 그 같은 일을 저지를 꿈도 꾸지 않았을지라도, 그들은 사람들의 전반적인 생각에 반하는 뻔뻔한 범죄들이 표준적인 행동이었던 체제에 쉽게 적응하였다. 시민적인 삶에서 가장 명백한 규칙인 것처럼 보였던 '살인하지 말라'는 규칙 대신, 그 인종을 위해서는 살인이 도덕적 의무였던 나치의 규칙을 받아들이는 데 그들은 아무런 어려움이 없었다.[112]

전체주의적 지배는 전통적인 도덕 철학의 전제 조건 자체를 문제 삼는다. 비록 아렌트가 아리스토텔레스에게 빚지고 있지만, 덕과 성품에 대한 고전적 이해, 즉 적절한 교육과 훈련을 통해 덕스러운 기질을 갖추게 된다는 것을 더 이상 받아들일 수 없다고 그녀는 느꼈다. "습관과 관습만을 배울 수 있을 뿐이다. 그리고 우리는 새로운 상황이 행동 방식과 양식의 변화를 요구할 때, 그것들이 잊히고 망각되는 놀라운 속도를 너무나 잘 알고 있다."(LM, 5) 아리스토텔레스 자신은 덕스러운 활동이 덕들이 번성

111)최초의 강의는 *Social Research* 61/4(Winter 1994)에 실려 있다(이 강의록들은 제롬 콘의 편집으로 *Judgment and Responsibility*라는 제목으로 출간되었다. — 역주)
112)Canovan, *Hannah Arendt*, 158.

할 수 있는 도시국가나 공동체를 전제한다는 것을 알고 있었다. 그러나 전체주의의 출현은 공포와 폭력이 그러한 에토스ethos에 요구되는 바로 그 조건들을 얼마나 빨리 제거할 수 있는지를 보여 주었다.

게다가 아렌트는 칸트에 대한 존경과 그에게서 받은 영감에도 불구하고 칸트의 "공식적인" 도덕 철학에 대하여 회의적이었다. 그녀는 옳고 그름을 구별하는 것, 혹은 선과 악을 구별하는 것이 오로지 실천 이성의 능력에만 근거한 것이라고 생각하지 않았다. 『판단력 비판』에서 분석된 반성적 판단의 유형, 즉 특수성에 대한 판단은 아름다운 것들과 추한 것들뿐만 아니라 옳고 그른 것을 구별할 것을 요구한다. 관행, 관습, 습관, 규칙, 전통적 규준은 모두 "쉽게" 바뀔 수 있다. 그것들은 악한 행위를 범하는 데 어떤 장벽도 되지 않는다. 이것이 바로 20세기 전체주의의 놀라운 "교훈"이었다. 그녀는 선과 악에 관한 문제들이 전통적으로 도덕과 윤리라고 불려 왔던 것과 얼마나 관련이 적었는지를 강조했다.

전체주의, 특히 강제수용소들에 대한 연구는 아렌트로 하여금, "완전한 자발성으로 모든 행위와 의도(그것의 실현 여부와 상관없이)를 새롭게 판단하는 독립적인 인간 능력을 전제로 하지만, 법과 여론에 의하여 지지되지는 않는"113) "인간 본성에 대한 낙관적인 견해"(아렌트의 표현)에 의문을 갖게 만들었다. 아렌트의 견해로는 그러한 독립적인 능력이 있다고 믿기를 **바라는** 이유가 있다. 그러한 믿음은 도덕성과 정당함에 대한 가장 전통적인 이해의 밑바탕이 된다. 그러나 설령 우리가 그러한 인간 능력이 존재한다는 것을 믿을 이유를 가지고 있다고 하더라도, 20세기 전체주의는 "모든 것은 가능하다"는 이데올로기적 신념과 함께 우리가 그러한 능력을 파괴하고 제거하는 것이 불가능하다고 더 이상 믿을 수 없다는 것을 가르쳤다.

---

113)Hannah Arendt, "Personal Responsibility under Dictatorship," *Listener*(Aug. 6, 1964), 187.

점차적으로 아렌트는 옳고 그름, 선과 악을 구별하는 능력이 사유하고 판단하는 정신 활동의 실천을 전제한다는 것을 믿게 되었다. 이러한 것들은 아이히만이 할 수 없었던 바로 그 활동들이다. 이것이 아렌트가 '악의 평범성'이라고 부른 현상을 설명하는 방식이다. 그러나 수많은 독자들을 몹시 불쾌하게 만든 이 자극적인 문구 — 숄렘이 '슬로건'과 '표어'라고 불렀던 — 를 통해 아렌트가 의미한 것이 정확히 무엇인가?

『아이히만』이라는 주요 텍스트로 돌아가 보면, 그녀가 악이나 악의 평범성이란 말로 무엇을 의미하는지에 대한 뚜렷한 논의를 거의 찾아볼 수 없다. 앞서 지적했듯이, 부제인 '악의 평범성에 대한 보고'는 『뉴요커』의 기사들에는 등장하지도 않았다. 그녀의 보고서에서 명백하게 악을 언급하는 것은 딱 두 문단이다. 첫 번째는 소위 양심의 목소리에 대한 논의와 직접 연관된다.

> 문명화된 나라들의 법에서 비록 인간의 자연적 욕구와 성향이 때때로 살인의 충동이라 하더라도 양심의 소리는 모든 사람들에게 '살인하지 말라'고 말한다고 추정하는 것과 마찬가지로, 히틀러의 땅의 법은 비록 살인이 대부분의 사람들의 정상적인 욕구와 성향에 반한다는 것을 대량 학살 조직자가 아주 잘 알고 있다고 하더라도 양심의 소리가 모든 사람에게 '너는 살인할 지어다'라고 말하기를 요구한다. 제3제국의 악은 대부분의 사람들이 그 악을 인식하게 되는 특질 — 유혹이라는 특질 — 을 상실했다.
>
> (EJ, 150; 『아이히만』, 226-227)

'악의 평범성'이라는 표현은, 그녀의 보고서 마지막 문장(「에필로그」 바로 앞)에 단 한 번 나타난다. 아렌트는 교수형에 처해지기 직전 아이히만이 한 마지막 말이 지닌 "기괴한 어리석음"에 대해 논평한다. 아이히만은 다음과 같이 말했다고 전해진다. "잠시 후면, 여러분, **우리는 모두 다시 만날 것입니다.** 이것이 모든 사람의 운명입니다. 독일 만세, 아르헨티나 만세, 오스트리아 만세. **나는 이 나라들을 잊지 않을 것입니다.**"

> 죽음을 앞두고 그는 장례 연설에서 사용되는 상투어를 생각해 냈다. 교수대에서 그의 기억은 그에게 마지막 속임수를 부렸던 것이다. 그는 '기분이 우쭐하게' 되었고, 이것이 자신의 장례식이라는 것을 망각했다.
> 이는 마치 이 마지막 순간에 그가 인간의 연약함 속에서 이루어진 이 오랜 과정이 우리에게 가르쳐 준 교훈을 요약하고 있는 듯했다. 두려운 교훈, 즉 말과 사고를 허용하지 않는 **악의 평범성**을.(EJ, 252; 『아이히만』, 349)

바로 이것이다! '악의 평범성'이란 말로 아렌트가 의미하는 것에 대한 더 이상의 주석이나 설명은 없다. 비판자들이 그녀를 공격했을 때, 그녀는 자신이 의미하는 것을 분명히 하려는 몇 가지 시도를 하였다. 그러나 이러한 해명들은 더 많은 문제를 불러 왔다. 이 책의 1965년판에 실린 후기에서 그녀는 다음과 같이 썼다.

> 나는 재판정에 있는 그 사람[아이히만]에게 명백한 어떤 현상을 엄격한 사실적 차원에서 지적하면서 악의 평범성에 대해 말한 것뿐이다. 아이히만은 이아고도 맥베스도 아니었다. 또한 리처드 3세처럼 '악인임을 입증하기로' 결심하는 것만큼 그의 마음과 동떨어진 일은 없었다. 자신의 개인적인 발전을 도모하는 데 각별히 근면한 것을 제외하고는 그는 어떠한 동기도 가지고 있지 않았다. …… 이 문제를 흔히 하는 말로 하면, 그는 단지 자기가 무엇을 하고 있는지 결코 깨닫지 못한 것이다.(EJ, 287; 『아이히만』, 391)

아렌트가 어떤 의미로 "엄격한 사실적 차원에서" 말하고 있는지는 조금도 분명하지 않다. 지금 검토되고 있는 것은 바로 이것이다. 왜냐하면 악의 평범성 대하여 말하는 것은 단순히 어떤 사실을 보고하는 것이 아니라, 오히려 — 아렌트의 용어로 — 아이히만이 가졌던 동기(혹은 동기의 결여)의 특성에 대하여 **판단**을 하는 것이기 때문이다. 더욱이, 적어도 "아이히만은 자기가 무엇을 하고 있는지 결코 깨닫지 못했다"고 말하는 것은 잘못된 것이다. 아렌트가 인정했듯이, 아이히만은 그의 행위가 수백만의 무고한 희생자들을 학살하는 것임을 분명히 알고 있었다. 그는 단지 "자기가 무엇을 하고 있는지 결코 깨닫지 못했다"고 주장하는 것이 어떤 의미에서 정확한가?

7장에서 논의한 바 있는 숄렘에게 준 아렌트의 답변은 '악의 평범성'이 지닌 의미에 대해 약간의 힌트를 제공하지만 여전히 완전히 만족스럽지는 않다. 그녀는 다음과 같이 쓰고 있다.

> 악이 결코 '근본적'이지 않다는 것, 악은 단지 극단적일 뿐 어떤 깊이나 악마적 특성도 가지고 있지 않다는 것이 진정한 지금의 제 의견입니다. 악은 그것이 표면에 번식해 있는 곰팡이처럼 퍼져 나간다는 바로 그 이유 때문에, 온 세상에 퍼져 전 세계를 황폐하게 할 수 있습니다. 생각이란 어떤 깊이에 도달하고 뿌리로 내려가려 하는 것이기 때문에, 악은 제가 말했듯 '생각의 중단'입니다. 생각이 스스로 악과 관계를 맺는 순간, 거기에 아무것도 없기 때문에 당황하게 됩니다.(JP, 250)[114)]

114)아렌트는 1965년 강의록인 「도덕 철학의 몇 가지 문제들」에서 악이 "사고를 중지시키는" 것인 이유를 자세히 언급한다.

"사유와 기억은, 말하자면, 뿌리를 내리는 인간적 방식, 즉 우리가 모두 이방인으로 도착하게 되는 세계에서 자리를 잡는 인간적 방식이다. 아무런 존재도 아닐 수도 있는 단순한 인간과 구별되는 한 인간, 우리가 통상 인격 혹은 인격성이라고 부르는 것은, 뿌리를 내리는 이러한 사유하는 과정으로부터 실제로 성장한 것이다. …… 만일 그가 사유하는 존재이며 자신의 사유와 기억 속에 뿌리를 내리고 있다면, 그래서 자신이 자신과 더불어 살아가야 한다는 것을 알고 있다면, 그 자신에게 허용할 수 있는 것에는 한계가 있게 될 것이고, 그러한 한계는 외부로부터 그에게 부여되는 것이 아니라 스스로 정립한 것처럼 부여될 것이다. 이러한 한계들은 사람에 따라, 국가에 따라, 시대에 따라 상당히 그리고 일정하지 않게 변화될 수 있다. 하지만 무한하고 극단

'악의 평범성'에 관한 가장 명백하고 명쾌한 언급은 1971년 논문인 「사유와 도덕적 고려들」에 등장한다.

> 수년 전 나는 예루살렘에서 아이히만에 대한 재판을 보고하면서 '악의 평범성'에 대해 말했는데, 그 말로 의미한 것은 어떤 이론이나 교설이 아니라 아주 사실적인 어떤 것, 즉 대규모로 범해진 악행의 현상이었다. 이는 악행자가 가지고 있는 어떤 특정한 사악함이나 병리학, 혹은 이데올로기적 확신으로 추적될 수 없는 것으로, 그 악행자의 유일한 인격적 특징이란 특별한 천박성일 뿐이었다. 그 행위가 아무리 괴물적인 것이라 하더라도, 그 악행자는 괴물적이지도 악마적이지도 않았고, 그가 재판을 받고 경찰의 심문을 받을 때뿐 아니라 그의 과거에도 마찬가지로 사람들이 찾을 수 있는 유일한 특징은 전적으로 부정적 특성의 것이었다. 즉 그것은 어리석음이 아니라 기묘한, 사유를 하지 못하는 전적으로 진정한 무능성이었다.
>
> (TM, 417)[115]

이 주장은 『정신의 삶』 서론에서 반복되는데, 거기에서 아렌트는 그것이 정신적 활동들에 그녀가 몰두하게 만든 원천들 중 하나였다고 말한다. 아이히만에 대한 아렌트의 묘사는 비난하는 어조이지만, 그가 "사디스트 괴물"이거나 악마적 혹은 "사탄적 위대함"을 보여 준다는 것은 아니다. 그녀가 몹시 거북하게 여긴 것은 "평범함"과 "정상성"이었다. 그의 본래 동기들은 상관을 기쁘게 하려는 욕망이나 명령을 수행하고 자신의 '임무'

적인 악은 가능성을 자동적으로 제한하는 이 같은 스스로 자라난 뿌리들이 완전히 부재하는 곳에서만 가능하다. 인간이 사태의 표면에서만 미끄러지는 곳, 들어가 볼 수 있는 깊이까지 들어감이 없이 다만 스스로를 무아지경이 되도록 허용하는 곳에서는 그러한 한계들이 존재하지 않는다. 그리고 물론 이러한 깊이는 사람에 따라, 시대에 따라 그 고유한 질과 차원이 다시 변화한다."(미의회도서관, 아렌트 아카이브)

115)Hannah Arendt, TM. 이 논문은 수정되어 『정신의 삶』, 3-16으로 통합되었다.

를 수행하는 데 얼마나 헌신적인지를 보여 주는 극히 사소한 야망인 것 같았다.

아렌트에게 그토록 상상하기 어려웠던 문제는 사유하고 판단하는 데 대한 아이히만의 무능력이었다. 고민해 볼 필요가 있는 이 현상은 어떻게 "정신박약도 아니고 세뇌된 것도 아닌 평균적인 '보통의' 인간이 옳고 그른 것을 그렇게 완전히 구분할 수 없을 수 있는가"이다. 아이히만은 상투어와 관용구 이외에는 어떤 말도 할 수 없었다. 그는 아무런 어려움 없이 특정한 일련의 규칙을 완전히 다른 일련의 규칙으로 쉽게 바꿀 수 있었다. 재판정에 섰을 때, "그는 자신이 한때 임무라고 여겼던 것이 이제는 범죄라고 불린다는 것을 알았고, 이 새로운 판단의 규칙을 마치 그것이 또 다른 언어 규칙일 뿐인 것처럼 받아들였다."(TM, 417) 아이히만이 했던 말들을 "공허한 말"이라고 판사들이 선언했을 때 아렌트는 그 판단에 동의하였다. 그러나 그녀는 이 공허함이 끔찍한 생각들을 숨기기 위해 위장한 것이라고 생각하지 않았다. 거기에는 측정해야 할 아무런 깊이가 없었으며, 오직 사고를 중지시키는 피상성과 천박성만이 있었다.

> 그의 말을 오랫동안 들으면 들을수록, 말하는 데 있어서의 그의 무능력함은 그의 생각하는 데 있어서의 무능력함, 즉 타인의 입장에서 생각하는 데 있어서의 무능력함과 매우 깊이 연관되어 있음이 점점 더 분명해진다. 그와는 어떠한 소통도 가능하지 않았다. 이는 그가 거짓말을 하기 때문이 아니라, 그가 말과 다른 사람들의 현존을 막는, 따라서 현실 자체를 막는 튼튼한 벽으로 에워싸여 있었기 때문이다.(EJ, 49; 『아이히만』, 106)

아렌트가 악의 평범성에 대해 이야기함으로써 묘사하려는 현상을 이해하기 위하여, 나는 한 걸음 물러서서 하이데거가 썼던 것에 대해 고찰해 보려 한다. 하이데거와 나치에 대한 최근 논쟁에서 드러난 많은 놀라운 사실들 중 하나는, 가장 유명하고 영향력 있는 하이데거의 논문들 중 하나인 「기술과 관련한 문제」의 발표되지 않은 판본에 등장하는 한 문장이다. 1953년에 출간된 이 에세이에서 하이데거는 근대 기술의 본질인 닦달(Gestell, 틀에 맞춤Enframing)을 그가 "끄집어냄challenging-forth(앞으로 불러냄)"이라고 부른 계시revealing 방식으로 특징지었다. 그는 자신이 "드러냄bringing-forth(앞으로 가져옴)"이라고 부르는 계시 방식과 "끄집어냄(앞으로 불러냄)"이라고 부르는 계시 방식을 대비시킨다. 하이데거는 닦달Gestell이란 말이 의미하는 바를 설명하기 위해, 출간된 텍스트에서 다음과 같이 쓰고 있다.

> 그런데 한편 땅을 경작하는 일조차도 이제는 [전통적인 것과] 다른 방식의 '질서 부과하기setting-in-order'의 손아귀에 들어갔는데, 이는 도전한다 challenging는 의미에서 자연에게 부과되는 것이다. 농업은 이제 [동력을 사용한] 식량 산업이다.116)

본래 강의록이었던 초고에는, 출간된 판본에서 삭제된 구절이 있다. 그 원래 문장은 다음과 같다.

> 농업은 이제 동력을 사용한 식량 산업이다 — 가스실과 절멸수용소에서 시체를 처리하는 것, 한 국가를 봉쇄하여 굶겨 죽이는 것, 수소폭탄을 제조하는 것과 본질적으로 같다.117)

---

116)Martin Heidegger, "The Question Concerning Technology," in *Basic Writings*, ed. David F. Krell(New York: Harper & Raw, 1977), 296. 이 논문에 대한 비판적 논의는 내가 쓴 "Heidegger's Silence"를 참조하라.

117)이 구절은 Wolfgang Schirmacher, *Technik und Gelassenheit*(Freiburt: Alber, 1983), 25에서 인용한 말이다. 이 구절은 Thomas Sheehan이 "Heidegger and the Nazis", *New York Review of Books* June 16, 1988에서 영문으로 옮겨 놓았다. 이 구절의 독일어 원문은 다음과 같다: "Ackerbau ist jetzt motorisierte Ernährungindustrie, im Wesen

미국 독자들로 하여금 이 구절에 관심을 갖게 한 토머스 시헌은 그것이 수사와 어조, 관점에 있어서 논평을 불필요한 저주에 불과하다고 선언했다.[118] 그러나 시헌은 여기서 아주 중요한 것을 간과했는데, 그것은 아렌트가 악의 평범성이라는 말로 의미하는 것을 이해하는 데 연관된다.

인용된 문장에서 하이데거는 그가 근대 기술의 본질(Wesen)이라고 여긴 것을 생생하게 묘사하고 있다. 근대 기술 속에는 "질서 부과하기 setting-in-order"가 있고, 모든 것은 조작되고 명령받고 변형되기 위해 "준비 상태standing-reserve"(Bestand, 부품)가 된다. 인간조차도 "인간 자원"으로 취급된다. 그래서 하이데거가 위와 같은 거북스러운 문구를 썼을 때, 그는 자신이 닦달Gestell — "최고의 위험" — 이라고 명명한 계시 방식 속에서 일어나는 일을 **묘사하고** 있다. 그런데 이것이 '악의 평범성'과 무슨 관계가 있는가? 여기서 핵심 문구는 "본질적으로 같다im Wesen das Sellbe"는 말이다.[119] 하이데거는 심성mentalité의 한 유형을 묘사하고 있는데, 이 심성 속에서는 동력을 사용하는 농업과 인간 재료를 죽음의 수용소로 운송할 준비를 하는 것, 가스실에서 시체를 만드는 것이 "본질적으로 같다." 이것은 바로 아이히만(그리고 그와 비슷한 다른 이들)이 자신이 하고 있는 일을 생각했던 특징적인 방식이다. 상식과 도덕성 및 양심에 관한 전통적인 개념의 견지에서 볼 때, 이것은 끔찍한 일이다. 사람이 이런 식으로 "생각할 수"(혹은, 차라리 생각하지 않을 수) 있다고, 그리하여 식량이나 폭탄이나 시체를 만드는 일이 "본질적으로 같으므로" 이것이 "정상적이고" "평범한" 행동이 될 수 있다고 여길 수 있다고

---

das Selbe wie die Fabrikation von Leichen in Gaskammern und Vernichtungslagern, das Selbe wie die Blockade und Aushungerung von Ländern, das Selbe wie die Fabrikation von Wasserstoffbomben."

118)Sheehan, "Heidegger und die Nazis" 참조.

119)이 구절의 중요성에 대해 "Heidegger's Slience"에 쓴 논의를 참조하라.

상상하는 일은 거의 불가능하다.[120] 아렌트가 아이히만 속에서 보았으며 그가 대표하는 새로운 유형의 범죄를 이해하고자 한다면 우리가 반드시 마주해야 한다고 그녀가 믿었던 심성이 바로 이것이다.[121] 이해할 수 없는 것처럼 보이는 것을 이해하려고 노력하는 것 이외에, 아이히만을 그의 범죄와 책임으로부터 벗어나게 하려는 시도는 아무것도 없다. 아렌트는 개인적 책임을 회피하는 것이라고 생각했던 모든 형태의 '톱니바퀴 이론'을 완강히 거부했다. 인간은 체제에 부속하는 톱니바퀴의 톱니 하나에 불과하다는 주장에 대하여, (법과 도덕의 문제와 관련하여) 다음과 같이 묻는 것은 항상 적절하다. "그런데 왜 당신은 그런 환경에서 톱니가 됐죠? 혹은 왜 당신은 여전히 톱니바퀴로 살고 있죠?"[122]

악의 평범성과 관련하여, 자주 혼동되는 두 가지 문제를 구별하는 것이 도움이 된다. 첫 번째는 개념상의 문제라고 할 수 있는 것으로서, 말하자면 엄청난 규모의 악행을 악한 동기나 괴물적 동기 없이 개인들이 자행할 수 있다는 것을 보여 주는 문제이다. 이것이 아렌트에게 일차적인 문제였다. 하지만 보다 구체적인 두 번째 문제가 있는데, 즉 아이히만이 이

120)나는 하이데거가 그의 닦달(Gestell) 개념을 특징지으면서 생생하게 묘사한 심성이 아렌트가 '악의 평범성'이라는 말로 의미한 것을 이해할 수 있도록 해준다고 생각하지만, 개인의 책임 문제와 관련하여 아렌트와 하이데거는 매우 상이하다는 것이 강조되어야 한다.

121)세일라 벤하비브는 주장한다. "'악의 평범성'보다 '악의 일상화routinization', 즉 악의 Alltäglichung(일상성)이란 문구가 더 나았을 것이다. 유비적 사유가 일상의 논리를 지배한 것인데, 일상의 논리 속에서 우리는 우리에게 기대되고 확립된 관습과 규칙을 통해 자신의 위치를 깨닫는다."("Hannah Arendt and the Redemptive Power of Narrative," 185) 비록 아렌트가 어떻게 악행이 일상화되었는가에 초점을 맞추기는 했지만, '악의 일상화'라는 말은 그런 행위가 '악마적 동기'를 결여하고 있을 뿐만 아니라 어떤 동기도 갖고 있지 않다는 그녀의 놀라운 주장을 담고 있지는 못한다. 나아가 그녀가 강조하려 했던 것은 "이미 확립된 관습과 규칙"에 의해 방향이 잡혀진다는 것이 아니라, 그러한 관습과 규칙들이 너무나 손쉽게 새로운 관습과 규칙으로 교체될 수 있다는 것이었다.

122)Arendt, "Personal Responsibility under Dictatorship," 186. 이 글에 나오는 톱니바퀴 이론에 대한 논의와 거부를 참조하라.

같은 설명에 적합한가 하는 점이다. 나는 아렌트가 아이히만의 사례를 과장하는 경향이 있다고 생각한다. 아이러니하게도 그녀는 항상 "누군가의 마음의 심연"을 꿰뚫는 능력, 즉 자기 자신이나 다른 이의 '진정한' 동기가 무엇인지 확실하게 말하는 능력에 대해서 매우 회의적이었다. 그래서 **그녀가** 말한 바로 그 이유에서, "자신의 개인적 발전을 도모하는 데 각별히 근면한 것을 제외하고, 그는 어떠한 동기도 가지고 있지 않았다"고 말하는 것은 약간 극단적이다. 더욱이 몇몇 증거에 따르면, 아이히만이 그의 임무를 수행하는 데 있어서 아렌트가 지적하는 것보다 훨씬 더 열광적이었음을 보여 준다.[123] 하지만 설령 아이히만의 동기, 혹은 동기의 결여에 대한 아렌트의 설명이 얼마나 적절한지 의심한다 할지라도, 우리는 여전히 그녀가 강력하게 제기하는 개념상의 문제를 마주해야 한다.

아렌트는 아이히만에게서 가장 놀라운 점은 부정적인 어떤 것, 즉 "그의 총체적인 사유 부재"라고 주장한다. 그는 자신의 고유한 진부하고 판에 박힌 문구, 관습적인 언어 규칙들에 사로 잡혀 있었다. 그는 자신을 "타인의 관점에서"에서 생각하게 만드는 "보다 확장된 심성"의 능력이

123)악명 높은 사례 하나를 인용하자면, 1944년 봄과 여름에 부다페스트에서 아이히만이 했던 일련의 행동들과, 아렌트가 "아무런 동기를 갖고 있지 않은" 자, "자기가 무슨 일을 하고 있는지를 알지 못하는" 자로 그를 묘사한 것을 조화시키기 어렵다고 나는 생각한다. 1944년까지 죽음의 수용소로의 이송 작업이 영향을 주지 않은 유일한 주요 유럽 유대인 공동체는 헝가리에 있었는데, 거기에는 75만 명의 유대인이 살고 있었다. 아이히만과 그의 부하들이 유대인회를 조직하기 위하여 1944년 3월에 부다페스트로 갔을 때, "이송"과 "재정착"이 무엇을 의미하는지는 (유대인 지도자들에게도) 잘 알려져 있었다. 하지만 아이히만은 유대인회를 신속하게 조직하여 대량 이송을 시작할 수 있었다.

연합군에 의해 7월 2일 부다페스트가 폭격을 당한 뒤 호르티가 이송을 중단하라는 명령을 어떻게 내렸는지는 아렌트 자신이 보고하고 있다. 그럼에도 불구하고 아이히만은 "늙은 바보의 명령을 듣지 않고 7월 중순에 천오백 명의 유대인을 더 이송하였다." 아이히만은 유대인 지도자들이 이 이송 작업에 대해 호르티에게 알리지 못하도록 계략을 짜기도 했다. 여기에 대해 아렌트는 "아이히만에 대한 최악의 증거 가운데 하나"(EJ, 201; 『아이히만』, 287)라고 기록했으나, 그것을 아이히만의 열광을 보여 주는 사례로 보지는 못했다.

없는 것처럼 보였다. 아렌트로 하여금 악, 사유, 그리고 판단의 관계와 관련한 일련의 물음들을 추구하게 한 것은 바로 이것이다.

> 악행, 즉 어떤 일을 하지 않은 죄와 어떤 일을 행한 죄는, (법에서 말하는) "비열한 동기"가 없는 상태뿐만 아니라 아무런 동기도 없는 상태, 즉 어떤 이익이나 의지를 부추기려는 특정한 노력 없이도 일어날 수 있는가? 어떻게 정의를 내리든 간에 여하튼 사악함, 즉 "악당이 되려고 마음먹는" 것이 악행을 일으키게 되는 필수 조건이 아닌가? 판단하는 능력, 옳고 그름을 구별하는 능력, 미와 추를 구별하는 능력은 우리의 사유의 기능에 의존한 것이 아닌가? 사유를 하지 못하는 것과 우리가 일반적으로 양심이라고 부르는 것이 재난을 일으킬 정도로 작용하지 않는 것과는 서로 연결되어 있는가? 저절로 생겨나는 의문은 이것이다. 사유하는 행위 자체, 즉 우리에게 일어난 모든 일에 대해 특정한 내용과 무관하게 그리고 결과와 전혀 상관없이 검토하고 반성하는 습관이, 인간으로 하여금 악행을 하지 못하도록 "조건지우는" 특성을 가진 것이 아닌가?(TM, 418)

아렌트는 이 모든 질문들, 특히 마지막 질문에 답하려 했는데, 다른 모든 질문들을 요약하는 마지막 질문에 대한 그녀의 대답은 긍정적이었다. 이러한 질문들을 해명하는 것이 『정신의 삶』을 저술한 주된 이유가 됐다. 나는 여기서 아렌트의 풍부하고 시사적이지만 미완성인 사유와 판단에 대한 성찰들을 완전하게 탐구할 수는 없다. 아렌트가 『정신의 삶』의 마지막 부분이 되었을 '판단론'을 쓰지는 않았지만, 칸트의 『판단력 비판』에 대한 강의들과 이따금씩 판단에 대해 언급한 것들이 그녀가 쓰려고 했던 것에 대한 중요한 단서를 제공한다고 나는 생각한다. 나는 아렌트 자신의 문제 제기 중 단 하나의 요소에 초점을 맞추고자 한다. 그것은 사유, 판단 그리고 악의 관계이다. 우리가 **그녀의** 사유의 행로를 집요하게 따라가면 갈수록 우리는 더 깊은 곤경들을 만나게 된다. 앞질러 언급하자면, 나는 아렌트가 사유와 악의 관계에 대하여 자신이 제기한 문제를 완전히 만족스럽게 해명했다고 생각하지 않는다.

아렌트가 풀고자 했던 문제는 "사유 능력의 유무가 악의 문제와 내적인 연관"(TM, 425)이 있는가 하는 것이다. 사유와 인식이 혼동되어서는 안 된다. 사유와 인식의 근본적인 구별은 칸트의 이성Vernunft과 오성Verstand의 구별에서 예기되었다. 아렌트가 말하는 유형의 사유는 철학자나 "전문적인 사상가들"의 특권 비슷한 것이 아니라, 모든 이들이 실천할 수 있는 것이다. 사유는 내적인 대화 — 아렌트가 "하나 안의 둘 two-in-one"이라고 불렀던 것 — 를 수반한다. 거기에는 나와 나 자신의 대화가 있다. "사유하는 일은 페넬로페의 천처럼 전날 밤 끝냈던 것을 매일 아침 원상태로 되돌리는 것이다."(TM, 425)[124] 「사유와 도덕적 고려들」에서 아렌트는 이러한 유형의 사유를 수행하는 사람으로 소크라테스를 든다. 그가 보여 주는 사유는 "선악과 관련한 기성의 모든 기준들, 가치들, 척도들, 요컨대 도덕과 윤리학에서 다루는 행동 관습과 규칙들을 파괴하고 무너뜨리는 효과를" 가져 온다. 사유는 그 자체로 위험하다. 그러나 만약 이것이 사실이라면, "사유 능력의 유무가 악의 문제와 갖는 내적인 연관"에 대한 우리의 혼란은 증가할 뿐이다. 이러한 내적 연관을 통해 아렌트가 의미하는 것을 이해하기 위해서 우리는 세 번째 핵심 개념인 판단을 끌어들여야 한다. 아이히만에게 결여되었던 것은 판단 능력, 즉 특수하고 구체적인 상황 속에서 옳고 그름을 구분하는 능력이었다. 이는 일련의 도덕과 관습을 다른 일련의 도덕과 관습으로 아주 쉽게 바꾸었던 존경받을

---

124)아렌트는 하이데거에서 인용한 다음 구절을 『정신의 삶』의 제사로 삼았다.

> 사유는 과학이 하는 것처럼 지식을 가져다주지 않는다.
> 사유는 유용한 실용적 지혜를 생산하지 않는다.
> 사유는 우주의 수수께끼를 풀어 내지 않는다.
> 사유는 우리에게 행위할 힘을 직접적으로 부여하지 않는다.

만한 사회의 구성원들도 마찬가지다. 아렌트는 다음과 같이 강조한다. "옳고 그름을 여전히 구별할 수 있었던 소수의 사람들은 진정으로 그들 자신의 판단에만 의거했으며, 아주 자유로운 가운데 그렇게 했다. 그들이 직면하는 개별적 사건들이 포섭될 수 있는, 지켜야 할 규칙들은 존재하지 않았다. 그들은 각각의 사례들을 발생한 그대로 판단해야 했는데, 왜냐하면 전례가 없는 일에 대해서는 아무런 규칙도 존재하지 않기 때문이다."(EJ, 295; 『아이히만』, 400)

판단에 대한 위와 같은 특징 묘사는 아렌트가 칸트의 『판단력 비판』에 왜 이끌렸는지를 이해할 수 있게 해준다. 우리가 개별적인 것을 일반적이거나 보편적인 규칙 속에 포섭하지 않고 판단할 수 있게 해주는 공통감 sensus communis과 반성적 판단에 대한 칸트의 분석은 아렌트가 판단에 대해 주장하려 한 것을 위한 모델이 되었다. 그녀는 칸트가 일차적으로 미적 판단 — "이것은 아름답다, 이것은 추하다" — 에 관련되어 있음을 인정하지만, 이것은 옳다, 이것은 그르다와 같은 반성적 판단에도 적용될 수 있다고 주장한다.

그러나 우리는 여전히 사유와 판단의 관계가 정확히 무엇인지를 물을 수 있다. 때때로 아렌트는 판단 그 자체를 일종의 사유 형식으로 생각하는 것처럼 보인다. 그녀는 다음과 같이 쓴다.

> 이러한 종류의 판단의 전제는 매우 발달된 지성이나 도덕적 문제들에 대한 세련된 생각이 아니라, 자기 자신에 대하여 솔직하게 생활하는 습관, 즉 소크라테스와 플라톤 이래로 우리가 보통 사유라고 부르는 나와 나 자신 사이의 말 없는 대화에 참여하는 습관이다. 이러한 종류의 사유는, 비록 모든 철학적 사유의 근본에 있지만, 기술적이지 않고 이론적 문제들과 관련되지 않는다. 판단하는 사람과 판단하지 않는 사람을 나누는 선은 모든 사회적, 문화적, 교육적 차이들을 넘어선다.[125]

그러나 『정신의 삶』을 쓸 당시 아렌트는 사유와 판단이 독립적인 정신 활동들이라고 강조하였다. 사유와 판단의 관계에 대한 가장 뚜렷한 답변은 「사유와 도덕적 고려들」의 마지막 문단에 등장한다(『정신의 삶』에서 약간 변형되어 반복된다).

> (칸트가 발견했듯이) 개별자들을 판단하는 능력, 즉 "이것은 잘못이다", "이것은 아름답다" 등을 말할 수 있는 능력은 사유의 능력과 동일하지 않다. 사유는 눈에 보이지 않는 것들, 즉 부재 중인 사물의 표현들을 다룬다. 판단은 항상 개별자들과 가까이 있는 것들을 다룬다. 그러나 그 두 가지는 의식과 양심이 서로 연관되어 있는 방식과 유사하게 상호 연관되어 있다. 만약 소리 없이 대화하는 하나 속의 둘인 사유가 의식 속에 주어진 우리의 정체성 안에서 차이를 현실화하여 그 부산물로서 양심으로 귀결된다면, 사유의 해방적 효과의 부산물인 판단은 사유를 현실화하고 그것을 현상의 세계 속에 드러나게 만든다. 이 현상의 세계에서 나는 결코 혼자가 아니며, 항상 너무 바빠서 생각할 틈이 없다. 사고의 바람의 현시는 지식이 아니다. 그것은 옳고 그른 것을 구분하고, 아름답고 추한 것을 구분하는 능력이다. 그리고 실제로 이것은 아주 드문 유사시에, 적어도 나에게는, 파국을 막을 수 있게 한다.(TM, 446)

아렌트가 여기서 말하는 것은 아주 시사적이지만 만족스럽지는 않다. 그녀의 주장의 명료함은 사유가 판단 능력에 대해 해방적 효과를 지닌다는 단언에 의지한다. 그러나 아렌트는 이러한 단언을 정당화하기 위한 아무런 논거도 제시하지 않는다. 때때로 그녀는 자기 자신과 싸우고 있는 것처럼 보인다. 마치 그녀 자신의 내적 대화 속에 존재하는 긴장들을 완전

125)"Personal Responsibility under Dictatorship", 205.

히 화해시키지 못한 것처럼 말이다. 한편으로는 사유 자체만으로 도덕적 지식을 산출하지 않으며 "유용한 실용적 지혜를 생산하지" 않는다고 주장하면서도, 다른 한편으로는 판단 능력을 해방한다는 점에서 사유는 극히 중요한 간접적이고 실용적인 부산물을 가져 온다고 그녀는 주장한다.[126] 그런데 왜 우리는 위기의 순간에 사유와 판단의 해방적 관계를 기대해야 하는가? 소크라테스의 예를 살펴본다고 하더라도, 아렌트 자신은 그가 알키비아데스와 크리티아스에게 불러일으킨 난점들이 그들의 판단 능력을 해방시키지 않았음을 지적한다. "그들에게 일어난 것은 방자함과 냉소였다."(TM, 434)[127] 아렌트의 명제들에 훨씬 더 파멸적인 것은 히틀러와 나치를 지지한 하이데거의 '실수'와 관련한 그녀 자신의 맹목이다. 아이러니하게도 「사유와 도덕적 고려들」을 출간한 바로 그해에, 아렌트는 하이데거의 80번째 생일에 헌정하는 논문을 출간했다. 1920년대 경험을 회고하면서 그녀는 이렇게 말한다. "하이데거와 관련한 그 소문은 간단히 말해 이런 뜻이다. 사유가 다시 환생했다. …… 한 스승이 존재한다. 사람들은 사유하는 것을 배울 수 있을 것이다."[128] 그리하여 사실상 아렌

---

126)로버트 베르나스코니Robert Bernasconi는 아렌트가 사유는 **도덕적** 부수 작용이나 부산물을 가진다는 자신의 주장을 결코 완전히 정당화하지 않는다는 점에서 이와 유사한 긴장을 감지한다. 또한 그는 아렌트가 악행과 관련하여 궁극적으로는 사유가 아닌 판단에 관심을 가진다는 점에 주목한다. 그가 쓴 "Habermas and Arendt on the Philosopher's 'Error': Tracking the Diabolical in Heidegger," *Graduate Faculty Philosophy Journal,* 14/2-15/1(1991), 3-24 참조.

127)아렌트는 알키비아데스와 크리티아스가 "이론을 배우지 않고 생각하는 법을 배운 것"에 만족하지 않았으며, "소크라테스적 사유 시험의 아무런 결과를 낳지 않은 성격을 부정적인 결과(성격)로 바꾸어 버렸다"고 지적한다. 하지만 그녀의 해석을 받아들인다 하더라도, 그것은 사유 자체가 판단의 능력을 해방하는 데 얼마나 **충분하지** 않은지를 강조하는 데 기여할 뿐이다. 소크라테스를 사유하는 자로 특징지으면서 아렌트가 우리에게 "비록 경우에 따라 추와 악은 부족, 즉 선의 결여로, 부정의와 악kakia은 선의 결여로 등장하기는 할지라도, 그 정의상 추와 악은 사유의 관심으로부터 배제된다"(TM, 437)고 말할 때 또 다른 난점이 발생한다.

128)Arendt, "Martin Heidegger at Eighty," 295.

트는 두 개의 사유의 모범, 본보기를 제시한다. 바로 소크라테스와 하이데거이다. "등에"이자 "전기가오리"이며 "산파"였던 소크라테스의 사유는, "모든 것이 산산조각 나고 중심이 무너지는 순전한 무정부 상태가 세계에 드리우는 드문 역사의 순간들에만 드러나는 정치적 도덕적 중요성"을 지닌다. 아렌트는 이렇게 말한다.

> 이러한 순간에 사유는 더 이상 정치적 문제에 있어 가장 사소한 일이 아니다. 다른 모든 사람들이 행하고 믿는 것을 따라 모든 사람들이 생각 없이 휩쓸려갈 때 생각하는 이들은 숨겨진 자리에서 드러나게 되는데, 이는 그들과 동참하기를 거절함으로 인해 그 모습이 눈에 띄고 따라서 일종의 행위가 되기 때문이다. 검토되지 않은 의견에 내포된 것을 드러내고 그것들 — 가치, 교리, 이론, 그리고 신념까지도 — 을 파괴하는 사유, 즉 소크라테스의 산파술 속에 있는 정화적 요소는 은근히 정치적이다. 왜냐하면 이러한 파괴는 또 다른 능력, 즉 판단 — 그것은 약간의 정당화를 가하면, 우리가 인간의 정신 능력 중 가장 정치적인 것이라고 부를 수 있는 것이다 — 의 능력을 해방하는 효과를 지니기 때문이다.(TM, 445-446)

이러한 언급은 아렌트가 20세기의 가장 탁월한 사상가라고 여겼던 하이데거의 행위와 나란히 놓으면 쓰디쓴 역설을 가져온다. 아렌트가 히틀러와 나치에 대한 하이데거의 판단에 관하여 그의 "실수"라고 완곡하게 불렀던 것을 사람들이 어떻게 설명하는지와 상관없이, 나는 어떻게 그의 사유가 그의 판단 능력을 "해방시켰다"고 주장할 수 있는지 알지 못한다. 우리가 1933~1934년의 하이데거에 대해서 말할 수 있는 최소한의 것은, 그는 당시 일어나고 있었던 일을 정확하게 **판단하는** 데 완전히 실패하였다는 것이다. 혹자는 아렌트가 하이데거에게 돌리는 사유 유형과 소크라테스에게 돌리는 사유 유형이 범주적으로 다르다고 주장함으로써 소크라테스와 하이데거에 대한 그녀의 묘사에 내재하는 불일치를 피하려고 할 수도 있을 것이다. 그러나 아렌트는 아무런 분명한 구별도 결코 제시하지 않는다. 도리어 그녀는 소크라테스의 경우를 포함한 모든 사유를 특징짓는 방식에서 사유에 대한 하이데거의 설명에 상당히 빚지고 있다.[129] 그녀는 "전문적인 사유"와 구별되어야만 하는 사유 유형의 사례로 두 사람 모두에게 호소한다. 아렌트는 사유가 도덕적 결과 — 적어도 간접적으로, 우리가 이것이 옳고 이것이 그르다는 것을 **판단하는** 판단 능력을 해방시킴으로써 — 를 낳는다는 것을 필사적으로 보여 주려 한다. 그러나 이것을 절대적으로 단언함에도 불구하고 이러한 관련성에 대한 충분한 근거를 결코 제시하지 않는다.

또 다른 문제들도 있다. 우리는 자기에게 파국이 닥치는 것을 막는 데 가장 중요한 능력이 판단 능력 — "옳고 그른 것을 구별하고, 아름답고 추한 것을 구별할 수 있는 능력" — 이라는 것을 알 수 있다. 우리는 아렌트가 『정신의 삶』의 마지막 부분을 완성했었더라면 말했을 것을 재구성하거나 추론하는 데 신중해야 한다. 그런데 그녀가 실제로 말한 것 속에는 당혹스러운 점이 존재한다. 아렌트가 『판단력 비판』에서 전개되는 반성적 판단에 대한 칸트의 분석에 이끌렸던 이유는, 칸트가 개별자들을 보편적인 원리나 일반적인 규칙에 포섭하지 않은 채 내려지는 판단 유형을 분석하기 때문이다. 그러나 칸트는 일차적으로 미적 판단에 관련되었던 반면, 아렌트는 도덕적 판단에 더 관련되었고 그의 분석을 이것은 옳고 이것은 그르다고 하는 특수한 판단에까지 확장하기를 원했다. 아이히만에 관한 보고서에서 아렌트는 악에 저항했던 사람들을 보고 자신이 충격을 받았다고 고백한다. "옳고 그름을 구별할 수 있었던 소수의 사람들은

129) 카노반은 아렌트가 소크라테스와 하이데거를 사상가라고 부를 때 등장하는 긴장을 예리하게 조명한다. 카노반은 이를 철학과 정치라는 더 큰 주제와 연관시킨다. "Socrates or Heidegger?", in *Hannah Arendt,* 268-274 참조. "Judging — The Actor and the Spectator"에 나오는 아렌트의 판단 이해에 대한 나의 논의도 참조하라.

진정으로 그들 자신의 판단에만 의거했다. 그들이 직면하는 개별적 사건들이 포섭될 수 있는, 지켜야 할 규칙들은 존재하지 않았다. 그들은 각각의 사례들을 발생한 그대로 판단해야 했는데, 왜냐하면 전례가 없는 일에 대해서는 아무런 규칙도 존재하지 않기 때문이다."(EJ, 295; 『아이히만』, 400) 이것은 아름답다, 이것은 추하다, 이것은 옳다, 이것은 그르다고 말하는 것이 반성적 판단의 사례라고 보는 아렌트의 논점을 인정하더라도, 우리는 여전히 그것들 사이의 차이를 이해하기를 원한다. 우리가 이것은 옳다, 이것은 그르다고 말할 때 우리가 단언하는 것은 정확히 무엇인가? 아렌트는 결코 이 문제에 대하여 진정으로 답하지 않았다. 도리어 그녀는 두 개의 분리된 문제를 얼버무리고 모호하게 만드는 것처럼 보인다. 첫 번째 문제는 우리가 무엇이 옳거나 그르다고 판단할 때 내리는 판단의 **유형**을 어떻게 특징지을 것인가 하는 것이다. 그녀는 이런 유형의 판단을 반성적 판단이라고 말한다. 그러나 이것이 개별자를 어떤 보편적이거나 일반적인 규칙들 아래 포섭하지 않고 직접적으로 판단하는 반성적 판단이라는 그녀의 의견에 동의할지라도, 여전히 우리는 "옳다", "그르다"라는 말로 무엇을 뜻하는지, 그리고 이러한 술어들이 "아름답다", "추하다"와 어떻게 구별되는지를 물을 수 있다 — 이것이 두 번째 문제이다.

그러나 아렌트가 아이히만에게서 보았다고 주장한 '악의 평범성'이란 현상에 대한 설명에서 가장 큰 난점은 아마도 그녀가 **말하지 않고** 남겨둔 것과 관계가 있을 것이다. 한편으로 그녀는 모든 사람이 사유하고 판단하는 능력을 **잠재적으로** 가지고 있다는 점에서 사유와 판단하는 것이 모든 이에게 돌려질 수 있는 능력이라고 말한다. 이것은 "사유 능력의 유무가 악의 문제와 내적인 연관"이 있음을 보여 주려는 그녀의 시도에서 결정적인 전제이다. 다른 한편으로 그녀는 아이히만의 특유한 성격이 "기묘한, 사유하지 못하는, 전적으로 진정한 무능성"이었다고 주장한다. 아마도 이것은 일련의 관행을 다른 일련의 관행으로 — 살인을 해서는 안 된다는 신념에서 인종적인 동기를 위해서는 살인이 허용될 수 있다거나 심지어는 필요하다는 신념으로 — 아무런 어려움 없이 바꿀 수 있는 "존경할 만한 사회"의 모든 구성원들에게 역시 사실일 것이다. 아이히만의 사유 능력의 결여에 대한 아렌트의 주장을 받아들인다고 가정해 보자. 우리와 마주할 일차적 문제는 이 결여를 어떻게 **설명할** 수 있는가이다. 보다 일반적으로 말해서, 만약 정말로 모든 사람들이 생각하고 판단할 잠재력을 가지고 있다면, 어떻게 우리가 생각하지 않고 판단하지 않는 아이히만(그리고 다른 모든 이들)을 설명할 수 있는가? 이 문제는 일반화할 수 있다. "전반적인 도덕의 붕괴"에 대한 부단한 언급에도 불구하고, 그녀는 판단 능력과 그에 따라 행위할 수 있는 능력을 잃지 않은 소수(극소수)의 사람들이 있다고 믿었다.[130]

아렌트는 『아이히만』에서 가장 감동적인 장들 중 하나에서, 아이히만에 대한 자신의 가차 없는 묘사와 대조를 이루는 안톤 슈미트Anton Schmidt

130)「도덕 철학의 몇 가지 문제들」에서는 이 문제를 다음과 같이 간명하게 말한다. "양심과 도덕의 총체적 붕괴, 혹은 인간이 문명 속에서 준수해야 할 오랜 법들의 총체적 붕괴는 우리가 말하고 있는 대상이 사실상 관습 — 관례들과 습관들, 사회에 대한 순응 장치 — 일 뿐이라는 것을 암시한다. 양심이란 사회, 즉 우리 주위에 있는 사람들의 목소리일 뿐이다.

이에 대한 반례로서, 이것이 작동하지 않는 소수의 사람들이 항상 존재했음을 기록하자. 그리고 이 강의에서 우리는 이들에 대해 관심이 있다. 그들로 하여금 다른 모든 사람처럼 행위하지 않게 막은 것은 무엇인가?

저항했던 이들은 인생의 모든 발길에서, 훌륭하고 고상한 사회의 구성원들뿐만 아니라 가난하고 전혀 교육받지 않은 사람들 사이에서도 발견된다. 그들은 거의 말을 하지 않지만 논지는 항상 동일하다. **갈등**할 것도, 싸울 것도, 악마의 유혹을 받을 일도 없다. …… 그들은 그저 이렇게 말한다. 난 **할 수 없어**, 차라리 죽어 버릴 거야. 그런 일을 하면 살 가치가 없게 될 거야.

따라서 우리는 나치나 확신에 찬 볼셰비키가 아니라, 성인이나 영웅이 아니라, 타고난 범죄자가 아니라, 평범한 사람들의 행동에 관심이 있다. 왜냐하면 만일 우리가 도덕이라고 부르는 어떤 것이 존재한다면, 그것은 분명 보통 사람들과 보통 사건들에 관련될 것이기 때문이다."(미의회도서관, 아렌트 아카이브)

의 이야기를 전한다. 안톤 슈미트는 독일인에 의해 체포되어 처형당할 때까지 유대인 저항자들에게 위조 서류와 군용 트럭들을 지원함으로써 도움을 준 독일군 하사관이다. 그녀는 안톤 슈미트의 이야기가 예루살렘 법정에서 나오자 2분여 동안 침묵을 지킨 좌중이 마치 유대인의 생명을 구하는 데 도움을 준 이 사람에게 경의를 표하고 있는 것처럼 보였다고 말했다.

> 그리고 이 2분 동안, 칠흑 같이 알 수 없는 암흑 한가운데 갑작스런 섬광이 비친 것처럼, 어떤 생각 하나가 선명하게 떠올랐다. 만일 이런 이야기들이 더 많이 이야기될 수만 있었더라면, 오늘 이 법정에서, 이스라엘에서, 독일에서, 유럽 전역에서, 그리고 아마 세계의 모든 나라들에서, 모든 것들이 얼마나 완전히 달라질 것인가!(EJ, 231; 『아이히만』, 322-323)[131]

결국 아렌트가 사유, 판단 그리고 악에 대하여 말하고 있는 것에도 불구하고, 그녀가 대답하지 않은 ― 사실은 아마도 대답할 수 없는 ― 문제는 우리가 아돌프 아이히만과 안톤 슈미트의 차이를 어떻게 설명할 수 있는가 하는 것이다. 전체주의적 공포의 상황 속에서, 옳고 그른 것을 판단하는 능력과 자신의 판단에 따라 행위할 수 있는 능력을 잃지 않은 안톤 슈미트와 같은 사람들에 관한 이야기는 왜 그렇게 적은가?

---

131) 아렌트는 안톤 슈미트의 이야기를 「증거와 증언」이라는 장에서 하고 있다. 이 이야기 직전에 아렌트는 1911년에 하노버로 이주한 폴란드계 유대인인 진델 그린츠판의 말을 인용하고 있다. 1938년, "파국이 그에게 닥쳤고", 그는 이제 자신의 '이야기'를 재판정에서 말할 것을 요구받았다. 이것은 재판에서 아렌트에게 인상 깊었던 순간들 중 하나였다. 그의 증언을 인용한 뒤 아렌트는 다음과 같이 썼다. "이 이야기를 하는 데 아마 10분밖에 걸리지 않은 것 같다. 그리고 (24시간도 채 안 되는 시간 동안에 이루어진 의미 없고 불필요한 27년 동안의 파괴에 대한) 이야기가 끝났을 때, 사람들은 어리석게도 다음과 같이 생각했다. 모든 사람들이 법정에서 하루를 보내야 한다고. …… 그 이전과 이후를 통틀어 어느 누구도 진델 그린츠판의 빛나는 정직성에 필적하지는 못했다."(EJ, 229-230; 『아이히만』, 320-321)

나는 아렌트가 "사유와 악의 문제의 내적 연관"에 관해 제기한 문제들에 결코 만족스러운 답변을 주지 않았다고 주장했다. 그녀는 우리의 판단 능력, 즉 옳고 그른 것을 구별할 수 있는 능력이 "사유의 능력 — 일어난 모든 일에 대하여 검토하고 반성하는 습관 — 에 달려 있다"고 단언하지만, 사유가 판단 능력에 대해 이러한 해방적 영향을 준다는 핵심 주장을 결코 **증명하지** 않는다. 판단으로 주의를 돌려 칸트의 반성적 미적 판단과 공통감에 대한 분석이 지닌 타당성을 보여줄 때도, 우리가 어떤 특정한 행위를 옳다고 판단하고 그것을 그른 것과 구별할 때 우리가 **단언하고** 있는 것이 무엇인지 그녀는 진정으로 설명하지 않는다. 결국 그녀는 해결되지 않은 심오한 난점을 남겨 놓았다. 설령 위기의 순간에 그녀가 사유와 판단에 부여한, 악을 막는 역할을 우리가 받아들인다 하더라도, 왜 — 극심한 전체주의의 공포 속에서조차 — 어떤 소수의 사람들은 판단할 수 있는 능력을 유지하는 반면, 대부분은 잃어버리거나 생각할 수 있는 능력의 표시조차 보여 주지 못하는가에 대해서는 아무것도 알 수 없다.

20세기 전체주의라는 전례 없는 사건은 우리에게 끔찍한 교훈을 가르쳐 주었다. 모든 것이 가능하다는 '원리'에 근거한 전체주의의 지배는, 변경될 수 없거나 제거될 수 없는 인간의 본성이나 인간의 조건은 없다는 것을 드러냈기 때문이다. 전체주의의 공포는 "인간 본성 자체의 변형"을 목표로 한다. 생각하고 판단할 수 있는 우리의 능력조차도 제거될 수 있다. 사실 아렌트는 근대 사회의 주된 위험 중 하나가 독립적으로 사유하고 판단할 수 있는 능력을 제거하려는 시도였다고 생각했다. 우리는 전통적인 관행이나 관습, 또는 습관들이 악을 막는데 충분하다는 것을 더 이상 믿을 수 없다. 왜냐하면 이러한 "관행, 관습, 풍습들은 …… 한 개인이나 민족이 식사 예절을 바꾸는 것보다도 어렵지 않게 다른 것들로 교체될 수 있기 때문이다." 극단적인 상황에서 "전반적인 도덕의 붕괴"를 막을 수 있는 것은 아무것도 없다. 우리는 인간에게 바뀔 수 없는 어떤 것, 깊이 내재해 있는 무엇, 즉 제거될 수 없는 양심의 목소리나 책임감이 있다고 간절히 믿고 싶다. 그러나 전체주의 이후에 우리는 이러한 믿음들을 더 이상 유지할 수 없다. 이것이 바로 지금 우리를 따라다니는 유령이며, 이러한 **위험**의 가능성은 너무나 실제적이다. 아렌트는 한 때 자신이 "완전한 자발성으로 모든 행위와 의도를 새롭게 판단하는 독립적인 인간 능력을 전제로 하지만, 법과 여론에 의하여 지지되지는 않는" "인간 본성에 대한 낙관적인 시각"이라고 불렀던 것에 대하여 스스로 비판적이 되었다.[132] 그러나 아이러니하게도 그런 인간의 능력이 있다고 **믿기를 원하는** 사람은 아렌트 자신(자신과 대화하는 한 쪽)이다. 이것이 바로 그녀가 판단 능력이라고 불렀던 것이다. 나는 "믿기를 원한다"라는 말을 강조하는데, 이는 그녀가 자신과 전쟁을 치르는 곳이 바로 여기이기 때문이다. 그녀는 아이히만이 이러한 판단 능력을 지니지 않았다고 주장한다.

그러나 우리는 가장 극단적인 공포 상황에서조차 몇몇 개인들은 저항하고 옳은 것과 그른 것을 판단하며 그들의 양심에 따라 행동할 수 있다는 것을 안다. 아렌트를 교묘히 피해가는 — 그리고 언제나 우리를 피해가는 — 문제는, 무엇이 악인지 판단하고 양심에 따라 행동하는 능력을 유지하는 사람들과 이러한 능력을 잃어 버렸거나 혹은 결코 가진 적이 없는 사람들의 차이를 우리가 (비순환 논법으로) 어떻게 설명할 것인가 하는 것이다.

유대인 희생자들을 도왔다는 이유로 처형된 독일군 하사관 안톤 슈미트에 대하여 이야기하고, 그의 행동을 나치에 반대하는 것이 "실질적으로 무용한" 것이었다고 주장한 독일인들의 "텅 빈 체면"과 대비시키면서 아렌트는 이렇게 썼다.

---

132) Arendt, "Personal Responsibility under Dictatorship", 187.

왜냐하면 그런 이야기가 주는 교훈은 단순하며 모든 사람들이 파악할 수 있는 것이기 때문이다. 정치적으로 말하자면, 그 교훈이란 공포의 조건하에서 대부분의 사람들은 따라가지만 **어떤 사람들은 따라가지 않는다**는 것이다. 그와 마찬가지로 최종 해결책이 제안된 나라들의 교훈은 대부분의 지역에서 '그 일이 일어날 수 있었지만' **그 일이 모든 곳에서 일어나지는 않았다**는 것이다. 인간적으로 말하자면, 이 행성이 인간이 거주하기에 적합한 장소로 남기 위해서는, 그 이상의 것이 필요하지도 않고 또 그 이상의 것이 합리적으로 요구되지도 않는다는 것이다.(EJ, 233; 『아이히만』, 324-325)

9 맺는 말 — 맹목과 통찰

선하신 주는 종교를 창조하지 않으셨다. 주께서는 세계를 창조하셨다.
— 로젠츠바이크, 레비나스의 『난감한 자유』에서 재인용

신이 창조한 세계는 나에게 선한 것처럼 보입니다.
— 아렌트, 「쿠르트 블루멘펠트에게 보낸 편지」

한나 아렌트는 1944년 논문 「파리아로서의 유대인 — 숨겨진 전통」 시작 부분에서, 유대인 파리아에 대해 "민족성의 경계를 초월하고 그들의 유대인적 천재성의 실을 유럽적 삶이라는 보편적 직물에 짜 넣을 만큼 위대한" 사람들이라고 기술한다. 이들은 "유대인의 해방을 해방의 진정한 모습 — 유대인을 유대인의 모습으로 인류의 반열에 올린 것 — 으로 만들려 했던 용기 있는 영혼들"(JP, 67-68)이었다. 아렌트 자신에 대해 이보다 더 적절한 묘사를 생각해 내기는 어렵다. 생애의 아주 이른 시기부터 아렌트는 이러한 숨겨진 전통과 동일시되었고 20세기의 탁월한 본보기가 되었다. 유대인 문제와 자신의 유대적 정체성에 대한 아렌트의 관심에서 편협하거나 위축된 것은 아무것도 없다. 도리어 자기 자신을 유대인으로 확인한 것은 그녀를 구체적이고 역사적인 맥락 속에 자리 잡게 했다. 그것은 20세기의 끔찍한 사건들로 이루어진 더 넓은 지평을 그녀에게 열어

놓았다. 그녀가 역사에 머리를 맞았다고 느꼈을 때, 그녀가 유대인으로서 공격받고 있다고 느꼈을 때, 그녀는 유대인으로서 저항했고 반항했다. 유대인으로서 그녀는 국제정치의 폭풍우 한가운데로 던져졌다. 그녀는 의식적인 파리아, 반항아, 그리고 — 심지어 그녀 자신의 민족 가운데에서도 — 독립적인 사상가가 되었다.

정치와 역사에 대한 아렌트의 학습은 그녀가 1933년 독일에서 도주할 때 시작되었고, 쿠르트 블루멘펠트와 남편인 하인리히 블뤼허로부터 받은 것이었다. 라헬 파른하겐 연구에 대해 집필할 때 그녀는 사회와 정치 사이의 구별의 중요성을 발견했다. 그녀는 사회적 동화정책이란 기획의 자기기만, 위선, 그리고 실패 — 계몽주의의 결과로서 일어나 1933년 독일계 유대인을 파괴하는 결과를 낳은 기획 — 를 예리하게 깨닫게 되었다. 자신의 '친구' 라헬처럼, 한나는 가면을 벗기면 '유대인의 자살'에 지나지 않는 거짓된 해방에 반항했다. 그러나 라헬과 달리 그녀는 결코 '사회에 속하려'고 하지 않았다. 그녀는 '예외적인 유대인'이 되기를 결코 원하지 않았다. 그녀는 어떠한 파브뉴적 경향도 드러내지 않았다. 그녀는 야스퍼스에게 다음과 같이 썼다. "저는 품위 있는 인간 실존이 오늘날 사회의 변방에서만 가능하다는 의견을 그 어떤 때보다도 더 분명히 갖고 있습니다."(C, 29) 자신의 영웅 베르나르 라자르처럼, 아렌트는 반유대주의에 대한 유일하게 적절한 응답, 즉 유대인이 스스로의 정치적 책임을 떠맡는 유일한 방법은 **유대인으로서** 자신들의 권리를 위해서 싸우는 것뿐이라고 강하게 주장했다.

우리는 유대 역사, 특히 근대의 유대 역사가 근대 유럽의 역사와 얽혀 있는 방식을 이해해야 한다. 유대인 문제와 직면하는 것은 근대 유럽사 저변의 흐름에 대한 더 넓은 분석을 요구했다. 아렌트가 처음에 근대의 갈등적 경향들을 탐구하기 시작한 것은 이러한 관점에서였다. 이것은 그녀로 하여금 민족 국가의 흥망성쇠 — 그것의 탄생, 숨겨진 갈등들, 그리고 그것이 19세기 제국주의에 의해 부분적으로 대체됨으로써 이루어진 해체 — 에 초점을 맞추도록 했다. 유럽의 유대인들은 19세기에 일어난 정치적 반유대주의라는 새로운 현상에 대해 완전히 무방비 상태였다. 민족 국가의 핵심에는 '숨은 갈등'이 내재되어 있었는데, 이는 보편적인 인권에 대한 요구와 권리란 국가에 한정되며 진정으로 한 국가에 속한 사람들에게만 보장되고 보호된다는 점증하는 확신 사이의 갈등이었다. 유대인들이 이러한 갈등에 부딪쳤던 것은, 정치적 반유대주의자들이 유대인들은 어떤 유럽 국가에도 '진정으로' 속하지 않는다고 주장했기 때문이다. 더욱이 사회와 국가 사이의 갈등이 증대되면서, 유대인들은 국가 배후에 존재하는 재정적 권력과 동일시되었다.

훨씬 더 악하고 치명적인 형태의 정치적 반유대주의는 인종주의적인 제국주의의 성장과 함께 발생하였다. 범게르만주의 운동과 범슬라브주의 운동의 초국가적이고 이데올로기적인 반유대주의는 유럽 민족들로부터 유대인을 배제하고자 했을 뿐만 아니라, 유대 민족을 아예 제거하고자 하였다. 주변적이고 거의 별스러운 것으로 간주된 운동으로 시작한 것이, 나치 이데올로기와 정책으로 결정화될 지하의 흐름들 가운데 하나가 되었다. 나치는 반유대주의가 대중을 자극하는 데 얼마나 강력한 무기가 될 것인지를 알고 있고 있었다.

역사와 정치에 대한 아렌트의 가장 깊은 확신은 유대인 문제에 대한 그녀의 관심에 따라 형성되었다. 그녀는 역사적 필연성이나 불가피성에 대한 (세련되었거나 저속한) 모든 호소에 반대했다. 역사의 발전 속에 작동하는 논리가 있다는 믿음은 잘못된, 위험한 교설이다. 그것은 정치적 자발성과 행위의 가능성 자체를 모호하게 하고 억압한다. 행위는 언제나 역사적 연속성을 끊는 새로운 시작을 전제한다. 아렌트는 영원한 반유대주의라는 운명론적 교설에 대해서도 끊임없이 비판적이었으며 반유대주의의 모든 속죄양 이론들을 거부했다. 그녀의 관심은 유대인 정치의 가능성을 위한 공간을 여는 것이었다. 그녀는 19세기에 그토록 유행했던 역사적 필연성과 불가피성의 교설들이 정치적 자발성에 치명적인 적이라는 것을 알았다.

나는 정치에 대한 아렌트의 이해에서 가장 지속적인 요소 — 민중주의적 요소 — 를 확인하려고 노력해 왔다. 이것은 유대인 스스로 "아래로부터" 자신을 집단으로서 조직하고, 정치적 책임을 맡고, 정치적 반유대주의에 대항해서 싸우라는 그녀의 주장에서 드러난다. 그녀는 이러한 교훈을 베르나르 라자르에게서 배웠고 그가 옹호했던 유형의 (헤르츨이 지지한 것과 반대되는) 혁명적 시온주의에 찬성했다. 제2차 세계대전 초에 그녀는 나치와 싸울 독립적인 유대인 군대의 강력한 지지자가 되었는데, 이는 이것이 "유대인 정치의 시작"일지도 모른다고 생각했기 때문이다. 그녀가 사바타이 운동에 대해 열광적이었던 것은, 유대인들이 그저 '역사의 희생자'였던 것이 아니라 '역사를 만드는 자'이기도 했음을 숄렘이 보여주었기 때문이었다. 아렌트는 사바타이 운동을, 정치로부터 물러섬과 동시에 파국으로 끝난 유대인의 민중적 정치운동으로 해석했다. 그녀의 민중주의적 요소는 유대인 조국이 아랍-유대인 지역 평의회에 기초한 연방제라는 새로운 구조를 가져야 한다는 주장에서도 드러난다. '평의회 체제'에 대한 아렌트의 옹호는 '자유의 섬'의 갑작스런 출현 — 혁명 정신이라는 잃어버린 보물의 출현(과 실종) — 에 의해 고무되었다. 아렌트는 무수한 역사적 환경 속에서 민중의 자발적인 행위에 의해 분출하는 평의회들이야말로 "근대의 가장 내밀한 이야기"라고 주장했다.

1933년 초, 아렌트는 여생 동안 지속될 정치의 의미에 대한 연구를 시작했다. 무국적 상태에 대한 — 자신의 개인적 경험과 다른 유럽 유대인들의 경험 및 국적 없는 수백만의 다른 많은 사람들의 경험에 대한 — 연구는 그녀로 하여금 가장 기본적인 인권이 '권리를 가질 권리' — 정치체에 속할 권리 — 라는 것을 확신하게 하였다. 그녀는 추상적인 휴머니즘과, 인간이 단지 인간이라는 이유 때문에 갖는다고 주장하는 인권에 대한 추상적인 개념들에 대해 강하게 비판하였다. 전체주의는 인권에 대한 이러한 추상적인 말의 공허함을 드러내었고, 우리에게 정치적 공동체에 의해서 보호받지 못하는 "무방비의 인간"이 되는 것이 얼마나 위험한지를 가르쳐 주었다. 법적·정치적 권리를 갑자기 박탈당하는 것은 인간의 삶을 영위할 필요조건을 박탈당하는 것이다. 아렌트는 20세기가 집단적인 무국적의 세기가 되고 있다는 것을 알았다. 재앙적인 일련의 지진처럼, 이 세기의 모든 중요한 정치적 사건은 무국적의 사람들로 이루어진 새로운 폭민을 낳게 하였다.

전체주의적 테러의 공포에 대해 깊이 생각함 — 강제수용소와 절멸수용소의 심연을 들여다보는 것 — 으로써 아렌트는 인간의 삶을 영위하는데 요구되는 바로 그 조건들에 대한 가장 심오한 통찰을 하게 된다. 전체주의의 진정한 공포는 수백만의 고통과 고문과 학살뿐만 아니라, 모든 복수성, 탄생성, 자발성, 그리고 개성을 제거하려는 체계적인 시도였다. 그것은 인간 본성의 변형을 포함하여 모든 것은 가능하다는 것을 증명하는 — 복수의 인간으로서 인간이 쓸모없다는 것을 입증하는 — 시도였다.

시온주의에 대한 아렌트의 매혹 — 그리고 결별 — 은 정치에 대한 그녀의 관심과 이해에 의해 시작된 것이었다. 1930년대와 1940년대 초 아렌트는 스스로를 시온주의자로 여겼는데, 시온주의자들이야말로 유대 민족이 정치적 주도권을 쥐어야만 한다는 그녀의 확신을 공유한 유일한 유대인 집단이었기 때문이다. 그러나 자신을 시온주의자로 여길 때조차 그녀는 스스로를 이견을 가진 비판가로, 즉 "충성스러운 반대파"의 한 사람으로 여겼다. 그녀는 시온주의 이데올로기를 포함한 어떤 종류의 이데올로기에 대해서도 거의 노골적으로 반대했다. 그녀는 수정주의적 시온주의 이데올로기가 슬금슬금 지배적인 힘을 발휘하는 것에 대해서도 몹시 비판적이었다. 그녀는 자신의 동료 시온주의자들이 직접적인 아랍인-유대인 협상과 협력의 필요성을 정직하게 대면하지 않은 것을 혹독하게 비판했다. 그녀는 점증하는 유대 민족주의와 지나친 애국주의를 경고하였다. 그녀는 민족 주권이라는 시대에 뒤떨어진 위험한 개념에 기초한 유대 민족 국가라는 개념에 반대하였다. 그녀는 시온주의 운동의 **혁명적 약속**을 저버리고 배신한 동료 시온주의자들을 비난했다. 평의회 체제에 기초한 연방제와 연합이라는 대안에 대해 생각하도록 그녀를 자극한 것은 "진정으로 실존하는 시온주의"와의 대면이었다. 이것은 민족 국가와 전체주의의 지배에 대한 진정한 대안을 제공할 수도 있는 정치 구조였다. 그녀는 결코 패배한 논거를 옹호하기를 두려워하지 않았다 — 그리고 그렇게 함으로써 발생할 결과들을 알았다.

유대인 문제 그리고 반유대주의와 전체주의의 공포에 대한 아렌트의 사유는 그녀가 악의 문제와 고투하고 있을 때 절정에 달했다. 1952년 레온 폴리아코프의 저서에 대한 서평에서 그녀는 다음과 같이 썼다.

> 만약 독자들이 학살에 대한 모든 것이 명확하고 그럴듯하게 제시된 다음에도 그것이 너무나 지나친 까닭에 믿을 수 없다는 반응을 일차적으로 보인다면, 바로 그때 그들은 우리가 알고 있는 다른 모든 유형의 폭정과 억압과는 달리 전체주의가 인간적으로 이해할 만한 모든 악마적 동기들과의 결별이라는 특징을 가진 근본악을 세상에 가져왔다는 것을 이해하기 시작하는 입장에 서게 될 것이다.133)

그러나 아렌트가 "근본적인 악"이란 말로 의미하는 것은 무엇인가? 그녀는 근본악이 진정으로 무엇인지 확신하지 못하겠다고 (야스퍼스에게) 고백하지만, 뒤이어 다음과 같이 말한다. "그러나 그것[근본악]은 인간을 잉

133)Hannah Arendt, "The History of a Great Crime," review of *Bréviaire de la Haine: Le III Reich et les Juifs,* by Léon Poliakov, *Commentary*, 13(1952), 304.

여의 존재로 만드는 현상과 다소 관련된 것 같습니다."(C, 166) 나는 악에 대한 아렌트의 생각이 전개되고 변화된 궤적을 따라가려고 노력했으며, 인간을 불필요한 존재로 만든다는 말의 의미를 명확히 하고자 노력하였다. 문제의 핵심은 인간의 복수성을 제거하려는 — 그리고 전능한 지도자(Fühere, 히틀러를 의미 — 역주)라는 망상으로 대신하려는 — 의도적인 시도였다.

마지막으로 나는 『예루살렘의 아이히만 — 악의 평범성에 대한 보고』의 중심 주제에 대한 검토로 되돌아갔다. 이 책에 의해 발생한 (아직도 진행 중인) 논쟁은 많은 사람들로 하여금 아렌트의 진정한 유대적 관심을 보지 못하게 했다. 나는 수용소 내의 유대인회에 대한 아렌트의 혹독한 심판이 나치의 전체주의적 테러로부터 야기된 "전체적인 도덕의 붕괴"에 대한 그녀의 더 깊고 넓은 관심이란 맥락에서 이해되어야만 한다고 주장했다. 자신이 "현실"이라고 부른 것을 직면하는 데 결코 주저한 적이 없었던 아렌트는, 만약 우리가 정말 나치 전체주의를 이해하려 하고 나치가 얼마나 성공적이었는지를 이해하려 한다면, 우리는 관련된 모든 이들 — 박해자들, 희생자들, 그리고 구경꾼들 — 에게 어느 정도의 도덕적 붕괴가 있었는지를 직면해야 한다고 주장한다. 아렌트가 '악의 평범성'이라는 말로 의미하는 것에 대해 나는, 악에 관한 그녀의 질문들의 초점에 중요한 변화가 있었음에도 불구하고, 악의 평범성 개념은 근본악에 대한 그녀의 초기의 생각과 양립할 수 있다는 것을 보여 주고자 노력했다. 아렌트가 한 것은 그녀의 강조점을 잉여성에서 무사유로 옮긴 것이었다. 일단 악의 평범성에 대한 현상을 기술한 다음 그녀는 그것이 가능한 조건들을 이해하고자 했다. 이런 맥락에서, 아렌트는 자신의 관심을 아이히만에 집중시키면서 그가 괴물 같은 동기 없이 그렇게 괴물 같은 행위를 저지를 수 있는 것은 사고하고 판단할 수 없는 그의 무능력에 의해 설명될 수 있다고 확신했다.

아렌트가 답을 찾고자 노력했던 문제는 이러했다. "사유 활동 자체, 즉 우연히 떠오르거나 관심을 끄는 것은 무엇이든 그 결과와 특정한 내용에 관계없이 검토하는 습관은, 인간으로 하여금 악한 행위를 자제하도록 만드는 조건 중 하나가 될 수 있지 않을까? 한 발 더 나아가서 악한 행위에 저항하는 조건들을 사실상 '조건 짓는' 것은 아닐까?"(LM, 5) 아렌트 자신의 망설임과 주저는 그녀가 문제를 제기한 매우 수준 높은 방식 속에 드러난다. 갑작스러운 죽음을 맞이했을 때 그녀가 여전히 고투하고 있던 것은 바로 이 문제였다. 아렌트와 더불어 (그리고 그에 반대하여) 생각하면서, 그리고 그녀가 진행해 온 대화에 참여하면서 나는 악, 사유, 그리고 판단에 관한 그녀의 해결되지 않은 문제 몇 가지를 지적하였다.

소위 포스트모던 시대에 우리는 맹목성과 통찰의 미묘한 상호작용에 대해 훨씬 더 잘 알게 되었다. 우리는 가장 상상력이 풍부한 사상가의 텍스트 속에서, 그들의 통찰력이 어떤 맹목성에 근거하고 있다는 것, 그들의 통찰의 중심에 맹점이 있다는 것, 그리고 실로 통찰은 맹목의 대가로 성취된다는 것을 발견한다. 이것은 특히 유대교와 유대인성에 대한 아렌트의 생각에 해당된다. 우리는 먼저 아렌트가 믿음, 제의, 예배로 이루어지는 "종교적" 집단으로서의 유대교와, 유대인으로 태어난다는 주로 "사실적인" 문제로서의 유대인성과의 차이를 나누는 아주 의심스러운 방식 속에서 이 현상을 만난다. 핵심적인 문제 — 그리고 아렌트의 맹점 — 는 유대교와 유대인성의 관계에 있다. 만약 우리가 유대교와 유대인성을 예리하게 구분할 것을 주장한다면, 유대인이라는 것은 무엇을 의미하는가? 자신을 유대인으로 확인하는 아렌트의 모든 주장과 우리가 유대인으로서 저항하고 반항할 수 있다는 그녀의 확신에도 불구하고, 다음과 같은 질문이 던져져야 한다. 어떤 이의 정체성을 유대인이라고 주장하는 진술 속에는 정확히 무엇이 긍정되고 있는가? 우리가 보아 온 대로 인간 유형으로서의 파리아는 유대 민족에게만 제한된 것이 아니다. 아렌트는 국외자인 동시에 그러나 결코 전적으로 국외자이지만은 않은, 사회의 변방에 사는 사람으로서의 파리아의 실존 상태에 언제나 초점을 맞추는 것처럼 보인다. 그래서 그 문제는 다음과 같이 초점이 더 좁게 맞추어질 수 있다. 유대인 파리아의 유대인성 가운데 독특한 것은 무엇인가? 어떻게 유대인 의식적 파리아가 다른 의식적 파리아와 다른가? 이것은 자신을 세속적 유대인과 동일시하는 누구에 의해서든지 제기되어야 하는 (혹은 오히려 제기되었어야 했으나 되지 않고 있는) 문제이다. 여기에 일관된 동화정책 옹호자가 이점을 가지고 있다. 왜냐하면 그 사람은 "내가 유대인으로 태어난 것은 우연한 것이다(가령 그녀의 머리카락이나 눈 색깔과 같은 다른 우연들과 마찬가지로). 그것은 나에게 의미가 있지도 중요하지도 않다. 그러므로 이러한 사건이 내가 사회에 속하는 것을 막는 장애물이 되어서는 안 된다"라고 말할 수 있기 때문이다. 이것은 아렌트의 입장이 아니다. 그녀는 세속적 유대인이라는 것을 긍정한다(그리고 심지어는 자부심까지 가진다). 그렇다면 우리가 유대인이라는 주장의 요지는 무엇인가라고 묻는 것이 적절하다. 이 결론 부분에서 나는 유대교과 유대인성에 대한 아렌트의 성찰의 당혹스러운 점과 빈틈과 맹점에 대해 고찰해 보고자 한다.

아렌트 최초의 지적인 열정이 신학, 즉 기독교 신학에 대한 것이었다는 것을 상기해 보자. 청년 아렌트는 키르케고르에 대한 열정을 발전시켰다. 그녀는 기독교 성인, 성 아우구스티누스에 대해 박사 학위논문을 썼다. 생애의 핵심 시기에 아렌트는 기독교 신학의 주제 — 혹은 더 정확하게 말하자면 이러한 주제들의 철학적이고 정치적인 함의들 — 로 되돌아갔다. 성 아우구스티누스가 그녀에게 중요했던 이유는, 이웃 사랑에 대한 그의 개념에 대한 초창기의 관심 때문만이 아니라, 시작, 탄생성, 자유, 그리고 의지에 대한 그녀 자신의 이해 때문이기도 하다. 성 아우구스티누스는 아렌트의 첫 번째 책(학위논문)뿐만 아니라, 마지막(사후의) 책인 『정신의 삶』에서도 중요하다.

때때로 아렌트는 기독교에 대해, 특히 세상사에 대한 관심으로부터 사람들을 떼어 놓는 "내세"라는 기독교 종교 사상의 측면에 대해 비판하곤 했다. 마키아벨리처럼 그녀는 기독교를 정치와 혼합하고 혼동할 때의 위험에 대하여 경고했다. 그녀는 "기독교 신앙의 발생과 함께, 강조점은 세상에 대한 관심과 그와 관련된 의무에 대한 관심에서 영혼과 영혼의 구원에 대한 관심으로 옮겨갔다"고 말한다.[134] 동시에 그녀는 나사렛 예수에 대해, 특히 용서에 대한 그의 이해에 대해 대단한 통찰력과 감동을 가지고 썼다. "인간사의 영역에서 용서의 역할을 발견한 사람은 나사렛 예수이다."(HC, 238)

기독교 신학과 종교적 주제들에 대한 이러한 초기의 지속적인 관심에 대해 내가 언급하는 까닭은, 이것이 그녀의 저작 속에 나타나는 유대교나 유대적 종교에 대한 진지한 논의의 부재와 놀랄 만한 대조를 이루고 있기 때문이다. 아렌트는 결코 그녀 자신의 전통에 대해 연구하지 않았다. 그녀는 결코 그렇게 할 필요성을 느끼는 것 같지도 않았다. 심지어 유대 신비주의에 대한 숄렘의 작업에 대한 그녀의 관심조차 주로 사바타이 운동의 정치적 의미와 중요성으로 향해 있었다.

유대교라는 종교적 문제는 아렌트에게 결코 심각한 지적인 문제 혹은 개인적 문제조차 되지 않는 것 같았다. 그녀는 "유대교라는 전통적 종교

134)Arendt, "Collective Responsibility" in James W. Bernauer, SJ, *Amor Mundi: Explorations in the Faith and Thought of Hannah Arendt*(Dordrecht: Martinus Nijhoff, 1987), 46. 기독교에 대한 아렌트의 비판에 대한 논의는 같은 책에 나오는 Bernauer의 논문 "The Faith of Hannah Arendt: *Amor Mundi* and its Critique — Assimilation of Religious Experience,"를 참조하라. 그 책에 나오는 다른 논문들은 성 아우구스티누스에 대한 아렌트의 박사 학위논문과 "기독교적 은유"에의 사용에 대해 검토하고 있다.

외부에 서 있으면서" "거기로 돌아가기"를 원하지 않는 (라자르와 헤르츨과 같은) 세속적 유대인과 동일했다. 나는 골다 메이어가 그녀에게 "사회주의자로서 제가, 물론, 신을 믿지 않는다는 것을 당신을 이해할 것입니다. 나는 유대 민족을 믿습니다"라고 말했을 때 아렌트가 "충격 받았다"는 점을 앞서 언급했었다. 그러나 아렌트는 누군가가 유대인으로서 인정받을 권리를 요구할 수 있는 그런 (세속적) 유대인이 된다는 것이 무엇을 의미하는가에 대한 문제에 결코 만족할 만한 답을 내놓지 않았다. 그녀는 유대인이 된다는 것의 규범성(뿐만 아니라 "사실적인 문제")을 직면하는 데 실패했다. 아렌트가 야스퍼스로부터 온 편지에서 반복적으로 이러한 문제에 대한 압력을 받았을 때, 그녀의 대답은 언제나 분명치 않았고 불충분했다. 한때 그녀는 야스퍼스에게 다음과 같이 썼다. "유대인에 대해서는, 역사적으로는 당신이 말한 모든 것이 정확합니다. 그러나 나와 같은 많은 유대인들이 **유대교**에 대해서 종교적으로 완전하게 독립적이지만 그럼에도 불구하고 여전히 유대인이라는 사실은 분명합니다."(C, 98) 그와 같은 대답은 어떤 **의미**에서 여전히 유대인인가 하는 질문에 대한 답변이 결코 아니다. 만약 유대인성이라는 것이 유대교와 분리된다면, 유대인이 된다는 것의 내용은 무엇인가? 아렌트의 무지가 그토록 충격적인 것은 바로 이 지점에서이다. 그녀의 논거는 대체로 다음과 같을 것처럼 보인다. "나에게 유대교라는 종교적 문제는 (윌리엄 제임스의 문구를 사용하면) '살아 있는 선택'이 아닙니다. 나는 종교적인 의미에서 유대인인 것도 아니고 유대교로 복귀하는 데도 관심이 없습니다. 하지만 나는 유대인입니다. 나는 내가 유대 민족의 일원이라는 점을 긍정합니다." 그렇다면 근대에 살고 있는 그러한 세속적 유대인에게 유대인 문제란 무엇인가? 그것은 사회적 혹은 정치적 형태를 취한다. 그러나 오로지 사회적 문제로서만 유대인 문제를 생각하는 것은 불길하다. 그것은 유대인 파브뉴에게 특징적인 자기기만과 위선을 내포한다. 사회적 동화정책은 유대인 해방이 아니다. 그것은 유대인의 자살이다. 세속적 유대인에게 유일하게 살아 있는 선택은 정치적인 것이다. 그리고 이것은 유대인 정치의 실패와 가능성 모두에 대한 이해를 요구한다. 유대인의 해방은 "[유대 민족의 지속적 존재를] 불가능하게 만들지 않을 정치적 환경"(C, 98)을 가져올 것을 요구한다. 이것은 근대에는 유대인 문제가 원래 정치적 문제라는 아렌트의 신념의 기초와 뼈대가 되는 구조인 것처럼 보인다.

아렌트가 어떤 의미에서 스스로를 유대인으로 인정하는지에 대해 설명해 달라고 요청받았을 때, 그녀는 유대인이라는 것은 단지 그녀의 삶에서 반박의 여지가 없는 사실적 자료들 중의 하나라는 전형적인 대답을 하곤 했다.(JP, 246) 그러나 이러한 대답조차도 불성실한 것이다. 왜냐하면 이 문제는 사실에 관한 것이 아니라 이러한 사실의 중요성 혹은 **의미**에 대한 것이기 때문이다. 사실상 아렌트 자신이 — 아주 다른 맥락에서 — 이런 유형의 대답에 대해 가장 신랄한 비판을 한다. 디즈레일리에 대한 논의 가운데 그녀는 다음과 같이 말한다.

> 유대교 그리고 유대 민족에 속한다는 것은, 오직 동화된 유대인들 사이에서만 탄생이라는 단순한 사실로 전락한다. 원래 그것은 특정한 종교, 특정한 민족성, 특정한 기억, 그리고 구체적인 희망들을 나누는 것을 의미했다. …… 유대인 지식인들의 세속화와 동화는, 선택받은 민족에 속한다는 자각 외에는 오래된 기억과 희망 가운데 아무것도 남겨지지 않았다는 식으로 자기의식과 자기 이해를 변화시켰다.(OT3, 73)

아렌트는 물론 동화정책을 비난했고 선택받은 민족이라는 세속화된 개념에 경멸을 표시했다. 그러나 그러한 비판의 예봉이 왜 그녀에게는 적용되어서는 안 되는지 알기 어렵다. 결국 **그녀**는 자신의 유대인성이란 "탄생이라는 하나의 단순한 사실"이라는 것을 주장하는 것은 아닌가?

그러나 내가 아렌트에 대해 이제 막 제시한 묘사는 옳은 것처럼 들리지는 않는다. 그것은 너무 단조롭고 너무 획일적이다. 그것은 그녀의 생각 속에 있는 긴장, 그녀 자신의 미묘함과 내적인 복잡성을 공정하게 다루고 있지 않다. 만약 이제 우리가 마지막으로 숄렘과 주고받은 유명한 서신 교환으로 돌아간다면, 자신의 유대인성이라는 실을 엮어 유럽적 삶이라는 보편적 직물을 짠 한나 아렌트라는 유대인 여성에 대한 한층 견고한, 3차원적 이해를 얻을 수 있을 것이다.

자신의 편지 중 하나에서 숄렘은 다음과 같이 썼다. "저는 당신을 전적으로 우리 민족의 딸이라고 여깁니다. 그리고 다른 길은 전혀 없습니다." 답장에서 아렌트는 이 문장을 인용한 다음 아래와 같이 언급한다.

> 진실은, 나는 결코 다른 어떤 존재인 척하거나 혹은 어떤 식으로든 결코 내가 아닌 척하지 않았다는 겁니다. 그리고 그런 유혹을 느낀 적도 없습니다. 그것은 내가 남성이고 여성이 아니라고 말하는 것과 마찬가지일 겁니다 — 말하자면 제정신이 아닌 거지요. 물론 나는 이런 수준에서도 "유대인 문제"가 존재한다는 것을 압니다. 그러나 그것은 결코 나의 문제는 아니었습니다 — 어린 시절에조차 나는 언제나 내가 유대인이라는 것을 반박의 여지가 없는 사실적 자료들 중 하나로 여겼고, 결코 이러한 사실이 바뀌기를 바라거나 부인하려 하지 않았습니다. 있는 그대로의 모든 것에 대해 기본적으로 감사하는 그런 삶의 태도가 있습니다. **주어진** 것과 주어지지 않은 것, 그리고 **변경할 수 없는** 것에 대해서 말입니다.(JP, 246)

아렌트의 진술 속에는 라헬 파른하겐이 죽어 가면서 말했다고 하는, "유대인 여자로 태어났다는 것을, 나는 이제 결코 잊지 않기를 바라야 해요"라는 유언을 떠올리게 만드는 무엇인가가 있다. 아렌트의 맹점과 통찰력을 요약하는 그것 — 유대교 전통 안에서 깊은 반향을 지니는 문장 — 은 "있는 그대로의 모든 것에 대해 기본적으로 감사하는 그런 삶의 태도가 있습니다"라는 문장이다. 아렌트가 그러한 감사하는 삶의 태도에 대해 말한 것이 처음은 아니다. 야스퍼스에게 보낸 편지에서(1955년 8월 6일), 아렌트는 오랫동안 고대해 온 야스퍼스 방문에 대해, 그리고 당시 집필하고 있던 『인간의 조건』에 대해 말하다가 갑자기 다음과 같은 말을 쏟아 놓았다.

> 그래요. 저는 이번에 넓은 세상을 당신에게 가져다주고 싶습니다. 저는 이렇게 늦게, 정말 근년에 들어서야 지금처럼 이 세계를 진정으로 사랑하기 시작했습니다. 그에 대한 감사로 저는 정치 이론에 관한 나의 책을 '아모르 문디Amor Mundi'라고 부르고 싶습니다.(C, 264)[135]

아렌트가 라틴어 Amor Mundi(세계에 대한 사랑)라는 문구를 사용했다는 사실은 그녀가 얼마나 철저한 유럽적 삶과 문화의 산물인지, 그리고 또한 얼마나 철저하게 그것을 몸속 깊숙이 흡수하였는지를 거의 상징적으로 보여 준다. 그러나 이 구절을 통하여 숨 쉬는 영혼은 유대교 전통의 가장 영광스러운 요소 중 하나와 함께 울려 퍼진다. 그것은 프란츠 로젠츠바이크와 임마누엘 레비나스가 "선하신 주는 종교를 창조하지 않으셨다. 주께서는 세계를 창조하셨다"고 우리에게 상기시킬 때 핵심적이고 주요한 신조이다. 아렌트의 반신학적인 세속적 신념은 신 중심이 아니라 세계 중심적인 신념이다. 그녀는 자아와 자아 구원에 대한 근대의 강박에 대하여 반항하였으며, 그것의 기원이 기독교의 영향에 있음을 추적하였다. 하이데거의 세계 개념에 대한 그 모든 빚에도 불구하고, 아렌트 자신의 개념은 우리에게 주어진 세계, 환희와 비극의 근원인 세계, 돌봄과 책임과 행위를 통해 만질 수 있는 현실이 되어 우리의 동료 인간들과 함께

135)아렌트의 근본적 관점을 아주 잘 축약하는 이 구절은 영 브륄이 쓴 전기 『한나 아렌트 — 세계 사랑을 위하여』라는 전기의 제목의 근거가 되었다.

나누는 세계, 소중하게 보존되어야 할 세계이다. 그녀 이전의 수많은 유대인들이 지녔던 신념처럼, 아렌트의 신념은 창조자보다는 피조물에게로 더 향해 있다. 근본악이라는 그녀의 개념조차도, 이러한 견지에서 보았을 때 더욱 풍부한 의미를 갖는다. 왜냐하면 우리로 하여금 근본악에 대해 말하게 하는 20세기의 전례 없는 현상들은, 그전에는 결코 경험하지 못했던 규모로 일어난 대량 파괴, 학살, 고문뿐만 아니라, 창조된 세계를 변형하고 타락시키는 시도가 행해진, 전능성을 향한 망상도 포함되기 때문이다. 우리가 악의 평범성을 대면할 때 마주하는 공포는, 어떻게 이 괴물 같은 타락이 순전한 무사유로부터 야기될 수 있는가 하는 것이다.

숄렘은 그 스스로도 인지하지 못했던 방식으로 옳았다. 세계에 대한 사랑 속에서, 존재하는 모든 것을 존재하는 그대로 감사하는 태도 속에서, "정의와 구체적인 공적 자유에 대한 반(半)종교적인 유대적 열정"136) 속에서, 자기 민족의 성취에서 느끼는 자부심과 그 실패에 대한 열정적 비판 속에서, 유대인들이 이 "어두운 시대"에 독립적인 사유의 전통과 의식적인 파리아의 전통을 살아 있게 함으로써 다른 민족들에게 본보기가 되고 약간의 빛을 던져 줄 수 있을지도 모른다는 희망(과 실망) 속에서, 한나 아렌트는 진정 "우리 민족의 딸"이었던 것이다.

136)이것은 아렌트가 유다 마그네스를 묘사할 때 사용했던 구절로(C, 117), 그녀가 하이네를 어떻게 보고 있는지를 반영하고 있다.(JP, 72)

§ 참고 문헌 §

1. 저서

The Origins of Totalitarianism. New York: Harcourt, Brace, Jovanovich, 1951; 2nd edn, New York: Meridian Books, 1958; 3rd edn, rev., New York: Harcourt, Brace, Jovanovich, 1968.

The Human Condition. Chicago: University of Chicago Press, 1958.

On Revolution, New York: Viking Press, 1963.

Eichmann in Jerusalem: A Report on the Banality of Evil, 2nd edn, New York: Viking Press, 1965.

Between Past and Future. New York: Viking Press, 1968.

Men in Dark Times, New York: Harcourt, Brace, Jovanovich, 1968.

Crises of the Republic, New York: Harcourt, Brace, Jovanovich, 1972.

Rahel Varnhagen: The Life of a Jewess Woman. rev. edn, tr. Richard and Clara Winston. New York: Harcourt, Brace, Jovanovich, 1974.

The Life of the Mind. New York: Harcourt, Brace, Jovanovich, 1978.

The Jew as Pariah, ed. Ron H. Feldman. New York: The Grove Press, 1978.

Lectures on Kant's Political Philosophy. ed. with an interpretive essay by Ronald Beiner. Chicago: University of Chicago Press, 1982.

Essays in Understanding, 1930-1954, ed. Jerome Kohn. NY: Harcourt, Brace & Co., 1994.

2. 서한집

Arendt, Hannah and Blumenfeld, Kurt, '...in keinem Besitz verwurzelt,' *Die Korrespondenz*, ed. Ingeborg Nordmann and Iris Pilling. Hamburg: Rotbuch. Verlag, 1995.

Arendt, Hannah and Jaspers, Karl, *Correspondence, 1926-1969*, ed. Lotte Kohler and Hans Saner, tr. Robert and Rita Kimber. NY: Harcourt, Brace & Co., 1992.

Arendt, Hannah and McCarthy, Mary, *Between Friends: The Correspondence of Hannah Arendt and Mary McCarthy 1949-1975*, ed. Carol Brightman, New York: Harcourt, Brace & Co., 1995.

Arendt, Hannah and Scholem, Gershom, " 'Eichmann in Jerusalem': Exchange of Letters between Gershom Scholem and Hannah Arendt," *Encounter*, 22/1(1964): 51-56. Repr. in JP, 240-251.

3. 편저

Job's Dungheap, by Bernard Lazare. New York: Schocken Press, 1949.

Illuminations, by Walter Benjamin, New York: Schocken Press, 1969.

4. 논문

"Die jüdischen Armee-Der Beginn einer jüdische Politik?"(The Jewish Army-The Beginning of a Jewish Politics?), *Aufbau*, 7/47(Nov. 14, 1941): 1-2.

"From the Dreyfus Affair to France today," *Jewish Social Studies*, 4(July 1942): 195-240.

"The Jewish State, Fifty Years After: Where Have Herzl's Politics Led?", *Commentary*, 1(May, 1946): 1-8. Repr. in JP, 164-177.

"We Refugees," *Menorah Journal*, 31(Jan. 1943): 69-77. Repr. in JP, 55-66.

"Franz Kafka: A Reevaluation", *Partisan Review*, 11/4(1944): 412-22. Repr. in EU, 69-80.

"The Jew as Pariah: A Hidden Tradition," *Jewish Social Studies*, 6/2(Apr. 1944): 99-122. Repr. in JP, 67-90.

"Nightmare and Flight," *Partisan Review*, 12/2(Spring 1945): 259-260. Repr. in EU, 133–5.

"Zionism Reconsidered," *Menorah Journal*, 33(Aug. 1945): 162-96. Repr. in JP, 131-163.

"The Image of Hell," review of The Black Book: the Nazi Crime Against the Jewish People, and Hitler's Professors, *Commentary*, 2/3(1946): 291-295, Repr. in EU, 197-205.

"The Nation", Review of La Nation by J. T. Delos, *Review of Politics*, 8/1(Jan. 1946): 138-141.

"The Concentration Camps," *Partisan Review*, 15/7(July 1948): 743-763.

"Jewish History, Revised," *Jewish Frontier*, 15(Mar. 1948): 34-38. Repr. in JP, 96-105.

"The Mission of Bernadotte," *New Leader*, 31(Oct. 1948): 808, 819.

"To Save the Jewish Homeland: There is Still Time," *Commentary*, 5(May 1948): 398-406. Repr. in JP, 178-192.

"Peace or Armistice in the Near East?," *Reviews of Politics*, 12/1(Jan. 1950): 56-82. Repr. in JP, 193-232.

"Social Science Techniques and the Study of Concentration Camps," *Jewish Social Studies*, 12(1950): 49-64. Repr. in EU, 232-247.

"The History of a Great Crime," review of *Breviaire de la Haine: Le IIIe Reich et les Juifs*, by Leon Poliakov, *Commentary*, 13(1952): 300-304.

"A Reply to Eric Voegelin," *Review of Politics*, 15/6(Jan. 1953): 76-84.

"Philosophy and Politics," lecture from 1954, ed. Jerome Kohn, *Social Research*, 57/1(Spring 1990): 73-103.

"Understanding and Politics"(originally entitled "The Difficulties of Understanding"), *Partisan Review*, 20/4(1954): 377-92. Repr. in EU, 307-327.

"Totalitarianism," *Meridian*, 2/2(Fall 1958): 1.

"On Humanity in Dark Times: Thoughts about Lessing"(lecture from 1959). In MD, 3-31.

"Action and the Pursuit of Happiness," in *Politische Ordnung und Menschliche Existent: Festgabe fur Eric Voegelin*(Munich: Beck, 1962), 1-16.

"Personal Responsibility Under Dictatorship," *Listener*, Aug. 6, 1964.

"What Remains? The Language Remains: An Interview with Gunter Gaus"(translation of "Was Bleibt? Es bleibt die Muttersprache," in Gunter Gaus, *Zur Person: Portrats in Frage und Antwort(*Munich: Feder Verlag, 1964), 13-32. In EU, 1-23.

"Some Questions of Moral Philosophy"(lecture from 1965), ed. Jerome Kohn, *Social Research*, 61/4(Winter 1994): 739-764.

"Collective Responsibility"(1968) in *Amor Mundi: Explorations in the Faith and Thought of Hannah Arendt*, ed. James W. Bernauer, SJ, 43-50. Dordrecht: Martinus Nijhoff, 1987.

"What is Freedom?"(1968). In BPF, 143-171.

"Martin Heidegger at Eighty," *New York Review of Books*, 17/6(Oct. 21, 1971): 50-54. Repr. in *Heidegger and Modern Philosophy*, ed. M. Murray(New Haven: Yale University Press, 1978), 293-303.

"Thinking and Moral Considerations: A Lecture," *Social Research*, 38/3(Fall 1971): 417-446. Revised and incorporated in LM, 3-16.

"Hannah Arendt on Hannah Arendt"(1972). In RPW, 301-339.

5. 미출간 원고

Hannah Arendt to Paul Brooks, Hough ton Mifflin, New York, Feb. 13, 1948, in *Arendt Archives*, Library of Congress.

"Answer to Grafton, Draft"(1963), in *Arendt Archives*, Library of Congress.

"Some Questions of Moral Philosophy"(lecture series from 1965, first lecture ed. Jerome Kohn, *Social Research*, 61/4(Winter 1994): 739-764), in *Arendt Archives*, Library of Congress.

6. 2차 문헌

Allison, Henry E., *Kant's Theory of Freedom*. Cambridge: Cambridge University Press, 1990.

"Reflections on the Banality of (Radical) Evil: A Kantian Analysis," *Graduate Faculty Philosophy Journal*, 18/2(Winter 1995): 141-158.

Anderson-Gold, Sharon, "Kant's Rejection of Devilishness: The Limits of Human Volition," *Idealistic Studies*, 14(1989): 35-48.

Barnouw, Dagmar, *Visible Spaces: Hannah Arendt and the German-Jewish Experience*. Baltimore: Johns Hopkins University Press, 1990.

Bedford, Sybille, "Emancipation and Destiny," review of *Rahel Varnhagen*, by Hannah Arendt, *Reconstructionist*, 24(Dec. 1958): 22-26.

Beiner, Ronald, "A Commentary on Hannah Arendt's Unwritten Finale," *History of Political Thought*, 1/1(1980): 117-135.

"Interpretive Essay: Hannah Arendt on Judging," in Hannah Arendt, *Lectures on Kant's Political Philosophy*, ed. by Ronald Beiner, 89-156. Chicago: University of Chicago Press, 1982.

"Action, Natality, and Citizenship: Hannah Arendt's Concept of Freedom," in *Conceptions of Liberty in Political Philosophy*, ed. Zbigniew Pelczynski and John Gray, 349-375. London: Athlone Press, 1984.

Benhabib, Seyla, "Judgment and the Moral Foundations of Politics in Arendt's Thought" *Political Theory*, 16(1988): 29-51.

"Hannah Arendt and the Redemptive Power of Narrative," *Social Research*, 57/1(Spring 1990): 168-196.

"Models of Public Space: Hannah Arendt, the Liberal Tradition, and Jiirgen Habermas," in *Habermas and the Public Sphere*, ed. by Craig Calhoun, 73-98. Cambridge, Mass.: MIT Press, 1992.

"Feminist Theory and Hannah Arendt's Concept of Public Space," *History of the Human Sciences*, 6/2(1993): 97-114.

"The Pariah and her Shadow," *Political Theory*, 23(Feb. 1995): 5-24. *The Reluctant Modernism of Hannah Arendt*. Newbury Park, Calif.: Sage Publications, 1996.

Benjamin, Walter, "Theses on the Philosophy of History," in *Illuminations*, ed. and introduced by Hannah Arendt 253-264. New York: Schocken Press, 1969.

Bernasconi, Robert, "Habermas and Arendt on the Philosopher's 'Error': Tracking the Diabolical in Heidegger," *Graduate Faculty Philosophy Journal*, 14/2-15/1 (1991): 3-24.

Bernauer, James W., SJ, "On Reading and Mis-Reading Hannah Arendt," *Philosophy and Social Criticism*, 11/1(1985): 1-34.

"The Faith of Hannah Arendt: Amor Mundi and its Critique - Assimilation of Religious Experience," in *Amor Mundi: Explorations in the Faith and Thought of Hannah Arendt*, ed. James W. Bernauer, SJ, 43-50. Dordrecht: Martinus Nijhoff, 1987.

Bernstein, Richard J., "Hannah Arendt: The Ambiguities of Theory and Practice," in *Political Theory and Praxis*, ed. Terence Ball, 141-158. Minneapolis: University of Minnesota Press, 1977.

"Heidegger on Humanism," in *Philosophical Profiles: Essays in a Pragmatic Mode*, 197-220. Cambridge: Polity Press, 1986.

"Judging — The Actor and the Spectator," in *Philosophical Profiles: Essays in a Pragmatic Mode*, 221-237. Cambridge: Polity Press, 1986.

"Rethinking the Social and the Political," in P*hilosophical Profiles: Essays in a Pragmatic Mode*, 238-259. Cambridge: Polity Press, 1986.

"Heidegger's Silence?: Ethos and Technology," in *The New Constellation: The Ethical-Political Horizons of Modernity/Postmodernity*, 79-141. Cambridge: Polity Press, 1991.

Botstein, Leon, "Hannah Arendt: Opposing Views," *Partisan Review*, 45/3(1978): 368-380.

"The Jew as Pariah: Hannah Arendt's Political Philosophy," *Dialectical Anthropology*, 8/1-2(1983): 47-73.

"Liberating the Pariah: Politics, the Jews, and Hannah Arendt," *Salmagundi*, 60(1983): 73-106.

Canovan, Margaret. *The Political Thought of Hannah Arendt*, London: J.M. Dent, 1974.

"The Contradictions of Hannah Arendt's Political Thought," *Political Theory*, 6(Feb. 1978): 5-26.

"Arendt, Rousseau and Human Plurality in Politics," *Journal of Politics*, 45(1983): 286-302.

"A Case of Distorted Communication: A Note on Habermas and Arendt," *Political Theory* 11(Feb. 1983): 105-116.

"Hannah Arendt on Ideology in Totalitarianism," in *The Structure of Modern*

Ideology, ed. Noel O'Sullivan, 151-171. Aldershot: Edward Elgar, 1989.

"Socrates or Heidegger? Hannah Arendt's Reflections on Philosophy and Politics," *Social Research*, 57/1(Spring 1990): 135-165.

Hannah Arendt: A Reinterpretation of Her Political Thought. Cambridge: Cambridge University Press, 1992.

Cutting-Gray, Joanne, "Hannah Arendt's Rahel Varnhagen" *Philosophy and Literature*, 15(1991): 229-245.

"Hannah Arendt, Feminism, and the Politics of Alterity: 'What Will We Lose if We Win?'," *Hypatia*, 8(1993): 35-53.

Denneny, Michael, "The Privilege of Ourselves: Hannah Arendt on Judgment" (1979). In RPW, 245-274.

Disch, Lisa J., "More Truth than Fact," *Political Theory*, 21(Nov. 1993): 665-694.

Hannah Arendt and Limits of Philosophy. Ithaca, NY: Cornell Univ. Press, 1994.

Dostal, Robert J., "Judging Human Action: Arendt's Appropriation of Kant," *Review of Metaphysics*, 37(June 1984): 725-755.

Ettinger, Elzbieta, *Hannah Arendt and Martin Heidegger*. New Haven: Yale University Press, 1995.

Feher, Ferenc, "The Pariah and the Citizen: On Arendt's Political Theory," *Thesis Eleven*, 15(1986): 15-29.

"Freedom and the Social Question: Hannah Arendt's Theory of the French Revolution," *Philosophy and Social Criticism*, 12/1(1987): 1-30.

Feldman, Ron H., "The Jew as Pariah: the Case of Hannah Arendt(1906-1975)" (1978). Introduction to JP, 15-52.

Flynn, Bernard, "Arendt's Appropriation of Kant's Theory of Judgment," *Journal of the British Society for Phenomenology*, 19(May 1988): 128-139.

Forti, Simona, *Vita Delia Mente e Tempo Delia Polis: Hannah Arendt Tra Filosofia e Politica*. Milan: Franco Angeli, 1994.

Friedmann, Friedrich G., *Hannah Arendt: Eine deutsche Judin im Zeitalter des Totalitarismus*. Munich: Piper Verlag, 1985.

Gray, J. Glenn, "The Winds of Thought," *Social Research*, 44/1(Spring 1977):44-61.

"The Abyss of Freedom - and Hannah Arendt"(1979). In RPW, 225-244.

Habermas, Jurgen, "Hannah Arendt's Communications Concept of Power," *Social Research*, 44/1(Spring 1977): 3-24.

Hansen, Phillip, *Hannah Arendt*. Cambridge: Polity Press, 1993.

Martin Heidegger, "The Question Concerning Technology," in *Basic Writings*, ed. David F. Krell, 284-317. New York: Harper & Row, 1977.

Heller, Agnes, "Hannah Arendt on the 'Vita Contemplativa,' " *Philosophy and Social Criticism*, 12/4(1987): 281-296. Repr. in *Hannah Arendt: Thinking, Judging, Freedom*. ed. Gisela T. Kaplan and Clive S. Kessler, 144-159. Sydney: Allen and Unwin, 1989.

"An Imaginary Preface to the 1984 Edition of Hannah Arendt's *The Origins of Totalitarianism*," in *Eastern Left, Western Left: Totalitarianism, Freedom and Democracy*, ed. by Ferenc Feher and Agnes Heller, 243-259. Cambridge: Polity Press, 1987.

Hilberg, Raul, *The Destruction of the European Jews*. Chicago: Quadrangle Books, 1961.

Hill, Melvyn A. (ed.), *Hannah Arendt: The Recovery of the Public World*. New York: St. Martin's Press, 1979.

Hinchman, Sandra K., "Common Sense and Political Barbarism in the Theory of Hannah Arendt," *Polity*, 17/2(1984): 183-211.

Hinchman, Lewis P. and Sandra K., "In Heidegger's Shadow: Hannah Arendt's Phenomenological Humanism," *Review of Politics*, 46(Apr. 1984): 183-211.

"Existentialism Politicized: Arendt's Debt to Jaspers," *Review of Politics*, 53/3 (Summer 1991): 435-468.

(eds), *Hannah Arendt: Critical Essays*. Albany, NY: State University of New York Press, 1994.

Honig, Bonnie, "Arendt, Identity, and Difference," *Political Theory*, 16(Feb. 1988): 77-98.

"Declarations of Independence: Arendt and Derrida on the Problem of Founding a Republic," *American Political Science Review*, 85(Mar. 1991): 97-113.

"Toward an Agonistic Feminism: Hannah Arendt and the Politics of Identity," in *Feminists Theorize the Political*, ed. Judith Butler and Joan W. Scott, 215-235. New York: Routledge, 1992.

Political Theory and the Displacement of Politics. Ithaca, NY: Cornell University Press, 1993.

"The Politics of Agonism," *Political Theory*, 21(1993): 528-533.

(ed.), *Feminist Interpretations of Hannah Arendt*. University Park, Pa.: Pennsylvania State University Press, 1995.

Ingram, David, "The Postmodern Kantianism of Arendt and Lyotard," *Review of Metaphysics*, 42(Sept. 1988): 51-77.

Isaac, Jeffrey C., "Arendt, Camus, and Postmodern Politics," *Praxis International*, 9/1-2(Apr.-July 1989): 48-71.

"At the Margins: Jewish Identity and Politics in the Thought of Hannah Arendt," *Tikkun*(Jan.-Feb. 1990): 23-92.

Arendt, Camus, Rebellion. New Haven: Yale University Press, 1992.

"Situating Hannah Arendt on Action and Politics," *Political Theory*, 21(1993): 534-540.

Jacobilti, Suzanne, "Hannah Arendt and the Will," *Political Theory*, 16(Feb. 1988): 53-76.

Jay, Martin. "The Political Existentialism of Hannah Arendt," in *Permanent Exiles: Essays on the Intellectual Migration from Germany to America*, 237-256. New York: Columbia University Press, 1986.

Jonas, Hans, "Acting, Knowing, Thinking: Gleanings from Hannah Arendt's Philosophical Work," *Social Research*, 44/1(1977): 25-43.

Kant, Immanuel, *Religion within the Limits of Reason Alone*, tr., introduced and with notes by Theodore M. Greene and Hoyt H. Hudson. NY: Harper & Row, 1960.

Kaplan, Gisela T. and Kessler, Clive S. (eds), *Hannah Arendt: Thinking, Judging, Freedom*. Sydney: Allen & Unwin, 1989.

Kateb, George, *Hannah Arendt: Politics, Conscience, Evil*. Oxford: Martin Robertson, 1984.

Knauer, James, "Hannah Arendt on Judgment, Philosophy and Praxis," *International Studies in Philosophy*, 21/3(1989): 71-83.

Kohn, Jerome, "Thinking/Acting," *Social Research*, 57/1(Spring, 1990): 105-134.

Introduction to Hannah Arendt, *Essays in Understanding, 1930-1954*, ed. Jerome Kohn, ix-xxxi. New York: Harcourt, Brace & Co., 1994.

Lane, Ann, "The Feminism of Hannah Arendt," *Democracy*, 3(Summer 1983): 107-117.

Laqueur, Walter Z., "Rereading Hannah Arendt," *Encounter*, 52/3(1979): 73-79.

"Hannah Arendt in Jerusalem: The Controversy Revisited," in *Western Society after the*

Holocaust, ed. Lyman H. Legters, 107-120. Boulder, Colo.: Westview Press, 1983.
Lazare, Bernard, *Job's Dungheap*, ed. Hannah Arendt. NY: Schocken Press, 1949.
Lefort, Claude, "Hannah Arendt and the Question of the Political," *Democracy and Political Theory*, 45-55. Minneapolis: University of Minnesota Press, 1988.
Lévinas, Emmanuel, *Difficile Liberté*. Paris: Albin Michel, 1976.
Luban, David, "Explaining Dark Times: Hannah Arendt's Theory of Theory," *Social Research*, 50/1(Spring 1983): 215-248.
Markus, Maria, "The 'Anti-Feminism' of Hannah Arendt," *Thesis Eleven*, 17(1987): 76-87.
Miller, James, "The Pathos of Novelty: Hannah Arendt's Image of Freedom in the Modern World"(1979). In RPW, 177-208.
Mommsen, Hans, "Hannah Arendt und der Prozess gegen Adolf Eichmann," introduction to *Eichmann in Jerusalem: Ein Bericht von der Banalität des Bösen*, Brigitte Ganzow, i—xxxvii. Munich: Piper Verlag, 1986.
Parekh, Bikhu, *Hannah Arendt and the Search for a New Political Philosophy*. London: Macmillan, 1981.
Pitkin, Hanna "Justice: On Relating Private and Public," *Political Theory*, 9/3 (1981): 327-352.
"Conformism, Housekeeping, and the and the Attack of the Blob: Hannah Arendt's Concept of the Social," paper presented at the 1990 American Political Science Association. Revised and included in *Feminist Interpretations of Hannah Arendt*, ed. Bonnie Honig, 51-81. University Park, Pa.: Pennsylvania State University Press, 1995.
Ricoeur, Paul, "Action, Story and History - On Re-reading *The Human Condition*" *Salmagundi*, 60(Spring - Summer 1983): 60-72.
Riley, Patrick, "Hannah Arendt on Kant, Truth and Politics," *Political Studies* 35 (1987): 379-392.
Rouset, David, *Les Jours de notre mart*. Paris: Editions du Pavois, 1947.
Sartre, Jean-Paul, *Anti-Semite and Jew*. New York: Schocken Books, 1948.
Schirmacher, Wolfgang, *Technik und Gelassenheit*. Freiburg: Alber, 1983.
Schürmann, Reiner, "Le Temps de 1'esprit et 1'histoire de la liberté," *Les Études philosophiques*, 3(1983): 357-362.
Sheehan, Thomas, "Heidegger and the Nazis," *New York Review of Books*, June 16, 1988.
Shklar, Judith N., "Rethinking the Past," *Social Research*, 44/1(1977): 80-90.

"Hannah Arendt as Pariah," *Partisan Review*, 50/1(1983): 64-77.

Silber, John, "The Ethical Significance of Kant's Religion," introductory essay to *Kant's Religion within the Limits of Reason Alone*, lxxix-cxxxiv. New York: Harper & Row, 1960.

Stern, Peter and Yarborough, Jean, "Hannah Arendt," *American Scholar*, 47/3 (1978): 1371-1381.

Taminiaux, Jacques, "Arendt, disciple de Heidegger?," *Études phénoménologiques* 73/4(1962): 111-136.

"Phenomenology and the Problem of Action," *Philosophy and Social Criticism*, 11/3 (1986): 207-219.

"Heidegger et Arendt lecteurs d'Aristote," *Les Cahiers de philosophie*, 4(1987): 41-52.

La fille de Thrace et le penseur professionnel: Arendt et Heidegger. Paris: Éditions Payot, 1992.

Toury, Jacob, " 'The Jewish Question': A Semantic Approach," *Leo Baeck Institute Year Book*, 11(1966): 85-107.

Trunk, Isaiah, *Judenrat*. New York: Stein and Day, 1972.

Villa, Dana R., "Beyond Good and Evil: Arendt, Nietzsche, and the Aestheticization of Political Action," *Political Theory*, 20(1992): 274-308.

Arendt and Heidegger: The fate of the Political. Princeton: Princeton Univ. Press, 1995.

Voegelin, Eric, review of *The Origins of Totalitarianism* by Hannah Arendt, *Review of Politics*, 15/6(Jan. 1953): 68-76, 84-85.

Vollrath, Ernst, "Hannah Arendt and the Method of Political Thinking," *Social Research*, 44/1(1977): 160-182.

"Hannah Arendt über Meinung und Urteilskraft," in *Hannah Arendt: Materialien in ihrem Werk*, ed. Adalbert Reif, 85-107. Vienna: Europa Verlag, 1979.

ㅎ

한나 아렌트와 유대인 문제

초판 1쇄 펴낸 날 2009년 11월 30일

지은이 | 리처드 J. 번스타인
옮긴이 | 김선욱
펴낸이 | 김삼수

펴낸곳 | 아모르문디
등 록 | 제313-2005-00087호
주 소 | 서울시 마포구 연남동 223-46, 102호
전 화 | 0505-306-3336 팩 스 | 0505-303-3334
이메일 | amormundi@paran.com

ISBN 978-89-92448-06-2 03160

이 도서의 국립중앙도서관 출판시도서목록(CIP)은
e-CIP홈페이지(http://www.nl.go.kr/ecip)에서 이용할 수 있습니다.
(CIP제어번호: CIP2009003683)

값은 뒤표지에 있습니다.
파손된 책은 구입처에서 바꿔드립니다.